사회와 문화의 이해, 현대인의 가치관을 제시하는 책

최신 사회학입문

-인간과 사회 그리고 문화-

김병무 · 최병영 지음

사회를 탐구하며
지구촌의 공간으로
현대를 이해하며
미래의 세계 속으로

형지사

머리말

인간의 삶의 터전인 사회는 쉬지 않고 변천해 왔으며 또 지금도 변천해 가고 있다. 특히 현대에 들어와서는 사회의 변천 속도가 가속화되고 있어 미래를 대비해야 하는 우리의 과제도 더욱 무거워지고 있다. 지금 우리가 진입해 있는 이 정보사회는 지금까지 우리가 가지고 있던 고정관념을 넘어서서 시공(時空)을 초월하는 사이버(cybernation) 공간으로 펼쳐져 가고 있다. 이와 같이 현대사회는 예측을 불허할 정도로 급속히 변해 가고 있으며, 이에 따라 변화에 대처하기 위한 우리의 노력도 더 한층 배가되어지고 있다.

지금 우리가 살고 있는 오늘의 이 사회는 시각을 다투면서 변해 가고 있다. 그러므로 오늘에 살고 있는 우리는 항상 변화에 대비하는 마음의 자세로서 내일을 준비해야 한다. 이를 위해 우리는 무엇보다도 먼저 우리가 살고 있는 이 사회를 정확히 이해하고, 또 이를 토대로 하여 급속한 변화에 적응해 나갈 수 있는 힘을 길러야 한다. 다시 말하면 우리는 급변하는 오늘의 현실을 정확히 이해함과 동시에 다가오는 미래사회를 예측해 보고 이에 대비할 수 있는 마음의 자세를 가져야 할 것이다. 이러한 현실에서 사회현상과 인간사(人間事)를 연구하는 학문인 사회학의 임무는 과거 어느 때보다도 무거워지고 있다.

사회는 인간의 삶의 터전이기 때문에, 인간은 사회를 떠나서는 인간다운 삶을 영위할 수가 없다. 그래서 인간은 생활의 터전인 사회를 이해하면서 인간다운 삶의 방향과 방법을 터득해 왔다. 이렇게 인간은 삶의 터전인 사회를 이해하고 발전을 위해 노력하는 과정에서 사회학이라는 학문을 정립시켰던 것이다.

사회학은 다양한 사회현상을 연구의 대상으로 하고 있는데, 그 중에서도 특히 인간 자신과 그 생활이 연구대상의 핵심을 이루고 있다. 사회학의 학문적 성격은 그 연구 대상이 다양한 사회현상이기 때문에 자연히 포괄성과 다양성을 띠게 되었다. 이러한 특수한 학문적인 성격 때문에 사회학은 학문으로 정립된 후에도 그 성격 규정에 대한 논란이 계속되어 왔다. 그러나 이러한 논란 속에서도 사회학이 꾸준히 발전해 온 것은, 사회학의 연구대상이 인간사(人間事)에 관련된 것이기 때문에 그 성격을 어떻게 규정하느냐에 상관없이 사회학은 오직 인간에 대한 애정과 정열을 가지고 연구에 임해 왔기 때문이다.

사회학 연구의 궁극적인 목표는 인간사회의 발전, 즉 인간의 삶의 질 향상이다. 그러므로 사회학을 연구할 때에는 항상 인간의 생활에 초점을 맞추면서 사회의 구조와 아울러 사회현상의 변화를 주시해야 한다. 특히 오늘날과 같이 급변하는 사회현실 속에서는, 사회구성원들이 변화 속에서 미래를 예측하면서 변화에 대비하고 또 미래를 개척하는 힘을 기르게 하는 것이 사회학의 중요한 임무가 된다.

필자가 사회학을 연구하고, 강의하면서 느껴온 것은 지금까지 우리가 다루어 온 사회학은 그 내용이 너무나 구조 중심적이었고 또 고전적 이론 중심으로 짜여져 있어서, 사회학을 공부하면서 미래지향적인 사고를 형성하기가 어렵다는 것이었다. 그래서 필자는 항상 학생들에게 우리가 살고 있는 이 사회를 좀더 쉽게 이해시키면서도 또 미래지향적인 사고를 형성시킬 수 있는 방법을 생각해 왔다.

이제는 내 나름대로의 효과적인 사회학 강의의 체계를 어느 정도 터득한 것 같아서 부족한 점은 계속 연구하여 보완할 것을 다짐하면서, 지금까지의 연구와 강의를 통해서 얻은 지식과 자료, 그리고 세계문화탐방에서 얻은 체험과 자료를 바탕으로 하여 '현대사회학의 이해'라는 이름을 붙여서 이 책을 엮게 되었고, 또 부족한 부분을 보완하여 개정신판을 내게 되었다. 특히 이 책을 엮으면서 대화의 공간을 지구촌으로 확대하면서 다양한 인간사회를 조명해 보려고 노력했다.

이 책은 인간사회의 다양성을 좀더 쉽게 이해할 수 있도록 학문적인 접근과 아울러 문화탐방을 통해 체험한 사례들을 곁들여 가면서 엮었다. 책의 내용 구성은 인간과 사회의 관계, 사회의 기본구조와 이론, 인간의 생활양식인 문화, 사회의 변동과정과 인간의 의식변화 그리고 미래사회의 조명(照明) 등으로 되어 있다. 필자는 이 책을 쓰면서 독자들이 이 책을 통해서 오늘의 현실을 정확히 이해하는 동시에 내일을 예측할 수 있는 사고력을 배양할 수 있도록 노력했다. 그리고 각 장의 끝 부분에는 그 장의 요점을 요약 정리해서 그 장의 내용을 체계적으로 이해하는 데 도움이 되도록 했고, 또 수험대비 평가문제를 수록하여 각종 시험에 대비하도록 했다. 이와 같이 이 책은 학교공부를 하는 학생들이 일상적인 공부와 아울러 각종 시험에 대비할 수 있도록 했고, 아울러 사회 일반인들에게도 사회를 이해하고 삶의 방향을 결정하는 가치관의 정립에 도움이 될 수 있는 책이 되도록 엮었다.

학문의 길은 가면 갈수록 영원하고 심오해진다. 이 작은 결실이 우리가 살고 있는 이 사회를 이해하고 삶의 방향을 결정하는 데 조금이라도 도움이 된다면 그 보람 헤아릴 수 없을 것이다. 그리고 나 자신은 이 작은 결실을 계기로 걸어온 이 길에 더욱 충실하여 다음의 결실은 보다 더 알찬 결실이 되도록 노력할 것을 다짐하는 바이다.

著者 씀

차 례

제1장 인간과 사회

1. 인간의 존재
2. 사회의 의미
3. 사회의 관점
4. 사회의 변천

우리는 가끔 '나는 누구인가?' '무엇 때문에 이렇게 애를 쓰면서 살고 있는가?' '그렇다면 어떻게 사는 것이 잘 사는 것일까?'와 같은 질문을 스스로 해볼 때가 있다. 이러한 스스로의 질문은 꼭 철학자가 되어서만이 하는 질문은 아니다. 인간은 문득 문득 자신의 존재와 자신이 살고 있는 사회를 생각해 보면서 보다 나은 삶을 추구하고 있기 때문이다.

우리 인간에게 이러한 의문과 욕구는 계속되어 왔으며, 이 의문과 욕구를 충족시켜 주기 위해서 성립된 학문이 바로 사회학이다. 그래서 이 사회학을 공부하는 첫 단계는 이러한 의문과 욕구의 주체인 우리 인간 자신과 그리고 인간이 몸 담고 있는 사회의 이해에서부터 시작된다.

이 장에서는 사회를 이해하고 공부하는 첫 단계가 되는 인간의 존재와 인간이 몸담고 있는 생활의 터전인 사회의 이해 그리고 양자 간의 관계를 알아보고, 또 사회를 보는 관점과 사회의 변천과정을 현대적 시각에서 고찰해 보려고 한다.

[인간이 사회를 생각하며 살아가는 아름다운 모습]

인간의 존재에 대해서는 이성을 소유한 존재로서 만물의 영장이 될 수 있는 인간의 특성을 살펴보고, 사회에 대해서는 삶의 터전으로서, 또 문화창조의 장으로서 사회의 존재를 파악해 보려고 한다. 그리고 인간과 사회의 양자관계에서는 서로를 규정하는 상호보완의 관계를 중점적으로 살펴보려고 한다.

사회를 보는 관점에서는 사회의 속성을 통합과 안정을 지향하는 기능주의 관점과 이와는 반대로 사회 속성을 대립과 갈등으로 보는 갈등론의 관점, 그리고 특수한 경우에 사회의 속성을 구성원들이 부여하는 의미에 의해서 규정하는 상호작용주의적 관점으로 나누어 살펴보려고 한다. 또 사회의 변천과정에서는 인간의 생활양식과 인간의 의식 변화를 중심으로 하여 고찰해 보려고 한다.

1. 인간의 존재

인간의 존재에 대한 호기심은 철학을 연구하는 사람이 누구에게나 가슴 속에 내재되어 있다. 그러나 우리는 이것을 지극히 평범한 사고의 일부분으로 생각하기 때문에 평상시에는 일부러 거론하지 않으면서 가슴 속에 묻어 두고 있는 것이다.

인간은 스스로 만물의 영장임을 자처하고 있다. 인간이 만물의 영장임을 자처하면서 주인의 자리를 지키기 위해서는 인간 자신에 대한 심도 있는 고찰과 아울러 노력이 있어야 할 것이다.

1) 사회의 구성 자

인간은 사회를 구성하는 핵심적인 요소이다. 그래서 인간의 존재를 생각지 않고서는 사회를 논할 가치가 없어진다. 사회가 그릇이라면 인간은 그 그릇에 담겨져 있는 내용물이 되는 셈이다. 인간은 사회 속에서 생활하면서 다양한 환경과 접하면서 문화를 창조해 내고 있다.

인간은 원천적으로 자연환경에 순응하며 조화를 추구하는 존재이다. 그러나 때로는 자연에 대응하면서 이를 극복하기 위해 투쟁을 한다. 이렇게 인간은 자연 속에 살면서 자연에 적응하며 자연과 조화를 이루어 간다. 또 한편으로는 자연이 주는 제약조건을 극복하기 위해 노력하는 중에 새로운 문화를 계속적으로 창조해 나가고 있는 것이다.

인간은 사회를 떠나서는 인간다운 생활을 할 수가 없기 때문에, 인간을 사회적 동물이라고 일컫고 있다. 이 말은 인간은 사회를 떠나서는 인간다운 삶을 살 수 없다는 것이다. 즉 인간은 사회 속에서 생활할 때만이 기능을 제대로 수행하여 인간으로서의 가치를 발휘할 수 있는 것이다. 결국 인간은 사회를 떠나서는 인간답게 살 수가 없다.

2) 이성의 소유자

인간은 이성(理性, ration)이라는 인간 고유의 능력을 소유하고 있다. 이성은 가치를 추구하고 사리판단을 할 수 있는 힘이다. 인간은 이 이성을 소유하고 있기 때문에 만물의 영장의 자리를 차지할 수 있고, 또 사회를 변화 발전시키는 주체가 될 수 있는 것이다. 또한 인간은 이 이성의 소유에 의해서 자신을 통제할 수 있고, 또 합리적인 생활을 영위해 나갈 수 있는 것이다.

인간은 이 이성의 힘에 의해서 자신을 통제할 뿐만 아니라 자신의 생활터전인 사회를 규정한다. 즉 인간은 이성에 의한 사고력과 생활방식에 의해서 자신의 생활터전인 사회의 성격을 규정한다는 것이다. 인간과 환경의 관계는 본원적인 측면에서 보면 인간은 환경에 의해서 영향을 받으면서 다양성을 소유해 가는 존재이지만, 그러나 실제적으로는 인간은 이성을 소유하고 있기 때문에 이 이성의 힘으로 오히려 자신을 규정지어 주는 환경을 재규정짓고 있는 것이다. 즉 인간은 환경에 의해서 규정되는 존재이면서도, 동시에 환경인 사회를 규정짓고 있다. 이와 같이 인간은 사회 속에서 사회와 필연적인 상호관계를 맺으면서 스스로 자신의 위치를 확보하고, 또 발전을 계속해 가고 있다.

3) 인간의 특성

인간을 만물의 영장이라고 부르고 있다. 이렇게 인간이 만물의 영장이라고 지칭될 수 있는 이유는 인간이 다른 동물들과 구별되는 여러 가지의 우수한 특성을 소유하고 있기 때문이다. 인간이 소유하고 있는 타 동물들과 구별되는 특성들을 들어 보면 다음과 같다.

첫째, 높은 지능을 소유하고 있다. 인간은 다른 동물에 비해 상대적으로 높은 지능을 소유하고 있기 때문에, 발달된 상징체계, 즉 언어, 문자, 체계적인 기호 등을 개발하여 발달된 생활을 하고 있다. 이것이 바로 인간이 만물의 영장의 자리를 차지할 수 있게 한 핵심적인 이유이다. 또 인간은 높은 지능을 가지고 있기 때문에 미래지향성과 강한 경쟁심으로 앞날을 예측할 수 있고 또 환경에 도전하여 발전을 추구할 수 있다.

둘째, 직립할 수 있는 신체적 조건을 가지고 있다. 인간은 직립 할 수 있기 때문에 세상을 넓고 긴 안목으로 조망할 수 있고, 또 넓은 시야를 확보하여 상대방을 쉽게 다스릴 수 있는 여건을 갖추게 된다. 인간의 직립은 시각적으로 넓은 시야를 확보하는데 그치지 않고, 이로 인해 인간은 긴 안목을 갖게 되어 항상 진취적이고 발전적인 사고를 하면서 앞서 나갈 수 있다. 아프리카 초원을 차를 타고 달리다 보면 초원의 왕인 사자는 인간처럼 직립할 수가 없기 때문에 우뚝한 바위 위에 올라가서 사방을 살피면서 영역을 감시하는 것을 볼 수 있다.

셋째, 자유롭고 섬세한 손의 활용이다. 인간은 손을 자유롭고 섬세하게 사용할 수 있기 때문에, 이러한 손의 사용이 높은 지능을 활용하여 새로운 것을 앞장서서 발명해 내고 있다. 또 이 손을 사용해서 기술을 개발하고 개발된 기술을 유용하게 사용할 수 있다.

인류의 발전사를 살펴보면 섬세하게 손을 활용하는 지역의 문명이 세계문명에 큰 영향을 주어 왔음을 엿볼 수 있다. 예를 들면 세계에 중국문화권을 형성해 온 중국인들의 손의 섬세한 활용은 대만에 있는 고궁박물관에 돋보기를 통해서만이 감상이 가능한 섬세한 옥(玉)세공품에서 볼 수 있고, 또 오늘날 세계상품시장에 큰 영향력을 미치고 있는 일본인들의 손의 섬세한 활용은 그들의 상품들에서 엿볼 수 있다. 현대에 들어와서는 손의 섬세한 사용에 기반을 둔 심오한 동양문화가 다시 세계의 중심 역할을 하기 위해서 끈기 있게 움직이고 있는 것이다.

인간에게 손의 섬세한 사용능력이 없었다면 인간이 만물의 영장의 자리를 차지할 수 있었을까? 동물 중에서도 인간의 손의 사용을 흉내 내는 동물들을 진화가 많이 된 동물이라고 한다. 이는 손 사용의 섬세한 정도가 고등동물의 순위를 정하는 중요한 기준이 된다는 뜻일 것이다. 현대에 와서는 인간의 생활에 있어서 규모의 축소화가 가속화되고 있어서 손의 섬세한 활용의 경쟁이 더욱 치열해지고 있다.

인간은 이러한 특성을 소유하고 있기 때문에 만물의 영장의 자리에서 만물을 지배할 수 있고, 또 자신의 생활을 스스로 향상시켜서 계속적으로 발전해 나갈 수 있는 것이다.

읽을거리

[초원의 왕 사자의 영역지배]

여름의 따가운 햇빛을 받으며 적도에서 그렇게 멀지 않은 지역인 아프리카 케냐의 상공으로 진입했다. 적도부근의 아프리카 지역이 행선지였기 때문에 마음의 한 구석에 자리잡고 있던 걱정스러움이 가까이 다가오는 아래의 풍경을 보면서 일시에 사라져갔다. 펼쳐지는 푸른 초원에 한가롭게 풀을 뜯고 있는 가축 무리들의 전경은 장거리 여행에서 오는 피로함을 일시에 풀어버렸다.

케냐에 도착하여 킬리만자로산의 자락에 형성된 암보셀리 국립공원을 거쳐서 마사이마라 국립공원의 대 초원으로 향했다. 자연 그대로의 대초원에는 갖가지 야생동물들이 자연의 법칙에 따라 평화롭게(?) 살고 있었다. 차 밖으로는 나갈 수가 없기 때문에 뚜껑을 열고 몸을 위로 내미는 싸파리(safari) 차를 타고 기린, 코끼리, 얼룩말, 누(소와 말의 중간 형태의 동물), 가젤 등 초원의 동물들이 평화롭게 풀을 뜯고 있는 대평원을 가고 있는데 어느 우뚝한 바위 위에 초원의 왕인 사자 두 마리가 고개를 치켜들고 아래를 내려다보고 있었다. 사자가 자기의 영역을 살피고 있는 것이었다. 직립할 수 없는 사자는 시야를 넓히기 위해서 본능적으로 높은 곳에 자리를 잡고 영역을 살피고 있는 것을 볼 때

직립할 수 있는 우리 인간의 천부적인 혜택이 새삼 느껴졌다.

[동양인 손의 섬세한 활용]

손의 섬세한 활용의 재능은 동양인이 어느 지역 민족보다도 더 우수하다고 생각된다. 오늘날 정보사회의 총아인 반도체산업의 중심이 동양이 되어가고 있으며, 또 고대의 유물에서도 내용의 섬세함은 단연 동양이 앞선다. 대만의 고궁박물관에 있는 돋보기를 씌워 놓은 옥(玉)세공품들은 그 섬세함이 서양의 유물들과 비교할 수 없을 정도로 우수하다. 또한 동양인의 섬세한 손의 활용은 식사관습에서도 여실히 나타난다. 필자가 일본을 여행하면서 서양인들과 동행한 적이 있었다. 그때 마침 식탁에 콩 조림이 나왔기에 식사를 하면서 우리의 노련한(?) 젓가락 솜씨로 그 콩 조림을 여유 있게 먹고 있었는데 앞에 앉아 있던 서양인 부부가 밥은 먹지 않고 나의 젓가락 움직임에 따라 고개를 아래위로 움직이며 신기한 듯 바라보고 있었다. 그들의 나이프와 포크의 사용에 비하면 신기했을 것이다.

[케냐, 마사이마라 국립공원, 바위 위의 사자]

2. 사회의 의미

인간은 사회를 벗어나서는 정상적인 삶을 살 수가 없다. 이와 같이 사회는 우리 인간에게 삶의 장을 제공해 주는 필수적인 조건이 된다. 인간에게 사회의 존재는 삶을 보장해 주는 터전이다.

1) 인간의 삶의 터전

사회는 인간의 집합체인 동시에 인간이 모여서 공동생활을 하는 장(場)이다. 인간과 사회는 둘이 동시에 존재할 때에만 양쪽이 모두 의미를 갖게 된다. 그래서 인간을 사회적 동물이라고 일컫는다. 이 말은 인간은 사회를 벗어나서는 인간으로서의 가치를 누릴 수 없다는 말이다. 즉 사회와 인간은 서로에게 가치를 부여해 주면서 공존하게 된다.

이와 같이 사회는 인간에 의해서 존재하게 되고 또 번성하게 된다. 즉 사회는 인간의 삶의 터전이 되는 동시에 인간이 인간으로서의 가치를 누릴 수 있게 해주는 장이 되는 것이다. 또한 사회는 그 구성원인 인간에게 삶을 규정지어 주면서 인간의 사고와 생활양식을 변화시키는 요인을 제공해 준다. 인간은 사회 속에서 살면서 사회를 규정짓는 동시에 사회에 의해서 규정을 받는다.

2) 문화창조의 장

사회는 구성원인 인간이 자신의 잠재능력을 개발할 수 있는 계기와 장을 마련해 주면서, 또한 인간을 보호해 주는 보금자리 역할을 한다. 그리고 사회는 인간에게 사회구성원으로서의 자질인 사회성을 부여해 주어서 원활한 공동생활을 할 수 있도록 해준다. 인간은 이 사회성을 잃으면 사회구성원으로서의 자격을 상실하게 되어 원만한 사회생활을 할 수가 없게 되어 결국에는 파멸하게 된다.

인간의 생활터전인 이 사회는 여러 가지의 구성요소들로 형성되어지기 때문에, 다양한 특징들을 소유하고 있다. 다시 말하면 사회는 지역적인 기반, 인종, 기후, 풍토, 산업, 역사적 배경 등 다양한 요소들로 형성되어지므로, 그 성격에 있어서 다양한 특성을 갖는 것은 필연적인 현상이다. 이렇게 형성된 사회의 다양성은 사회 속에서 생활하는 인간의 생활형태를 다양화시켜서, 인간의 활동을 다양화시키고, 이로 인해 인간은 다양한 문화를 창조하게 된다.

인간이 살고 있는 세계의 곳곳에는 어디를 가더라도 나름대로의 특징을 소유한 고유한 문화가 존재한다. 그 이유는 세계의 곳곳은 제각기, 고유한 특성을 지닌 자연환경과 사회환경에 의해서 구성원들의 생활양식이 다양화되기 때문이다. 다시 말하면 인간의 생활이 다양한 형태를 가지며 다양한 문화를 창조해 내는 것은 바로 이 다양한 환경적 조건에 그 근원을 두고 있는 것이다.

예를 들면 사계절의 구분이 뚜렷한 온대지방은 기후조건 면에서 다른 지역보다 상대적으로 양호한 삶의 조건과 적절한 계절의 변화를 가지고 있다. 그래서 온대지방에 거주하는 주민들은 일반적으로 탐구적 의욕이 다른 지역에 비해서 상대적으로 강하다. 이러한 이유로 온대지역에 위치한 나라들일수록 과학기술을 앞서서 발달시켜 문명생활을 하고 있다. 또한 이와는 반대의 조건에 해당되는 극(極)지역이나 사막지역에서는 그 곳에 적합한 문화가 형성되어 상대적으로 어려운 환경을 극복하면서 적응해 나간다. 예를 들면 살을 에이는 추위 속의 북극지방에 살고 있는 에스키모인들은 기름진 음식과 '이글루'라는 얼음집을 지어서 추위를 극복하며 살고 있다. 또 건조한 아프리카 초원에 살고 있는 마사이족들은 흙으로 만든 움막집에 살면서 종족번식을 저해하는 기후조건을 극복하기 위해서 일부다처제를 유지하면서 생활하고 있다. 이렇게 사회는 다양한 환경에 의해서 인간에게 다양한 삶의 터전을 제공해 주고 있으며, 또 인간은 이에 따라 다양한 삶의 방식을 개발하여 다양한 문화를 창조해 내고 있다.

3) 사회의 존재 규정 이론

사회는 인간의 삶의 장인 동시에 인간을 구성원으로 하여 형성된 집합체이다. 이 인간의 집합체인 사회의 존재를 규정할 때에는 집합체인 사회와 구성원인 개인 중 어느 쪽을 더 중시하느냐에 따라서 사회의 존재를 규정하는 결과가 달라진다. 사회의 존재를 규정하는 이론에는 다음의 두 가지가 있다.

(1) 사회실재론

사회실재론은 사회를 하나의 유기체로 보는 이론으로서 이 이론의 근원은 생물학의 유기체이론에서 원용해 왔다. 그래서 이 사회실재론을 사회유기체론이라고도 한다. 사회실재론에서는 사회를 하나의 유기체로 간주하면서 구성원인 개인보다 유기체인 사회 자체를 실재하는 실체로 인정하는 것이다. 즉 사회는 구성원인 개인과는 별개로 독자성을 지닌 하나의 실체라는 것이다. 그래서 이 사회실재론에서는 사회의 구성부분인 개인들은 각자의 기능을 수행하면서 실체인 사회를 유지 존속시켜 주는 역할을 하는 부분들일 뿐이라는 것이다. 이 이론에 의하면 독자적 실체인 사회는 독립적인 특성을 지니면서 구성원인 개인들의 삶을 좌우하고 구속한다는 것이다. 그러므로 이 사회실재론에서는 사회가 발전되려면 사회의 각 부분들의 기능이 원활하게 발휘되어 사회의 전체적인 조화와 통합이 이루어져야 한다고 보았다. 사회실재론에서는 사회 자체를 구성원인 개인보다 우선하고 있기 때문에, 사회의 발전을 위해서는 구성원인 개인들은 사회를 위해서 맡은 바 임무를 착실히 수행하면서 봉사와 희생을 아끼지 말아야 한다는 것이다.

사회실재론의 대표적인 학자로는 프랑스의 사회학자 뒤르켐(E. Durkheim)과 영국의 사회학자 스펜서(H. Spencer) 등이 있다.

사회실재론을 사회 사상적인 측면에서 보면 전체주의 사상의 이론적 기반 형성에 기여했다. 왜냐하면 전체주의 사상이란 사상의 핵심이 개인의 이익추구보다 사회 전체의 이익을 우선하는 것이기 때문에 사회실재론의 이론적 기반과 일치한다. 또 사회실재론을 정치 사상적 측면에서 보면 전제정치의 이론적 기반형성에 기여했다. 왜냐하면 전제정치의 이론적 기반은 통합을 제일의 과제로 하기 때문에 사회실재론의 기능적 통합이라는 이론적 기반과 일치한다.

사회학의 이론은 다양한 사회현상에 관한 이론이기 때문에 절대적일 수는 없다. 그래서 사회학의 이론에 대해서는 항상 비판론이 따르게 된다. 이 사회실재론에 대해서도 다음과 같은 비판적인 견해가 따른다. 사회실재론에서는 사회구성원인 인간을 생물체의 무의지적 존재인 세포에 비유했기 때문에 인간의 존엄성과 이성에 의한 자율성을 소홀히 했고, 또 사회현상을 연구함에 있어서도 과정을 소홀히 하고 결과만을 중요시했기 때문에 인간의 다양한 생활과정을 소홀히 한다는 비판을 받는다.

(2) 사회명목론

사회명목론은 사회의 존재를 설명함에 있어서 사회실재론과 반대되는 입장에 서 있는 이론이다. 앞에서 설명한 사회실재론은 사회를 유기체적인 실체로 설명한데 대해서, 사회명목론에서는 사회의 존재를 다만 하나의 형식으로 설명했다. 즉 사회라는 것은 이름만 붙여진 형식에 불과한 것이고 중요한 것은 사회를 구성하고 있는 구성원 즉 개인이라는 것이다. 다시 말하면 사회란 실재적 실체가 아니고 단지 개인들이 모여 있는 형식에 불과하다는 것이다.

사회명목론의 이론적 기반은 인간심리 이론이다. 사회명목론에서는 사회현상의 본질을 인간심리에 입각하여 규정하고 또 해석하고 있다.

즉 사회는 인간 마음의 상호작용에 의해서 성립되며, 또 사회의 과정은 사회구성원들 간의 심리적 상호작용 과정의 전개로 보고 있다는 것이다.

사회명목론에 의해서 사회발전을 논할 때에는 항상 사회구성원인 개인의 발전을 우선하게 된다. 왜냐하면 이 이론에서는 사회를 구성원들의 단순한 집합체로 보기 때문에 사회의 발전을 사회구성원인 개인들의 발전이 모여진 것으로 보는 것이다. 다시 말하면 사회발전을 위해서는 사회구성원인 개인들 모두가 번영해야 비로소 사회전체가 발전할 수 있다는 것이다. 그러므로 사회명목론에서는 사회발전의 원동력을 구성원들의 심리적 상호작용에서 도출된다고 본 것이다. 사회명목론의 대표적인 학자는 사회학자 짐멜(G. Simmel)이다.

사회명목론을 사회 사상적인 측면에서 보면 이 이론은 서구사회 발전의 사상적인 기반이 되었던 개인주의(individualism)사상의 이론적 기반을 제공해 주었다. 이 개인주의 사상은 인간존엄의 자유주의 사상이 그 핵심을 이루고 있기 때문에 사회명목론의 개인 중시 사상과 맥을 같이 하고 있는 것이다. 또 사회명목론을 정치 사상적 측면에서 보면 사회구성원인 인간의 존엄성과 개인의 인권 존중을 최우선으로 하는 민주주의 이론의 기반을 형성하는데 기여했다.

3. 사회의 관점

사회는 다양한 개성을 소유하고 있는 인간들의 집합체이기 때문에 원천적으로 다양한 속성을 가지고 있다. 그래서 사회를 정확히 이해하기란 쉬운 일이 아니다. 그러나 우리가 사회생활을 해 나가기 위해서는 우리가 몸담고 있는 이 사회를 이해하지 않으면 안 된다. 왜냐하면 우리가 사회생활을 원만하게 해 나가기 위해서는 무엇보다도 먼저 우리가 살고 있는 이 사회를 정확히 이해해야 하며, 이렇게 해야만이 사회생활을 하면서 부딪치는 여러 가지 상황변화에 신속하게 대처할 수가 있다.

사회를 이해하기 위해서 우선적으로 해야 할 일은 사회의 속성을 이해하는 일이다. 그런데 이 사회의 속성을 정확하게 이해하기 위해서는, 먼저 이해의 주체인 인간이 사회를 어떠한 이론적 관점에서 볼 것인지 결정해야 한다. 왜냐하면 사회의 속성은 구성원인 인간이 사회를 어떤 관점에서 보느냐에 따라서 다르게 나타나기 때문이다.

사회를 이해할 때에 갖게 되는 이론적 관점은 인간이 사회생활을 하는데 대단히 중요한 역할을 한다. 왜냐하면 인간이 사회생활을 할 때에 사회를 보는 관점에 따라서 사회를 이해하는 방법이 정해지고, 또 이에 따라 삶의 방향과 방법을 정하게 되기 때문이다. 사회를 보는 관점을 분류해 보면 다음과 같다.

1) 기능론적 관점

사회를 보는 관점 중의 하나인 기능론적 관점은 기능주의 이론을 기반으로 하여 사회를 이해하려는 견해이다. 기능론적 관점에 의해서 사회를 볼 때에는 사회자체를 복합적인 기능을 소유하고 있는 하나의 유기체로 이해한다. 이것이 바로 사회 유기체 이론이다. 이 때에 사용되는 유기체라는 용어는 생물학에서 사용하는 용어를 사회학에서 인용한 것이다. 기능주의 이론이 기반을 이루고 있는 사회유기체 이론에서는 사회자체를 하나의 살아 있는 유기적 조직체로 보면서 기능적 균형을 강조한다.

기능론적 관점은 위에서 본바와 같이 생물학의 유기체이론을 그 기반으로 하고 있기 때문에 사회를 하나의 유기체에 비유하면서 사회의 존재를 실체로 간주하는 사회실재론의 이론적 기반이 되고 있다. 이 관점의 이론을 구조기능주의라고도 한다. 기능주의 또는 구조기능주의의 대표적인 학자는 파슨스(Talcott Parsons)이다.

(1) 기능론적 관점에서 본 사회의 속성

기능론적 관점에서 본 사회의 속성은 통합과 안정이다. 이 말은 기능론적 관점에서 사회를 보면 사회의 각 부분들은 제각기 고유한 기능을 소유하고 있으면서 상호보완적으로 기능들을 수행하기 때문에 사회는 항상 통합을 추구하면서 안정을 유지하려고 한다는 것이다. 다시 말하면 사회의 각 부분들은 그들이 소유하고 있는 각각의 기능들을 서로 조화가 이루어지도록 발휘함에 따라서 사회전체가 조화와 균형을 이루어서 통합과 안정을 유지하면서 발전하게 된다는 것이다.

기능론적 관점으로 사회를 보면 사회는 항상 각 부분들의 기능이 상호보완적으로 작용하여 사회를 통합시키고 균형을 유지하여 안정을 추구하려는 속성을 가지고 있다. 그래서 기능론적 관점에서 사회발전을 설명할 때에는 사회의 이러한 속성에 의해서 설명하고 있다. 즉 사회의 각 부분들이 그들의 고유한 기능들을 상호보완적으로 원활히 수행할 때에 사회가 균형을 이루면서 유지되고 발전한다는 것이다.

기능론에서는 사회의 체제 존속을 위한 기능적 요건으로 다음의 네 가지를 들고 있다. 이것을 영어에서는 용어의 첫 글자를 모아서 A. G. I. L이론[1]이라고 한다.

첫 번째 요건은 적응(adaptation)이다. 이것은 사회가 체계를 유지하면서 존속하기 위해서는 환경으로부터 자원을 얻어서 분배 활용할 수 있는 능력을 갖추어야 한다는 것이다. 이를 위한 대표적인 제도가 경제제도이다.

두 번째는 목표달성(goal attainment)이다. 이것은 사회체계가 유지되기 위해서는 목표의 설정과 이 목표를 달성할 수 있는 기능이 있어야 한다는 것이다. 목표달성 기능에 관련된 대표적 제도는 정치제도이다.

---

1) 김경동, 『현대의 사회학』(박영사, 1995), pp. 44-45 참조.

세 번째는 통합(integration)이다. 이것은 사회가 그 체계를 유지하기 위해서는 사회의 각 부분들의 활동이 조화를 이루면서 통합시킬 수 있는 기능이 있어야 한다는 것이다. 사회의 통합기능에 해당되는 사회적 장치, 즉 제도는 법률제도이다.

네 번째는 잠재유형 유지와 긴장관리(latent pattern maintenance and tention management)이다. 이것은 사회가 그 체계를 유지하기 위해서는 사회 각 부분들의 근원적인 유형을 유지하고, 또 부분간에 야기되는 긴장을 해결할 수 있는 기능이 있어야 한다는 것이다. 이 기능을 담당할 수 있는 대표적인 제도는 종교제도이다.

(2) 기능론적 관점에서 본 사회발전

사회가 발전하기 위해서는 여러 가지의 발전조건들을 갖추어야 한다. 기능론적 관점에서 사회발전을 논할 때에는 사회발전 조건 중 가장 중요한 것이 사회 각 부분들의 원활한 기능 수행이다. 다시 말하면 사회의 각 부분들이 제각기 소유하고 있는 기능들을 원활하게 수행하는 것이다. 만약 사회의 각 부분들이 각자의 기능을 제대로 수행하지 못할 때에는 사회는 통합과 안정이 깨어지고 균형을 이루지 못하게 되어 혼란이 일어나기 때문에 사회발전을 기대할 수가 없다는 것이다.

사회가 발전하려면 발전을 저해하는 사회적 조건을 해소시켜야 하는데 이러한 발전을 저해하는 사회적 조건이 바로 사회문제이다. 그래서 사회의 발전은 사회문제를 미리 예방하고 또 이미 발생한 사회문제를 원만하게 치료한 결과라고 볼 수 있다. 그러므로 사회를 발전시키기 위해서 우선적으로 해야 할 일이 사회문제의 실태를 파악하고 또 그 발생 원인을 찾아보는 일이다. 이를 위해서 필요한 것이 사회문제 관한 이론적 관점의 접근이다.

기능론적 관점에서 접근해 본 사회문제 발생의 원인은 사회적 기능 수행의 부족이다. 즉 사회의 각 부분들이 그들의 기능을 제대로 수행하지 못하여 나타나는 부적응 현상이나, 또는 기능을 올바르게 수행하지 하지 못할 때에 나타나는 질서의 혼란이 사회문제의 원인이 되는 것이다. 이러한 이유로 어떤 사회에 사회문제가 발생하게 되면 그 사회는 통합과 안정을 위협받게 되고 이로 인해 사회발전은 기대할 수가 없게 된다.

기능론의 입장에서 본 사회의 발전은 사회의 각 부분들이 제각기 그들의 기능을 원활하게 수행한 결과의 산물이라고 보는 것이다.

(3) 기능주의 이론과 사회체제와의 관계

기능론적 관점에서 살펴본 사회의 속성은 통합과 안정 그리고 균형의 추구였다. 이러한 기능론의 입장에서 본 사회의 속성은 사회를 통합시키고 안정적으로 유지시키는데 기여하고 있다. 기능주의 이론에서는 사회자체를 하나의 실체로 인정하여 구성원들을 사회 속에 예속시키기 때문에, 이 이론은 사회를 통치자가 그의 의지에 의해서 일률적으로 운영해 가는 전체주의 정치체제의 이론적 기반을 제공하게 되는 것이다. 다시 말하면 통합과 안정추구의 사회속성을 사회를 하나로 묶어서 획일적으로 운영하려는 전체주의 정치체제를 합리화시키기는 데에 이용한다는 것이다. 특히 이 통합과 안정의 사회 속성은 후진사회에서 정치상황이 심하게 변화될 때에 정치지도자들이 안정제일주의를 표방하면서 국민들에게 책임과 의무를 강조하여 독재체제를 유지시키는 데에 이용될 때가 많다.

그러나 이 기능론적 관점의 사회속성인 통합과 안정은 사회가 안정된 선진국에서는 사회를 안정적으로 유지 발전시켜 나가는데 중요한 이론적 기반을 제공해 주고 있다. 왜냐하면 안정된 선진국에서는 국민들이 각자가 스스로 자기의 본분을 다하면서 사회의 안정과 발전에 기여하기 때문이다. 그래서 선진국의 사회속성은 자연히 통합과 안정이 그 핵심을 이루게 된다.

2) 갈등론적 관점

사회를 보는 또 하나의 관점으로는 기능론적 관점에 대립되는 갈등론적 관점이 있다. 이 갈등론적 관점은 사회를 대립과 갈등의 속성을 가지고 있는 인간의 집단으로 이해하는 견해이다. 즉 갈등론적 관점에서는 사회는 이해관계를 달리하는 여러 부분들이 모여서 형성된 갈등집단으로서 항상 대립과 갈등이 연속되는 투쟁의 집단으로 이해하는 것이다. 갈등이론에서는 기능이론에서 주장하는 통합과 균형의 사회속성을 원천적으로 부정한다. 갈등이론의 대표적인 학자는 마르크스(Karl Marx), 다렌돌프(Ralf Dahrendorf), 코저(Lewis Coser) 등이 있다.

(1) 갈등론적 관점의 사회 속성

갈등론적 관점에서는 사회의 속성을 대립과 경쟁 그리고 갈등과 투쟁으로 규정짓고 있다. 갈등론적 관점에서 사회를 보면, 사회란 근원적으로 각 부분간에 이해관계가 얽혀져 있는 인간집단이기 때문에, 구성원들간에는 항상 이해다툼이 일어나게 된다는 것이다. 사회는 다양한 속성을 가진 인간들이 모여서 형성된 인간집단이다. 그래서 사회는 필연적으로 다양한 속성을 가질 수밖에 없다. 특히 인간사회는 구성원인 인간에 의해서 뿐만 아니라 주변 환경에 의해서도 규정되어지기 때문에, 이러한 여러 가지의 조건에 의해서 이해가 상반되는 다양한 속성들이 형성되는 것이다. 그러나 모든 사회는 그 속성이 안정과 화합이든, 대립과 갈등이든 궁극적인 목표의 추구방향은 사회의 발전이기 때문에, 대립, 갈등과 같은 사회발전을 저해하는 사회적 현상이 발생할 때에는 사회는 항상 이를 해결하기 위한 방향으로 움직이게 된다.

(2) 갈등론적 관점과 사회발전

사회가 발전하기 위해서는 우선 발전의 계기가 있어야 한다. 갈등론의 관점에서는 이 사회발전의 계기를 사회적 갈등으로 보고 있다. 왜냐하면 사회가 발전하기 위해서는 사회에 표출된 사회적 갈등을 해결해야 하기 때문에 이 사회적 갈등이 바로 사회발전의 계기가 되는 것이다. 사회에서 나타나는 대부분의 갈등은 발생의 직접적인 원인은 상호 이해의 대립이지만 그 이면에는 변화와 개혁을 추구하려는 의지가 내포되어 있는 것이 일반적이다. 그래서 이 갈등을 합리적으로 해결하게 되면 이를 통해 사회발전으로 이어지게 된다. 갈등론적 관점에서는 사회가 발전하는 것은 표출된 사회적 갈등을 합리적으로 해결한 결과라고 보고 있다.

갈등론의 입장에서 사회를 보면, 사회를 구성하고 있는 각 부분들간에는 갈등이 상존하고 있다는 것이다. 이러한 갈등이 심화될 때에는 결국에 가서 이것들이 사회문제로 전환되고, 또 이로 인해서 사회가 혼란에 빠지게 된다는 것이다. 그러므로 갈등론에서는 사회가 발전하기 위해서는 무엇보다도 먼저 사회의 각 부분간에 나타나고 있는 대립과 갈등의 요인을 해소시켜야 한다고 주장한다. 다시 말하면 갈등론적 관점에서 사회발전을 추구할 때에는 우선적으로 사회내부에 존재하고 있는 갈등의 요인인 불평등을 해소시켜서 구성원들간에 나타날 수 있는 이해(利害)의 대립을 미리 막아야 한다는 것이다. 그리고 더 나가서는 사회적 갈등 해소를 위한 사회구성원들 간의 불평등뿐만 아니라 사회계층간에 야기되는 불평등도 동시에 해소해야 된다는 것이다.

갈등론에서는 사회적 갈등을 사회문제가 표면화된 것으로 보기 때문에 이것을 사회개혁을 추진하는 계기로 삼는다. 또한 사회적 갈등이 표면화됨으로써 사회발전을 저해하는 사회적 현실들을 파악할 수 있기 때문에 사회발전을 위한 사회적 노력을 자연스럽게 이끌어낼 수가 있다. 갈등론적 관점에서 사회발전을 추구할 때에는 중요한 것은 사회에

표면화된 사회적 갈등을 수용하여 해결할 수 있는 제도적 장치가 필수적으로 마련되어야 한다. 그렇게 해야만이 그 사회에서 나타나고 있는 사회적 문제들을 빠뜨리지 않고 파악할 수가 있기 때문이다. 다시 말하면 사회적 갈등을 수렴하여 해결할 수 있는 합법적인 장치를 마련하여 사회적 갈등을 평화적으로 해결해 나가는 갈등의 제도화가 필요하다는 것이다.

(3) 갈등론적 관점과 사회체제의 관계

갈등론적 관점은 사회자체를 기능적 유기체로 보는 기능론적 관점과는 대립되는 견해이다. 그래서 사회체제와의 관계에 있어서도 기능론적 관점과는 달리 사회자체보다 사회구성원인 개인을 우선하는 자유주의 사회체제의 이론적 기반이 되고 있다.

자유주의 이념을 기반으로 하는 사회체제에서는 사회적 갈등을 최대한으로 수용하고 있기 때문에, 개인간의 경쟁과 창의력의 신장을 중요시한다. 또한 이러한 사회체제에서는 다양한 갈등을 수용함과 동시에 수용된 갈등을 해소할 수 있는 다양한 사회적 장치를 강구하여 사회발전을 추구하고 있다. 그래서 자유주의 이념을 기반으로 하고 있는 국가에서는 국가발전을 위해 사회적 불만을 폭넓게 수용하고 있으며, 아울러 이를 해결할 수 있는 제도적 장치 마련에 노력하고 있다.

갈등론의 관점을 수용하는 사회체제에서는 공개행정으로 여론수렴의 폭을 넓히고, 공개경쟁의 제도에 의해서 구성원의 불만요인을 미리 제거하고 있다. 이와 동시에 개인의 자발적인 노력을 유발시켜서 사회발전에 능동적으로 참여케 한다. 또 이미 표출된 사회적 불평등에 대해서는 이를 해소시키기 위해서 다양한 협의기구를 발전시켜서 사회적 갈등이 사회발전의 계기가 되도록 하고 있다.

(4) 사회적 갈등과 사회계약론

사회계약론은 사회를 성립시키는 이론으로서 사회를 구성원들간의 계약에 의해 성립시켜서 운영한다는 이론이다. 즉 사회의 속성을 대립과 갈등 더 나아가서 투쟁의 연속으로 보면서 사회를 유지 발전시키기 위해 창안해 낸 이론이 바로 사회계약론이다. 이 사회계약론은 그 이론적 근거를 대립과 갈등을 이론의 주축으로 하고 있는 갈등이론에 두고 있다.

갈등론적 관점에서는 인간사회는 구성원인 인간들이 서로 상반된 이해를 가지고 대립과 갈등의 관계를 갖고 있기 때문에 투쟁이 계속된다는 것이다. 인간사회에서 투쟁이 계속되면 결국은 모두가 파멸되기 때문에 인간들이 이러한 갈등과 투쟁의 상태를 벗어나서 공존하려면 구성원들이 서로가 계약을 맺어서 사회를 운영해 나가야 한다는 것이 바로 사회계약론을 성립시키게 된 이론적 근거인 것이다.

사회계약론이 성립하기 위해서는 일정한 전제조건이 제시되어야 한다. 그 전제조건은 모든 인간을 원천적으로 이기적인 존재로 보아야 하고, 또 인간사회는 구성원들이 서로가 이익을 추구하며 갈등하는 경쟁의 장으로 보는 것이다. 이러한 전제조건 아래서 인간사회를 보면, 인간사회는 사회의 질서를 유지하고 또 사회를 발전시키기 위해서 갈등하고 투쟁하는 구성원들을 통제할 수 있는 제도적인 장치와 힘이 필요하게 되고, 이를 실천하기 위해서 사회계약론이 창안된 것이다.

사회계약론을 주장한 대표적인 학자에는 홉즈(Thomas Hobbes)와 로크(John Locke) 그리고 루소(Jean Jacques Rousseau)가 있다.

홉즈(Hobbes)는 인간의 본성을 성악설의 입장에서 설명한 사람이다. 그래서 그는 인간사회를 만인에 의한 만인의 투쟁의 장으로 보고, 이를 조정하기 위해서는 강력한 권력이 필요하다고 주장하면서 군주주권론을 주장했다. 이 이론은 사회구성원인 국민이 사회질서유지와 자신들의 보호를 위해 지도자인 군주에게 권력을 위임하고 그 대가로 안전을 보장받는다는 것이다. 즉 국민과 군주가 안전보장과 통치권을 서로 교환하여 군주는 강력한 통치권을 가지고 국민의 안전을 보장하는 사회를 운영해 나간다는 이론이다. 이 때 국민들은 자신들의 안전보장을 위해서 모든 권력을 군주에게 위임하기 때문에 군주주권론을 전부양도설이라고도 한다.

로크(Locke)는 인간의 본성을 백지설에 의해서 설명하면서 인간의 경험을 강조한 경험론자이다. 즉 인간의 본성은 태어날 때에는 선악의 구분이 없는 백지상태라고 보았다. 그래서 인간은 살아가는 과정에서 다양한 경험을 통해서 다양한 본성이 규정지어진다는 것이다. 그는 사회계약론을 주장하면서 일부양도설을 주장했다. 일부양도설은 국민과 통치자간에 계약을 맺을 때에 국민은 통치자에게 모든 권력을 이양하는 것이 아니고, 국민의 기본적 권리에 해당되는 부분은 국민이 그대로 유지하고 개인적인 입장에서 하기가 어려운 것은 통치자에게 이양한다는 것이다. 즉 입법권은 국민이 유지하고 사법권을 포함한 행정권만 통치자에게 이양하여 사회를 2권 분립체제로 운영한다는 것이다. 그렇게 하면 사회적 갈등을 해소하면서도 개인에게는 기본권이 유지되면서 사회가 유지 발전할 수 있다는 것이다.

루소(Rousseau)는 국민주권론을 내용으로 하는 사회계약론을 주장했다. 그는 인간의 본성을 성선설의 입장에서 설명하면서, 사회를 운영하는 힘은 국민들의 순수한 마음인 일반의지(general will)의 결합에서 도출해야 한다고 주장했다. 즉 국가의 통치는 국민들의 일반의지의 약속에 의해서 이루어져야 한다는 것이다. 루소는 인간의 본성을 성선설의 입장에서 보았기 때문에 사회를 운영하는 힘도 인간의 본래의 의지가 결합되어야 인간사회를 올바르게 운영할 수 있다고 주장했다. 그는 국가를 운영하는 힘은 국민들의 일반의지의 약속에서 나와야 한다고 주장하면서 국민주권론을 제창했다.

3) 상호작용론적 관점[2)]

사회에 대한 상호작용론적 관점은 사회구성원들의 상호작용을 통해서 사회현상을 설명하고 또 이에 의해서 사회의 속성을 규정짓는 견

2) Alex Thio, *Sociology*, 1990, p. 16.

해이다. 다시 말하면 상호작용론적 관점에서는 사회구성원들의 상호작용을 통해서 부여하는 사회적 의미에 의해서 사회현상들을 설명한다는 것이다. 상호작용론에 의하면 사회는 다양한 인간들이 모여서 형성된 집단이기 때문에, 사회의 속성도 구성원들의 의지에 의해서 다양하게 규정될 수 있다는 것이다.

상호작용론에서는 사회현상을 설명할 때에 그 현상이 발생하는 원인보다 그 현상이 사회에 미치는 영향에 더 큰 비중을 두고 있다. 그리고 상호작용에 의해서 부여되는 의미도 사회적 상황이 바탕이 되기 때문에 동일한 사회현상에 대해서도 시대와 장소 그리고 구성원들의 가치관에 따라서 상이하다. 상징적 상호작용론의 대표적인 학자는 미드(Georg. H. Mead)와 블루머(Herbert Blumer)이다.

(1) 상호작용론적 관점의 사회속성

상호작용론적 관점에서 사회의 속성을 규정할 때에는, 사회구성원들이 상호작용에서 부여하는 의미에 의해서 그 속성이 규정된다. 그런데 사회구성원들의 상호작용에 의해서 부여되는 사회적 상황의 의미는, 그 상황이 발생하는 사회의 여건이 바탕이 되기 때문에 동일한 사회적 상황의 의미도 시대와 장소 그리고 구성원들의 가치관에 따라서 상이하게 나타날 수가 있다. 그래서 상호작용론적 관점에서 사회 속성을 규정할 때에는 사회구성원들의 상호작용 과정을 중요시하게 된다. 사회구성원들의 상호작용 과정에서는 구성원들의 주관적 관점이 사회의 속성을 규정하는데 중요한 영향을 미친다.

상호작용론적 관점에서 규정되는 사회의 속성은 사회적 상대성을 띠게 된다. 즉 어떤 시점의 사회속성은 사회의 전통, 시대적 상황 또는 지역적 사회적 상황 등에 의해 구성원들이 그들의 의지에 따라서 부여하게 된다는 것이다. 예를 들면 우리의 전통사회에서는 연애혼(戀愛婚)은 사회통념상 일탈행위의 의미를 부여했지만, 오늘날에 와서는 정상적인 행위로 인정하고 있는 것이라든지, 또는 해수욕장이나 패션

쇼(fashion show) 장에서는 비키니 수영복 차림이 사회적으로 인정되는 옷차림이지만, 그렇지 않은 지역에서는 일탈행위로 인정되는 것 등이다. 특히 북유럽지역의 여름철 공원에서의 일광욕 장면은 타 지역에서는 충분한 일탈행위의 장면이지만 그곳에서는 지극히 평범한 행위가 되는 것도 한 예가 될 수 있다.

상호작용론적 관점에서 사회현상을 설명할 때에는 그 사회현상이 발생하게 된 원인을 추구하는 것보다, 오히려 그 사회현상이 발생하는 방법과 그 사회현상이 사회에 어떤 영향을 미치는가에 초점을 두고 있다. 즉 특정한 사회현상의 의미는 그 특정한 사회현상자체가 소유하고 있는 의미보다, 그 사회현상에 대해 사회구성원들이 어떠한 의미를 부여하는가가 더욱 중요하다는 것이다.

읽을거리

[러시아 상뜨 뻬쩨르브르그의 일광욕]

동토(凍土)의 땅으로 들어와 시베리아의 울창한 삼림(森林) 위를 끝없이 날라서 러시아의 모스크바에 도착했다. 철의 장막이 거두어지고 철옹성이었던 크레므린궁도 이제는 여행객들이 드나들 수 있게 열려져 버린 모스크바였다. 잠재해 있는 고정관념을 버리고 접촉해 본 러시아인들은 우리와 똑 같은 다정다감한 사람들이었다. 동네를 찾아오는 개를 위해 먹이를 놓아주는 할머니의 인자한 모습, 아이들과 공원을 산책하는 다정한 어머니들, 산책의 시간에도 어려운 의사소통에 성의를 다해 응해 주던 젊은 사람들 모두가 너무나 평범한 풍경들이었다.

그러나 러시아의 제2도시 상뜨 뻬쩨르브르그(구 레린그라드)에서는 이색적인 풍경이 흥미를 끌었다. 이 도시는 러시아의 제2도시이기는 하지만 자부심이 대단한 도시였다. 자부심이 대단한 만큼 아름다움도 대단해서 북구의 나폴리라고 불리고 있었다. 그런데 그때가 여름철이어서 공원이나 주택가의 잔디밭, 또 시가지를 흐르는 시내(川)의 주변 등 가는 곳마다 우리에게는 익숙치 못한 풍경들이 눈길을 끌었다. 도심의 공원이나 잔디가 깔려 있는 곳, 또는 물(水)가의 모래밭이라면 어디를 가나 남녀노소를 막론하고 붉으스럼한 핑크 빛 피부를 드러낸 초미니 수

영복차림의 사람들이 모여서 일광욕을 하는 장면을 볼 수 있었다. 호기심으로 카메라를 가지고 그들에게 접근했는데 그들은 오히려 웃으면서 자세를 잡아주었다. 이러한 차림의 상황들이 우리나라에서 행해진다면 일탈행위가 되고도 남을 일이지만 그곳에서는 전혀 이상한 행위가 되지 않는다고 했다.

[러시아 쌍뜨뻬쩨르브르그 도심에서의 일광욕 모습]

(2) 상호작용과 자아형성

상호작용론에서는 구성원들의 상호작용이 그들의 자아를 형성하는데 미치는 영향을 강조하고 있다. 즉 상호작용이 일어날 때에 일상적 수준의 상호작용에 의해서는 사회적 관습이 형성되고, 또 의식적 수준의 상호작용에 의해서는 새로운 생활양식이 창조된다는 것이다. 인간사회에서는 이러한 다양한 상호작용에 의해서 새로운 문화가 창조되고, 또한 이 상호작용이 사회화의 한 과정이 되어 사회구성원들의 자아를 형성시킨다는 것이다.

상호작용론적 관점에서 보면 개인은 자기의 주관에 따라 대상과 상황을 규정하고, 또 상호작용에 의해서 서로가 의미를 주고받아서 자아를 형성시킨다. 이로 인해 개인은 자기의 세계를 능동적으로 이끌어 가는 주체가 된다.

4. 사회의 변천

인간의 삶의 터전인 사회는 끊임없이 변천해 왔으며 또 변천해 가고 있다. 이에 따라 우리 인간의 생활양상도 사회변천에 발맞춰 변화되어 왔다. 사회의 변천은 여러 가지 측면에서 살펴볼 수가 있다. 그러나 그 중에서도 사회변천의 핵심적 내용을 이루고 있는 것은 인간의 생활양식과 인간의 의식의 변화이다.

1) 원시사회

원시사회는 인간이 자연의 상태에서 자연질서에 순응하면서 살던 시대이다. 이때는 인간이 자연 조건에 따라 자연과 어우러지는 삶을 살았다. 원시사회의 공동체 형태는 혈연을 중심으로 집단생활을 하는 씨족사회였으며, 인간생활의 기본 조건인 의식주는 채집이나 수렵 등 자연상태에 의존하였다. 그래서 이때의 경제를 채집수렵경제라고 한다.

원시사회의 사회생활은 채집이나 수렵을 위해서 무리를 이루어서 집단이동을 했으며, 사회조직은 초기에는 모계를 중심으로 형성되었으나, 채집, 수렵을 위해 빈번한 이동을 하는 중에 부계 중심의 사회조직으로 변천되었다. 가족형성은 집단내의 질서유지를 위해서 구성원간의 혼인을 금했고, 집단생활을 위해 협력이 필요했기 때문에 가족의 형태는 확대가족체제가 유지되었다.

이 시대에는 대체적으로 인구증가율이 낮았는데, 그 이유는 수렵을 위한 남자들의 잦은 출타, 성 금기, 출산자체 기피, 음식물 부족, 위생상태의 불결에 의한 높은 유아사망률 등이었다. 그러나 이 때에는 생활이 단순했기 때문에 결혼의 시기는 빨랐으며, 혼인의 의미에는 종족 보존, 노동력 확보, 종족간의 관계 개선 등 복합적인 목적을 내포하고 있었다. 원시사회에서의 중요 덕목은 자연의 법칙에 순응하는 것이었다.

2) 유목사회

유목사회는 수렵채집의 원시사회에서 발달된 단계로서 자연의 조건을 인간이 능동적으로 활용하기 시작한 시대이다. 이 시대에는 수렵채집의 원시사회가 보다 조직적인 체계를 갖추어 가면서 식량과 생활용품을 자체적으로 조달하기 시작했다. 즉 자연에만 의존해서 얻었던 식량과 생활 용품을 가축을 길러서 식량을 조달하고, 또 생활의 전반에 걸친 용품을 가축에 의해서 얻었던 시대이다.

유목사회에서는 가축을 기르는 것이 가장 중요한 일이었기 때문에 집단이 항상 가축을 기르기에 적합한 지역을 찾아서 이동을 하였다. 많은 가축들과 집단이 함께 이동을 한다는 것은 쉬운 일이 아니기 때문에 유목사회에서는 집단을 이끌어 가는 지도자의 강력한 리더십이 필요했다. 또 유목사회에서는 사냥이 여전히 생활의 중요한 수단의 하나가 되었기 때문에 용맹스러운 기상이 주요 덕목이 되었다. 그래서 유목사회에서는 기마(騎馬)나 무예(武藝) 등이 구성원들의 주요 관심사였고 이에 따라 유목민들의 성격은 이러한 생활의 영향을 받아서 자연히 진취적이고, 기동적이며 용맹스러웠다.

유목민들은 수시로 이동을 하기 때문에 자연자체가 그들의 재산이었고 특별히 개인이 가지고 있는 사유재산이 없었다. 그래서 그들의 사회체제는 자연스러운 공산(共産)적 사회형태가 되었다. 가족의 규모는 이동에 편리하도록 조절했고, 특히 협동심을 강조하는 공동체 의식을 중시했다. 또한 이 시대에 강조한 사회질서는 사회적 위계질서였다.

읽을거리

[용맹성으로 배우자를 결정하던 유목사회]

유목국가였던 몽골에 있었던 결혼풍습의 하나로서 결혼기의 남녀들이 용맹성으로 배우자를 선택하는 풍습이 있었다. 이 풍습은 마을의 행사로서 치러졌는데, 그 내용은 한 마을의 결혼 적령기에 있는 처녀와 총각들이 말을 타고 달리면서 용맹성을 겨루어 마음에 두고 있는 배우자를 고르는 것이다. 즉 남녀들이 말에 올라 먼저 여자들이 출발한 후에 그 뒤를 이어 남자들이 출발하여 제각기 마음에 두고 있는 여자를 따라잡아서 배우자로 정하는 행사였다. 이 때에 여자들은 자신들의 말타는 실력을 발휘하여 달려가면서 뒤쫓아오는 남자들을 보고 속도를 조절하여 마음에 드는 남자가 쫓아오면 말고삐를 당겨서 속력을 늦추어 주고, 반대로 마음에 들지 않는 남자가 쫓아오면 말을 더욱 힘껏 달려서 뒤쫓아오는 남자를 따돌려 버린다고 한다. 그러나 일단 남자에게 따라 잡히면 결혼을 해야 한다는 것이다.

3) 농경사회

농경사회는 식물을 재배하는 기술이 발달하여 인간이 기아의 공포에서 해방되어 생활의 안정을 보장받기 시작한 시대였으며, 또 인간이 정주생활을 시작한 시기였다. 농경사회는 정주생활에 의해 인간의 공동체가 체계를 갖추기 시작한 시기로서 국가의 기반이 마련된 때이다.

농경사회는 초기의 원시농경사회를 거쳐서 발전된 농경사회에 이르렀다. 원시농경사회는 간단한 도구를 사용하는 화전농경이었지만, 발전된 농경사회는 발달된 도구를 사용하는 집약농경생활로 진전되었다. 집약농경에 의해 식량이 증산되고, 이로 인해 인구가 증가되어 밀집부락이 형성되었다. 또한 토지의 사유와 인구밀집 등에 의해 정치조직이 발달되고, 이에 따라 국가의 체제가 갖추어지게 되었다.

농경사회에서는 가족이 생산과 소비의 단위를 이루면서 남녀의 분업이 분명해지고, 이것이 사회적 분업으로 연결되었다. 가족의 형태는 노동력 확보를 위해 확대가족이 일반적이었고, 부락은 대부분 친족으로 구성되었다. 이때의 종교적 특성은 곡물숭배사상이었고, 특별히 강조한 덕목은 화합과 협동이었다.

4) 산업사회

인간의 생활양식이 획기적으로 변화된 시기는 산업혁명에 의해 산업사회가 시작되면서부터였다. 산업사회는 인력이나 가축의 힘이 기계의 힘으로 대체되는 동력혁명, 즉 산업혁명에 의해서 생산수단이 기계화되고 대량생산과 대량소비의 사회체제가 열린 시대이다. 산업사회는 생산을 중요시하는 조직적인 경쟁사회를 형성시켰고, 경쟁이 심화될수록 전문화와 분업화가 진행되어 능률을 중시하는 관료주의를 탄생시켰다. 이로 인해 인간의 사고에는 물질중시의 가치관이 형성되어 인간존중사상을 저하시켰다. 산업혁명을 가져온 동력혁명은 대규모의 집약적 에너지를 필요로 했고, 이를 위해 석탄, 석유, 가스 등 화석연료를 개발하기 위한 기술이 발달되었다.

산업혁명은 생산의 능률을 높여서 대량생산체제를 이루었기 때문에, 인간은 보다 많은 시간적 여유를 갖게 되었고, 이에 따라 레저(leisure)산업이 발달되었다.

산업사회에서는 경제체제, 사회구조, 가치체계 등에서 두드러진 변화를 가져왔다. 공업화와 아울러 농업도 기업화되어 노동이 상품화되었으며, 기업화된 농업에 의해 단위생산량의 증가를 가져왔다. 식량생산의 증가는 인구 부양 능력을 높여서 인구를 증가시켜 도시의 인구집중 현상을 가져왔다. 그리고 산업사회의 사회체제는 가족의 구조를 농경사회의 대가족 형태에서 소가족인 핵가족의 형태로 변화시켰고, 작업과정의 전문화에 따라 사회조직에 전문가 층을 형성시켰다. 또 국가의 조직에는 질서유지를 위해 사회통제 장치가 강화되었다.

그러나 산업사회가 인류의 발달에 기여한 순기능에도 불구하고 중대한 문제점들을 노출시킨 것은 산업사회의 가치체계의 변화이다. 즉 산업사회에서는 인간의 가치가 존엄성을 가진 철학적 의미의 개인에서 고립화되고 비인간화된 기계적 의미의 개인으로 옮겨졌다. 산업사회에서 노출된 중대한 사회문제는 인간의 기계화 현상이다. 이를 바로잡기 위해서는 인간성 회복이 교육의 중요한 과제로 등장했다.

5) 복지사회

근대사회의 기반을 마련해 준 산업사회는 인간에게 물질적 풍요와 생활의 편리함을 안겨주었지만, 인간의 사고를 물질 위주로 전환시켜 인간의 가치를 저하시키는 결과를 가져왔다. 그러나 인간의 궁극적인 염원은 인간으로서의 가치를 누릴 수 있는 인간다운 삶을 추구하는 것이기 때문에, 물질적 풍요에 만족하지 않고 정신적인 만족이 아울러 보장되는 사회를 추구하게 되었는데 이것이 바로 복지사회(福祉社會, welfare society)이다.

복지사회는 사회의 구성원들에게 인간다운 삶이 보장되는 사회이다. 그러나 여기에서 말하는 인간다운 삶의 보장이란 이상적인 개념을 내포하고 있기 때문에, 결국 복지사회의 개념은 인간이 인간으로서의 가치를 누릴 수 있는 이상적인 사회를 향하여 노력하는 사회이다. 그러므로 인간이 복지사회를 건설한다는 것은 이상사회로 향하는 인간의 끊임없는 노력의 연속이라고 볼 수 있다.

복지사회는 모든 구성원들에게 인간다운 삶이 보장되도록 노력하는 사회이다. 이를 위해 우선적으로 해야 할 일은 독자적으로 인간다운 삶을 살아갈 수 없는 사람들에게 기본적인 생활을 보장해 주는 것이다. 인간의 욕망은 다양하면서도 무한하기 때문에 진정한 복지사회는 사회적 낙오자들의 기본 생활의 보장은 물론이고 이와 아울러 모든 국민들의 인간다운 삶을 위한 욕망을 충족시키기 위해 노력하는 사회이다.

복지사회를 이룩하기 위해서는 많은 노력이 필요하다. 그 중에서도 특히 중요한 것은 국가의 적극적인 노력과 국민들이 올바른 복지관(福祉觀)을 갖는 일이다. 즉 국민들의 물질적 정신적 만족을 충족시켜 주기 위한 국가의 적극적인 노력과 아울러 모든 국민들이 주인의식을 가지고 복지사회 건설에 적극적으로 참여하는 능동적이고도 건전한 복지관을 갖는 것이다. 복지사회는 만들어지는 것이 아니라 구성원 스스로가 만들어 가는 것이다. 또한 복지사회의 교육적 과제는 사회구성원들이 인간다운 삶의 실현을 위해서 올바른 복지관을 갖도록 하면서 아울러 인간의 가치를 존중케 하는 전인교육의 실천이다.

[복지국가 호주의 주거생활]

6) 정보사회

사회발전에 대한 인간의 염원과 노력은 계속되어 왔고 또 지금도 계속되고 있다. 근대에 접어든 이후의 사회의 변화는 인간에게 물질적 풍요를 안겨 주었던 산업사회에서 인간의 가치 추구가 강조되는 복지사회로, 그리고 다시 인간의 두뇌 산물인 정보를 강조하는 사이버(cybernation)시대인 정보사회(information society)로 변천해 가고 있다.

인간에게 물질적 풍요를 안겨주었던 산업사회에서는 물질적 풍요의 대가로 인간에게 인간이 물질에 예속되는 인간소외현상을 야기시켰다. 이에 따라 인간은 상실되어 가는 인간의 존엄성을 되찾기 위해서 인간의 가치를 보장받을 수 있는 복지사회를 추구하게 되었다. 그러나 인간의 욕망은 끝이 없기 때문에 욕망충족을 위한 노력과 경쟁은 나날이 치열해져서 오늘날에 와서는 능률의 극대화를 제일로 하는 정보사회를 출현시켰다.

읽을거리

[정보화시대의 세계여행]

정보화는 세계화(globalization)시대를 가속화시키고 있다. 세계화시대는 세계가 생활의 무대가 되기 때문에 생활의 상대는 세계가 된다. 그래서 세계화가 진행되면 될수록 세계를 이해하고 문화를 익히기 위한 세계여행이 일반화되고 있다.

지금까지 우리는 세계여행은 어려운 것으로만 알아왔다. 그러나 오늘날의 정보화시대는 세계여행을 보편적인 일상의 일로 전환시켜 주고 있다. 세계화시대의 필수조건은 세계시민의 자질을 함양하는 것이다. 세계여행은 세계화시대의 필수요건인 이 세계시민의 자질 함양에 크게 기여하는 것이다.

옛날에는 개인적으로 세계여행을 준비하는 데 한계가 있었기 때문에 대부분 패키지(package)여행으로 외국을 다녀왔다. 그러나 패키지여행이란 실질적인 면에서는 외국의 문화를 접해 보기 위한 외국여행으로서의 효과는 크게 기대할 수가 없는 여행이다. 다만 외국을 다녀왔다는데 의미를 두는 경우가 많다. 그러나 정보화시대에 들어선 오늘날은 그 사정이 달라졌다. 외국여행도 이제는 인터넷을 통해서 개인적으로 얼마든지 테마여행을 설계할 수가 있어서 목적한 여행의 효과를 얻을 수가 있다.

세계여행 설계의 절차를 요약해 보면 다음과 같다. 첫째, 인터넷 속의 국제항공사로 들어가서 항공일정을 짜고, 둘째, 인터넷을 통해 항공과 숙소 그리고 여행지의 여행서비스를 예약하고, 셋째, 인터넷에 실려

> 있는 여행지의 소개에 의해서 여행목적에 맞는 탐방 스케줄을 짜서 예약한 후 적당한 시기에 직접 국제신용카드로 직접 결제를 하면 된다. 이렇게 본인이 직접 세계여행을 기획해서 하면 세계문화를 접할 수 있는 기회가 많아서 여행을 통해서 세계시민의 자질을 함양하는 데 큰 효과를 얻게 된다.

정보사회는 사회의 운영이 무형의 자산인 정보에 의해 이루어지는 사회이다. 정보사회의 가장 큰 특징은 시간의 단축과 공간의 축소로 정보가 신속하고도 광범위하게 처리되는 것이다. 이를 위해서 필수적으로 등장하게 된 것이 국제적으로 통용되는 외국어와 전자매체인 컴퓨터이다.

정보화시대에 살고 있는 우리는 지금 정보의 홍수가 넘나드는 가상공간 속에서 살고 있다. 그래서 정보화시대에는 국경의 의미가 약해져서 자연적으로 지구촌시대가 열리고 있는 것이다. 정보화시대에 살고 있는 오늘의 우리들에게는 이러한 지구촌시대에 살아가기 위해서 세계시민의 자질함양이 중요한 과제로 요구받고 있다.

그러나 또 한편으로는 정보화시대가 진전되면 될수록 우리 인간에게는 효율성 증가에 못지않게 해결해야 할 문제점들이 주어지고 있다. 그 중에서도 특히 중요한 것은 인간이 기계에 예속되는 인간의 기계화현상을 막아야 하고, 또 인간이 주인의 자리를 지킬 수 있도록 인간의 자율적 능력을 함양하는 일이다.

요점정리

1. 인간의 존재

인간 ; 사회의 구성요소
환경(자연)에 순응, 조화, 극복에 노력하는 존재
문화의 창조자
이성의 소유자 - 만물의 영장
사회의 성격 규정에 영향
사회의 변화 발전의 주체
인간의 특성 - 높은 지능, 직립, 손의 자유롭고 섬세한 사용

2. 사회의 의미

사회 ; 인간의 공동생활의 장(場)
인간의 삶의 터전
사회의 역할 ; 인간의 삶을 규정 - 인간과 사회는 상호보완적 관계
인간의 잠재능력 개발의 계기와 장 마련
인간에게 사회성 부여,
사회의 다양성 - 인간생활을 다양화, 다양한 문화창조의 요인
사회 본질에 관한 이론 - 사회실재론, 사회명목론

3. 사회의 관점

기능론적 관점 - 사회유기체론
사회의 각 부분은 각자의 기능 소유 - 통합, 안정, 합의에 기여
원활한 기능의 수행 - 사회의 발전
갈등론적 관점 - 사회는 부분간의 이해 다툼의 장
대립, 갈등, 투쟁이 사회의 속성을 이룸
사회적 불평등 해소로 갈등 해결 - 사회 발전
*사회계약론 ; 계약에 의해서 사회 운영
대표적 학자 - 홉즈, 로크, 루소
상호작용론적 관점 - 사회현상의 설명에서 구성원들이 부여하는 주관적 의미를 중시

사회현상의 원인보다 그 발생방법과 상호작용을 중시

4. 사회의 변천

원시사회 - 자연질서에 순응, 채집 수렵경제
집단 내 질서 중시
유목사회 - 자연조건 활용시작 - 가축사육
강력한 리더십, 용맹의 기상, 진취적 기동적
재산공유
농경사회 - 식물재배 기술
정주생활 - 공동체 체계, 국가기반 형성
확대가족
곡물숭배
산업사회 - 산업혁명, 대량생산, 경쟁, 전문화
관료주의, 레저산업, 인구집중, 도시발달, 핵가족,
물질위주 가치관, 비인간화
복지사회 - 인간의 가치, 인간다운 삶
건전한 복지관
정보사회 - 인간의 두뇌의 산물을 강조
무형의 재산을 강조
지구촌 시대
세계시민 자질 함양

수험대비 평가문제

1. 사회의 실체를 규정할 때에 사회를 구성원인 개인에 앞서서 사회자체를 하나의 유기체에 비유하는 사회실체 이론을 사회실재론이라고 한다.
   (1) 이 이론의 내용을 설명하시오.
   (2) 이 이론에 의거한 사회사상이 정치체제 형성에 미친 영향을 쓰시오.

2. 최근에 우리 사회에서 일어났던 의약분업에 대한 논란이 많은 국민들에게 어려움을 겪게 했다. 이 문제는 국민의 건강 증진을 위해서 근원적으로 해결해야 할 문제이기 때문에 정부와 이해관계 당사자들이 문제의 근원적 해결을 위해서 심혈을 기울이고 있다.
   (1) 이 문제를 근원적으로 해결하기 위한 문제의 원인 접근방법을 사회학의 이론적 관점에 의해서 기술하시오.
   (2) 이 문제의 합리적인 해결방안을 국민의 입장에서 서술해 보시오.

3. 여름철 해수욕장의 비키니 복장은 그곳에서는 아주 적절한 복장이지만 그 복장을 하고 도시의 중심가를 거닐 때에는 사회적 문제가 될 수 있다. 이와 같이 사회적 일탈이 사회의 구성원들의 주관적 의사에 의해서 결정이 되는 일탈이론을 낙인론이라고 한다.
   (1) 낙인론의 내용에 대해서 기술하시오.
   (2) 낙인론의 근원이 되는 사회학적 이론에 관해서 쓰시오.

4. 다음 중 사회현상의 특징 설명으로 옳은 것은?
   ① 필연성을 소유한다. ② 가치중립성을 가지고 있다.
   ③ 인과법칙에 의한다. ④ 보편성을 띠고 있다.
   ⑤ 당위적인 관점을 가지고 있다.*

5. 다음 중 사회현상의 설명이 바르지 못한 것은?
   ① 사회현상은 통제된 실험을 하기 어렵다.
   ② 사회현상은 필연적 법칙에 의존하고 있다.*

③ 사회현상은 인간의 자유의사가 개입된다.
④ 사회현상은 문화권의 영향을 받는다.

6. 사회학의 관점에서 사회현상을 옳게 설명한 것은?
① 전통사회일수록 사회질서는 구성원들의 자발적인 가치합의에 기반을 둔다.
② 유기체이론에서는 사회적 균형을 발전의 기반으로 삼는다.*
③ 개발도상국일수록 사회적 갈등의 양상이 줄어든다.
④ 보수적인 사회일수록 갈등을 사회발전의 요인으로 보는 경향이 강하다.

7. 사회명목론과 사회실재론의 비교설명이 옳은 것은?
① 사회명목론에서는 사회를 추상적인 개념으로 파악하고, 사회실재론에서는 사회를 구체적인 개념으로 파악한다.*
② 사회명목론에서는 사회의 우월성이 강조되며, 사회실재론에서는 개인의 우월성이 강조된다.
③ 사회명목론은 사회유기체설에 근거한 이론이고, 사회실재론은 자연법사상에 근거한 이론이다.
④ 사회명목론에서는 집단주의적 방법이 강조되고, 사회실재론에서는 개인주의적 방법이 강조된다.

8. 사회실재론과 사회명목론을 비교 설명하시오.

9. 사회를 보는 관점인 기능론과 갈등론을 비교 설명하시오.

10. 기능론의 관점에 본 사회의 속성에 관해서 쓰시오.

11. 갈등론의 관점에서 본 사회의 속성에 관해서 쓰시오,

12. 상징적 상호작용론에서 규정하는 사회의 속성에 관해서 쓰시오.

13. 사회계약론의 발생 근원에 관해서 쓰시오.

14. 홉즈(Hobbes), 로크(Locke), 루소(Rousseau)의 인간의 본성에 대한 견해를 비교 설명하시오.

제 2 장 사회연구와 사회학

1. 사회연구와 사회학
2. 사회학의 영역
3. 사회학의 연구방법
4. 사회학의 발달

인간은 사회를 형성하여 생활하면서 자신의 번영과 함께 사회의 발전을 위해 끊임없는 노력을 해 왔다. 이러한 번영과 발전을 위한 끊임없는 노력이 사회학이라는 학문을 정립시켰다. 사회학은 다른 학문과 달리 학문을 연구하는 주체인 인간과 그 인간의 생활의 장(場)인 사회를 연구하는 학문이라는 특성을 가지고 있다. 이렇게 사회학의 연구대상은 사회학을 연구하는 인간 자신과 또 인간을 규정해 주는 사회 그 자체이다. 그렇기 때문에 사회학을 연구할 때에는 연구의 진행에 있어서도 연구의 방법이 다른 학문과는 차이가 있다. 즉 인간이 자신을 연구대상으로 할 때에는 자신을 직접 실험적 연구대상으로 할 수가 없는 경우가 많기 때문에, 경험적 방법이나 대행연구 방법 같은 간접적인 연구 방법을 주로 사용한다.

이와 같이 인간과 사회를 연구하는 학문인 사회학은 그 연구에 있어서 연구대상과 방법을 정하는데 신중을 기해야 하는 것이다. 그러나 연구대상과 연구방법이 어떻게 정해지더라도 사회학의 연구에는 항상 인간에 대한 애정과 열정으로 임하기 때문에 연구의 방향은 언제나 인간과 사회의 발전에 초점을 맞추게 된다.

사회학의 연구 영역은 포괄적으로 보면 인간사(事)를 중심으로 하는 사회현상 전체이다. 즉 인간의 욕망 충족과 인간사에 내포되어 있는 신비스러운 면에 대한 도전, 그리고 사회의 질서유지에 관한 규범 등이 된다. 또한 연구의 방법은 사회학의 기본 이론인 기능론과 갈등론 그리고 상호작용론에 의해서 정립된 방법 등이 주가 된다.

이 장의 마지막 부분에는 사회학의 발달과정을 넣어서 사회학의 변천과정을 살펴보았다. 사회학의 발달 과정은 사회학의 성립 기반이 되는 인간의 의식과 이론 그리고 사회학의 연구방법의 변화에 따라서 순서별로 배열했다.

1. 사회연구와 사회학

1) 인간의 욕망

인간은 본능적으로 끝없는 욕망을 소유하고 세상에 태어난 존재다. 그래서 인간은 우선 자기 자신에 대한 추구에서부터 사회연구를 시작하게 된다. 여기에서 인간의 사회에 대한 연구가 시작되는 것이다. 그래서 인간의 사회연구에 대한 관심은 인간 자신에 대한 관심에서부터 시작된다고 볼 수 있다. 인간 자신에 대한 관심은 바로 자신의 발전을 추구하는 일로 시작되어 자신의 주변 상황으로 전파되고 결과적으로는 사회의 발전으로 연결된다.

인간에게는 인간 자체에 대한 신비스러운 면과 또 인간이 만물의 영장으로서 관심을 끄는 점들이 많다. 즉 인간의 출현 근거라든지, 성별의 균형 등의 신비스러움과 인간의 존엄성이나 인간다운 삶 등이 항상 인간의 관심사로 존재하기 때문에 인간은 언제나 인간 자신과 사회에 대해 연구를 계속하고 있다.

2) 사회현상에 대한 도전

인간의 삶을 지탱해 주는 사회는 항상 인간의 삶을 규정지어 주고 있다. 그러나 우리 인간은 사회의 규정 속에서 살면서도 오히려 그 사회를 규정짓기 위해서 사회현상에 도전하고 있다.

사회는 인간의 삶의 보금자리 역할을 하지만 항상 인간에 유리하게만 작용하지는 않는다. 사회현상은 일정한 원리에 따라서 존재하면서 인간의 생활을 규정지어 주고 있기 때문에 어느 경우에는 인간에게 혹독한 시련을 안겨주기도 한다. 그래서 인간은 이러한 사회적 현상에 대비하지 않으면 안 된다. 예를 들면 극심한 빈부의 차이에 의한 사회적 격차, 청소년 비행, 노사갈등에 의한 노사대립 등 많은 사회문제들이 발생했을 때에 이를 해결하기 위해서 사회현상을 연구하게 된다.

이와 같이 인간과 사회현상간에는 항상 마찰이 있기 마련이다. 즉 인간은 사회적 규정에 따르면서도 나름대로의 주관에 의해서 사회현상을 개척하려고 노력하는 중에 인간 자신은 물론이고 사회의 발전까지도 추구하게 된다.

3) 사회적 편견 시정

동일한 사회적 현상이라도 보는 사람의 견해에 따라서 서로 다른 해석이 나올 수 있다. 이러한 경우에는 어느 한 쪽은 반드시 편견이 곁들어 있게 된다. 사회현상을 볼 때에 편견이 곁들게 되면 그 사회현상의 정확한 의미를 파악할 수가 없다. 이러한 편견은 사물을 볼 때에 지나치게 자기중심으로 보거나 또는 특정한 권위에 집착될 때에 나타나게 되는 것이다. 특히 사회적인 편견은 인간관계나 가족관계에 있어서 흔히 나타나게 되는데, 이때에 편견을 시정하지 않으면 뜻밖의 오해가 발생하여 이것이 심화될 때에는 사회문제로 확산될 우려를 낳는다.

사회적 편견이 사회문제로 확대된 경우는 국내적인 문제에 그치지 않고 국제적인 문제로 확대된 예가 많다. 그 대표적인 예로서는 중동지역의 종교분쟁이나, 인도네시아에서 일어났던 민족분쟁 또 지난날의 게르만 민족의 민족절대주의가 씨앗이 되어 발발했던 세계대전 등이 있다.

우리의 사회에도 지금까지 편견인 줄 알면서도 아직도 완전히 소멸되지 않고 있는 여성과 남성간의 편견의 잔재들이 지금도 사회적 물의의 요인을 제공해 주는 일이 있다. 예를 들면 여성의 선원금지, 동성동본의 혼인 금지 등이 과거에는 엄격하게 규정되었다. 그러나 요즈음에 와서는 이러한 사회적인 편견에 대해서 많은 이해와 연구를 거듭한 결과 최근에 들어서는 사회적 편견에 대한 많은 변화가 나타나고 있다.

4) 사회학의 성립[1)]

인간의 끝없는 욕망은 인간 자신의 발전과 사회의 발전을 향한 노력으로 이어졌다. 그래서 인간은 끊임없이 환경의 제약과 자기 자신에 대한 신비스러움에 도전해 왔다. 이러한 노력이 계속되어 오다가 19세기에 들어서 인간과 사회에 대한 연구에 과학적인 사고의 필요성이 대두되면서 프랑스의 학자 콩트(August Comte)에 의해 새로운 학문으로서 사회학(sociology)이 성립되었다. 콩트는 그의 저서 『실증철학강의』에서 'sociologie'라는 말을 사용하여 새로운 학문으로서의 사회학의 이름으로 삼았던 것이다. 그래서 콩트를 사회학의 창시자로 보고 있다.

콩트가 사회학을 성립시키기 이전에는 인간과 사회에 대한 연구가 주로 숙명론적인 자연법칙이나 종교적인 측면에 이루어졌는데, 19세기에 들어와서는 프랑스를 중심으로 한 유럽에 정치적 변화를 비롯한 사회적 변화가 야기되어 사회적 혼란을 맞게 되었다. 특히 프랑스의 경우에는 이 시기가 대혁명 이후 왕권신수설(王權神授說)을 중심으로 한 전통주의와 국민주권론(國民主權論)을 주장하는 진보주의가 대립되어 사상적 혼란에 의한 사회적 혼란이 야기되었던 시기였다. 콩트는 이러한 사회적 혼란 속에서 전통주의에서 질서의식을, 그리고 진보주의에서 발전의식을 도출해서 사회가 질서 속에서 발전을 추구할 수 있는 사회적 원리를 도출하려고 했다. 여기에서 인간과 사회를 과학적인 사고와 절차에 의해서 발전시켜 나가기 위한 연구가 필요했고 이를 위한 학문으로 사회학을 탄생시켰던 것이다.

---

1) Alex Thio, *Sociology*, 1990, p. 10 참조.

물론 콩트에 의해 사회학이 학문적으로 성립되기 이전에도 사회학과 관련된 연구가 아주 없었던 것은 아니다. 특히 북아프리카 튀니지 출신의 이슬람 학자 이븐할둔(Ibn Khaldun)은 14세기 역사적 정치경제학적 연구저작들을 통해 사회갈등과 사회발전단계 그리고 국가 형성 과정 등을 연구하였다. 이러한 이븐할둔의 연구 성과와 그에 대한 사회학사적 관심과 연구가 최근 더 깊어지고 있다.[2)]

2. 사회학의 영역

1) 인간과 사회의 기본

사회학의 연구영역을 간단히 이야기하면 인간사(人間事)에 관련된 모든 사회적 현상이 된다. 그래서 사회학의 연구영역은 포괄성을 띠고 있는 것이다. 그러나 사회학이 연구 대상으로 하는 인간사에 관련된 사회적 현상들은 모두가 궁극적으로는 인간의 발전과 관련이 지어지고 있다. 즉 인간이 사회 속에서 생활하면서 삶의 질을 향상시켜서 인간다운 생활을 영위해 나가는 것이 인간의 염원이고 이상이기 때문에 사회학의 연구방향도 궁극적으로는 인간의 삶의 질 향상으로 모아진다.

인간은 근원적으로 자유와 평등의 추구를 기본적 이상으로 하고 있다. 그러나 이 자유와 평등의 추구는 사회적 여건에 의해서 좌우되기 때문에 인간이 자유와 평등을 추구하기 위해서는 사회적 여건을 갖추는 것이 필수적인 일이 된다. 이 사회적 여건의 핵심은 삶의 기회가 평등하게 배분되는 것이다. 완전한 기회평등이 이루어지기 위해서는 주어진 기회의 과정상 평등과 결과의 평등이 이루어져야 하기 때문에,

2) 앤서니 기든스, 『현대 사회학』, 2011, p.38 참조.

완전한 기회평등을 위해 인간은 끊임없는 연구를 하고 있다. 이와 같이 인간은 자신의 번영과 사회의 발전을 위해서 연구를 계속해 왔다.

2) 인간과 사회의 관계

인간이 사회를 연구할 때에 그 대상이 되는 것은 인간자신과 사회현상이다. 그런데 인간과 사회현상은 항상 상호보완의 관계 속에서 존재하기 때문에 양자의 관계가 원활히 유지될 때에 개인과 사회가 발전할 수가 있다. 인간과 사회의 관계가 원활히 되기 위해서는 사회의 구조와 이 구조를 합리화하기 위한 제도에 결함이 없어야 한다. 그래서 사회의 구조와 제도에 대한 연구는 사회학의 중요한 연구대상이 되어 왔다.

사회의 구조를 연구하기 위해서는 사회제도에 대한 고찰이 있어야 한다. 사회제도는 사회구조를 지탱시키는 사회조직의 역할체계이다. 즉 사회를 유지시키는 가치와 실천을 규정한 규범적 장치를 말하는 것이다.

사회의 기본적 제도에는 다음의 다섯 가지가 있다.

첫째, 정치제도이다. 정치제도는 사회를 운영하는데 필요한 권력의 창출과 행사에 관한 제도이다. 즉 권력의 근원과 구조 그리고 행사방법을 규정하는 제도이다.

둘째, 경제제도이다. 경제제도는 사회구성원인 인간의 물질적 욕구의 충족에 관한 제도이다. 즉 생활에 필요한 재화와 용역의 생산, 분배, 소비에 관한 제도로서 인간의 물질적 생활을 규정하는 제도이다.

셋째, 가족제도이다. 가족제도는 사회구성원의 유지와 삶의 안정에 관한 제도이다. 즉 성(性)의 규제 장치 역할을 하고 사회구성원을 충원하며 또 양육 보호하는 사회화의 기능을 수행하는 제도이다.

넷째, 교육제도이다. 교육제도는 사회구성원의 사회화를 전담하는 제도이다. 즉 가족제도에서 수행하고 있는 사회화의 기능을 전담하여 올바른 사회구성원의 자격을 길러주는 제도이다. 교육제도에서는 학문, 예술, 사상 등 지식과 인격 그리고 가치관 형성에 이르는 포괄적인 기능을 담당한다.

다섯째, 종교제도이다. 종교제도는 인간의 정신세계를 관장하는 제도이다. 즉 삶의 가치를 인식시켜 주고 인생의 올바른 방향을 설정해 주는 기능을 수행하는 제도이다. 인간은 종교제도에 의해서 믿음의 세계에 접하게 된다.

3) 사회생활의 기본 규범

인간이 사회생활을 원활히 하기 위해서는 사회의 질서가 유지되어야 한다. 사회의 질서가 유지되기 위해서 필요한 것이 바로 사회의 규범이다. 사회규범은 사회관계를 유지시켜 주는 기본적인 장치가 되는 것이다. 그런데 이 사회규범은 보편성을 소유하고 있는 반면에 사회적 환경에 따라 특수성을 가지고 있다. 예를 들면 인간의 본능적 욕구충족의 근원에 관한 규범은 모든 사회에 공통적으로 존재하지만 욕구충족을 위한 방법에 관한 규범은 시대와 장소에 따라서 제각기 특징을 가지고 있다. 인간생활의 기본이 되는 의식주에 관한 규범을 보면 몸을 보호하기 위해서 옷을 입고, 에너지를 내기 위해서 하루 세 때 밥을 먹고, 또 외부의 침입을 막기 위해서 집을 짓고 살아야 하는 것은 보편적 규범에 해당되지만, 자연적 조건과 사회적 조건에 따라서 옷의 형태와 입는 방법이 다르고, 음식의 종류와 식사방법이 다르며, 또 집의 형태와 재질이 다른 것은 규범의 다양성에 해당되는 것이다.

사회는 질서에 의해서 유지되고 발전해 간다. 그래서 우리는 사회현상을 연구할 때에는 반드시 사회현상들간의 규칙성과 상호의존성을 연구하게 된다. 종합해서 말하면 사회학은 인간사회의 질서를 연구하는 학문이다. 그래서 우리는 사회학을 통해서 인간사회의 질서유지의 근원이 되는 사회규범에 대해서 연구를 계속하고 있다.

3. 사회학의 연구방법

1) 가치지향

사회학의 연구는 다양한 인간사회를 연구하는 것이기 때문에 그 연구방법도 다양하고 광범하다. 사회학의 연구범위를 보면 연구주체인 인간에서부터 시작하여 생활의 터전인 사회에 이르기까지 광범한데, 이를 구체적으로 보면 인간의 개체인 개인, 개인과 개인과의 관계, 집단, 개인과 집단과의 관계, 집단과 집단과의 관계, 그리고 사회전반에 이르고 있다.

사회학은 콩트의 실증주의를 기반으로 하여 출발했다. 그런데 이 실증주의는 사실을 자연법칙의 인과론적 관계에 의해서 입증하는 철학적 사고를 기반으로 하고 있기 때문에, 실증주의를 기반으로 해서 출발한 사회학은 결국 그 출발에서부터 과학적인 사고의 기반을 가지고 출발했다고 볼 수 있다. 이러한 실증주의의 사고를 기반으로 하여 사회를 과학적 사고에 의해서 연구하는 사회과학이 성립되었다.

사회과학은 사회현상을 과학적인 사고에 의해서 연구하지만, 자연현상을 연구하는 자연과학과는 차이가 있다. 자연과학은 자연현상을 외형적인 관찰에 의해서 인과법칙으로 설명하지만 사회과학은 실험의 대상이 될 수 없는 인간과 인간의 활동을 주 연구대상으로 하기 때문에 사회과학의 연구는 인간의 내면세계를 이해하면서 목적을 향한 가치 지향적인 측면에서 사회현상을 설명한다. 즉 자연과학의 연구방법은 자연현상을 가치중립적인 입장에서 연구하지만, 사회과학은 사회현상을 가치 지향적인 입장에서 연구하게 된다. 사회학의 연구방법은 사회과학적 방법에 의해 가치를 지향하는 탐구적 방법에 의해서 이루어진다.

사회과학적인 방법에 의한 가치의 추구는 추구자의 주관을 완전히 배제할 수는 없다. 그러나 이때의 추구자의 주관은 반드시 객관성의 바탕 위에서 형성되어야 한다. 이때에 객관성의 바탕이란 객관적인 자료의 분석에 의해서 형성되어 일반화된 바탕을 말한다. 이러한 탐구적 과정을 거쳐서 추구한 가치만이 사회적인 가치로서 사회에 기여할 수 있게 된다.

2) 역사적 방법

사회학의 연구에서 역사적인 방법은 생물학에서 원용된 진화론의 법칙을 이용해서 사회의 변천과 발전을 연구하는 것이다. 사회는 일정한 단계를 거쳐서 순서대로 변천하는 과정에서 발전한다는 이론에 의해서 사회를 연구하는 방법이다. 즉 역사의 흐름에 따라서 사회가 진화한다는 것이다. 콩트는 사회의 발전단계를 야만단계에서 미개단계를 거쳐 실증주의 단계로 설명했다. 첫째의 야만단계에서는 인간이 자연상태 그대로 생활을 했다. 그리고 둘째의 미개단계에서는 인간사회 형성의 초기에 해당되는 단계로서 인간의 생활이 덜 개발된 상태이다. 마지막의 실증주의 단계에서는 인간의 생활이 합리적 사고에 의해서 이루어지고 있다. 사회의 연구를 역사적인 방법에 의해서 연구한 또한 사람은 소로킨(Pitirim A. Sorokin)이다. 소로킨은 사회는 관념적 문화에서 이상적 문화로 발전하고 또 감각적 문화를 거치면서 순환한다고 주장했다.

사회학의 역사적 연구방법의 또 한 분야는 사회현상들을 비교하면서 인과론적으로 설명하는 것이다. 이 연구방법의 예로서는 베버(Max Weber)의 역사적 방법론이다. 베버는 역사적 현상들을 전체사회의 범주 안에서 이해하고 비슷한 경우를 비교함으로써 역사적 실체를 설명했다. 사회학의 역사적 연구방법은 산업사회에 와서는 사회변동이나 산업화 등을 다루면서 역사적인 경험을 이용해서 사회적 현상의 개념을 구성하고 인과적인 설명을 하고 있다.

사회학의 연구에서 비교방법은 사회적 현상을 시차를 두어서 비교하는 연구방법이기 때문에 역사적 방법의 일환이라고 볼 수 있다. 비교연구방법은 사회학 연구에 대단히 중요하다. 왜냐하면 사회학을 연구함에 있어서는 그 대상이 인간과 관련된 것들이기 때문에 자연과학에서와 같이 실험을 할 수 없는 경우가 많다. 그래서 이 때에는 연관된 두 개의 역사적 현상을 존재의 시기에 따라 비교함으로써 인과적 관련성을 설정할 수 있다. 즉 사회현상들 간의 연관성을 규정하기 위해서는 사회현상들을 체계적으로 비교하는 것이 무엇보다도 중요한 일이다.

3) 이론적 방법

사회학 연구의 이론적 방법으로 기능론적 방법, 갈등론적 방법, 상징적 상호작용론적 방법 그리고 현상학적 방법이 있다.

(1) 기능론적 방법

사회학 연구의 기능론적 방법은 사회를 하나의 유기체에 비유하는 사회유기체설에 의해서 사회를 연구하는 방법이다. 사회유기체설에서는 사회의 각 부분의 기능을 강조하면서 사회자체를 하나의 독립적인 실체로 간주한다. 이와 같이 사회를 하나의 독립적인 실체로 간주하는 사회존재이론을 사회실재론이라고 한다. 사회실재론에서는 사회는 구성원인 개인들의 의식과는 다른 독립적인 존재로서 개인을 포용하면서 개인의 행동을 구속하는 실체로 본다. 사회 속의 개인은 그 역할을 수행함에 있어서 사회의 기본 단위가 된다는 것이다.

기능론에서는 사회를 체계로 보고 있다. 체계란 상호연관성을 가지고 있는 부분들이 모여서 하나의 틀을 만들어서 부분들 간에 그리고 부분과 전체간에 상호의존관계를 가지고 있는 전체를 말한다. 이 전체는 각 부분의 기능수행에 의해서 유지발전 된다는 것이다. 각 부분의 기능에는 전체의 발전에 기여하는 순기능과 전체의 발전을 방해하는 역기능이 있다.

사회체계는 부분들의 기능이 정상적으로 발휘될 때에 전체적인 균형상태가 이루어져서 사회의 발전을 가져오고, 부분들의 기능이 제대로 발휘되지 못할 때에는 체제의 균형이 깨어져 사회적인 혼란이 야기되면서 사회변동을 초래한다는 것이다.

기능론적 방법에 의해서 사회학을 연구할 때에는 사회의 속성을 통합과 안정 그리고 균형으로 보고, 사회의 각 부분들이 기능을 정상적으로 발휘하여 사회가 안정된 균형상태에서 발전할 수 있도록 하는 것이 연구의 핵심이다. 이를 위해서 중요한 것은 구성원들의 합의를 도출해 내는 것이다.

기능론의 입장에서 사회학의 연구에 임한 사람들은 뒤르켐(Emile Durkheim), 파슨스(Talcott Parsons), 머튼(Robert K. Merton) 등이 있다. 뒤르켐은 사회실재론을 주장하면서 사회를 기능론적 관점에서 연구하였고, 파슨스는 사회의 체계와 기능의 관계에서 사회의 존속을 연구했다. 또 머튼은 사회의 구조와 기능을 연관시켜서 구조에 기여하는 것을 순기능으로, 구조에 기여치 못하는 것을 역기능으로 보아 이것을 사회적 일탈로 규정지었다.

결국 기능론적 입장의 사회학 연구에서는 사회체제의 유지와 사회의 발전을 위해서 사회의 각 부분들의 정상적인 기능 발휘와 균형된 결과의 도출을 연구의 핵심으로 하고 있다.

(2) 갈등론적 방법

위에서 살펴본 사회학의 기능론적 연구에서는 사회의 속성을 통합과 안정 그리고 균형유지로 본데 대해서 갈등론에서는 사회의 속성을 이해관계를 달리하는 집단간의 대립과 갈등 그리고 투쟁으로 보고 있다. 이 갈등론의 시작은 마르크스(Karl Marx)의 계급투쟁론에서 시작하여 갈등의 제도화를 주장한 다렌돌프(Ralf Dahrendorf)의 신갈등론에 이르렀다. 신갈등론에서 특히 코저(Lewis A. Coser)는 갈등 속의 기능적 역할을 강조하여 사회는 갈등이 있음으로 해서 변화되고 발전할 수 있으며 또 집단의 결속력이 증가될 수 있다고 했다. 이에 따라 코저는 갈등이 집단의 질서유지와 결속에 기여할 수 있다고 해서 갈등기능론을 제시했다. 즉 집단간의 갈등은 개개 집단 안의 결속과 유대를 증대시키고, 또 갈등이 일어나면 내부의 구조적 문제를 표출시켜 주의를 끌게 되기 때문에 문제해결을 위한 노력을 발생시키고, 구성원들의 긴장이나 불만을 해소시켜 체계의 극심한 긴장상태를 예방할 수 있다는 것이다.

갈등론의 입장에서 사회학을 연구할 때에 우선적인 과제가 되는 것은 사회발전을 가로막는 사회적 갈등의 근원인 사회적인 불평등을 해소하는 것이다. 그래서 이 사회적 불평등을 해소하기 위해서 먼저 그 원인을 찾는데 주력한다. 갈등론에서는 이 사회적 불평등의 원인을 찾기 위해서 개인적인 측면과 사회구조적인 측면으로 연구를 한다. 개인적 측면에서는 개인의 선천적 후천적 여건의 차이가 불평등의 원인이 되어 사회적으로 확대되어 사회적 불평등을 만들어 내고, 사회구조적인 측면에서는 사회제도에 의해서 발생하는 구조적인 차등의 여건이 사회적 불평등을 만들어 내는 것이다.

갈등론적 방법에 의해서 사회현상을 연구할 때에는 먼저 사회현상에 내포되어 있는 갈등의 요소들을 파악한 다음에 그 요소들을 해소할 수 있는 방안을 강구하면서 갈등의 현상을 사회발전의 방향으로 연결시켜야 할 것이다.

(3) 상징적 상호작용론의 방법

상징적 상호작용론은 사회현상의 의미를 인간의 상호작용에 의한 의미의 부여에 따라 규정하는 이론이다. 즉 사회구성원들이 행하는 일상생활의 행위에 대해서 행위자체보다 사회적 의미 부여에 초점을 맞추어 사회현상을 설명하는 이론이다. 예를 들면 남북의 정상이 만나서 회담을 했을 때에 회담 그 자체보다 그 회담에 부여하는 사회적 의미가 회담의 핵심이 된다는 것이다. 이 이론에서는 인간이 소유하고 있는 이성의 능력을 인정하여 인간행동의 의미를 해석한다.

이 이론은 미드(George Herbert Mead)에 의해서 창시되었다. 그에 의하면 인간은 마음의 성찰력(省察力)에 의해서 주변의 대상에게 상징으로서의 의미를 부여한다고 했다. 이렇게 의미가 부여된 대표적인 상징적 수단이 문자와 언어이다. 인간은 이러한 상징적 수단에 의해서 상호작용을 함으로써 자아(自我)를 형성하게 되는 것이다. 이렇게 형성된 자아는 내가 나를 생각하는 주체적인 '나'와 다른 사람이 나를 생각하는 객체적인 '나', 즉 대상으로서의 '나'가 있다. 이 주체적인 나와 객체적인 나는 이 둘을 종합해 봄으로써 나 자신을 보다 정확하게 파악하여 자기의 세계를 능동적으로 이끌어 갈 수 있게 한다.

구성원들 간의 상호작용은 서로가 상대방의 행위의 의미를 해석하고 자신의 행위의 형태를 결정하여 상대방에게 자신의 의미를 제시하는 과정이다. 이러한 구성원들 간의 상호작용에 의해서 사회의 유형이 형성되고 사회가 유지 발전되는 것이다.

인간사회에서 상징적 상호작용은 개인이 대상과 상황을 주관적으로 규정하여 의미를 부여함으로써 자기의 세계와 자신의 존재를 알려서 자신의 입지를 구축하게 하는 역할을 한다.

이 이론의 대표적인 학자는 미드(G. H. Mead)와 블루머(Hubert Blumer)이다.

(4) 현상학적 연구 방법

사회학 연구의 현상학적 연구방법에서는 사회현상을 연구할 때에 사회적 현실에 관한 체계적인 지식을 획득할 수 있는 사회과학적 방법을 강조한다. 이 현상학적 연구방법에서는 사회학을 사회적 행위의 인과적 설명과 해석적 이해를 추구하는 학문으로 다루고 있다. 해석적 이해란 인간의 사회적 행위를 인과적으로 설명하고 이것을 경험을 통해서 이해하는 것을 말한다. 즉 인간행위는 그 자체가 주관적인 가치와 목적을 가지고 있기 때문에 행위의 주관적 의미에 대한 해석과 이해가 필요하다. 그래서 현상학적 연구방법을 해석적 이해 방법이라고 한다. 이 연구방법에서 강조하는 것은 사회구성원들의 일상생활 속에서 일어나는 상호작용의 경험들과 이 경험들에 대한 해석적 이해이다. 인간행위를 이해할 때에 행위자의 입장에 서서 그의 행동을 이해하는 것을 감정이입(感情移入)에 의한 이해라고 한다.

인간은 사회생활을 하면서 환경에 관해서 자연적 문화적인 다양한 경험을 한다. 그러나 이 다양한 경험들은 구성원 모두가 접하고 있는 공통의 세계에서 얻는 경험들이기 때문에 구성원들에게 공통의 의미를 갖게 하며, 여기에서 사회적 현실에 대한 체계적인 지식이 습득되는 것이다. 그러므로 사회과학에서는 일상생활의 경험을 강조하면서 여기에서 얻어지는 지식과 이해를 추구의 목표로 삼는다.

현상학적 사회학을 정립한 사람은 슈츠(Alfred Schutz)이며, 정립의 기반을 제공한 사람은 이해사회학을 정립한 베버(Max Weber)와 현상학적 철학자인 후설(Edmund Husserl)이다.

4) 경험적 방법

사회학 연구의 경험적 방법은 사회현상을 연구할 때에 그 질적 연구에 중점을 두는 연구방법이다. 이를 위해 구체적으로 사용되는 연구방법은 현장조사, 사례연구 등이 활용된다. 인류학적인 연구에서는 이 방법들이 주로 이용된다.

사회학의 경험적 연구방법의 효시(嚆矢)라고 볼 수 있는 사람은 프랑스의 사회학자 르 쁘레이(F. Le Play)이다. 그는 사회를 연구할 때에는 먼저 사회의 현실태를 직접 파악하는 것이 무엇보다도 중요하다고 했다. 그래서 그는 사회의 실태를 파악하기 위해서 사회조사를 강조했다. 이러한 그의 사상은 미국의 경험주의 사회학의 발달에 큰 영향을 주었다.

현장조사 방법은 사회현상이 일어나고 있는 현장에 연구자가 직접 가서 현상을 구체적으로 살펴가면서 연구하는 방법이다. 이 방법에 의하면 사회현상을 자연스러운 상태에서 발생원인을 관찰할 수 있고, 또 진행과정을 직접적으로 지켜볼 수 있다. 그러나 이 방법에서 문제점으로 제기되는 것은 관찰의 정확성과 진행상황의 인식에 대한 객관성과 타당성의 문제이다. 또 현장조사의 범위가 넓고 조사 대상이 많을 때에는 조사를 위한 기술적인 문제가 야기된다. 즉 대규모의 사회조직체나 많은 구성원을 수용하고 있는 집단의 현장조사는 부분적인 조사에 그칠 수 있기 때문에 조사연구의 결과를 일반화하는데 무리가 따르게 된다. 이를 해결하기 위해서 개발된 조사방법이 사례연구이다.

사례연구 방법은 현장조사의 범위가 광범하거나 조사대상이 많을 때에는, 조사대상을 사례별로 나누어서 그 사례에 해당되는 소규모의 조직체나 조직체 안의 작은 집단을 조사단위로 정해서 자세하게 그리고 집중적으로 연구하는 방법이다. 그러나 이 방법에도 문제점은 따른다. 즉 사례연구는 주로 직접관찰법을 사용하는데 이때에 관찰 대상자가 자신이 관찰대상인 것을 알아차리는 경우가 많기 때문에 인위적인 현상을 조작할 수 있는 우려가 따른다. 이에 대한 보완책으로는 참여자가 되어 현상을 자연스럽게 관찰하는 참여자로서의 관찰자가 되는 참여관찰법을 활용한다.

사회학의 경험적 연구방법은 지역사회의 연구에 있어서는 인간의 생태학 연구를 증진시켰고, 또 산업사회의 산업현장의 연구에서는 인간관계의 연구를 증진시켜 산업심리학이나 경영학에 큰 영향을 주었다.

4. 사회학의 발달

1) 사회학의 시작[2)]

인간은 누구나 천부인권(天賦人權)을 주장하면서 자유와 평등을 기본 이상으로 한다. 그래서 인간사를 연구의 대상으로 하는 사회학은 인간존엄과 자유, 평등을 학문의 기반으로 삼고 있다. 그러나 이 자유와 평등의 이념은 서로가 보완적인 관계에 있으면서도 한편으로는 대립적인 관계를 유지하고 있다.

인간의 존엄성을 보장해 주는 자유와 평등은 상호보완의 관계에서 인간의 존엄을 유지시켜 주고, 이를 기반으로 하여 인간의 삶이 향상되기를 인간은 바라고 있다. 이를 위해 인간은 사회적 현상에 대해서 학문적인 연구를 하게 되었다. 사회학이 체계를 갖춘 학문으로 정립된 것은 프랑스의 학자 콩트(August Comte)에 의해서이다.

콩트는 사회학의 구성을 사회정학(社會靜學)과 사회동학(社會動學)으로 설명하면서 사회정학은 사회질서를 다루는 부분으로 스펜서(Hubert Spencer)에 의해서 계승 발전되었고, 사회동학은 사회의 진보를 다루는 부분으로 3단계법칙으로 사회발전을 설명했다. 사회정학에서의 사회질서는 사회유기체설에 의해서 구조기능적으로 설명하고, 사회의 진보는 3단계법칙에 의해 인간의 지적 발달 단계로 설명했다. 인간의 지적 발달 단계는 신학적, 형이상학적, 실증적 단계로 이어짐에 따라 사회는 군사적 시기에서 법률적 시기로, 다시 산업적 시기로 발전한다고 했다.

콩트가 사회학을 정립하던 시기의 프랑스의 사회상은 대혁명 이후

2) 앞의 책, pp. 9-13 참조.

왕권신수설을 주장하는 안정추구의 질서이론과 국민주권론을 주장하는 변화추구의 진보이론이 대립되어 사상적인 혼란이 야기되었던 시기였다. 그래서 질서와 진보의 개념이 사회학의 이론적 양대 지주가 되었으며, 이 두 이론을 조화시켜 발전으로 이끄는 것이 사회학의 과제가 되었다. 전통주의 이론인 왕권신수설은 메트리(de Maistre)와 보나르(de Bonald)에 의해서 주장되었고, 진보주의 이론인 국민주권이론은 루소(J. J. Rousseau)에 의해서 주장되었다.

인간과 사회를 연구하는 학문인 사회학은 성격상 종합적인 학문의 위치에 있기 때문에 그 내용과 체계 그리고 성격의 규정에 있어서 많은 변화를 겪어 왔다.

2) 생물학적 사회학

사회학은 그 시작에서부터 사회현상을 전체적이고도 포괄적으로 다루는 종합적인 학문으로 출발했다. 즉 자연이 일정한 법칙에 의해서 운영되듯이 우리가 모여서 살고 있는 이 사회도 일정한 운영의 법칙이 있기 때문에 이것을 연구하기 위해서 정립한 학문이 바로 사회학이다. 그래서 초기의 사회학은 그 운영원리를 연구하기 위해서 자연의 질서에 해당되는 생물학의 원리를 원용했다. 여기에서 생물학적 사회학(生物學的 社會學)이 대두되었다.

생물학적 사회학에서는 생물적 원리가 사회현상을 설명하는데 주요 이론이 되었다. 즉 유기체 이론과 진화론에 의해서 사회를 설명하면서 사회는 생물유기체와 같이 자연법칙에 따라 재조직되고 발전한다고 했다. 다시 말하면 생물학적 사회학에서는 인간사회를 유기체인 생명체에 비유하여 연구하는 사회실재론의 입장을 취하면서 생물학적 이론으로 사회현상과 사회의 진보방안을 연구하는 실천적인 연구를 했다.

사회유기체론은 인간사회를 유기체에 비유하여 그 발전을 연구하는 이론으로서 대표적인 학자는 프랑스 위르므스(Rene Worms), 독일의 리렌펠트(Paul Von Lienfelt) 등이다. 이 이론을 바탕으로 하여 성립된 사회실체론에 관한 이론이 사회실재론이다. 사회실재론의 입장에서는 사회현상을 생물학적 이론으로 연구하며, 또 사회문제의 연구는 주로 사회병리학적 관점에서 접근을 한다.

그러나 다양한 개성을 소유한 인간들이 모여서 이루어진 사회를 자연과학인 생물학의 이론에 의해서 연구하다 보니 문제점이 나타나지 않을 수가 없다. 사회유기체론에 대해 제기되는 문제점은 사회의 구성단위인 개인은 의식적인 존재로서 의지의 관념을 소유하고 있는 개성적인 존재이기 때문에, 유기체의 무의지의 세포조직과는 차이가 있어서 생물학적 원리에 의해서 사회현상을 연구한다는 것은 무리가 있다는 것이다. 즉 생물적 원리를 원용한 생물학적 사회학은 그 연구에 있어서 유기체인 인간의 의식과 의지 그리고 관념을 소홀히 하고, 다만 인간 상호간의 외적 관계만을 중점으로 다루게 된다는 것이다.

사회적 진화론은 19세기말 독일의 굼푸로비치(Ludwig Gumplowicz), 라첸호퍼(Gustav Ratzenhofer) 등의 사회학자들이 다윈(Charles Dawin)의 '종의 기원'에서 전제된 생물의 자연도태설(自然淘汰說)과, 생존경쟁(生存競爭)의 결과인 적자생존(適者生存說)의 이론을 사회 설명의 원리로 원용한 것이다. 사회적 진화론에서는 인류의 역사를 크고 작은 인간집단간의 투쟁으로 인식하면서, 사회와 국가의 성립은 집단간이나 종족간의 투쟁을 통해서 이루어진다고 보았다. 여기에서 국가성립에 관한 이론으로서 종족투쟁설과 국가정복설이 형성되었다. 이러한 이론에서는 집단간의 투쟁을 사회과정의 중요한 요소로 인식하면서, 국가의 성립과정을 다윈(Dawin)의 사상에서 말하는 약육강식의 과정으로 보았다. 특히 자기보존과 종족보존의 본능에 의한 생존경쟁의 불가피성을 국가정복설의 기반으로 설명했다.

생물학적 사회학의 한 분야를 차지했던 것으로 인종주의가 있다. 이 인종주의를 연구한 학자들에는 프랑스의 고비노(Arther de Gobineau)와 영국의 챔버린(Houston S. Chamberlin) 등이 있다. 인종주의에서는 문명의 기원과 기초 그리고 인류의 역사, 사회의 흥망성쇠 등을 인종적 특질에 의해서 설명했다. 이에 의하면 모든 인종간에는 상호간에 우열이 존재하기 때문에 인간에 의해서 창조된 문명에는 우열이 발생하게 된다는 것이다. 즉 우수한 인종은 우수한 문명을 창출하여 우월감을 갖게 된다는 것이다.

인종주의에 의하면 인종적 순수성을 잘 보존한 인종일수록 우월감을 가지고 그들의 순수성을 유지하기 위해서 노력한다. 그 예로서 백인 중에서도 아리안족이나 유태족을 들 수 있다. 특히 유태족의 경우는 인종적 순수성 보존과 생존적 차원에서 어린이 교육과 여성교육 그리고 민족주의 교육에 열성을 쏟고 있다.

생물학적 사회학에 대한 비판으로는 앞에서 지적한 사회 유기체설에 대한 비판을 근원으로 하여 다음과 같이 제기되었다.

첫째, 생물학적 사회학은 사회현상의 외형적인 비교를 중심으로 하여 주로 연구되기 때문에 사회의 본질 탐구를 소홀히 했다.

둘째, 생물학적 사회학은 그 연구에 있어서 인간의 의지와 지성에 관련된 부분을 소홀히 했다.

셋째, 생물학적 사회학에서는 사회발전을 설명할 때에 생물적인 적자생존의 이론을 강조한 나머지 사회발전에 대한 인간의 의지적 역할을 소홀히 했다.

3) 심리학적 사회학

심리학적 사회학(心理學的 社會學)에서는 사회현상을 연구할 때에 인간의 심리를 중심으로 하여 연구를 한다. 즉 사회명목론적 입장에서 사회현상의 본질을 인간의 심리 즉 의지에 입각하여 규정하고 해석하려는 사회학의 입장이다. 이 입장에서 사회학을 연구한 학자들은 타르드(Gabriel Tarde), 퇴니스(Ferdinand Tönnies), 워드(Lester

Ward), 스몰(Albion Small), 기딩스(Franklin H. Giddings), 쿨리(Charles H. Cooly) 등이 있다.

타르드(Tarde)는 사회현상을 연구하면서 마음의 상호작용을 강조했다. 그에 의하면 사회현상은 사람들의 마음의 상호작용에 의해 성립된다고 했다. 즉 사회현상은 사람들의 신념이나 욕망 등 심리적인 상호작용에 의해서 생긴다고 했다. 또한 사회현상에서 나타나는 사회과정은 집단의 구성원들이 심리적 상호작용을 전개하는 것으로서 모방과 대립 그리고 발명 등이 기본과정이 되며, 이러한 사회적 과정이 일반화 과정을 거쳐서 사회현상으로 정착되어 사회변동과 사회발전으로 연결된다는 것이다.

퇴니스(Tönnies)는 사회현상의 설명에 있어서 인간의 의지를 강조했다. 그는 인간의 의지 즉 심리를 중심으로 해서 사회학을 전개했다. 또 그는 인간의 의지에 의해서 사회와 사회관계의 기본유형을 분류하면서, 이때의 결합하려는 인간의 의지를 사회형성의 원인으로 보았다.

사회형성의 원인인 인간의지의 유형으로는 본질적 의지와 선택적 의지가 있다. 본질적 의지는 유기체적 의지로서 인간 본연의 의지에 해당된다. 또 선택적 의지는 개인적인 독립적 의지로서 상황적 의지에 해당이 된다.

퇴니스는 인간의 의지 유형에 따라서 인간집단을 게마인샤프트(Gemeinschaft)와 게젤샤프트(Gesellschaft)로 구분했다. 게마인샤프트는 인간의 본질적 의지에 의해서 형성되며, 게젤샤프트는 인간의 선택적 의지에 의해서 형성된다.

게마인샤프트는 구성원간의 유대가 혈연과 지연 등의 자연발생적인 요소에 의해서 이루어지기 때문에 이것을 자연적 유대라고도 한다. 그래서 게마인샤프트에서의 구성원간의 관계는 조화를 이룬 자연적인 상호관계이며 또한 항구적인 결합의 관계이다. 그렇기 때문에 게마인샤프트에서 구성원의 특성은 강한 공동체 의지를 지닌 총체적인 응집력을 지니고 있다. 게마인샤프트를 공동사회로 번역하고 있으며 그 대표적인 예는 가족과 촌락이다.

게젤샤프트는 구성원간의 관계가 이해타산적인 인위적 유대에 의해서 형성되어지는 인간의 집단으로서, 우리는 이것을 이익사회로 번역하고 있다. 게젤샤프트에서의 구성원들 간의 관계는 특수한 개별적 의지의 실현을 위한 일시적이고도 방편적인 상호관계를 가지고 있다. 또 구성원의 특성은 특정목적에 의해 결합된 개별적 의지를 소유하고 있는 것이다. 대표적인 예는 회사나 정당이다.

워드(Ward)는 미국의 심리적 사회학의 대표적 학자이다. 그는 사회학을 설명할 때에 사회학은 인간의 심리를 중심으로 하여 성립한 학문이라고 했다. 그는 사회 속에서 생성되는 사회적 힘을 사회학의 중심 개념으로 삼았다. 이 사회적 힘에는 생물학적인 근원에서 발생하는 육체적인 힘이 있고, 또 도덕적이고 심미적이고 지적인 근원에서 발생하는 정신적인 힘이 있다. 이 정신적인 힘이 사회문화를 발생시키고 발전시키는 인간의 심리적인 측면의 힘이 되는 것이다.

스몰(Small)은 사회의 근본적인 원동력을 인간의 본능으로 보면서 사회현상을 연구했다. 그는 사회현상을 인간의 본능들의 끊임없는 충돌과 조정의 과정으로 보면서 이것을 사회발달의 촉진 요소라고 했다.

기딩스(Giddings)는 사회학의 연구대상으로 사회의 통합과정을 강조했다. 사회가 결합할 때에 그 결합의 본질을 인간의 동류의식에서 찾았다. 즉 사회가 유지되고 발전될 수 있는 것은 인간이 심리적 측면에서 가지고 있는 결합의식이 있기 때문이라고 했다.

쿨리(Cooley)는 사회학을 연구함에 있어서 인간의 심리적 측면을 강조했다. 그가 사회학의 주요 연구대상으로 삼았던 것은 인간의 행동과 퍼스낼리티(personality)의 발달이었다. 그의 이론에 의하면, 인간이 자신을 평가할 때에 거울에 비친 자신 즉 다른 사람이 자기를 평가한 것에 따라서 자신을 평가하고, 또 이에 따라서 사고하고 행동한다는 것이다. 이것을 거울자아 또는 경상자아(鏡像自我, looking glass self)라고 했는데, 이것이 개인의 퍼스낼리티의 형성과 발달에 크게 영향을 준다고 했다.

쿨리는 사회 집단을 구분할 때에 원초집단(原初集團, primary group)과 2차집단(二次集團, secondary group)으로 분류했다. 원초집단은 인간의 본질적 의지에 의해서 결합된 본질적 집단으로서 인간발달에 중요한 역할을 수행한다는 것이다. 이에 비해 2차집단은 인간의 선택적 의지에 의해서 형성된 집단으로서 이해관계가 주요 내용을 이루고 있다. 쿨리는 사회학의 연구에 있어서 인간의 심리적 관심을 중시했기 때문에 원초집단의 기능을 중요시했다.

4) 체계중심 사회학

초기의 생물학적 사회학과 그 뒤를 이은 심리적 사회학은 그 연구대상을 사회현상 전반으로 했기 때문에 학문의 체계가 종합적이고도 포괄적인 성격을 지녔다. 그래서 연구에 있어서도 사회의 전반을 종합적으로 다루었기 때문에 사회학의 고유 영역을 규정하기가 어려웠다. 이에 대해서 사회학의 고유영역을 추구하려는 학문적 흐름이 대두되었다.

인간사회는 실제에 있어서 다양한 측면을 소유하고 있기 때문에 사회학이 사회전체를 연구대상으로 하게 되면 학문으로서의 특성을 갖기가 어렵다는 것이다. 그래서 사회학이 학문으로서의 고유 영역을 연구하기 위해서는 사회학의 전문적 분야를 찾아내어 순수 사회학으로서 학문체계를 갖추어야 한다는 주장이 대두되었다. 이에 따라 사회학의 고유의 분야를 추구하려는 새로운 방향의 사회학을 모색하게 되었다. 여기에서 사회체계를 중심 연구내용으로 하는 새로운 방향의 사회학인 체계중심 사회학(體系中心 社會學)이 대두되었다.

사회의 체계를 주요 연구대상으로 하는 체계중심 사회학은 독일의 짐멜(G. Simmel)에 의해서 시작되었다. 그는 사회학이 독립과학이 되기 위해서는 사회학의 고유영역을 규정해야 한다고 주장했다. 사회학의 고유영역을 규정하기 위해서는 우선 복합적인 사회를 전문분야별로 분류하고, 분류된 분야에 고유의 연구대상과 영역을 설정하여 그것을 전문분야별로 개별 학문에 이양하는 것이다. 이렇게 전문 분야를 전문성을 소유한 개별 학문에 이양한 사회학은 사회의 고유 영역인 사회체계 즉 사회형식을 연구의 대상으로 규정했다.

체계중심 사회학에서는 사회의 실체를 내용과 체계로 구분하여 내용에 해당되는 정치, 경제, 법률, 종교, 도덕, 역사 등은 이들 각각에 해당되는 전문 분야의 학문들이 다루게 하고, 체계에 해당하는 부분은 사회를 규정하는 형식으로서 이것을 사회학의 연구 대상으로 규정했다. 체계중심 사회학의 주요 연구대상에는 사회적 상호작용의 공간, 사회화의 양식, 사회의식의 양태, 인간관계의 형식 등이 있다.

체계중심 사회학에서는 사회학이 독립적인 학문으로서의 위치를 차지할 수 있도록 했으며, 특히 사회학이 사회의 공간을 연구대상으로 하는 기하학적 학문으로 자리잡게 했다.

체계중심 사회학에 대한 비판으로 제기된 사항들을 들어 보면 다음과 같다.

첫 번째는 체계중심 사회학에서는 사회학이 체계를 중심으로 한 형식만을 다루게 되어 내용이 비어 있는 공허한 학문이 될 우려가 있다.

두 번째는 체계중심의 사회학에서는 사회학의 내용과 형태를 분리하고 있는데, 실제로는 사회학을 내용과 형태로 분명하게 분리하기란 어려운 일이다.

세 번째는 사회학이 연구에 있어서 사회의 체계만을 강조하게 되면 현실과 유리된 공허한 학문이 될 우려가 있다.

5) 이념중심 사회학

체계중심 사회학이 사회의 체계만을 강조하여 사회학이 공허한 학문으로 될 우려를 낳게 되었다. 그래서 내용을 소홀히 하는 학문이 된 사회학을 내실을 기하는 학문으로 변화시키기 위한 움직임이 대두되게 되었는데, 이것이 이념사회학(理念社會學)이다.

이념중심 사회학은 형식만을 강조하는 체계중심의 사회학을 비판하면서 체계중심의 사회학에서 소홀히 했던 인간의 생활 내용을 사회학의 중심으로 할 것을 주장하면서 성립했다. 사회학은 사회현상을 연구하는 학문이기 때문에 사회학의 성격은 그 시대의 사회상황과 관련이 있다.

이념중심 사회학은 독일을 중심으로 대두되었는데, 당시 독일의 사회상황이 이념적 측면을 소홀히 했기 때문이다. 그래서 만하임(Karl Mannheim)은 지식인의 사회적 역할을 강조하면서 지식사회학(知識社會學)을 제창했다. 그는 말하기를 인간의 사고는 지식에 의해서 종합적으로 고찰된다고 했다. 지식사회학에서는 사회현상을 역사적으로 또 인간의 사유에 의해 상대적으로 고찰할 것을 주장했다.

베버(Max Weber)는 이해사회학(理解社會學)을 제창하면서 인간의 사회적 행위를 행위자의 입장에서 내면적으로 파악할 것을 주장했다. 또 인간의 사회적 행위를 연구함에 있어서 행위의 주관적 의미를 이해하여 행위의 경과와 결과를 인과적으로 해석하도록 했다. 그리고 문화를 인식할 때에도 문화들을 비교하면서 사회과학적 방법으로 사회의 이념적 모형을 구상해야 한다고 했다. 베버는 근대 자본주의사회의 사회적, 경제적 질서를 이념적으로 연구하면서 '청교도윤리와 자본주의 정신'(Protestantism and Capitalism)에서 자본주의 정신과 당시 서유럽의 지배적 종교인 신교의 윤리 관계를 연구하여, 자본주의 정신과 신교 윤리의 직업소명론에 의한 천직관 그리고 금욕의 윤리가 상호관련성을 가지면서 일치한다는 것을 지적했다. 그는 서구사회의 발전을 예로 들면서 국가의 발전은 종교의 이념에 의거한 경제적 윤리에 큰 영향을 받는다고 했다.

파레토(Vilfredo Pareto)는 인간의 행위를 논리적 행위와 비논리적 행위로 구분하면서 그는 비논리적인 인간 행위의 비중을 강조했다. 즉 비논리적 인간행위가 인간 행위의 기초가 된다고 했다.

매키버(Robert M. MacIver)는 이념적 측면에서 사회의 유형을 구분했다. 그는 사회를 순수이념에 의해서 형성된 공동체(community)와 특정 목적을 위해서 결성된 결사체(association)로 구분했다. 공동체는 순수이념에 의해서 공동생활이 이루어지는 기초적인 사회이며, 결사체는 동일한 관심을 가진 사람들이 모인 기능적 사회로서 특정한 목적을 달성하기 위한 제도를 소유하고 있다고 했다. 그는 국가를 결사체의 특수한 형태로 보면서 다원적 국가론을 주장했다.

6) 사실중심 사회학

프랑스의 사회학자 뒤르켐(E. Durkheim)은 사회학을 사회적 사실을 연구하는 학문으로 규정했다. 즉 사회학은 복합성을 띠고 있는 사회적 사실을 종합적인 방법에 의해 연구하는 학문이라고 했다. 여기에서 사실중심 사회학(事實中心 社會學)이 대두되었다. 이때에 말하는 사회적 사실이란 사회 구성원들이 가지고 있는 사고, 감정, 행동양식 또는 제도 등을 말하는 것이다. 사회적 사실의 특징은 개인의 밖에 있는 외재성과 개인의 의사와 무관한 강제성이 있다. 사회적 사실로서의 집합의식은 외형적으로 보면 개인의 의사집합이지만 실질적으로 보면 개인의 의사와는 다른 사회적 사실을 형성한다. 사회실재론에서는 이 집합의식이 사회의 본성을 형성한다고 보면서 이것은 개인의 개별적 의사와는 전혀 다른 새로운 성질을 소유하면서 개인의식을 규제하고 구속한다고 보는 것이다.

사실중심 사회학에서는 사회적 사실로서 사회적 분업을 중시했다. 분업의 이유로는 인구의 증가와 기술의 전문화를 들었다. 또 분업의 방향은 동질적인 것에서 이질적인 것으로 변화하며, 단순 기술에서 전문 기술 부문으로 변화한다고 했다. 그리고 이 분업의 방향에 따라서 인간간의 유대관계가 변화된다고 했다.

뒤르켐은 사회적 사실로서 자살이론을 정립했다. 그는 자살의 종류를 이기적 자살, 이타적 자살, 아노미적 자살로 구분했다. 첫 번째의 이기적 자살은 개인이 사회적으로 고립된 분위기에 처해 있으면서, 개인에 대한 사회적 압력이 해이해질 때에 나타나는 자살이다. 이 이기적 자살은 전쟁의 시기보다 평화의 시기에 증가하며, 고독한 독신자의 경우에 많이 일어난다. 두 번째의 이타적 자살은 사회성원들에게 집단성을 강조하는 사회분위기에서 집단에 대한 극단적인 의무감이 팽배할 때에 나타난다. 이타적 자살은 사회적인 긴장이 고조될 때에 집단을 위해 희생을 하는 것이며, 예로서는 극단적인 애국심과 충성심에 의한 일본인의 자살을 들 수 있다. 세 번째의 아노미(anomie)적 자살은 사회의 형평이 무너지고, 도덕이 급속하게 동요될 때에 일어나는 자살인데, 이것은 경제적인 위기보다 사회적인 동요가 더 큰 원인이 된다고 한다. 예를 들면 갑작스러운 경제적 지위 상승에 의해서 생활의 리듬이 깨져 의욕이 상실되었을 때 나타나는 자살이다.

7) 경험중심 사회학

과학이 발달함에 따라서 사회적 사실의 연구에도 경험에 의한 실증이 요구되게 되었다. 그래서 사회학을 연구함에 있어서 사회현상에 대한 이론적인 연구와 아울러 사회조사를 통한 실증적인 연구를 추구하게 되었다. 여기에서 경험중심의 사회학이 나타나게 되었다. 경험중심 사회학에서는 사회현상의 연구에서 사회의 실태를 파악하기 위해서 사회조사를 하게 된다. 사회학의 경험적 연구의 효시는 사회조사방법을 창시한 르 쁘레(F. Le Play)이다.

경험중심 사회학이 본격적으로 대두된 것은 1차대전 후 미국의 사회학에서 사회조사를 중시하면서였다. 짐머만(C. C. Zimmerman)은 농촌지역의 사회조사를 통해서 농촌의 사회구조와 변동을 연구하면서 농촌사회학을 정립시켰다. 또 파크(R. E. Park), 호이트(H. Hoytt), 해리스(Chauncy Harris) 등은 사회조사를 통해서 도시생태학을 중심으로 도시지역사회를 연구하면서 도시사회학을 정립시켰다.

파크는 인간생태학을 기초로 하여 도시지역사회 형성이론으로서 동심원지대이론을 정립했다. 동심원지대이론이란 도시의 형성과정이 중앙의 업무지역을 중심으로 해서 그 둘레에 일용직 근로자들이 거주하는 추이(推移)지대가 형성되고, 그 추이지대 둘레에는 추이지대에서 옮겨온 저소득층의 독립 근로자 주거지역이 형성되고, 독립근로자 주거지역 둘레에는 중류층의 양호한 주거지역이 형성되며, 마지막의 외곽에는 상류층의 통근자 주거지역이 형성된다는 이론이다.

호이트는 선형(扇型)구역이론을 제시했다. 그는 도시형성과정이 중앙의 업무지역을 중심으로 하여 동질성을 소유하고 있는 특정 거주지역이 교통로를 따라 중심부에서 외곽으로 부채꼴 모양으로 뻗어 나가서 도시가 형성된다고 했다.

해리스(Harris)는 울만(L. Ullman)과 함께 다핵이론으로 도시형성과정을 설명했다. 다핵이론에 의하면 현대의 공업도시나 거대도시는 중앙의 상업업무 지역을 중심으로 공업지역, 거주지역, 위락지역 등 인구와 활동의 집합체가 핵을 이루면서 나타나서 도시 전체가 몇 개의 핵을 중심으로 발전한다는 이론이다.

그 외에도 린트(Robert S. Lynd)의 소도시 연구에 의한 참여관찰법이나, 워너(W. Lloyd Warner)의 도시의 계층구조와 파업 원인 분석, 그리고 호돈(Horthon)의 실험에 의한 인간관계의 연구는 산업심리학과 경영학에 많은 영향을 주었다.

경험적 사회학의 대표적 학자는 경험적 사회학의 선구자라고 볼 수 있는 토마스(W.I. Thomas)와 즈나니에스키(F.W. Znaniecki), 그리고 농촌사회학의 짐머만(C.C. Zimmerman), 도시사회학의 파크(Robert E. Park), 버제스(Ernest W. Burgess) 등이 있다.

요점정리

1. 사회연구와 사회학

1) 인간의 욕망

인간 ; 본능적인 끝없는 욕망 소유
자기자신에 대한 추구에서부터 사회연구 시작
신비스러움에 관심 - 사회에 대한 연구의 필요성 느낌

2) 사회현상에 대한 도전

사회 ; 인간을 규정지음, 인간은 사회의 규정 속에서 다시 사회를 규정 짓기 위해 사회현상에 도전

사회현상 ; 자체의 원리에 따라서 존재, 경우에 따라 인간에게 시련 부여
인간은 사회문제 해결을 위해 사회현상을 연구

3) 사회적 편견 시정

사회적 현상 - 견해의 차이에 따라 - 서로가 다른 해석 - 편견 발생

편견 ; 사물에 대한 지나친 자기중심, 특정한 권위에 집착 - 편견 발생
편견 - 오해 발생 - 심화될 때에는 사회문제로 확산 - 국가적, 국제적 문제화

4) 사회학의 성립

인간의 욕망 - 자신의 발전과 사회의 발전을 향한 노력
환경의 제약과 인간 자신에 대한 신비스러움에 도전

19세 ; 프랑스를 중심으로 한 유럽에 정치적 사회적 변화-사회적 혼란
인간과 사회에 대한 연구에 과학적인 사고의 필요성이 대두

프랑스의 콩트(August Comte)-새로운 학문으로서 사회학(sociology)을 정립-사회학의 창시자

콩트 이전 ; 인간과 사회 연구- 주로 숙명론적인 자연법칙, 종교적인 면으로 연구

대혁명 이후 ; 왕권신수설(王權神授說)의 전통주의와 국민주권론(國民主權論)의 진보주의 대립 - 사상적 혼란 - 사회적 혼란 야기

콩트 ; 전통주의에서 질서의식을, 진보주의에서 발전의식 도출 - 질서 속에서 발전 추구
인간과 사회의 발전 - 과학적인 사고와 절차에 의해 연구 - 사회학 탄생

2. 사회학의 영역

1) 인간과 사회의 기본

사회학의 연구영역 ; 인간사(人間事)에 관련된 모든 사회적 현상 - 포괄성 - 삶의 질 향상과 관련

2) 인간과 사회의 관계

인간과 사회현상 ; 상호보완의 관계 - 원활한 관계 유지 - 개인과 사회 발전

인간과 사회와의 원활한 관계 유지를 위해 ; 구조 합리화를 위한 제도 연구 - 사회학의 중요한 연구대상

사회의 기본적인 제도 ; 정치제도, 경제제도, 가족제도, 교육제도, 종교제도

3) 사회생활의 기본 규범

인간의 사회생활 ; 질서 유지 - 사회의 규범 필요 - 사회규범은 사회관계 유지의 기본적 장치

3. 사회학의 연구방법

1) 가치지향

인간은 실험 대상 불가, 인간의 내면세계 이해 가 중요, 목적을 향한 가치 지향적으로 사회현상 설명

사회과학적인 방법 ; 주관적 객관성에 의한 가치 추구 - 사회적 가치 - 사회에 기여하는 가치

2) 역사적 방법

사회의 역사적인 연구방법 ; 진화론의 법칙에 의해서 사회의 변천과 발전 연구

콩트의 사회발전 단계 ; 야만단계 - 미개단계 - 실증주의 단계

소로킨의 문화 순환 ; 관념적 문화 - 이상적 문화 - 감각적 문화

베버의 인과론적 방법 ; 역사적 방법론, 역사적 현상을 전체사회 범주 안에서 이해, 비교

역사적 연구방법 ; 사회변동, 산업화 - 역사적 경험 이용 - 사회 현상의 개념 구성 - 인과적 설명

3) 이론적 방법

기능론적 방법 ; 사회를 하나의 유기체에 비유 - 사회유기체설에 의해 사회 연구, 사회실재론

사회유기체설 ; 사회의 각 부분의 기능 강조, 사회자체를 하나의 독립적 실체로 간주

- 사회실재론

기능론 ; 사회를 체계로 봄, 속성은 통합, 안정, 균형 - 체계는 상호연관성 소유 - 상호의존관계

갈등론적 방법 ; 이해관계의 대립, 갈등, 투쟁

상징적 상호작용론의 방법 ; 사회현상의 의미 - 상호작용에 의한 의미의 부여에 따라 규정

현상학적 연구 방법 ; 사회과학적 방법을 강조-해석적 이해- 인간의 사회적 행위를 인과적으로 설명

주관적 의미에 대한 해석과 이해가 필요

경험적 방법 ; 질적 연구에 중점 - 현장조사, 사례연구

4. 사회학의 발달

사회학의 시작 ; 사회의 실증적 연구, 천부인권의 유지 발전

사회학의 체계 ; 콩트에 의해서 확립 - 사회정학 -질서

사회동학 - 진보 - 삼단계설로 전개

사회발전 3단계설 ; 콩트에 의해 정립, 야만시대 - 미개시대 - 실증시대

콩트의 사회학 정립 시기 ; 대혁명 이후 질서이론과 진보이론 대립된 시기 - 사상적 혼란 야기

생물학적 사회학 ; 사회는 일정한 법칙에 의해 운영 - 자연적인 질서 유지

생물학적 원리에 비유 - 사회실재론의 입장

자연도태설, 적자생존 - 종족투쟁설과 국가정복설

* 인종주의 ; 인종간 우열 존재 인정 - 우수 인종이 우수 문명 창조

생물학적 사회학에 대한 비판 ; 외형적인 비교에 치중하여 사회의 본질 탐구 소홀, 인간의 의식과 의지, 관념을 소홀히 다룸

심리적 사회학 ; 인간의 심리를 중심으로 사회연구,

사회현상의 본질을 인간의 심리와 관련

- 사회명목론적 입장

타르드, 퇴니스, 워드, 스몰, 기딩스, 쿨리

체계중심 사회학 ; 사회의 고유 영역을 형태적 체계로 규정 - 짐멜

체계중심의 사회학의 주요 연구대상 ; 사회적 상호작용의 공간, 사회화 관계, 사회의식 체계, 인간관계 등

체계중심의 사회학에 대한 비판 ; 형식을 강조한 나머지 공허한 학문이 될 우려가

있음, 사회자체를 내용과 형태로 분리하기 어려움, 학문 자체가 현실과 유리

이념중심 사회학 ; 인간의 의식작용 내용이 사회학의 중심이 됨 - 만하임의 지식사회학, 베버의 이해사회학

'청교도윤리와 자본주의 정신' - 서구사회의 발전 기반
종교의 이념에 의거한 경제적 윤리

파레토 : 인간의 행위의 비논리적인 면 강조

매키버 : 이념적 측면에서 사회의 유형을 구분 - 공동체와 결사체

사실중심 사회학 ; 사회적 사실을 연구 대상으로 함 - 종합적인 방법에 의해 연구 - 집합의식을 중시 - 뒤르켐

뒤르켐의 자살이론 ; 이기적 자살, 이타적 자살, 아노미적 자살

경험중심 사회학 ; 사회조사를 통한 실증적인 연구를 추구 - 창시자는 르 쁘레

짐머만, 파크, 호이트, 해리스 - 도시생태학을 중심으로 도시지역사회를 연구 - 도시사회학

파크(동심원지대이론), 호이트(선형(扇型)구역이론), 해리스, 울만(다핵이론), 린튼, 워너, 호돈

수험대비 평가문제

1. 사회학은 19세기에 들어와서 프랑스의 대혁명 후 프랑스를 중심으로 유럽에 나타난 사회적 혼란을 다스리기 위해서 성립된 학문이다.
   (1) 사회학이 대두하게 된 당시의 시대상황에 대해서 쓰시오.
   (2) 사회학의 연구영역에 대해서 쓰시오.

2. 초기의 사회학을 생물학적 사회학이라고도 한다. 그 이유는 초기의 사회학의 원리가 생물학적 이론에서 원용되었기 때문이다.
   (1) 이때에 원용된 생물학의 이론에 의해 사회현상을 설명해 보시오.
   (2) 생물학적 사회학에 대한 비판적 견해를 쓰시오.

3. 심리학적 사회학에서는 사회의 연구를 인간의 심리를 중심으로 연구하였다.
   (1) 퇴니스(Toennies)의 사회분류 방법을 설명하시오
   (2) 심리학적 사회학에서 규정하는 사회의 존재 이론에 대해 쓰시오.

4. 사회학을 연구할 때 갖추어야 할 중요한 사항과 거리가 먼 것은?
   ① 필연성의 강조* ② 인간사에 대한 관심
   ③ 사회현상의 객관적 관찰 ④ 편견에 대한 도전

5. Max Weber의 사회이론과 관계가 가장 깊은 것은?
   ① 아노미 현상 ② 소외의식
   ③ 유물론 ④ 합리성*

6. Parsons의 체계이론에서 기능적 요건에 해당되지 않는 것은?
   ① 목표달성 기능 ② 적응기능
   ③ 분리기능* ④ 잠재유형 유지 기능

7. Dahrendorf의 갈등이론에서 강조되는 갈등의 원인은?
① 권위의 배분관계* ② 생산의 조직관계
③ 소비의 유통관계 ④ 권력의 형성관계

8. 상징적 상호작용주의 이론과 관계가 먼 것은?
① 개인의 행위에 초점 ② 희소자원 획득에 초점*
③ 사회상황을 중시 ④ 인간의 의식과 감정을 중요시

9. 사회문화현상 연구태도에 적합하지 못한 것은?
① 필연을 추구하려는 실험적 태도*
② 타인의 의견을 수용하는 개방적인 태도
③ 고유한 가치를 인정하는 상대적인 태도
④ 명확한 증거를 토대로 한 객관적인 태도

10. 사회학 연구의 기능론적 방법에 대해서 쓰시오.

11. 경험중심 사회학의 연구방법에 대해서 쓰시오.

12. 콩트(A. Comte)의 사회발전단계설을 설명하시오.

13. 현상학적 연구방법을 설명하시오.

14. 사회현상 연구에 있어서 콩트(Comte) 이전과 이후의 연구방법을 비교 설명하시오.

15. 사회학의 변천과정에서 체계중심 사회학(형식사회학)이 대두된 이유와 이에 대한 비판적 견해를 쓰시오.

제3장 문화와 가치판단

1. 문화의 의미
2. 문화의 속성
3. 문화의 내용
4. 문화와 가치판단
5. 현대사회의 문화적 혼돈

인간은 다양한 환경 속에서 생활하고 있다. 그래서 인간은 이 다양한 환경에 적응하고 극복할 수 있는 생활방법과 수단을 연구하기 위해서 끊임없는 노력을 기울여 왔다. 이렇게 인간이 환경에 적응하기 위해서, 또 환경을 극복하기 위해서 창조해 낸 생활의 수단이 바로 문화이다.

문화는 인간이 생활의 수단으로 창조해 낸 것이기 때문에 인간이 접하고 있는 자연환경과 사회적 환경에 적응하고 또 그 환경을 극복하는데 가장 적합하도록 되어 있다. 그래서 문화는 인간의 생활양식인 동시에 인간이 생존을 위해 창조해 낸 생존수단이기도 하다.

인간이 문화를 창조할 때에 다양한 환경이 그 배경이 되어 있기 때문에 모든 문화는 다양성과 아울러 제각기 고유의 기능을 소유하고 있다. 문화는 이렇게 제각기 소유하고 있는 기능을 발휘하면서 인간의 생활을 영위시켜 나간다.

문화는 환경에 적응하고 극복하기 위해서 창조해낸 생활수단이기 때문에, 모든 문화는 나름대로 고유한 가치를 소유하고 있다. 그래서 문화는 일정한 기준에 의해서는 우열을 평가할 수가 없다. 문화를 평가할 때에는 언제나 상황에 따라서 상대성에 의해서 평가를 해야 만이 진정한 가치를 찾아낼 수가 있다.

[인간이 창조해 낸 생활수단]

또한 문화는 인간이 창조해 낸 생활 수단이기 때문에, 인간의 생활과 사회적 환경이 변화됨에 따라서 문화도 변동하게 된다. 문화의 변동은 다시 인간의 사고와 생활에 영향을 주어서 새로운 문화를 창조하게 된다.

이 장에서는 먼저 문화의 개념을 이해하고, 또 다양한 문화의 속성을 살펴본 후에, 문화에 대한 가치를 판단하는 기준으로 문화절대주의와 문화상대주의 그리고 문화사대주의 등을 고찰해 보려고 한다. 마지막 부분에는 문화에 대한 올바른 가치판단의 기준을 설정하여 특히 현대사회에서 대두되고 있는 문화적 혼돈들을 극복할 수 있는 방안을 모색해 보려고 한다.

1. 문화의 의미

1) 인간의 생활양식

모든 인간은 어느 시대, 어느 장소를 막론하고 그들 나름대로의 일정한 생활양식을 소유하고 있는데, 이것을 우리는 문화라고 부른다. 문화는 인간이 생존하기 위해서 창조해 낸 환경에 대한 적응 방법이며, 또한 사회생활을 원활하게 유지할 수 있도록 해주는 질서유지의 규범이다.

인간은 사회생활을 하면서 서로가 상호작용을 지속적으로 유지해 가며, 또한 주변의 환경에 적응해 가는 중에 자연스럽게 어떠한 정형화된 생활양식을 만들어서 소유하게 된다. 이 정형화된 생활양식이 바로 문화(文化, culture)이다. 다시 말하면 문화는 인간이 사회생활을 하면서 이 사회생활을 원활하게 유지하기 위해서 창조해 낸 정신적·물질적 산물이다.

2) 문화의 용어상 의미

문화는 그 의미가 넓고 포괄적이다. 그래서 이 문화의 용어는 사용하는 경우에 따라서 그 의미에 차이가 있다.

(1) 일상생활 용어로서의 문화의 의미

우리는 일상생활에서 문화라는 용어를 자주 사용한다. 예를 들면 '어느 누구는 문화생활을 하고 있다.'든지, 또는 '우리는 문화인으로서 품위를 지켜야 한다.'든지 하는 경우에 사용하는 문화의 용어는 일상생활에서 사용하는 용어로서의 문화의 의미를 지니고 있다. 이때에 사용하는 문화라는 용어의 의미는 사회학의 전문용어로써 사용되는 문화의 의미와는 차이가 있다. 즉 우리가 일상생활에서 자주 사용하는 용어로서의 문화의 의미는 편리하고, 세련되고, 예술적이고, 도덕적인 생활양식을 뜻한다. 위에서 든 예에서와 같이 우리가 흔히 사용하고 있는 문화생활, 문화인, 또는 문화병 등과 같은 말들은 모두 이 일상생활 용어로서의 문화의 의미에서 도출된 말들이다. 이러한 경우에는 우리는 흔히 문명이라는 용어를 문화와 혼용해서 쓰기도 한다. 그러나 문명은 일반적으로 문화의 물질적 측면을 지칭할 때에 많이 사용된다. 그래서 문화와 문명은 엄밀한 의미에서는 의미상으로 구별이 된다. 즉 문화는 정신적 물질적으로 포괄적인 의미를 지니고 있는 반면 문명은 주로 물질적인 측면의 의미를 강조할 때에 사용된다.

(2) 사회학적 전문용어로서의 문화의 의미

또한 문화라는 용어는 학문적인 용어, 즉 사회학적 전문용어로서 사용되고 있다. 문화라는 용어가 사회학적 전문용어로서 사용될 때에는 그 의미가 인간생활의 전반에 걸치는 포괄성을 띠고 있다. 이 경우의 문화는 인간이 살고 있는 삶의 형태 전반 즉 인간의 삶의 모습 그 자체를 나타내는 것이다. 즉 문화는 인간이 창조해 낸 물질적 정신적인 모든 산물로서 인간의 의식주와 정신생활에 관련된 모든 것이 포함된다. 다시 말하면 이 경우의 문화에는 인간의 생활도구, 생활방법, 사고방식, 생활태도, 가치관 등 모든 것이 포함된다.

문화가 사회학적 전문용어로써 사용될 때에는 그 의미가 사회구성원들의 생활양식 그 자체이기 때문에 이 경우의 문화는 항상 인간의 집단생활과 관련을 갖는다. 즉 모든 인간 집단들은 그들 고유의 의식과 생활양식에 의해 그들 나름대로의 문화를 소유하고 있다. 이러한 인간의 집단간에 나타나는 문화의 차이는 자연적 사회적 환경의 차이와 관습의 차이에 따라서 도출되는 것이다.

사회학자 타일러(Edward B. Tylor)는 문화를 다음과 같이 정의했다. '문화는 지식, 신앙, 예술, 법률, 도덕, 관습 그리고 사회의 성원인 인간에 의해 얻어진 모든 능력이나 관습들을 포함하는 복합적인 총체이다'. 즉 그는 문화를 정의하기를 '문화는 사람들의 다양한 생활양식 그 자체'라고 했다.

2. 문화의 속성

모든 인간은 제각기 나름대로의 고유한 개성을 소유하고 있다. 즉 인간은 태어나면서부터 타고난 선천적인 기질과 태어난 후의 환경의 영향을 받아 획득한 사고방식과 생활방식에 의해서 각자가 고유한 개성을 소유하고 있는 것이다. 이렇게 다양한 개성을 소유하고 있는 인간들은 생활을 해가면서 그들의 취향에 맞추어서 환경과 조화를 이룰 수 있는 그들 나름대로의 독특한 생활양식을 창조해 가게 된다. 이와 같이 다양한 개성을 소유하고 있는 인간들에 의해서 창조된 문화는 필연적으로 다양성을 가지게 된다. 즉 문화는 인간의 다양한 생활양식의 복합적인 총체이기 때문에, 문화는 여러 가지 다양한 속성을 소유하고 있다.

문화가 내포하고 있는 속성을 정리해 보면 다음과 같다.

첫째, 보편성(普遍性)이다. 문화는 인간이 소유하고 있는 생활양식으로서, 문명사회나 미개사회나 그 어떤 사회에도 생존의 수단으로 존재한다. 예를 들면 모든 인간은 생존하기 위해서 밥을 먹고 몸을 보호하기 위해서 옷을 입고 또 추위와 외부의 침입을 막기 위해서 집을 짓고 산다. 또한 사회생활의 질서를 유지하기 위해서 자기들 나름대로의 규범을 가지고 있다. 이와 같이 모든 인간은 비록 외형과 사고방식에는 차이가 있지만 그들이 생존하기 위해서는 생존 수단으로써 그들 나름대로의 문화를 소유하고 있다. 문화의 보편성은 이렇게 문화가 모든 인간에게 소유되어지는 문화의 속성을 말한다.

둘째, 다양성(多樣性)이다. 앞에서 본 문화의 보편성은 그 근원을 인간의 본능적인 측면에서 찾는다면, 문화의 다양성의 근원은 인간이 살고 있는 환경적인 측면에서 그 근원을 찾을 수 있다. 다시 말하면 문화는 인간이 가지고 있는 본능적인 여건과 아울러 인간의 주변을 싸고 있는 다양한 환경적 조건에 의해서 형성되기 때문에, 그 형태와 내용이 다양성을 갖게 된다. 즉 문화는 인간이 다양한 환경 속에서 살면서 그 다양한 환경에 적합하게 적응할 수 있도록 형성되어지기 때문에, 문화가 다양성을 갖는 것은 지극히 당연한 일일 것이다. 그러므로 어떤 문화를 막론하고 문화를 창조한 당사자들에게는 가장 적합한 생활양식이 된다. 그래서 문화는 특정한 감성적 도덕적 기준으로 각 문화간의 가치의 우열을 평가할 수는 없다. 이것이 바로 문화상대주의이다.

문화의 다양성의 예가 잘 나타나 있는 것은 인간의 의식주의 관습이다. 추운 지방에서는 독한 술을 마셔서 추위를 이기고, 초원이 생활의 기반을 이룬 지역에서는 육식을 주식으로 하여 사냥에 필요한 체력을 기르고, 더운 지방에서는 옷의 구조가 통풍이 잘 되도록 되어있고, 햇볕이 너무 강렬한 지방에서는 몸을 감싸는 옷을 입어 몸의 수분 증발을 막는다. 이와 같이 문화의 다양성은 환경의 차이에 의해서 대부분이 형성되어진다.

셋째, 사회성(社會性)이다. 문화는 사회 속에서 인간에 의해 창조된 산물이기 때문에 사회생활과 밀접한 관련성을 가지고 있다. 즉 생활을 위한 수단과 도구 그리고 질서를 유지하기 위한 각종의 규범 등 모두가 사회생활을 위한 것들이다. 예를 들면 자동차의 속도를 제한하는 교통법규, 부정을 단속하는 법규, 건강증진을 위한 스포츠 등 모든 문화들은 모두가 건전한 사회를 형성하기 위한 것들이다. 이와 같이 문화는 사회 속에서 형성되며, 또 사회를 유지하는데 기여한다.

넷째, 학습성(學習性)이다. 문화는 인간의 생활양식이다. 즉 인간이 살아가기 위해서 만들어낸 생활방식인 것이다. 그렇기 때문에 인간은 살아가기 위해서 의식적, 무의식적으로 살아가는 방법인 문화를 배우게 된다. 인간이 태어나면서부터 살아남기 위해 본능적으로 생존방법을 익히게 되는데 이것이 문화 학습의 시작인 것이다. 인간은 문화에 대한 본능적인 학습에서부터 시작하여 살아가면서 의식적 무의식적인 학습으로 삶의 방법인 문화를 배우게 된다. 인간이 살아가면서 접하게 되는 문화의 학습요인에는 부모, 친구, 책, 매스컴 등 다양한 주변 환경들이 있다.

다섯째, 공유성(公有性)이다. 문화는 인간이 사회생활을 통해서 창조해 내는 산물이기 때문에 사회적 성격을 소유하게 되는데, 이 사회적 성격은 보편성과 아울러 사회성을 내포하고 있기 때문에 문화는 사회집단에 공유된다. 이와 같이 문화는 사회적 공유성을 지니고 있기 때문에 항상 그 사회의 공통된 특성을 내포하게 된다. 문화에 내포되어 있는 이 공통된 특성은 구성원들에게 그 공통적인 특성을 형성시켜 주어서 사회적으로 공유되는 행동양식을 가지게 한다.

여섯째, 체계성(體系性)이다. 문화는 인간의 다양한 생활양식의 총체이기 때문에 여러 부분들이 서로가 상호관련성을 가지면서 체계를 형성하고 있다. 즉 문화는 체계 속에서 여러 가지 문화요소들을 관련시켜 생활양식을 형성해 간다. 문화는 체계를 갖추면서 다양한 인간의 생활양식을 규정짓고 또 이로 인해 인간 사회의 질서를 유지시켜 나간다.

일곱째, 축적성(蓄積性)이다. 문화는 창조된 후 전파와 축적을 거듭하면서 새로운 문화를 창조해 간다. 문화의 전파와 축적은 한 지역에서 다른 지역으로, 또 한 세대에서 다음 세대로 전승되면서 축적되어 새로운 지식과 새로운 생활방식을 창출한다. 그리고 창출된 문화들이 쌓이고 계승되면서 발전을 이룩해 나간다. 즉 문화는 전파와 축적을 거듭하면서 발전해 가기 때문에 문화의 발전을 위해서는 문화축적의 기반이 되는 전통문화가 중요한 역할을 하게 된다.

읽을거리

[스리랑카의 「샤리」, 미얀마의 「론지」]

옷을 입는 원래의 목적은 몸을 보호하는 것이었다. 그런데 시대가 흐름에 따라 그 목적이 조금씩 변질되어서 오늘날에는 옷을 입는 목적의 중요한 부분이 멋을 내기 위한 것으로 되어 버렸다. 이와 같이 문화는 시대가 흐름에 따라서 변화되어 왔지만 그러나 문화의 핵심은 변화될 수가 없다. 왜냐하면 문화는 옛날이나 지금이나 생존을 위한 수단으로서의 역할은 변화될 수가 없기 때문이다.

[스리랑카의 샤리를 입은 남성들]

인도반도에 매달리 듯 달려 있는 조그마한 섬 스리랑카(Sri-Lanka), 이름이 말해주듯 아름다운 섬이다. 스리랑카는 그들의 말로 아름다운 섬이란 뜻이라고 했다. 그러나 그곳은 풍치는 무척이나 아름답지만 적도에서 가까운 위도 상에 위치해있어서 날씨가 무척 더운 편이다. 그래서 그들의 전통 옷은 남녀가 모두 '샤리'라는 보자기식 치마이다. 이 옷은 입기도 편리하지만 보자기를 두르는 것이기 때문에 몸에 붙지 않고 통풍이 잘된다. 그들은 이 옷을 그들의 환경에 가장 적합한 옷으로 개발한 것이다.

또 인도차이나반도에 있는 나라 미얀마(Myanmar)는 전 국토에 불교의 유적들이 산재해 있는 불탑의 나라이다. 전국의 어디를 가나 이 나라 국민들은 불탑과 같이 생활하고 있다. 이 나라도 더운 지역에 위치해 있는 나라이기 때문에 독특한 형태의 전통 옷을 가지고 있다. 이곳의 전통 옷은 남녀가 모두 같은 형태인 '론지'라고 하는 옷이 있다. 이 옷을 우리 식으로 설명하자면 두루말이 통치마이다. 이 '론지'라는 옷은 입기도 편하고 통풍도 잘되어서 오늘날도 그들은 즐겨 입는다.

3. 문화의 내용

1) 문화의 기능

문화는 인간이 환경에 적응하고 극복하면서 살아가기 위한 최적의 생존 수단이다. 인간의 삶은 이 문화에 의해서 규정지어진다. 즉 문화는 인간의 생활양식을 결정지어 주며 사회의 규범 역할을 한다.

사회의 규범은 일반적으로 민습(民習), 원규(院規) 그리고 법규범(法規範)으로 나눈다. 민습은 그 정당성이 주로 전통과 관습에 근거를 두고 있는 일상적으로 준수하는 행위의 지침을 말한다. 식사는 하루에 세 번 한다든지 인사를 할 때 머리를 숙인다든지 하는 것 등은 여기에 해당된다. 원규는 사회의 존속을 위한 근본적인 가치를 담고 있는 규범으로서 위반 시에는 극심한 제재를 받게 된다. 예를 들면 '살인하면 안 된다.' '부모를 공경해야 한다.' 등이 여기에 속한다. 법규범은 사회적으로 중요하고 자주 범해지는 사항에 대해서 제정과 집행을 특정 권위에 의해 공식화시킨 규범을 말한다. 위반 시에는 공적인 처벌을 받게 된다.

2) 문화의 종류

문화의 종류는 물질문화와 비물질문화로 나누어진다. 물질문화는 일상생활에서 사용하는 물질적인 것들과 이들을 만드는 기술을 총괄해서 말한다. 물질적인 것들에는 의식주를 비롯한 생활 전반에 관련된 모든 물품들 즉 옷, 음식물, 집, 도구, 기계 등이 있다. 비물질문화는 정신문화로 지칭되는 모든 문화를 말한다. 여기에는 의사소통을 위한 언어와 기호, 이론, 이념, 등 지식과 종교 그리고 정서적 표현인 예술 등이 해당된다.

3) 문화의 구분

문화는 그 내용에 있어서 구성단위에 따라 다양하게 구분된다. 가장 낮은 단위의 것을 문화요소라고 하는데, 이것은 하나의 행동이나 상징이 갖는 최소단위의 문화를 말한다. 여기에는 교육기관으로서 초등학교, 학용품으로서 연필 등의 예를 들 수 있다. 문화복합은 문화요소들이 모여서 하나의 부분적인 총화를 이룰 때의 문화집합을 말한다. 문화복합은 사회의 어떤 중심적인 가치나 제도의 유형을 나타내어 준다. 예를 들면 교육제도, 경제제도 등이 여기에 속한다. 그리고 사회 전체문화에 대해 부분문화를 형성하는 문화에는 하위문화(下位文化)와 반문화(反文化)가 있다. 하위문화는 사회전체문화의 부분을 이루는 문화로서 청소년문화, 노인문화 등이 여기에 해당된다. 반문화는 그 사회의 지배적인 문화와 대립되는 부분문화로서 범죄문화, 반사회적 이념

문화 등이 여기에 속한다. 또 문화의 적용 층에 따라서는 대중문화와 특정계층문화로 구분된다. 대중문화는 주로 매스컴에 의해서 형성되는 문화로서 다수 일반인들에게 적용되며, 일반적으로 그 내용이 획일적인 면이 강하다. 특정계층문화는 특정계층이나 특수 취향을 가진 사람들의 집단에 의해서 적용되는 문화로서 특수성을 지니고 있다.

4. 문화와 가치판단

문화는 인간이 환경에 적응하면서 살아가는 생활양식의 총체이기 때문에, 모든 문화에는 제각기 그 문화의 고유한 가치가 내포되어 있다. 그런데 그 문화의 가치를 인간이 주체가 되어서 판단할 때에는, 판단하는 관점에 따라서 그 판단 결과가 달라진다. 즉 가치 판단의 주체인 인간이 어떠한 관점에서 그 문화의 가치에 접근하느냐에 따라서 가치판단의 결과가 달라진다는 것이다.

문화의 가치를 판단할 때에 갖는 인간의 사고의 관점은 보통 다음의 세 가지로 나누고 있다.

1) 문화절대주의

문화의 가치를 판단할 때에는 여러 가지의 기준을 가지고 접근해 볼 수 있다. 그 중의 하나인 문화절대주의(文化絶對主義)는 자기 문화만을 최선의 것으로 삼는 자문화(自文化) 중심주의 사고에 의해서 형성된 문화판단의 입장이다. 즉 자기가 속해 있는 민족이 가지고 있는 문화를 기준으로 하여 다른 문화의 가치를 판단하는 것이다. 이 입장에서는 자기 민족의 문화 즉 자기 민족의 생활양식만을 가장 좋은 문화로 보고, 자기 민족문화 외의 모든 문화는 열등한 문화로 본다.

문화절대주의에서는 자기들의 가치나 규범을 절대시하는 반면에 그 외의 다른 문화들은 모두 무시하기 때문에, 이러한 문화절대주의가 심화될 때에는 문화간 또는 지역간의 분쟁의 원인이 되어 민족간, 국가간에 전쟁을 유발하는 경우가 생긴다. 독일의 나치즘이나 회교도의 원리주의 등이 문화절대주의의 예이다.

2) 문화상대주의

문화의 가치를 판단할 때에 적용되는 또 하나의 입장은 문화상대주의(文化相對主義)이다. 문화상대주의는 자기문화중심으로 문화의 가치를 판단하는 문화절대주의를 비판하는 사고이다. 이 문화상대주의 입장에서는 모든 문화는 민족이나 지역 또는 시대에 불문하고 그 나름대로의 의미와 고유의 가치를 인정한다. 그래서 이 입장에서는 자기의 문화와 일치하지 않는 다른 모든 문화의 가치를 인정하고 수용한다.

문화상대주의 입장에서 보면 모든 문화는 그 시대에서 그 사회가 존속되고 통합되기 위한 필수적인 기능을 수행한다는 것이다. 즉 모든 문화는 인간이 처해 있는 환경에 적응하고, 또 사회적인 필요에 의해서 생성되었기에 제각기 그 사회에 기여하는 특수한 기능을 소유하고 있으므로 각 문화의 가치를 인정해야 한다는 것이다.

문화상대주의란 이와 같이 모든 문화의 고유한 가치를 인정해 주는 것이다. 다시 말하면 문화상대주의 입장에서는 문화를 비교할 때에 어떤 특정한 기준에 의해서만은 문화간의 우열을 비교할 수가 없다는 입장이다. 그러므로 이 견해에 의하면 모든 문화는 각각 그 사회의 요구와 필요에 의해서 형성되어졌기 때문에, 문화의 가치판단에 있어서는 절대적인 판단기준은 있을 수 없다고 보는 것이다. 문화상대주의 입장은 지구촌시대를 살아가는 오늘날에는 그 의미가 더욱 중요시되고 있다.

읽을거리

[맨손으로 밥을 먹는 곳에서는]

동남아시아나 인도 등 특히 회교도 국가에서는 맨손을 사용하는 식사 관습을 가지고 있다. 인도의 뭄바이(봄베이)의 어느 식당에서였다. 외국에 갔을 때에 그곳의 문화를 알기 위해서는 먼저 그 나라의 전통식당에 가서 그 나라의 전통 음식을 먹어 보아야 한다는 말이 있다. 그래서 먼저 인도의 전통식당을 찾아갔다. 모두들 그들의 관습대로 맨손으로 밥을 먹고 있었다. 그들의 문화에 접해보기 위해서 마음먹고 오기는 했지만 어쩐지 어색하고 당황스러웠다. 그러나 '로마에 가면 로마의 법을 따르라'고 했기에 어색하지만 그들이 하는 대로 손씻는 물에 손을 담근 후에 손으로 밥을 꼭꼭 눌러서 먹었다. 맨손으로 밥을 꼭꼭 집어서 먹으니 색다르기도 했지만 오히려 편한 느낌이 들었다.

그들이 밥을 맨손으로 눌러서 먹는 데는 그만한 이유가 있었다. 그들이 밥을 지어먹는 쌀은 찰기(붙는 성질)가 없기 때문에 젓가락을 사용할 수가 없었다. 그렇지만 비위생적이 아닐까 하는 걱정을 할 수도 있지만 그럴 필요도 없었다. 그들은 식사 때 사용하는 오른 손은 식사 때와 그 외에 귀빈에게 선물을 교환한다든지 하는 아주 중요한 일에만 사용하기 때문에 항상 청결을 유지한다고 한다.

세계의 어느 문화든지 모두가 나름대로의 고유한 가치를 소유하고 있다. 그렇기 때문에 우리 모두는 자기 문화가 아닌 다른 모든 문화를 이해하고 수용해야 한다. 이것이 바로 오늘의 지구촌 시대에 살고 있는 우리들의 필수적인 요건이 되는 문화상대주의의 사고이다.

3) 문화사대주의

문화사대주의(文化事大主義)는 국가의 발전 정도가 일정 수준에 미치지 못한 경우에 나타나는 문화에 대한 가치판단의 사고이다. 즉 후진국이나 개발도상국의 경우에 어떤 문화가 자기 문화보다도 우월하다고 인식이 되면 그 문화를 무조건 숭상하면서 자기 문화를 비하시키는 사상적 입장이다. 후진국이나 개발도상국에서 문화사대주의가 나타나는 경우는 그들이 선진국의 문화를 지나치게 선호할 때에 나타난다.

문화사대주의는 위에서 살펴본 바와 같이 국민의 의식 형성에 좋지 않은 영향을 주게 된다. 특히 이성적인 판단력이 완전히 성숙되지 못한 청소년들에게는 무비판적인 문화 모방이 일어나서 불건전한 의식이 형성된다. 그래서 어떤 사회에 문화사대주의의 사고가 나타날 때에는 교육적 차원의 사회적 캠페인이 필요하게 된다. 그러나 이 문화사대주의는 국가가 발전하게 되면 자연스럽게 사라진다. 즉 국력이 신장되고 국민의 의식이 깨우쳐지면 자기 문화에 대한 자부심이 생기게 되어 자연적으로 소멸된다.

5. 현대사회의 문화적 혼돈

현대는 다원화시대로서 다양한 생활양식에 의해서 인간생활이 이루어지고 있다. 이에 따라 인간의 생활양식인 문화도 현대에 들어오면서 복잡한 양상을 띠게 되었다. 문화의 양상이 복잡해지면서 인간의 사고(思考)에도 변화가 야기되어 가치판단의 기준에 혼란을 초래하게 되었다. 이와 같이 가치 판단의 기준이 혼란됨에 따라서 인간사회의 생활의 기본 질서가 문란해지고, 또 그 결과가 사회의 문화적 혼돈으로 이어지고 있다. 현대사회의 문화적 혼돈의 예를 들어보면 다음과 같다.

1) 문화적 혼돈 양상

생활의 다양화와 기술의 발전에 의해서 생활의 양식인 문화도 급속히 변화되고 있다. 이에 따라 현대사회에 나타나고 있는 문화적 혼돈 양상을 지적해 보면 다음과 같다.

(1) 물질위주 가치관 형성

현대사회는 산업화에 의해서 그 기반이 형성된 사회이기 때문에, 현대에 들어와서는 자연적으로 물질중시의 가치관이 팽배해지게 되었다. 그런데 이 물질중시의 가치관은 단순히 물질을 중요시하는 것에 끝나지 않고, 인간에게 이기주의적 사고를 심화시켜서 인간의 무한한 욕망에 대한 자제력을 약화시켰다. 또한 이 물질위주의 가치관은 인간에게 권력과 부(富)에 대한 집념을 고조시켜서 경쟁의 심리를 가중시켰고, 이에 따라 사회의 계층적 차이가 더욱 심해졌다. 현대에 들어와서는 사회의 계층적 차이가 심해짐에 따라서 계층간에는 위화감이 조성되었고, 이로 인해서 계층적 갈등은 점점 더 깊어지고 있다. 이와 같이 이기적 사고의 팽배와 아울러 계층의 차이가 심해짐에 따라 사회적 불만은 더욱 고조되어 가고 있으며, 또 사회적 불만이 고조되면 될수록 이기적인 사고가 더욱 가중되어 사회혼란의 요인을 만들어 내게 된다.

(2) 비인간적 사고의 증가

인간사회의 가장 핵심적인 사고는 인간존중의 사고이다. 그런데 현대사회에서는 산업화에 의해서 팽배되어 온 물질위주의 사고가 더욱 심해지면서 인간관계 있어서 비인간적 사고를 증가시켰다. 인간사회에서 비인간적 사고가 증가하게 되면 인간관계는 인간의 정이 결여된 기계적인 인간관계로 전락되고, 이에 따라 인간의 가치가 비하되어 인간의 생명에 대한 경시풍조가 나타나게 된다. 인간사회에서 인간을 경시하는 풍조가 나타나게 되면 결국에 가서는 이것이 사회 파괴의 현상으로 연결될 수밖에 없다.

현대사회에 있어서 비인간적 사고의 증대는 오늘날 우리들이 특별히 경계해야 할 부분이다. 이 비인간적 사고는 산업사회의 물질적 풍요에 힘입어 살기 좋은 사회를 건설해 보려는 우리 인간의 노력에 커다란 장애요인이 되고 있다. 특히 가상공간을 생활의 주된 무대로 삼고 있는 정보사회에서는 더욱 경계해야 할 부분이다.

(3) 문화지체 현상

인간의 생활은 끊임없이 변해가고 있기 때문에 생활의 양식인 문화도 계속적으로 변하고 있다. 그런데 문화는 원래가 인간의 생활 속에서 형성되어지기 때문에 그 내용도 인간의 생활에 따라서 다양성을 띄게 된다. 이렇게 다양한 문화들이 시대의 변천에 따라서 변동될 때에는 문화들 간의 특성의 차이에 따라서 변동의 속도가 달라지게 된다. 이러한 문화 변동의 속도 차이는 사회의 전체적인 균형을 깨뜨리게 되고, 이로 인해 사회문제의 요인을 발생시키게 된다.

문화가 변동할 때에는 일반적으로 문화들 간에 변동속도의 차이가 생긴다. 오그번(Willam F. Ogburn)은 이러한 문화들 간에 나타나는 변동속도의 차이를 문화지체(文化遲滯, culture lag) 현상으로 설명하면서 문화지체이론을 정립시켰다. 즉 문화지체 현상은 문화의 양대 구성부분인 물질문화와 정신문화가 사회가 변동할 때에 그 변동에 적응하는 속도 차이가 생겨서 두 문화간에 균형이 깨어지게 되어 사회혼란을 일으키게 되는 사회적 현상으로 설명했다. 즉 문화가 변동할 때에 물질적 생활 수단인 물질문화는 앞서서 변동하는데 이에 비해서 가치관이나 규범 또는 제도와 같은 정신문화는 물질문화의 변동에 보조를 맞추지 못하고 상대적으로 뒤떨어지게 되어 문화적인 지체현상이 일어난다는 것이다. 오그번은 이러한 현상을 지칭해서 문화지체현상이라고 불렀다. 문화지체현상의 결과 문화간에 충돌이 일어나면 대부분의 경우 이로 인해 사회문제가 발생한다. 다시 말하면 문화지체현상은 사회변동의 결과인 동시에 사회문제의 발생원인이 된다. 그러므로 사회가 발전하기 위해서는 문화지체현상의 극복에 우선적인 노력을 기울여야 할 것이다.

문화지체이론을 정립한 오그번은 서구사회의 사회변동과 문화변동을 설명하면서 문화지체현상을 지적했다. 즉 서구사회의 발달된 기술이 물질생활의 급격한 변화를 야기시켰지만, 그 물질적 측면에 관련되어 있는 정신문화인 제도나 가치는 이 물질적 측면의 변화를 따르지 못해서, 물질문화와 정신문화간에 부조화현상이 일어나게 되었다. 오그번은 이러한 현상을 특별히 지칭해서 문화지체로 설명했다.

(4) 기술지체현상

기술지체(技術遲滯, skill lag)현상은 문화지체의 한 종류로서 정신문화에 대해서 이를 운영하는 기술이 지체되는 현상이다. 이 기술지체 현상은 후진국이나 개발도상국에서 가끔 나타난다. 기술지체 현상이란 선진국에서 발전된 이념이나 지식이 후진국이나 개발도상국에 먼저 도입되어 교육을 통해 보급되었는데, 이를 지원하는 기술체계가 미처 정립되지 못해서 사회적인 혼란이 야기되는 경우이다. 예를 들면 발달된 선진국의 생활양식이 후진국에 먼저 도입되어 실질적인 준비가 되어 있지 않은 후진국 국민들의 기대만 상승시켜서 실질적인 만족의 길이 없을 때 좌절감을 느끼게 하는 것, 또 후진국에 도입된 선거제도가 실제 운영에 있어서는 운영의 미숙으로 부정선거 같은 사회적 문제를 야기시키는 것, 그리고 개발도상국에서 생활 수준에 관한 이론적 수준이 먼저 도입되어 실제로는 실천되지 않아서 고등실업자가 발생하는 것 등이 모두 이 기술지체의 예에 속하는 것들이다.

2) 현대사회의 문화적 혼돈에 대한 대처방안

현대사회의 여러 가지의 문화적 혼돈 현상은 사회의 정상적 발전을 저해하는 요인이 되고 있다. 그래서 이를 바로 잡는 것이 사회의 발전을 위한 중요한 과제가 되고 있다. 현대사회에서 우리가 겪고 있는 문화적 혼돈은 사회의 정상적 발전을 저해하고 있기 때문에, 이것의 해결이 중요한 과제가 되고 있다. 현대사회의 문화적 혼돈의 해결 방안을 들어 보면 다음과 같다.

(1) 건전한 전통문화의 육성 발전

현대사회의 문화적 혼돈에 대처하기 위해서는 전통문화를 건전하게 육성 발전시켜야 한다. 왜냐하면 전통문화는 그 사회의 문화의 기반을 이루고 있기 때문이다. 그러므로 문화를 발전시키고 문화에 대한 혼돈을 없애기 위해서는 그 문화의 기반을 이루고 있는 전통문화를 건전한 방향으로 육성 발전시켜야 한다.

읽을거리

[전통문화의 진가 ; 부채춤과 김치]

전통문화의 기반 속에서는 전통문화의 진가를 흘려버리기 쉽다. 그러나 외국에 나가서 우리의 전통문화를 접해 보면 우리의 전통문화의 진가를 새삼 느끼게 된다. 문화가 국외로 전파되는 것은 국력과 비례한다. 이제는 우리의 문화도 세계로 향하고 있다. 오늘날에는 세계의 이름 있는 도시에서라면 한글간판을 보는 것은 어렵지 않다. 또 관광지 소개나 관광안내를 우리말과 우리 글을 병용하는 곳이 늘어나고 있다.

외국의 어느 공연장에서의 일이다. 그곳에서는 세계 유명 나라들의 민요와 민속춤이 공연되고 있었다. 모두가 자국을 알리기 위해서 세계적으로 소개되어 있는 것들이어서 관객들에게 감동을 주기에는 충분했다. 공연이 진행되는 중에 가슴이 뭉클하면서 눈물이 핑 도는 순간이 있었다. 무대 위에서 우리의 전통문화인 곡선에 어우러진 색동 한복에 부채춤이 절정에 이르는 순간이었다. 그 순간 장내를 진동시키는 박수갈채 소리가 울려 퍼지고 있었다. 우리의 전통문화의 진수가 세계에 알려지는 순간이었다. 가슴이 벅차 올랐다.

우리의 전통문화에 자부심을 가졌던 또 하나의 일은 우리의 김치였다. 필자가 외국생활을 할 때의 일이었다. 외국 친구들을 집으로 초대하여 우리의 음식을 대접하면서 우정을 나눌 때에는 필수적으로 쌀밥과 김치를 식탁에 올렸다. 식사가 시작되면 우리는 외국 친구들의 우리 음식에 대한 반응을 초조히 기다리게 된다. 그러나 숟가락과 젓가락을 서툴게 사용하면서 쌀밥에 고춧가루가 빨갛게 물든 김치를 땀을 흘려가면서 맛있게 먹고 있는 그들을 볼 때면 마음이 저절로 흐뭇해지곤 했다.

동양권 국가의 친구들은 물론이고 서양권 국가의 친구들까지도 익숙하지 못한 김치를 호호 불면서 먹는 것을 볼 때에는 우리의 전통음식문화에 대한 자부심이 가슴 뿌듯하게 솟구쳐 올랐다. 특히 일본 친구들이 우리의 김치 만드는 법을 배우려고 하는 것을 볼 때면 대단한 자부심이 생기곤 했다.

(2) 문화에 대한 가치판단력 배양

어느 사회를 막론하고 그 사회에서 야기되는 문화적 혼돈에 대처하기 위해서는 사회구성원들이 문화에 대한 가치판단력을 소유하고 있어야 한다. 다시 말하면 모든 문화는 나름대로 고유한 가치를 소유하고 있기 때문에, 문화를 발전시키고 또 발전과정에서 나타나는 문화적 혼돈에 대처하기 위해서는 우선 문화를 올바르게 이해하고 이를 바탕으로 그 문화가 가지고 있는 고유한 가치를 찾아낼 수 있는 힘이 있어야 한다는 것이다.

(3) 인간교육의 강화

어떤 사회에서 문화적 혼돈이 일어난다는 것은 그 사회의 구성원들의 인간 존엄성에 대한 이해가 부족하기 때문이다. 왜냐하면 문화는 인간의 생존과 생활을 위해서 창조해낸 산물이기 때문에 항상 인간을 위해서 존재하고 또 인간의 존엄성과 관련을 가지고 있기 때문이다. 그러므로 인간사회에서 문화적 혼돈이 일어난다는 것은 구성원들의 인간가치에 대한 이해가 부족한데서 초래된다고 볼 수 있다.

문화는 원래가 가치 지향적이다. 문화가 인간사회에 기여하기 위해서는 이 가치지향성을 잃어서는 안 되는 것이다. 왜냐하면 문화가 가치지향성을 잃게 되면 문화를 창조한 인간의 의도와는 거리가 멀어지기 때문에 문화적 혼돈 현상이 나타나게 된다. 그래서 문화는 항상 가치지향성을 유지해야 하는데 이를 위해서 가치교육이 필요하게 된다. 즉 사회가 발전하려면 가치교육이 중심을 이루는 인간교육을 강조하여 모든 사람들에게 인간가치의 존엄성을 인식시켜야 한다.

요점정리

1. 문화의 의미

인간이 창조한 정신적 물질적 산물
인간이 지속적인 상호작용과 환경에 적응하면서 만들어 낸 정형화된 생활양식
인간의 생존 수단
*'문화'의 용어적 의미
일상생활 용어로서 문화 ; 편리, 세련, 예술적, 도덕적 생활양식
사회학적 전문용어로서 문화 ; 인간의 삶의 형태 전반, 물질적 정신적 삶의 모습.

2. 문화의 속성

보편성 ; 인간의 본능에 관련
다양성 ; 주변 환경에 관련
사회성 ; 문화의 사회생활과 관련
학습성 : 인간의 우수한 지적 능력
공유성 ; 인간의 단체생활
체계성 ; 문화의 상호관련성
축적성 ; 전파와 축적으로 발전

3. 문화의 내용

문화의 기능 :
최적의 생존 수단, 인간의 삶을 규정, 인간의 생활양식 결정, 사회의 규범 역할
사회의 규범의 일반적 구분 : 민습(民習), 원규(院規), 법규범(法規範)
문화의 종류 : 물질문화와 비물질문화
문화의 구분 : 구성단위에 따라 문화요소, 문화복합, 전체 문화, 하위문화I下位文化), 반문화(反文化)

문화의 적용 층에 따라 대중문화와 특정계층문화

4. 문화와 가치판단

문화절대주의 : 자문화중심주의, 민족문화중심주의 입장
문화 상대주의 : 문화의 고유한 가치를 인정하는 입장
문화사대주의 입장 맹목적인 문화 숭상

5. 현대사회의 문화적 혼돈

가치관의 혼란
비인간적 사고의 증가
문화지체 현상 : 두 문화간의 발전 속도의 차이에서 오는 지체현상
*오그번(Ogburn)의 문화지체 이론 : 물질문화의 발달을 정신문화가 따라가지 못하는 현상
기술지체(技術遲滯, skill lag) 현상 : 이념이나 지식이 먼저 도입, 기술체제가 미 정립된 경우 발생
현대사회의 문화혼돈에 대한 대책 : 전통문화의 건전한 방향 육성 발전
인간교육 강조
*문화적 혼돈의 해결방안
전통문화의 발전
문화에 대한 가치판단력 배양
인간 가치 교육의 강화

수험대비 평가문제

1. 우리나라에서는 숟가락과 젓가락으로 식사를 하지만, 서양사람들은 나이프와 포크를 사용하여 식사를 하고, 또 인도네시아나 스리랑카 등에서는 손으로 식사를 한다. 이러한 다양한 식사방법에 대해서 문화인류학적 측면에서는 가치의 우열을 따지지 않는다.
   (1) 우열을 따질 수 없는 이유를 사회학적 측면에서 설명하시오.
   (2) 우열을 인위적으로 규정지을 경우의 결과를 예상해 보고 그 대안을 서술하시오.

2. 우리나라의 자동차산업은 세계적인 수준에 이르고 있어서 자동차 보급도 급속하게 증가되었다. 그런데 자동차에 의한 교통사고의 건수가 세계적으로 등수를 다툰다고 하니 자동차 문명의 발달에 대한 고마움이 반감되고 있다.
   (1) 위와 같은 사회적 현상을 지칭하는 문화적 현상에 대해 기술하시오.
   (2) 우리나라는 이러한 현상이 심한 편인데 그 이유가 무엇이라고 생각하는가?

3. 오늘날 세계화시대를 맞아서 세계적인 것을 추구하기 위한 경쟁이 치열해지고 있다. 우리는 세계적인 것을 설명할 때에 가장 한국적인 것이 가장 세계적인 것이라고 이야기한다.
   (1) 위의 문장 맥락으로 보아서 가장 세계적인 것을 추구하기 위해서 그 바탕으로 삼아야 할 것에 관해서 서술해 보시오.
   (2) 세계화시대에 대비해야 할 일들에 관해서 기술해 보시오.

4. 문화의 속성과 관계가 먼 것은?
   ① 학습된다.　　　　　　② 다양성을 갖는다.
   ③ 보편성을 소유하고 있다.　　④ 불변성을 갖는다.*

5. 민습(民習)에 관한 설명으로 적합하지 않는 것은?
   ① 주로 일상 생활에 영향을 주는 비공식 규범이다.
   ② 다른 규범에 비해 상대적으로 원천이 명확하다.*

③ 사회 환경에 따라 특성을 소유하는 경우가 많다.
④ 저촉 시에 집단 전체에는 큰 영향을 주지 않는 것이 보통이다.

6. 문화의 기능에 해당되지 않는 것은?
① 구성원들을 같은 유형으로 묶는다.
② 인간의 삶을 용이하게 한다.
③ 인간의 지혜를 전승시키고 축적시킨다.
④ 인간의 사고를 고정시킨다.*

7. 문화의 보편성에 해당되지 않는 것은?
① 자연환경과 밀접한 관계 ② 역할분화와 자원의 배분
③ 감정의 표출 ④ 전통적 관습*

8. 문화의 상대성을 바르게 설명한 것은?
① 인간은 문화적 수단을 통해서 환경에 적응한다.
② 다른 문화를 숭상하면서 자기 문화를 낮게 평가한다.
③ 문화는 각기 고유한 특성이 있어 우열을 가릴 수 없다.*
④ 문화는 생활양식이기 때문에 이해의 기준이 단일화되어 있다.

9. 문화지체현상의 뜻을 설명하고, 발생 이유를 쓰시오.

10. 문화절대주의와 문화상대주의를 비교 설명하시오.

11. 문화사대주의를 설명하시오.

12. 기술지체(技術遲滯) 현상을 설명하시오.

13. 현대사회의 문화적 혼돈에 대한 해결방안을 쓰시오.

제 4 장 사회조직과 사회화

1. 사회집단
2. 사회조직
3. 사회적 지위와 역할
4. 사회화와 퍼스낼리티

인간은 사회 속에서 생활하면서 사회구성원으로서의 자격을 갖추어간다. 그래서 사회는 인간이 살아가는 삶의 터전인 동시에 사회화의 장(場)이 된다. 사회구성원의 자격을 갖추어 가는 이 사회화란 바로 인간이 다양한 문화적 요소들에 접하면서 삶을 배워 가는 과정이다. 그래서 사회화는 대부분 문화적 요소들이 복합적으로 존재하는 사회집단을 중심으로 해서 이루어지고 있다.

인간은 본래가 사회적 동물이기 때문에 집단을 이루면서 살아가고 있다. 이렇게 인간이 집단을 이루면서 사는 이유는 인간은 사회 속에서 생활할 때에 비로소 인간으로서의 가치를 추구할 수 있기 때문이다.

인간의 삶의 터전이며, 사회화의 장이 되는 사회집단은 일정한 사회적 조직을 갖추고 있다. 이 사회조직은 사회집단을 유지 존속시켜 주면서, 사회구성원들에게 생활양식의 기본적 틀을 제공해 준다. 그러므로 인간은 사회집단 속에서 사회조직에 의해서 생활해 가고 있는 것이다. 사회집단은 사회조직에 의해서 그 체계가 형성된다. 그러므로 사회조직은 사회집단을 유지 발전시키는 버팀목의 역할을 한다.

인간은 사회조직 속에서 사회적 지위와 역할을 얻는다. 사회적 지위에는 사회적 역할이 규정되기 때문에 인간은 지위에 따른 역할을 수행함으로서 자신의 삶을 영위하고 또 사회발전에 기여한다.

인간이 사회 속에서 사회구성원으로서의 자격을 배워 가는 것을 사회화라고 하는데, 인간은 이 사회화에 의해서 사람의 됨됨이인 퍼스낼리티, 즉 인성(人性)이 형성되어진다.

이 장에서는 사회집단의 의미와 특성 그리고 종류를 살펴보고, 그 다음에 사회집단의 골격인 사회조직과 이 사회조직에 의해서 부여되는 사회적 지위와 역할 그리고 사회화와 퍼스낼리티에 관해서 살펴보겠다.

1. 사회집단

1) 사회집단의 의미

인간은 본능적으로 유사성을 토대로 하여 집단을 형성하는 특성을 가지고 있다. 그래서 인간은 원천적으로 모습이 비슷하고, 사고방식이 비슷하면 자연스럽게 모여서 집단을 이루면서 생활해 왔다. 이러한 집단본성에 따라 모여진 인간의 집합체가 바로 사회집단(社會集團, social group)이다. 그런데 이 사회집단이 지속되기 위해서는 공통된 속성을 가지고 있는 사람들이 함께 모여서, 지속적이고 반복적인 상호작용이 이루어져야 한다. 이를 위해서 사회집단에는 반드시 구조와 조직이 필요하게 된다.

인간은 집단을 이루고 생활하는 중에, 서로가 상호작용을 하면서 서로의 행동에 대한 기대를 공유함으로써 집단의 구조를 다지고, 또 사회를 유지 발전시켜 나간다.

2) 사회집단의 성립조건

사회집단은 단순히 사람들이 모여만 있는 것이 아니다. 즉 사회집단은 일정한 조건을 갖춘 기반 위에서 형성된다. 사회집단을 형성하는데 필요한 조건들을 들어 보면 다음과 같다.

첫째, 구성원들이 있어야 한다. 집단은 사람들이 모여서 이루어지기 때문에, 사회집단은 적어도 두 사람 이상의 사회적 관계를 가진 사람들이 모여야 형성되어진다. 그러나 사회집단은 구성원들로 형성이 되어진다고 해도 일정한 조직을 갖추어야 한다.

둘째, 공통된 목적에 의한 지속적인 상호작용이 있어야 한다. 사회집단은 집단을 형성한 사람들이 공통된 뜻을 가지고 일정한 틀에 의해서 지속적인 상호작용을 해야 한다. 즉 조직에 의해서 상호작용이 지속적으로 이루어져야 한다. 아무리 많은 사람들이 모였다 해도 모인 사람들의 목적이 일치되지 않거나 또는 우연적으로 모이게 된 집단은 사회집단이라고 볼 수 없다. 왜냐하면 이러한 집단은 사람들이 일시적이거나 우연적으로 모여서 형성된 집단이기 때문에 구성원들이 쉽게 흩어져 버린다.

사회집단의 형성은 구성원들에게 공통된 목적과 지속적인 상호작용이 병행되어야 한다. 왜냐하면 공통된 목적을 가지고 모인 사람들이라도 지속적인 상호작용이 없는 일시적인 모임은 사회집단이라고 볼 수 없기 때문이다. 예를 들면 경기장의 관중이나 음악회의 관람객들은 공통된 목적은 가지고 있지만 지속적인 상호작용이 일어나지 않기 때문에 사회집단이라고 보지 않는다. 경기장의 관중들은 경기가 고조되었을 때에는 일시적인 감정에 의해서 모두가 얼싸안고 흥분을 하다가도 그 순간이 끝나면 일체감이 사라지고, 또 경기가 끝나면 쉽게 헤어져 버린다. 그리고 음악회나 극장의 관객들도 음악이나 연극의 내용에 감동이 될 때에는 숙연해지는 일체감을 가지다가도 음악회나 연극이 끝나면 뿔뿔이 흩어진다. 이와 같이 경기장에서나 극장에서도 일시적으로 일정한 유형의 상호작용이 일어나기는 하지만, 이것이 지속되지는 않기 때문에 운동장의 관중이나 공연장의 청중은 사회집단이 아니다.

지속적인 상호작용은 구성원간에 유대를 강화시키고, 구성원들의 지위와 역할을 규정지어 주어서 집단의 구조를 발전시키고 사회를 유지존속시킨다. 또 집단 내에서의 구성원간의 상호작용은 사회유지의 규범을 확정시키고 가치추구의 방향을 설정하게 되어 구성원간에 일체감을 갖게 하고, 더 나가서는 구성원들에게 사회성을 공유하게 하여 구성원들간의 유대를 더욱 강화시킨다.

3) 사회집단의 종류

사회집단은 그 분류 기준에 따라 다양하게 분류되고 있다. 사회집단의 종류를 구분할 때의 분류 기준에는 집단구성원의 집단형성의 의지, 집단구성원의 집단 소속 형태와 소속감 그리고 집단의 사회적 기능 등이 있다.

(1) 원초집단과 2차집단

원초집단(原初集團)과 2차집단은 집단을 형성하는 구성원들의 의지를 기준으로 하여 사회집단을 구분한 것이다. 독일의 사회학자 퇴니스(Tönnies)는 사회집단을 분류하면서 구성원들의 집단 형성의 의지를 기준으로 하여 게마인샤프트(Gemeinschaft)와 게젤샤프트(Gesellschft)로 구분했는데, 이 때의 게마인샤프트는 원초집단에, 게젤샤프트는 2차집단에 해당된다.

① 원초집단

원초집단(原初集團)은 집단내의 구성원들의 인간관계가 원초적인 관계를 바탕으로 하여 성립된 집단으로서 퇴니스가 분류한 게마인샤프트가 여기에 속한다. 다시 말하면 원초집단의 구성원은 자신의 의지와는 관계없이 집단의 일원이 되기 때문에, 원초집단의 형성은 구성원들의 원초적이고도 숙명적인 참여에 의해서 이루어진다. 즉 원초집단은 구성원들의 본질적인 의지에 의해서 형성된 운명공동체적 집단으로서 집단의 가입이 운명적으로 결정되는 공동사회이다.

원초집단은 구성원들간에 심층적인 의사소통이 이루어지는 운명적인 집단이며, 구성원들은 참여 그 자체를 통해서 개인적인 만족을 얻는다. 원초집단의 대표적인 예는 가족이다.

원초집단은 다음과 같은 특징을 가지고 있다.

첫째, 구성원들간의 친밀감과 지속적인 상호작용이다. 원초집단에서는 구성원들이 서로가 친밀감에 의해서 상호작용을 하며, 또 서로가 지속적인 상호관계를 가진다. 그래서 성원들은 서로가 빈번하면서도 긴밀한 접촉을 갖게 되며 이로 인해 심오한 정서적인 관계가 이루어진다.

둘째, 집단의 규모가 작고 집단고유의 규범을 소유한다. 원초집단은 일반적으로 규모가 작은 것이 특징이며, 집단 내에는 나름대로의 특유한 규범이 있다. 원초집단에서는 구성원이 집단을 이탈했을 때에는 경제적인 지원을 중단한다든지, 또는 관계를 단절하는 것 등의 비공식적인 제재가 가해지는 것이 일반적인 예이다.

셋째, 개인과 사회의 연결고리 역할을 한다. 원초집단은 인간에게 숙명적으로 사회적 근원을 마련해 주어 우리 인간에게 심리적으로 정서적으로 안정감을 제공해 주고, 이를 근거로 하여 개인과 사회를 연결시켜 주는 역할을 한다. 즉 원초집단은 사회구성원인 인간이 안정되게 삶을 살 수 있도록 해주고, 또한 경우에 따라서는 구성원을 통제함으로써 사회 전체의 질서 유지에 기여한다.

② 2차집단

2차집단(二次集團)은 그 형성이 구성원들의 2차적인, 즉 간접적인 인간관계를 바탕으로 하여 성립된다. 이 2차집단은 퇴니스가 분류한 게젤샤프트에 해당되는 집단으로서, 구성원들의 선택적인 의지를 기반으로 하여 형성된 사회집단이다. 즉 2차집단은 구성원들의 의지에 의해서 가입 탈퇴가 결정되는 이익사회로서, 집단구성원간에는 주로 부분적인 인간관계가 형성된다. 2차집단에서 형성된 인간관계는 일반적으로 특정한 목적에 의해서 의식적으로 이루어지게 된다. 그러므로 구성원들은 항상 목적의식 속에서 생활하게 된다. 그래서 집단의 운영이 자신이 추구하는 목적에 벗어날 때에는 언제라도 탈퇴할 수가 있다. 2차 집단의 대표적인 예는 정당이나 회사이다.

2차집단의 특징은 다음과 같다.

첫째, 목적 지향적이다. 2차집단은 그 형성이 특정한 목적을 달성하기 위해서 이루어진다.

둘째, 공식적인 인간관계이다. 집단 형성이 이해타산을 기반으로 하여 이루어지기 때문에 집단내의 인간관계는 공식적이면서도 비개인적이다.

셋째, 대면접촉의 제한이다. 집단의 규모가 비교적 크고, 따라서 구성원들간의 상호작용에 있어서 대면접촉이 제한을 받는다.

넷째, 익명성이다. 집단구성원간의 상호작용에 있어서는 익명성과 비개인성이 주를 이룬다.

(2) 내집단과 외집단

내집단과 외집단은 집단구성원들의 소속형태와 집단에 대한 소속감을 기준으로 하여 분류한 것이다.

① 내집단

내집단(內集團)은 인간의 본질적 의사가 바탕이 되어 형성된 집단으로서 구성원들이 자기가 소속되어 있는 집단을 자신의 집단으로 인식하면서 구성원 이외의 사람들에게는 폐쇄성을 띠고 있는 집단이다. 그래서 내집단은 가입절차가 까다롭다. 다시 말하면 내집단은 특정한 자격조건이 구비된 자만이 가입할 수 있다는 것이다. 그렇기 때문에 내집단의 구성원들은 특별히 집단소속의식이 강하고 또 이를 강조하게 되므로, 이로 인해 구성원들간에는 강한 유대감과 협동심 그리고 충성심이 형성된다.

② 외집단

내집단에 비해 외집단(外集團)은 한 개인을 기준으로 할 때에 자신이 소속되어 있지 않은 외부의 집단이다. 그래서 외집단은 본인이 소속되어 있지 않기 때문에 집단에 대한 소속의식이 없다. 그러나 외집단도 사회집단이기 때문에 포괄적으로 보면 인간이 살아가는 과정에서 항상 내집단과 상호작용의 관계를 가지고 있다. 이런 측면에서 보면 모든 내집단도 상대적으로 보면 외집단이 된다. 그렇기 때문에 외집단도 언제나 소속되지 않은 다른 집단구성원들에게도 관심의 대상이 되고 있다.

(3) 준거집단

대부분의 사람들은 준거집단에 의해서 자신의 삶의 방향을 정해나가기 때문에 준거집단의 설정은 한 개인의 평생을 좌우하는 중요한 일이 된다.

① 준거집단의 의미

준거집단(準據集團, reference group)은 1940년 하이만(Herbert Hyman)이 도입한 집단의 개념으로 그 의미는 한 개인이 그 자신의 신념과 가치 그리고 태도를 규정하고 행동의 지침으로 삼기 위해 사용하는 집단을 말한다. 즉 준거집단은 자신의 행동지침이 되는 집단이다. 개인이 행동을 할 때 행동의 기준으로 삼는 이 준거집단은 경우에 따라서는 자신이 몸담고 있는 내집단일 수도 있고, 또 어떤 경우에는 자신이 속해 있지 않는 외부집단이 될 수도 있다.

② 준거집단의 종류

준거집단의 종류에는 긍정적인 준거집단과 부정적인 준거집단이 있다. 즉 우리가 일상생활을 하면서 행동의 기준으로 삼는 것은 긍정적인 기준과 부정적인 기준이 있다. 우리가 행동을 할 때에 객관적으로 바람직스러운 이로 인식되는 일은 따라서 행하게 되지만, 이에 반해 바람직스럽지 못한 일, 즉 나쁜 일은 경계하게 된다.

긍정적 준거집단은 위에서 든 객관적으로 바람직스럽다고 인정되는 일의 기준이 되는 집단이다. 다시 말하면 우리가 행동을 할 때에 좋은 일의 행동기준이 되는 집단이다. 즉 긍정적인 준거집단은 일반적인 준거집단의 의미로서 가치 지향적인 행동지침으로 개인의 행위기준이 되는 집단이다. 우리가 일반적으로 준거집단이라고 할 때에는 이 긍정적인 준거집단을 말한다.

부정적 준거집단은 위에서 지적한 바와 같이 바람직스럽지 못한 행동의 기준이 되는 집단으로서, 그 집단을 봄으로써 그와 반대되는 행동을 하게 된다. 다시 말하면 부정적인 준거집단은 규범에 어긋나는 행위를 하는 집단으로서 개인은 그 부정적인 행위를 보고 그 것을 개인이 행동을 할 때에 거부해야 할 행동의 기준으로 삼는 집단이다. 부정적 준거집단은 올바른 행위를 찾아내는 근거가 되기도 한다. 비행청소년집단, 사기집단, 폭력집단 등은 부정적 준거집단의 대표적인 예이다.

읽을거리

[청소년의 준거집단과 단순 모방집단]

준거집단은 개인이 살아가는 데 있어서 신념과 가치관의 방향을 정해주며 또한 행위의 기준이 되는 집단이다. 그래서 개인의 삶은 그가 어떠한 준거집단에 의해서 생활하고 있느냐에 따라서 삶의 방식이 정해지게 된다. 준거집단의 역할은 특히 청소년들에게는 그들의 인생의 방향을 결정하는 데 지대한 영향을 미친다.

현대사회에서는 청소년의 비행이 늘어나고 있다. 그 이유는 산업사회를 거치면서 나타난 여러 가지의 부작용들이 중요한 요인이 되겠지만, 그러나 한편으로는 현대사회에서 나타나는 가치관의 혼란 때문에 청소년들이 행위기준을 설정하는 데 혼란을 겪고 있기 때문이기도 하다. 성장과정에 있는 청소년들은 확고한 가치관이 형성되어 있지 않기 때문에 생활의 방향을 설정하기 위해서 모방집단을 찾는 경우가 많다. 그런데 청소년들은 아직도 가치판단의 능력이 약하기 때문에 모방집단을 추구할 때에 적절하지 못한 집단을 무비판적으로 수용하는 경우가 생기게 된다. 이렇게 설정된 적절치 못한 단순 모방집단을 준거집단으로 삼을 때에는 모방심이 강한 청소년들에게는 이것이 비행의 원인을 제공하게 되어 비행의 길로 이끌어가게 된다.

감수성이 예민한 청소년들이 자유분방한 폭력집단을 동경의 대상으로 삼는다든지, 또는 특히 여학생들이 외형적인 화려함에 의한 연예인들의 집단을 동경하는 것 등은 경우에 따라서는 현실과 괴리되는 단순 모방집단이 이들의 준거집단이 되어 인생의 방향이 엉뚱한 곳으로 바뀌어 버리는 수도 있다. 예를 들면 청소년 계층에 쉽게 확산되는 신출귀몰(?)하는 폭력배의 신드롬이라든지, '오빠부대'의 일원이 되었다가 실의에 빠져 생활에 의욕을 잃어버리는 경우가 모두 그러한 예들이다.

이와 같이 청소년들은 단순 모방집단에 쉽게 휩쓸리기 때문에 청소년들에게는 올바른 방향을 설정해주는 준거집단이 더욱 필요하다. 준거집단의 설정은 특히 청소년들에게는 그들의 인생의 방향설정에 지대한 영향을 미친다.

(4) 소집단

사회가 복잡해지고 다원화될수록 소집단의 역할이 증대되고 있다. 특히 현대사회는 거대한 사회체제와 복잡한 운영체계를 가지고 있다. 그래서 일반 대중은 수동적인 추종자의 위치로 몰리게 되고, 그 대신 소집단들에 의해서 사회가 운영된다.

① 소집단의 의미

소집단(小集團, small group)은 글자 그대로 규모가 작은 사회집단을 말한다. 그러나 대중사회에서는 소집단이 규모는 작지만 그 역할은 대단히 중요하다. 소집단의 이론적 배경은 독일의 사회학자 짐멜(Gimmel)의 사상에서 출발한다. 그는 소집단의 구성원간의 상호작용을 사회학의 중요한 연구과제로 삼았다.

현대사회는 대중화사회의 체제를 가지고 있기 때문에 사회체제가 복잡 다양한 거대사회의 체제를 가지고 있다. 그래서 이 거대하고 복잡 다양한 현대사회를 운영해 나가기 위해서는 사회를 선도하는 엘리트집단이 필요하게 된다. 이 엘리트집단의 역할을 하는 것이 바로 소집단이다.

② 소집단의 리더십 창출 역할

대중사회의 엘리트(elite)집단인 이 소집단의 역할 중에서 가장 중요한 것은 거대사회를 이끌어갈 리더십(leadership)을 창출하는 것이다. 그러므로 대중사회에서의 소집단의 역할은 그 사회의 발전을 좌우하게 된다. 소집단의 기능으로 생성되는 리더십은 복잡 거대한 대중사회를 통합시키면서 유지 발전시켜 나가는 현대사회에 있어서 빼놓을 수 없는 필수적인 조건이다.

③ 리더십의 분류

리더십은 그 성격에 따라 여러 가지 종류로 구분된다.

먼저 리더십의 종류를 리더십이 추구하는 목표에 따라 분류해 보면 다음과 같다.

첫째, 수단적(手段的) 리더십이다. 수단적 리더십은 그 특성이 일의 목적을 달성하는데 최대의 역점을 두고 있는 리더십을 말한다. 이 리더십은 보통 개발도상의 단계에 있는 사회에서 유용하게 적용되고 있다.

둘째, 표출적(表出的) 리더십이다. 표출적인 리더십은 추구하는 목표가 구성원들간에 인화와 단합을 도모하여 사기를 진작시키고, 또 구성원들 간에 일어나는 갈등을 최소화시키는데 역점을 두고 있는 리더십을 말한다. 이 리더십은 보통 삶의 질을 높이는 것을 정책의 목표로 삼고 있는 안정된 사회에서 주로 적용되고 있다.

다음은 리더십의 종류를 리더십이 가지고 있는 속성을 기준으로 하여 그 형태를 구분한 것이다.

첫째, 권위형(權威型) 리더십이다. 권위형 리더십은 지도자가 카리스마적인 속성을 발휘하여 구성원들을 일방적으로 이끌어가는 명령형 리더십으로서, 전쟁의 시기나 급속히 개발을 추진하는 개발도상국에서 흔히 나타나는 리더십의 형태이다.

둘째, 민주형(民主型) 리더십이다. 민주형 리더십은 일을 처리함에 있어서 구성원들의 의견을 수렴하여 구성원들간에 합의를 도출하는 수렴형 리더십을 말한다. 이 형태의 리더십은 개인주의 사상이 발달한 자유주의 국가에서 일반적으로 나타나는 리더십의 형태이다.

셋째, 자유방임형(自由放任型) 리더십이다. 이 리더십은 일을 처리할 때에 모든 일을 구성원들에게 위임하여 구성원들의 의사에 따라 처리하는 위임형 리더십이다. 이 형태의 리더십은 사회구성원들이 자치의식과 자치능력을 갖추고 있는 경우에 한해서 그 효과를 기대할 수가 있다.

(5) 공식집단

현대사회는 규모가 거대하기 때문에 사회의 목적 달성을 위해서는 사회를 통제할 수 있는 집단이 필요하다. 이에 따라 공식 집단은 구성원들로부터 사회통제를 위한 합리적인 수단을 위임받아 효율적으로 사회운영에 참여하게 된다.

① 공식집단의 의미

공식집단(公式集團)은 공적인 목적에 의해서 조직된 사회집단을 말한다. 그래서 공식집단은 그 사회가 추구하는 목표를 달성하기 위해서 의도적이고도 합리적인 수단을 구성원으로부터 위임받아서 수행하게 된다. 그러므로 공식집단은 임무를 수행함에 있어서 항상 최대의 효율성을 추구하게 된다. 이러한 이유 때문에 공식집단은 그 집단을 운영할 때에 효율성 추구를 위한 강한 구속력을 소유하는 조직체제를 가지게 된다. 아울러 공식집단은 구성원들의 활동을 효율적으로 조정할 수 있는 권리를 가지고 있다. 공식집단을 때로는 공식조직체라고도 한다.

② 공식집단의 종류

공식집단의 종류를 구분할 때에는 학자에 따라 분류하는 관점의 차이가 있다. 여기에서는 스코트(W. Richard Scott)가 분류한 공식집단의 종류를 들어보기로 하겠다.

첫째, 기업형(企業型) 공식집단이다. 기업형 공식집단은 이윤의 극대화를 목적으로 하는 공식집단으로서 공영회사를 그 대표적인 예로 들었다.

둘째, 봉사형(奉仕型) 공식집단이다. 봉사형 공식집단은 사회봉사를 목적으로 하는 공식집단으로서 병원을 그 대표적인 예로 들었다.

셋째, 공공복리형(公共福利型) 공식집단이다. 공공복리형 공식집단은 그 목적이 공공복리증진에 있는 공식집단으로서 경찰서를 그 대표적인 예로 들었다.

위의 분류 외에도 블라우(Peter Blau)는 조직원 모두에게 혜택을 주기 위해 설립한 노동조합을 호혜형(互惠型) 공식집단으로 설명했다.

2. 사회조직

1) 사회조직의 의미

사회구조(社會構造, social structure)는 사회의 뼈대를 이루고 있는 틀로서 사회의 유형을 규정 짓는 기본적인 요건이 된다. 인간사회는 사회질서에 의해서 사회관계가 형성되고, 또 이 사회관계에 의해 일정한 형태의 생활의 틀이 엮어지는데, 이것이 바로 사회구조이다. 그리고 이 사회구조가 사회제도(社會制度, social system)에 의해서 체계적으로 유형화될 때 이것을 사회조직(社會組織, social organization)이라고 한다.

사회구조를 유형화시키는 기본적인 사회제도에는 정치제도, 경제제도, 교육제도, 가족제도, 종교제도 등이 있다. 예를 들면 정치제도는 통치구조를 유형화시키고, 경제제도는 생산구조를 유형화시킨다. 이와 같이 사회구조 속에서 일어나는 사회관계가 사회제도에 의해서 체계적으로 유형화되어지면 사회조직이 되는 것이다.

2) 사회조직의 역할

사회조직은 사회구조 속의 사회관계가 사회제도에 의해서 유형화된 것으로서, 두 사람 이상의 개인들이 동일한 목표와 가치를 실현시키기 위해서 지속적으로 상호작용을 하는 사회집단의 유기적인 틀이기도 하다. 그러므로 사회조직은 끊임없이 변화하는 과정인 동시에 사회의 집단적인 단위이기도 하다. 사회조직의 예로서는 정부기구, 기업체, 학교 등의 체제를 들 수 있다. 사회조직이 이루어지기 위해서는 반드시 구성원간에 사회관계가 이루어져서 그 속에서 상호작용이 일어나게 된다.

인간은 사회조직 속에서 사회관계를 맺고 있으며, 이 사회관계를 기반으로 하여 상호작용을 한다. 인간사회는 이 사회조직에 의해서 생활이 규칙성을 가지게 되고, 이로 인해 생활이 안정되고, 또 미래를 예측할 수 있게 된다. 인간사회는 이렇게 사회조직이 규칙성을 가지고 안정되어질 때에 사회질서가 유지되고 발전하게 된다.

사회조직의 특성을 살펴보면 다음과 같다.

첫째, 조직의 구성원들이 조직체의 목표달성을 위한 공통의 가치를 소유하고 있다.

둘째, 구성원들은 공통규범에 의해 사회관계를 유지하고 있다.

셋째, 사회조직은 전문화를 통해서 분업의 형태를 갖추고 있다.

3) 사회조직의 종류[1)]

사회조직의 종류는 일반적으로 조직의 특성에 따라서 분류된다.

조직이론을 정립한 에치오니(Amitai Ezioni)는 사회조직의 종류를 다음과 같이 분류했다.

1) A. Etzioni, *Modern Organization*, 1990, pp. 10-19 참조.

첫째, 자발적 조직체(自發的 組織體)이다. 이 자발적 조직체는 구성원들의 자발적인 의사에 의해서 형성되는 조직체로서 종교집단, 정당 등이 그 대표적인 예이다. 자발적 조직체는 종교운동 단체에 가입하거나, 정당 또는 전문직 결사체 등에 가입하는 경우와 같이 언제나 자유롭게 가입할 수 있고 또 원하면 언제라도 탈퇴할 수 있는 조직체이다.

둘째, 강제적 조직체(强制的 組織體)이다. 이 강제적 조직체는 구성원들의 의사와는 무관하게 형성되는 조직체로서 군대나 의무교육기관 등이 그 대표적인 예이다. 이 조직체는 가입과 탈퇴가 강제적인 힘에 의해 이루어지는 조직체로서 공적인 조직체가 여기에 속한다.

셋째, 공리적 조직체(公利的 組織體)이다. 이 공리적 조직체는 조직체의 형성목적이 이윤추구에 있는 것으로서 기업체가 그 대표적인 예이다. 또 조직체의 구성원들은 실리적인 목적을 위해 참여하게 되며, 참여 후에도 조직이 추구하는 목적달성이 어려울 때에는 참여를 포기하거나 탈퇴할 수 있다.

그러나 조직체의 내용을 엄밀히 살펴보면 인간사회의 모든 조직체들은 복합적인 요인을 내포하고 있다. 예를 들면 강제적인 조직체일지라도 그 구성원의 일부는 자발적으로 참여한 경우가 있다.

4) 관료조직체[2)]

(1) 관료조직체의 의미

관료조직체(官僚組織體, bureaucracy)는 막스 베버(Max Weber)에 의해서 그 개념이 정립된 사회조직체로서, 조직체를 형성하고 있는 기반은 합리성이다. 이 관료조직체는 능률을 최고의 가치로 하고 있는 체제이기 때문에, 능률을 최고의 가치로 삼고 있는 산업사회의 사회조직에 우선적으로 적용되고 있다. 특히 목적달성을 위해 위계질서를 강

2) 앞의 책, pp.50-56 참조.

조하는 조직체에서는 대부분이 이 관료조직을 그 기반으로 하고 있다.

(2) 관료조직체의 특성

관료조직체는 목적달성을 위한 능률향상을 최우선의 가치로 삼고 있는 조직체로서 여러 가지의 특성을 소유하고 있다. 특히 관료조직체가 발전의 견인차 역할을 담당했던 산업사회에서는 관료조직이 가지고 있는 여러 가지의 특성에 의해서 능률을 최대로 향상시켜 물질적 풍요를 가져왔다. 그러나 관료조직체의 특성 중에는 인간사회의 발전에 역행되는 부정적 기능도 간과할 수가 없다. 즉 관료조직체의 특성에는 산업사회 발전에 기여한 순기능의 측면과 인간의 가치 측면에 미친 역기능의 측면을 동시에 가지고 있는 것이다.

관료조직체가 가지고 있는 특성을 들어 보면 다음과 같다.

첫째, 노동이 분화되어 있다. 관료조직체는 노동의 분화에 따라 업무의 전문화가 이루어져 있다. 그래서 관료조직체의 구성원들은 전문인으로서 조직에 참여하기 때문에 자신에게 주어진 일에만 충실하게 된다. 또한 구성원들이 전문인으로 조직체에 참여하기 때문에 구성원들간에 명백한 업무분화가 이루어져서, 구성원들이 업무를 수행할 때에는 자기가 맡은 일만 충실히 수행하면 된다. 이 결과 구성원들은 업무에 대한 전문성이 더욱 향상되어서 더욱 전문화된 전문인으로서 조직에 참여하게 하여 또한 전문인이 모여서 형성된 관료조직체에서는 업무가 전문적으로 분화되어 있기 때문에 조직체의 일 구성원이 개별적으로 자리를 떠난다고 해도 조직 전체에는 큰 문제가 생기지 않는다. 왜냐하면 다른 전문인이 그 자리만을 채워주면 업무의 연속에는 지장이 없기 때문이다.

관료조직체의 노동분화 특성은 일의 전문성을 높여서 일의 능률을 높일 수는 있지만 인간의 능력을 단순화시키는 면이 있다.

둘째, 권위의 위계질서가 서 있다. 즉 관료조직체내에서는 권위와 책임의 위계질서가 확실하게 서 있고, 또 권위의 범위가 지위에 따라 명백하게 규정되어 있기 때문에, 업무를 수행할 때에는 반드시 지휘계통의 절차를 밟아야 한다. 관료조직체에서는 권위와 책임의 위계질서가 피라미드형의 조직구조로 형성되어 있어서 업무를 추진할 때에는 직속 상관과 하급 부하직원간에 명령과 책임의 계통화가 이루어진다. 즉 상관과 부하직원간의 상호작용이 직위에 따라 규정된 규약과 절차에 따라 계통적으로 이루어지게 된다는 것이다.

이와 같이 관료조직체에서는 권위의 위계질서가 확실하게 서있기 때문에 일을 추진할 때에 질서유지가 용이해서 일의 능률을 높이는 면은 있지만, 그러나 한편으로는 조직의 경직화를 가져올 수 있다.

셋째, 기술적인 전문성이 강조된다. 관료조직체는 전문화된 직무분야로 형성된 조직체로서 능률을 최고의 가치로 삼고 있다. 그러므로 관료조직체의 구성원들에게는 전문경영인으로서의 기술적인 전문성이 필요하게 된다. 이에 따라 관료조직체의 사회는 자연적으로 전문화사회로 향하게 된다.

전문화사회는 전문경영인에 의해서 일의 능률을 높일 수는 있지만 그 반면에 인간사회에 필요한 비전문적인 면들이 소홀한 취급을 받을 수가 있다.

넷째, 업무를 수행할 때에 업무상의 직위에 관한 행동을 규정한 규약과 절차를 중시한다. 관료조직체에서는 업무를 수행할 때에 나타나는 어떠한 결정도 이미 정해져 있는 규칙에 따라 내려진다.

이 특성은 일의 추진에 있어서 시행착오를 줄일 수는 있지만, 그러나 구성원들의 개인적인 창의력 발휘가 제한을 받게 된다.

다섯째, 관료조직체사회에서는 관료적 경력이 중시된다. 관료조직체에서는 조직체내에서의 지위이동은 대부분 연공서열이나 개인적인 업적에 따라 이루어지기 때문에 관료적 경력을 중시하게 된다.

이 특성은 사회를 안정시키고 사회적 불만을 억제시킬 수는 효과를 가져오지만, 경우에 따라서는 사회를 침체시켜 발전에 지장을 줄 수가 있다.

여섯째, 조직구성원간의 인간관계가 비인간적이다. 관료조직체에서 인간관계의 비인간화 현상이 나타나는 것은 일의 공정성을 위해서 개인적인 감정을 배제하기 때문이다. 그리고 일의 처리에 있어서도 기술적 전문성이 강조되어 전문경영인이 자리를 잡게 되기 때문에 일을 처리할 때에는 책임소재가 분명해지고 능률의 극대화 추구가 용이하다. 그러나 관료조직체에서는 경력에 의해서 지위가 확보되기 때문에 경력이 중시되고, 또 개인은 조직인으로서 공정성과 합리성을 중시하기 때문에 업무수행에 있어서 개인적인 감정이 배제되고, 구성원간의 인간관계는 자연히 기계적으로 이루어지게 된다.

(3) 관료조직체의 기능

사회의 정형화(定型化)된 틀에 해당되는 사회조직은 어느 조직을 막론하고 고유의 기능을 소유하고 있다. 그런데 이 관료조직체는 산업사회를 발전시킨 순기능이 있는가 하면, 반면에 인간사회의 발전을 저해한 역기능도 아울러 가지고 있다.

먼저 관료조직체의 순기능(順機能)을 들어 보면 다음과 같다.

첫째, 업무의 효율성을 높일 수 있다. 관료조직체는 전문성에 의해 분업화가 되어 있기 때문에 업무를 능률적으로 처리할 수가 있어서 최대의 효과를 얻을 수 있다.

둘째, 업무를 공정하게 처리할 수 있다. 관료조직체는 책임분야와 책임한계가 분명하게 정해져 있고, 처리절차를 중시하기 때문에 업무를 공정하게 처리할 수 있다.

셋째, 업무의 연속성을 유지할 수 있다. 관료조직체는 업무의 각 분야마다 그 분야의 전문가들에 의해 구성되어 있기 때문에 어느 한 개인이 그 자리에서 빠져나갈 경우 그 자리를 다른 전문가가 대신할 수 있어서 업무의 연속성을 유지하는데 유리하다.

다음은 관료조직체의 역기능(逆機能)이다.

첫째, 업무처리를 할 때에 규칙에 명시되지 않은 특수상황에 대한 대처 능력이 미약하다. 관료조직체는 각 분야의 전문가들로 조직된 조직체이기 때문에 자기분야의 업무는 능률적으로 처리할 수가 있지만, 자신의 분야가 아닌 특수상황이 발생할 경우에는 대처할 수가 없게 된다.

둘째, 일 처리 과정에서 목적전치(目標轉置) 현상이 일어난다. 목적전치현상이란 업무를 처리할 때에 조직의 본질적 목표를 망각하고 규칙에 의한 절차가 목적이 되어 버리는 현상을 말한다. 관료조직체에서는 업무를 처리할 때에 형식과 절차를 강조하기 때문에 일을 처리하다 보면 원래의 목적보다 일 처리의 형식에 얽매여서 시간을 낭비하게 되고, 일 처리의 결과도 축소되거나 왜곡될 경우가 생기게 된다.

셋째, 경직화(硬直化)된 관료체제 내에서는 의사소통이 원활하게 이루어지지 않는다. 관료조직체는 형식과 절차를 강조하다 보면 조직자체가 경직화되어서 조직 내에서의 의사소통이 원활하게 이루어지지 않는다. 관료조직체에서의 의사소통은 일반적으로 하향적 지시와 상향적 보고로 이루어진다. 이러한 의사소통 구조에 의해서 중간 관리층의 책임회피를 위한 보고 기피 현상이 나타나기도 한다.

넷째, 구성원들에게 관료적 퍼스낼리티(personality)가 형성된다. 관료조직체에서는 목표달성보다 규정준수를 강조하기 때문에 표준화된 기준에 의해 행동하려는 소극적이고 수동적인 무사안일주의의 관료적 퍼스낼리티가 형성된다.

이와 같이 관료조직체는 효율성을 극대화시켜서 인간사회를 발전시켜온 제도임에는 틀림이 없지만, 한편으로는 인간사회를 삭막하게 만들어 놓은 역기능도 간과할 수가 없다.

읽을거리

[관료조직과 복지부동(伏地不動)]

관료조직의 원리 중에 규정과 절차 준수를 강조하는 부분이 있다. 이것은 일의 처리에 있어서 시행착오를 줄이는 장치가 되지만 경우에 따라서는 관료조직체의 침체 요인이 되기도 한다. 즉 책임을 회피하기 위해서 규정과 절차를 지나치게 강조하다 보면 복지부동의 현상이 나타나서 오히려 능률을 저하시키는 결과를 가져온다는 것이다.

복지부동의 현상은 일반적으로 정권이 교체되어 국민의 확고한 지지를 얻기 위해서 사정(司正)의 태풍이 몰아칠 때에 잘 나타난다. 특히 피동적인 자세로 업무를 처리하는 공무원들의 경우 사정의 바람이 불 때에는 자신을 보전하기 위해서 규정과 절차에 없는 일은 일을 하다가 혹시라도 나타날지 모르는 실수가 두려워서 손을 대지 않으려고 한다. 왜냐하면 공직사회의 조직의 기반이 관료제이기 때문에, 창의적인 일을 하고 싶어도 혹시나 규정에 없는 일이 되어 책임추궁을 당할지 모르기 때문이다.

그러나 오늘날의 정보화사회에서는 관료조직의 기능이 약해지면서 조직체의 업무형태에 변화가 일어나고 있다. 즉 복지부동에 익숙한 사람들에게 위기가 닥친 것이다. 복지부동의 업무양태에 익숙한 중간 관리층들이 조직에서 소외(疏外)를 당하며 창의적이고 능동적인 신세대들의 도전을 받고 있는 것이다. 이 위기를 극복하기 위해서 중년의 간부급 사원들은 스스로 복지부동의 자세에서 벗어나기 위해 노력하고 있다. 그들은 요즈음 컴퓨터 키보드를 쉬지 않고 두드리면서 한편으로는 영어회화 공부를 위해 식사시간도 줄이고 있다.

(4) 관료조직체의 이념과 현실

관료조직체는 능률을 최고의 가치로 삼는 조직체로서 그 이념과 현실적 실현에는 차이가 있다. 즉 관료조직체가 추구하는 궁극의 목표는 순수성이 강한 이념형이다. 그래서 관료조직체가 실제로 운영될 때 그 조직체가 추구하는 목표를 완벽하게 수행하기가 어려우며, 또 관료조직체의 이념이 완전하게 갖추어지기도 어렵다. 즉 관료조직체가 실제로 운영될 때에는 경우에 따라서는 관료조직의 특성에 어긋나는 경우도 나타나고, 목표달성이 기대한 만큼 이루어지지 않을 때도 있다. 예를 들면 관료조직체의 대표적인 예에 속하는 재벌회사에서 그 회사 소유주의 2세가 관료조직의 특성에 맞지 않는 절차에 의해서도 승진을 하여 재벌의 총책임자가 되기도 한다. 또 관료조직이 기반을 이루고 있는 대기업에도 경영부실이 나타날 때가 있다. 이와 같이 관료조직체는 합리성을 강조하는 이념형이기 때문에 실제 운영에 있어서는 이상과 현실이 괴리되는 현상이 나타나기도 한다. 그래서 이 관료조직체의 기반이 되는 관료제도는 산업사회의 발전에 기여해 오면서도 제도자체에 내포해 있는 모순점을 제거할 수가 없어서 자체내에 발생하는 부작용을 방지하지 못하는 경우가 생긴다.

관료조직체의 이념에 내포되어 있는 근원적인 모순점을 지적해 보면 다음과 같다.

첫째, 기회평등의 원칙에 위배되는 이념적 특성을 가지고 있다. 즉 관료조직체의 이념에는 기회평등 원칙에 위배되는 이념적 특성을 내포하고 있다는 것이다. 예를 들면 자유경쟁을 원칙으로 하고 있는 산업사회에서 관료제도는 구성원의 충원이나 승진에 있어서 자격조건을 너무 강조하기 때문에 경우에 따라서는 훌륭한 자질을 소유하고 있는 사람에게 기회가 원천적으로 막혀버리게 되는 경우도 있다.

둘째, 형식주의에 빠질 위험성을 내포한 이념적 특성을 가지고 있다. 관료조직체에서는 일을 처리할 때에 규칙에 집착하다 보면 형식주의에 빠지게 되어 사회적 평등을 실현하는 기회가 제한되어 사회정의 실현에 소홀히 하는 경우도 생기게 된다.

(5) 관료조직과 산업사회

관료조직체는 합리성을 강조하는 이념적 특성을 기반으로 하고 있기 때문에, 공익을 우선하는 공식집단의 기본적인 조직형태가 되었다.

특히 산업사회에서는 능률을 최상으로 하기 때문에 합리성을 강조하는 관료조직이 기본적인 사회조직으로 자리를 잡았다. 이 관료조직체의 이념적 바탕을 확립시킨 사람은 서구사회의 발전에 이론적 기반을 제공한 사회학자 막스 베버이다.

산업사회에서 능률을 향상시키기 위한 사회조직으로 등장한 관료조직은 많은 순기능과 함께 역기능들을 나타냈다. 즉 관료조직체는 인간사회에 물질적 풍요를 가져오는데 기여했지만, 한편으로는 인간관계에 있어서는 인간의 정을 약화시키고 인간관계를 비인간화시키는 오점을 남겼다.

3. 사회적 지위와 역할

1) 사회적 지위

인간이 사회 속에서 생활할 때에는 반드시 사회적 위치를 소유하게 된다. 우리는 이 사회적 위치를 사회적 지위라고 한다. 인간은 이 사회적 지위에 의해서 사회적 역할을 수행하여 자신의 번영과 사회발전에 기여하게 된다.

(1) 사회적 지위의 의미

사회적 지위(社會的 地位, social status)는 사회 속에서 개인이 차지하는 위치를 말한다. 개인이 사회적 관계에 따라 얻게 되는 사회적 지위에는 가족관계에서 주어지는 지위, 직장에서 주어지는 지위, 사회적 모임에서 주어지는 지위 등이 있다. 이와 같이 한 개인은 여러 개의 사회적 지위를 동시에 소유하고 있다. 그런데 이렇게 한 개인에게 주어지는 여러 가지의 사회적 지위에 대해서 사회적 평가가 일치하지 않는 경우가 많다. 이러한 경우에는 지위불일치(地位不一致) 현상이 나타나게 된다.

지위불일치 현상에는 두 가지의 예가 있다.

첫 번째 예로서는 한 개인이 가정에서는 아버지의 지위를 가지면서 가장의 위치에 있지만 직장에서는 아들이 아버지의 상사의 위치에 있어서 지위의 높낮이가 일치하지 않는 경우가 있다. 즉 아버지가 부사관으로서 직업군인이고 아들은 장교인 경우, 집에서는 아버지와 아들의 지위이지만 직장에서는 아들이 상사의 지위에, 아버지는 부하의 지위에 있게 되는 경우이다.

두 번째는 특정한 사회적 지위가 일 개인에게 주어졌을 때에 그 지위에 대한 평가가 그 지위를 보는 사회구성 요소의 측면에 따라서 달라지는 경우이다. 예를 들면 학문을 연구하는 학자로서 교수의 지위는 학문적인 측면에서는 높은 평가를 받지만, 경제적인 측면에서는 학문적인 측면과 같은 높은 평가를 받지 못하는 것이 일반적인 예이다. 즉 일 개인에게 주어진 하나의 지위가 상이한 사회적 평가에 따라 높낮이가 달라진다는 것이다.

이와 같이 지위불일치 현상이란 일 개인이 사회적 평가가 다른 여러 개의 지위를 소유할 때나, 또는 일 개인에게 주어진 하나의 지위에 대해서 상이한 사회적 요소의 측면에 따른 평가가 다를 때 나타나는 사회적 현상이다.

사회적 지위는 일반적으로 한 개인에게 여러 개가 주어진다. 그러나 그 여러 개의 지위 중에서도 개인의 정체성을 부여하는 데 중요한 역할을 하는 지위가 있다. 이것을 주요지위라고 한다. 각 개인은 이 주요지위에 의해서 사회적 정체성(正體性)을 부여받게 된다. 전통사회에서는 일반적으로 신분이 주요지위의 자리를 차지했는데 비해 현대사회에 와서는 신분 대신에 직업이 주요지위의 자리를 차지하게 되었다.

(2) 사회적 지위의 종류

인간이 일생동안에 얻는 사회적 지위는 무수히 많다. 그러나 그 많은 사회적 지위를 생성 근원에 따라서 분류해 보면 크게 둘로 나누어진다. 하나는 선천적인 지위인 귀속지위와 다른 하나는 후천적인 지위인 업적지위이다.

첫 번째의 귀속지위는 지위를 획득할 때에 본인의 의사나 노력에 관계없이 운명적으로 주어지는 지위로서, 나이, 성별, 가족 내의 지위 등이 여기에 해당된다. 전통사회에서는 일반적으로 이 귀속지위가 개인의 정체성을 결정하는 주요지위를 이루고 있었다.

두 번째의 업적지위는 본인의 노력에 의해서 얻어지는 지위로서 성취지위라고도 한다. 이 업적지위는 주로 교육, 직업, 수입 등에 관련된 지위로서 이는 개인의 노력에 의해서 후천적으로 이루어지는 지위이다. 현대산업사회에서는 대부분의 주요지위는 이 업적지위에 의해서 결정된다.

2) 사회적 역할

사회의 구성원에게는 사회적 지위와 함께 이에 따르는 사회적 역할이 주어진다. 일 개인은 여러 개의 사회적 지위를 동시에 소유할 수 있기 때문에 각 지위에 따른 지역들간에 갈등이 일어날 수 있다.

(1) 사회적 역할의 의미

사회적 지위에는 반드시 사회적 역할이 따르게 된다. 사회적 지위와 역할은 하나로 묶여져 있으면서 정적인 측면과 동적인 측면을 나타내는 양면적 관계를 형성하고 있다. 즉 사회적 역할(社會的 役割, social role)은 사회적 지위에 연관된 규범적 행동유형으로서 사회적 지위에 부여된 일련의 기대와 과제이다. 일반적으로 역할의 의미를 규정할 때

역할은 일정한 지위에 대해 주어진 가치, 조직, 제도의 필요에 따라 요구되는 적절한 기능의 수행이다. 그러므로 사회적 역할은 사회적 지위에 따른 기능을 수행하는 것이 된다.

(2) 사회적 역할의 범위

사회적 역할의 범위를 분류해 보면 기대역할과 인지역할 그리고 수행역할이 있다. 기대역할은 사회적으로 규정되어져 있는 역할로서 사회가 기대하고 있는 역할이다. 예를 들면 학생은 공부를 해야 하며 군인은 국토방위를 해야 한다는 것 등이 여기에 속한다. 또 인지역할은 개인의 주관에 의해서 인지되어 개인이 결정하는 역할로서 예를 들면 공동작업을 할 때에 구성원의 한 사람이 자신이 그 작업에 관해서 전문가라고 생각이 되면 그 작업의 리더의 역할을 맞게 되는 것이다. 그리고 마지막의 수행역할은 기대역할이나 인지역할이 개인에 의해 실제로 수행되어질 때에 나타나는 역할이다. 이 수행역할의 결과는 개인적인 능력에 따라 개인적인 차이가 나타날 수 있다.

(3) 역할갈등의 의미와 구분

역할은 지위에 따른 기대행위의 유형이다. 그런데 한 개인에게 역할이 복합되거나 또는 한 제도 안에서 역할의 한계가 분명하지 않을 때에는 역할을 수행할 때에 역할간에 갈등이 나타나게 된다.

첫 번째는 한 개인에게 역할이 복합되어 나타나는 역할갈등이다. 이것은 한 개인에게 두 개 이상의 사회적 지위가 주어질 때에 나타나는 역할간의 갈등이다. 일반적으로 개인은 사회생활을 하면서 혼자서도 여러 가지의 사회적 지위를 소유할 수가 있는데, 이러한 경우에는 각각의 지위에 따라 서로가 다른 역할이 주어지게 된다. 이렇게 한 개인에게 여러 가지의 역할들이 주어져서 형성되는 역할들의 군(群)을 역할복합 또는 역할무리라고 한다. 이렇게 한 개인에게 역할복합이 형성되면 혼자서 상이한 분야의 여러 가지 일들을 수행해야 하고, 이로 인해 여러 가지의 사회적 지위에 따른 역할들 간에는 갈등이 일어나게 된다.

예를 들면 한 여성이 남편의 상냥한 아내로서, 자녀의 인자한 어머니로서, 꼼꼼한 직장인으로서, 억척스러운 가정의 주부로서의 역할이 복합되어 역할을 수행할 때에 나타나는 역할갈등이다. 이는 직장의 지위에 의해 주어지는 역할과 가정의 지위에 의한 역할간에 일어나는 갈등이다. 또 다른 예로서는 직장의 상하관계에 따른 역할과 사적 모임에서 친구관계에서의 역할간에 나타나는 갈등도 여기에 속한다. 이렇게 한 개인에게 여러 가지의 사회적 지위가 주어지게 되면 이에 따르는 사회적 역할도 지위의 특성에 따라 다양하게 수행되어지기 때문에 역할 수행 시 역할간에 갈등이 나타나게 되는 것이다. 이것을 우리는 역할복합에 의해서 나타나는 역할갈등이라고 한다.

두 번째는 하나의 제도 안에서 지위가 다른 사람들간에 역할의 한계가 분명하지 않거나, 또는 일시에 새로운 많은 역할들이 생겨날 때에 나타나는 역할간의 갈등이다. 이 경우의 역할갈등은 사회변동이 급하게 진행되거나, 또는 역할분화가 심하게 진행될 때에 흔히 나타나게 된다.

3) 사회적 지위와 역할에 대한 인식의 변화

사회적 지위와 역할은 시대에 따라서 그 인식에 변화가 나타난다. 즉 전통사회에서는 동경의 대상이 되었던 지위가 현대사회에서는 관심의 대상 밖으로 밀려나는 경우도 있고, 또 그 반대의 현상도 나타난다. 이와 같은 현상은 인간의 가치판단의 기준이 시대의 변천에 따라 변화되는데 그 원인이 있다. 즉 지위와 역할에 대한 인식변화는 시대의 변화에 따른 인간사고의 변화에 기인한 것이기 때문에 고정된 것이 아니라 항상 유동적이다.

(1) 사회적 지위에 대한 인식의 변화

사회적 지위는 모든 구성원들이 사회적 관계에 의해서 부여받는 사회 속에서의 위치인데, 이 사회적 지위는 인간의 사회적 사고의 변화에 따라 이에 대한 인식의 정도도 달라지게 된다. 예를 들면 권위주의 시대에는 정치가나 행정가와 같은 권력 지향적인 지위를 선호한데 비해, 산업사회에서는 사업가와 같은 부(富) 지향적인 지위를 선호하게 되었다. 그리고 복지사회에서는 학자나 예술인 같이 인간의 가치를 소중히 여기는 지위가 선호되고, 또 정보사회에서는 정보에 관련된 사회적 지위를 선호하게 된다.

(2) 사회적 역할에 대한 인식 변화

사회적 지위에 대한 선호도가 변하게 되면 이에 따라 사회적 역할에 대한 인식에도 변화를 가져오게 된다. 예를 들면 전통사회에서는 정치적인 역할 같은 권위적인 역할에 대한 선호도가 높았지만, 그러나 현대사회로 들어올수록 권위적인 권력형 역할보다 오히려 삶의 질을 향상시키고 평등사회 구현에 기여하는 봉사활동이나 헌신적인 활동을 높이 평가하는 경향이 늘고 있다. 특히 오늘날과 같이 세계화를 추구하는 시대에는 세계평화에 기여하는 역할에 인식의 정도가 높아지고 있다. 즉 현대사회에서는 인간의 가치 증진과 세계화에 관한 역할이 높이 평가되고 있다.

읽을거리

[여성들의 배우자 선택 기준 변화]

시대가 변함에 따라 여성들의 배우자 선택의 기준에도 변화가 생긴다. 즉 여성들이 선호하는 배우자의 직업에 대한 선택기준의 변화는 바로 사회적 지위에 대한 인식의 변화와 일치한다. 우리나라 여성들의 배우자 직업 선택 기준의 변화를 보면, 해방 후 한참 동안은 흐트러진 사회질서를 바로 잡기 위해서 권력의 위력이 그 힘을 발휘했다. 이 시기에 여성들이 선호했던 배우자의 직업은 정치가나 판 · 검사와 같이 권력을 발휘할 수 있는 직업이었다. 왜냐하면 그 때에는 권력을 행사할 수 있는 사회적 지위에 대한 평가가 가장 높았기 때문이었다. 그러다가 군사정권이 들어선 후에는 사회에서 군인들의 위력이 막강해졌기 때문에 여성들의 배우자 직업의 선호도가 군인으로 옮아갔다. 그러다가 사회가 점차 안정되고 또 경제건설에 의해서 산업사회가 무르익게 되어 인간의 사고가 물질위주로 변하면서 여성들의 배우자 선호의 기준은 권력에서 부(富)로 넘어 왔다. 이때의 여성들의 배우자 직업 선호도의 제 1 위는 엔지니어(engineer)나 사업가였다. 그 이유는 이 시기에는 물질적 욕구가 강해져서 권력을 가지는 사회적 지위보다 돈을 잘 버는 사회적 지위에 대한 사회적 평가가 높아졌기 때문이었다. 그러다가 사회의 발전 방향이 인간다운 삶을 추구하는 복지사회의 방향으로 옮겨감에 따라 여성들의 배우자 직업 선호 기준은 인간다운 삶의 추구에 기여하는 직업 즉 예술가, 학자 등의 직업 쪽으로 변해갔다.

위에서 보는 바와 같이 사회적 지위에 대한 인식은 사회구성원들의 가치관의 변화에 직접적인 영향을 주고 있는 것을 알 수 있다.

4. 사회화와 퍼스낼리티

1) 사회화의 의미

사회화(社會化, socialization)는 사회구성원인 인간이 사회구성원으로서의 자격을 갖추어 가는 과정이다. 개인은 이 사회화의 과정 속에서 일 개인의 총체적인 인간됨이 형성된다. 즉 사회화에 의해서 인간은 사회생활의 기본적 규범을 익히고, 인간의 욕구를 신장시키고 또 욕구를 통제하는 방법을 배운다. 또한 인간은 이 사회화를 통해서 자신의 위치를 인식하여 정체감(identity)을 형성하게 된다. 즉 인간은 사회화를 통해서 사회적 역할을 배우고 생존수단으로서의 사회적 기술을 배운다. 다시 말하면 인간은 사회화를 통해서 개인의 정체성을 규정지어주는 퍼스낼리티(personality)가 형성된다. 그러므로 인간의 퍼스낼리티의 형성은 그 자체가 바로 사회화의 과정이 되는 것이다.

2) 퍼스낼리티의 개념

인간은 서로가 구별될 수 있는 개별적인 특성을 소유하고 있다. 다시 말하면 인간은 개개인이 외형적으로나 내면적으로 서로가 다른 특징을 가지고 있기 때문에 서로를 구별할 수가 있는 것이다. 이렇게 인간 개개인이 서로가 구별되는 개인의 총체적인 특성의 근원이 바로 퍼스낼리티(personality)이다

퍼스낼리티를 우리말로 번역할 때에는 보통 인성(人性)으로 번역하여 쓰이고 있다. 그러나 이 퍼스낼리티라는 말의 의미는 위에서 언급한 바와 같이 한 개인의 외형적, 내면적인 면을 총 망라하고 있기 때문에 대단히 포괄적이고 함축적이어서 단일 단어로 번역하기가 어렵다. 그래서 보통 원어(原語) 그대로 퍼스낼리티로 사용하고 있다.

퍼스낼리티는 한 개인의 자아정체(自我正體)의 내용을 이루는 것으로써, 이 퍼스낼리티에 의해서 일 개인이 다른 사람과 구별된다. 즉 퍼스낼리티는 한 개인의 사람 됨됨이를 총체적으로 나타내는 것이다.

3) 퍼스낼리티의 형성요인

퍼스낼리티의 형성에는 선천적 기질과 아울러 사회화가 큰 역할을 한다. 사회화는 사회구성원이 구성원의 자격형성을 위해서 그 사회의 문화를 배워 가는 과정으로서, 사회구성원들의 퍼스낼리티를 형성하는데 중요한 역할을 담당한다.

퍼스낼리티의 형성요인을 들어 보면 다음과 같다.

첫 번째는 개인적인 요인이다. 개인적인 요인이란 유전적인 기질을 말하는 것으로서 태어날 때에 타고난 개인적인 특성을 말한다. 이 개인적 요인인 선천적 요인은 개인의 퍼스낼리티의 기반이 되는 것이다.

두 번째는 환경적인 요인이다. 환경적인 요인은 개인의 생활에 영향을 주는 주변적인 요인으로서, 자연환경적 요인과 사회환경적 요인이 있다.

자연환경적 요인에는 기후, 풍토 등이 있는데, 특히 이 자연환경적 요인은 인간의 생리적 활동에 영향을 주어서 신체적 특성과 활동의 특성을 규정짓는다. 그리고 환경적 요인의 또 하나인 사회환경적 요인에는 직업, 계층, 지위, 역할 등이 있는데, 이 사회환경적 요인은 개인의 퍼스낼리티 중 특히 의식구조 부문의 형성에 영향을 준다. 사회환경적 요인 중에서도 특별히 관습이나 생활양식을 문화적 요인이라고 한다.

4) 퍼스낼리티의 유형

퍼스낼리티는 개인의 총체적인 인간됨의 특성으로서 개인의 정체성의 내용을 이루는 것이다. 이 퍼스낼리티의 유형은 개인적인 측면과 사회적인 측면의 기준에 의해서 분류되고 있다.

먼저 퍼스낼리티 소유자의 개성을 중심으로 하여 그 유형을 분류해 보면 다음과 같다.

첫 번째는 권위주의적 퍼스낼리티이다. 이 권위주의적 퍼스낼리티는 항상 자신의 느낌이나 감정 또는 충동 등을 다른 사람에게 직접적으로 투사시키려고 하며, 권위의 절대성을 추구하려는 퍼스낼리티를 말한다.

두 번째는 민주주의적 퍼스낼리티이다. 이 민주주의적 퍼스낼리티는 권위주의적 퍼스낼리티와는 대조적으로 항상 자신을 반성하면서 타인의 의견을 수렴하는데 열중하는 유형의 퍼스낼리티이다.

다음은 사회학자 리즈만(David Riesman)이 사회의 발전단계와 관련해서 분류한 퍼스낼리티의 유형이다. 그는 퍼스낼리티의 유형을 1958년 그의 저서 『고독한 군중』에서 다음과 같이 셋으로 분류했다.

첫 번째는 전통지향(傳統指向)적 퍼스낼리티(traditional oriented personality)이다. 이 전통지향적 퍼스낼리티는 개인의 행동이 전통적인 문화를 표준으로 해서 이루어지고 또 이에 의해서 통제를 받는 퍼스낼리티이다. 이 퍼스낼리티는 1차산업이 주를 이루면서 사회적 안정을 추구하던 전통사회에서 주로 형성되었다.

두 번째는 내부지향(內部指向)적 퍼스낼리티(inner oriented personality)이다. 이 내부지향적 퍼스낼리티는 주관적으로 주워진 목표에 따라 행동하는 퍼스낼리티로서, 공업화사회에서 주로 형성되어진다. 이 퍼스낼리티에서는 개인의 주관적 목표가 강조된다.

세 번째는 타자지향(他者指向)적 퍼스낼리티(other oriented personality)이다. 이 타자지향적 퍼스낼리티는 다른 사람의 행동에 민감한 퍼스낼리티로서 3차산업이 발달한 현대사회에서 주로 형성되어진다. 이 퍼스낼리티는 교육기관에서 행하는 교육 즉 상호작용을 강조하면서 서로가 어울리는 여가를 선호한다. 또한 이 퍼스낼리티는 항상 사회적 상황과 타인의 행동에 관심을 갖는다.

요점정리

1. 사회집단

사회집단의 의미 : 공통의 속성을 가진 사람들의 지속적이고 반복적인 상호작용을 통해 형성된 인간의 집단
두 사람 이상이 일정 유형에 의해 지속적으로 상호작용을 하는 집단

사회집단의 요건 : 두 사람 이상이 집합
일정 유형의 생활 양식을 소유
지속적인 상호작용

사회집단의 종류 : 결합의지 : 원초 집단 - 본질적 의지에 의해서 형성 - Gemeinschaft
2차 집단 - 선택적 의지에 의해서 형성 - Gesellschaft
소속감 : 내집단 - 자신이 속해 있는 집단, 강한 소속감 형성
외집단 - 자신이 속해 있지 않는 집단, 소속감이 없음
준거집단 - 신념, 가치관, 행동의 지침
소집단 - 엘리트 집단, 리더십 창출
조직형태 : 공식집단 - 공적인 조직에 의해 형성
비공식집단 - 사적인 조직에 의해서 형성

2. 사회조직

사회조직의 의미 : 사회의 유기체적 결합의 틀
사회관계를 형성하는 인간집단의 틀
사회를 구성하는 요소들이 결합하여 유기적인 움직임을 갖는 통일된 체제

사회조직의 기능 : 공통의 가치와 공통의 규범으로 사회관계를 유지
동일한 목표와 가치를 위한 지속적인 상호작용 유지

사회조직의 종류 : 자발적 조직
강제적 조직
공리적 조직
*관료조직 - 능률추구가 최고의 목표, 합리성 강조

3. 사회적 지위와 역할

사회적 지위 ; 사회에서 개인의 위치
사회적 역할을 수반하는 사회적 위치

사회적 지위의 종류 ; 귀속지위, 업적지위

지위 불일치 ; 일 개인의 둘 이상의 지위에 대한 상이한 사회적 평가
한 지위에 대한 상이한 관점에 의한 상이한 평가

사회적 역할 ; 사회적 지위에 연관된 규범적인 행동유형
사회적 지위에 부여된 일련의 기대와 과제

사회적 역할의 종류 ; 사회적으로 규정된 역할
개인에 의해 인지되는 역할
수행역할

역할의 복합 ; 일개인의 복수지위 소유에 따라 역할이 복합되는 것

역할갈등 ; 복수 지위를 소유한 경우의 역할 복합시에 나타나는 역할간에 생기는 갈등
한 제도 안의 역할한계 불확실 및 심한 역할 분화 시에 나타나는 역할간의 갈등

4. 사회화와 퍼스낼리티

사회화 ; 사회구성원으로서의 자격을 갖추어 가는 과정

사회화의 진행 ; 의식적, 무의식적으로 이루어짐

퍼스낼리티 ; 자아정체(自我正體)의 내용
타인과 차이를 이루는 인식 내용
한 개인의 사람 됨됨이의 총체

퍼스낼리티 형성요인 ; 개인적 요인
환경적 요인
문화적 요인

퍼스낼리티의 일반적 유형(퍼스낼리티 소유자의 개성을 중심으로)
; 권위주의적 퍼스낼리티
민주적 퍼스낼리티

리즈만의 퍼스낼리티 유형(퍼스낼리티 형성의 사회적 배경을 중심으로)
; 전통지향적 퍼스낼리티 - 전통과 관습에 영향
내부지향적 퍼스낼리티 - 주관적 목표가 강조
타자지향적 퍼스낼리티 - 사회적 상황과 타인의 행동에 민감

수험대비 평가문제

1. 농촌에 살고 있는 사람이 대도시에 다녀온 후 사고방식과 생활방식에 변화가 일어났다. 인터넷을 배우고 영어회화를 배우면서 자신의 발전을 위해서 노력하고 있다. 이 사람은 도시에 다녀온 후 삶의 기준이 바뀐 것이다.
   (1) 개인의 삶의 기준으로 삼는 집단의 사회학적 명칭과 그 내용을 설명하시오.
   (2) 위의 문맥으로 보아 지금 우리 사회는 어떤 사회변천의 단계에 접어들고 있는지 그 사회를 지적하고 내용을 설명하시오.

2. 정보사회에 접어들면서 집단의 조직에 유연성이 확산되고 있다. 그래서 요즈음에는 조직의 중간 간부들이 결재의 기회도 생략되고 주요 전략회의에도 제외되는 추세가 늘어나고 있다고 한다.
   (1) 위의 문맥으로 보아 사라져 가고 있는 제도의 명칭과 그 제도의 특징을 기술하시오.
   (2) 위의 문맥으로 보아 새롭게 부상하는 기업의 형태와 특성을 기술하시오.

3. 어떤 사람이 열심히 공부를 하여 유명한 학자가 되어서 대학교수가 되었다. 이 사람에게는 학문의 전수를 받기 위한 많은 사람들이 모여들고 있지만, 그러나 국가적인 사업에 기부금을 내라고 부탁하는 사람은 없었다. 학문적인 지위 평가는 높지만 경제적인 지위평가는 낮은 것이다.
   (1) 이러한 현상을 사회학적인 용어로 무어라고 하는가?
   (2) 이러한 현상이 개인과 개인간에도 나타날 수 있다. 그 예를 들어서 설명하시오.

4. 한 직장여성의 경우 직장에서는 꼼꼼하게 일을 해야 하고, 가정에서는 억척같은 주부에다, 인자한 어머니에다, 상냥한 아내가 되어야 한다.
   (1) 이러한 현상을 사회학적 용어로 무어라고 하는가?
   (2) 이러한 현상이 한 직장 안에서도 일어날 수 있는데 어떤 경우인지 설명하시오.

5. 사회적 지위 설명에 옳지 않은 것은?
① 사회적 지위는 인간의 정체의식 형성과 관계가 깊다.
② 사회적 지위에는 사회적 기대행위가 따른다.
③ 사회적 지위는 중복되는 경우도 있다.
④ 사회적 지위는 역할행동의 결과이다.*

6. 퇴니스 이론에 의해 분류된 이익사회의 속성은?
① 본질적 의지에 의해서 형성된다.
② 이해타산적 감정의 지배를 받는다.*
③ 근친관계가 주를 이룬다.
④ 지속적인 결속력을 갖는다.

7. 관료조직의 특징 중 능률향상과 관계가 가장 먼 것은?
① 노동의 분화 ② 책임소재의 분명
③ 전문성의 확보 ④ 위계질서의 경직성*

8. 관료조직의 역기능이 아닌 것은?
① 업무의 분업화* ② 수단의 목적화
③ 위계서열의 경직성 ④ 인간관계의 형식화

9. 사회화의 기능이라고 볼 수 없는 것은?
① 본능을 강화시킨다.* ② 행동규범을 가르친다.
③ 정체감을 갖게 한다. ④ 사회적 역할을 인식시킨다.

10. 자아(自我)의 설명에 맞지 않는 것은?
① 사회화에 의해서 형성된다.
② 자아형성의 마지막 단계는 모방 단계다.*
③ 상호작용을 통해서 주로 의식된다.
④ 자기 통제적인 역할을 한다.

11. 집단이 추구하는 목표달성에 더 많은 관심을 갖는 리더십의 유형은?
① 자유방임형 리더십 ② 사기진작형 리더십
③ 수단적 리더십* ④ 표출적 리더십

12. 다음 중 사회화의 주요 기능에 들어가지 않는 것은?
① 상징체계를 배운다. ② 문화를 습득케 한다.
③ 이질성을 증대시킨다.* ④ 규범을 습득케 한다.

13. 다음 중 준거집단의 설명으로 옳지 못한 것은?
① 행동의 지침으로 삼는 집단이다.
② 준거집단이 외부집단일수록 심리적 안정을 느낀다.*
③ 준거집단이 소속집단일 때에 집단의 유대가 강화된다.
④ 부정적 행동을 하는 집단도 준거집단이 될 수 있다.

14. 다음 중 관료제의 특징이 아닌 것은?
① 직무운영이 규칙화되어 있다.
② 직무가 전문화되어 있다.
③ 직무가 계층화되어 있다.
④ 구성원간의 온정적 측면이 강조된다.*

15. 사회학 용어인 '지위불일치'의 설명으로 옳은 것은?
① 지위의 구성요소들에 따라 지위의 평가가 다를 수 있다는 뜻이다.*
② 여러 사람들의 지위가 제각기 달라서 일치하지 않는다는 뜻이다.
③ 남녀는 능력이 비슷해도 지위가 일치하지 않는다는 뜻이다.
④ 같은 지위에 있는 사람들이라도 역할 수행에는 차이가 있다는 뜻이다.

16. 사회집단의 종류를 결합의지에 따라 분류하시오.

17. 관료제도에서 나타나기 쉬운 목적전치(目的轉置) 현상을 설명하시오.

18. 소집단의 역할에 관해서 쓰시오.

19. 지위불일치 현상을 설명하시오.

20. 역할갈등을 설명하시오.

21. 퍼스낼리티의 종류를 소유자의 개성에 의해서 분류하시오.

22. 관료적 퍼스낼리티를 설명하시오.

23. 리즈만(Riesman)이 주장한 인성의 유형에 대해서 쓰시오.

제 5 장 사회계층과 사회이동

1. 사회적 불평등과 사회계층
2. 계층구조와 계층관
3. 사회계층의 유형과 차원
4. 사회이동

인간은 태어나면서부터 불평등한 여건을 지니고 태어난다. 그리고 태어난 후에도 서로가 상이한 조건아래서 생활하게 되므로 후천적으로도 불평등이 형성된다. 그래서 인간사회의 불평등현상은 거의 필연적인 사회현상이라고 볼 수 있다.

사회계층은 이러한 사회적 불평등을 근원으로 하여 형성된다. 그래서 사회계층을 연구할 때에는 그 연구의 핵심이 자연히 사회적 불평등 현상으로 모이게 된다.

또한 사회계층이 형성될 때에는 그 사회를 지배하는 사회적 이념의 영향을 받게 된다. 즉 사회계층이 형성될 때에는 계층형성에 영향을 주는 사회적 이념에 의해서 계층 형성의 차원과 계층의 유형이 결정되고, 또 계층의 구조가 형성된다. 이와 같은 계층형성에 영향을 주는 사회적 이념을 계층관이라고 한다.

인간은 비록 계층 속에서 태어나서 계층 속에서 살고 있지만, 그러나 인간은 본능적으로 자유를 희구하면서 평등을 추구하게 된다. 그래서 인간은 계층을 이동하기 위해서 노력해 왔다. 여기에서 사회이동이 일어나게 되었다

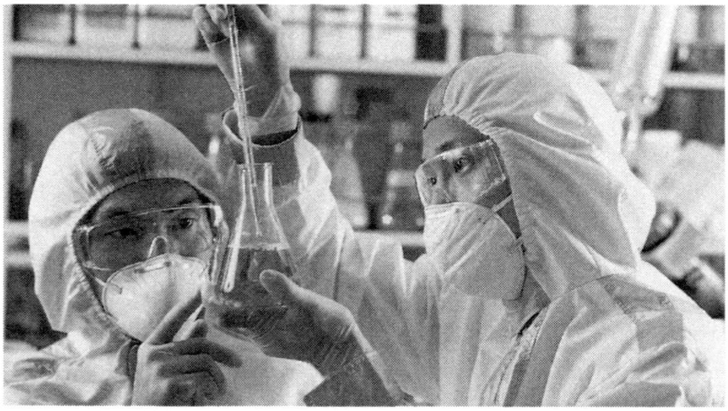

[개방사회의 개인적 노력과 사회이동]

사회이동은 구성원들이 계층을 이동하는 것이다. 즉 구성원들의 사회적 지위가 변하는 것을 말한다. 이 사회이동은 사회의 체제에 따라 그 가능성과 이동의 폭이 달라진다. 즉 전통적인 폐쇄사회일수록 사회이동이 어렵고 또 허용된다 하더라도 그 폭이 좁다. 그리고 현대의 개방사회일수록 사회이동이 용이해지고 또 그 폭도 커진다. 특히 현대사회에

서는 사회적 계층현상을 유발할 수 있는 요인이 허다하게 발생되지만, 개방된 사회체제를 가지고 있기 때문에 사회이동이 활발하게 일어나고 있다.

이 장에서는 사회계층의 원인이 되는 사회적 불평등에 대해서 살펴본 후에, 사회계층을 형성시키는 계층관과 계층의 유형 및 구조를 살펴보고, 또 계층간을 이동하는 사회이동에 대해서 공부해 보기로 하겠다.

1. 사회적 불평등과 사회계층

인간은 무한한 욕망을 소유하고 있다. 그러나 인간 사회에는 이 인간의 욕망을 충족시켜 줄 수 있는 자원이 한정되어 있기 때문에 인간 사회에서의 불평등은 존재할 수밖에 없다. 다시 말하면 인간의 욕망은 무한한데 비해 그 욕망을 충족시켜 줄 수 있는 자원은 한정되어 있기 때문에 인간사회에는 불평등이 필연적으로 존재한다는 것이다. 또한 인간사회는 다양한 인간들이 모여서 형성되기 때문에 어느 시대 어느 사회를 막론하고 사회적 불평등은 존재할 수밖에 없다는 것이다.

이와 같이 인간사회에는 불평등이 필연적으로 존재하기 때문에 이를 근거로 하여 사회계층이 형성된다. 즉 인간사회의 불평등은 사회구성원인 개개인이 모두가 동일해지지 않는 한 필연적으로 존재할 수밖에 없으며, 또 이러한 사회적 불평등은 구성원들을 같은 부류로 무리짓게 하여 사회계층을 형성하게 된다.

우리는 사회적 불평등을 이야기 할 때에 사회계층이라는 용어를 자주 쓰고 있는데, 그 이유는 사회계층은 바로 이 사회적 불평등에 의해 형성된 사회적 현상이기 때문이다.

1) 사회적 불평등의 의미와 내용

사회적 불평등(社會的 不平等, social inequality)은 사회적 조건이 차등 지워진 사회현상을 말한다. 다시 말하면 사회적 불평등이란 사회적 희소가치가 차별적으로 배분되어 있는 사회현상을 말한다. 또한 사회적 현상과 자원에 대한 차별적인 사회적 평가가 지속되면 이것이 사회의 불평등 체계를 형성시키기 때문에 결국에는 사회적 불평등 현상을 낳게 된다. 즉 희소가치의 차별적 배분은 사회현상과 사회적 자원에 대한 차별적 평가와 연결되어 사회적 불평등의 근원을 이루게 되는 것이다.

어떤 사회를 막론하고 그 사회에 사회적 불평등체계가 형성되면, 여기에는 다시 희소가치의 차별적 배분이 따르게 되어 사회적 불평등을 더욱 고착화시키게 된다. 사회에 불평등이 고착화되면 이것은 사회구성원인 개인의 사회생활을 제한하게 되고, 더 나아가서 이 불평등이 다음 세대로 연결되어 사회적 악순환의 고리를 만들어낸다.

사회적 불평등에 의해서 나타나는 사회적 현상을 지적해보면 다음과 같다.

첫 번째는 사회구성원인 개인들간에 차별이 형성된다. 즉 사회적 불평등은 이것이 곧 개인간에 차별을 만들어 내어, 평등과 사회정의를 추구하는 인간사회의 기본적 원리에 배치되는 사회현상을 초래하게 된다. 인간사회에서 인간의 존엄성을 해치는 개인간의 차별은 인간의 근원적인 가치를 저해하는 것이 되기 때문에, 개인간의 차별의 근원이 되는 사회적 불평등의 해소는 인간사회의 끊임없는 연구과제가 되고 있다.

두 번째는 인간사회에 계층화현상을 만들어낸다. 즉 사회적 불평등은 개인간에 차별화현상을 만들어 내어 이로 인해 인간사회를 계층화시키는 역할을 한다. 그러므로 이 사회적 불평등은 인간사회를 계층화시키는 핵심적인 요인이 되기 때문에 인간사회에서 이 사회적 불평등을 해소시키지 못하면 불평등에 의해 형성된 인간사회의 사회계층은 더욱 심화될 것이다.

이와 같이 인간사회에서 사회적 불평등과 사회계층은 서로가 상승작용의 원인이 되어 사회발전을 가로막는 중요한 요인들이 되고 있다. 즉 사회계층이 심화되면 될수록 이것은 다시 인간사회를 더욱 더 불평등하게 만들어서 사회발전을 저해하게 된다는 것이다. 예를 들면 어느 사회에서 빈곤을 해결하지 못할 경우 가난이 심화되어 사회적 불평등이 가중되어 사회계층을 더욱 고착시키게 되고 이것이 사회발전의 저해요소로 작용하게 된다.

읽을거리

[스리랑카의 찻잎 따는 여인들]

인도반도의 끝 부분에 매달리듯 붙어 있는 섬나라 스리랑카(스리랑카는 그들의 말로 아름다운 섬이라는 뜻)는 이름이 말해 주듯이 아름다운 나라이다. 크지 않은 섬나라이지만 차를 타고 달리다 보면, 아름다운 자연 풍경과 아울러 아직도 개발되지 않은 광활한 자연을 만나게 된다.

시골의 길거리에 마련된 열대과일의 간이 판매대들을 지나 산간지방으로 접어들어 한참을 오르다 보면 갑자기 눈앞에 들어오는 풍경이 변해진다. 지금까지의 울창한 산림지역이 사라지고 가지런히 정돈된 고산지대가 펼쳐진다. 이것이 유명한 실론티(Seylon Tea) 밭이 있는 지역이다. 가까이 다가가 보면 차밭은 산비탈에 개간되어 있고, 그 차밭의 이랑 사이로 스리랑카 여인들이 허름한 옷을 입고 신발도 신지 않은 채로 비를 맞으면서 차잎을 따고 있다.

말없이 작업을 하고 있는 그들의 얼굴에는 삶에 대한 체념의 빛이 서려 있으면서도 불평의 기색은 없다. 그들은 그들에게 주어진 계층적인 삶을 숙명적으로 받아들이고 있는 것이다. 말이 없던 그들도 옆에서 찻잎 따는 일을 도와주며 그들을 이해하는 태도를 보이자 그들의 얼굴에는 금방 웃음이 나타나고 천진한 어린이처럼 접근해 왔다.

> 그들은 계층적인 삶의 현실을 숙명적으로 수용하기 때문에 마음의 평화는 얻을 수 있지만, 그러나 그들에게 드리워진 가난의 굴레는 더욱 더 그들을 속박해 가고 있었다. 즉 그들에게는 빈곤의 악순환이 계속되어서 가난은 더해지고 그들을 구속하는 사회적 계층은 더욱 더 굳어져 가고 있었다. 가난, 사회적 불평등 그리고 사회계층의 연쇄적 고리는 서로가 상승작용을 하면서 그들의 발전을 가로막고 있었다.

2) 사회계층의 의미

인간사회는 원천적으로 다양성을 띤 인간들로 형성되어지기 때문에 계층형성의 요인은 형성의 시작부터 가지고 있는 셈이다. 그런데 이 사회계층(社會階層)은 그 의미가 포괄성을 지니고 있기 때문에 그 의미를 규정할 때에도 광의와 협의로 구분해서 규정하고 있다.

먼저 사회계층의 정의를 넓은 의미로 규정해 보면 다음과 같다.

사회계층이란 사회구성원들의 전반적인 생활상태를 기준으로 해서 형성되는 사회적 위계체계를 말한다. 다시 말하면 사회의 구성원들간에 만들어지는 사회적 불평등의 위계현상이다. 이 넓은 의미의 사회계층은 생활상태의 외형이 주요 기준이 되기 때문에 같은 계층에 속하는 사람들 간의 사고방식에는 유사성과 아울러 상이(相異)성도 존재하게 된다. 넓은 의미로 규정한 사회계층을 분류할 때에는 일반적으로 상류층과 중류층 그리고 하류층의 3계층으로 분류하고 있다.

다음은 사회계층의 정의를 좁은 의미로 규정한 것이다.

사회계층이란 사회구성원 중에서 동일하거나 비슷한 사회적 희소가치를 추구하는 사람들이 서로 모여서 형성하는 사회집단을 말한다. 이 말은 결국 사회계층이란 비슷한 사회적 평가를 받고 있는 사람들의 범주를 뜻하는 것이다. 그러므로 좁은 의미로 규정하는 사회계층을 분류할 때에는 계층구성원들이 소유하고 있는 사회적 가치가 주요 기준이 된다. 즉 좁은 의미로 분류된 사회계층들은 일반적으로 다양한 사회적 요소에 대해서 사회구성원들이 추구하는 사회적 가치에 의해서 형성된다. 예를 들면 좁은 의미로 분류되는 사회계층에는 부유층, 권력층, 학자 층, 노동자층 등 다양한 계층들이 있다.

3) 사회계층의 형성

인간은 사회 속에서 일정한 지위를 가지면서 또 그 지위에 상응하는 역할을 수행하고 있다. 그런데 이 인간에게 주어진 지위는 각 개인에 따라서 다양하게 주어지며, 지위에 따른 역할도 다양하게 수행된다. 이와 같이 사회구성원들에게 다양하게 주어지는 사회적 지위와 역할은 사회적 희소가치의 배분에 영향을 주어 사회적 불평등을 형성시키는 하나의 요인이 된다. 사회적 불평등 형성 요인에는 이 외에도 개인적인 능력, 부모나 외부의 영향 등 여러 가지가 있다. 이러한 요인들에 의해서 형성되는 사회적 불평등은 결국에 가서는 사회계층 형성으로 연결된다.

사회계층은 이와 같이 사회적 불평등이 지속되어 형성되는 사회적 현상으로, 이렇게 형성된 사회계층은 다시 사회적 불평등을 가중시키는 요인으로 순환하게 된다. 그러므로 사회계층은 인간사회에서 필연적으로 나타나는 사회적 현상이지만, 이것이 경직화될 경우에는 사회적 불평등을 가중시켜서 인간의 가치를 저해하고 사회발전을 가로막는 요인이 된다. 그래서 사회현상의 연구에 있어서 사회평등과 사회정의 실현 부분을 연구할 때에는 반드시 사회계층에 관한 연구가 주요 부분으로 병행되어지고 있다.

2. 계층구조와 계층관

사회의 모든 구성원들은 사회적 평가기준에 의해서 각자의 사회적 지위를 얻게 되고, 또 그 지위에 부여된 사회적 역할을 수행하게 된다. 이와 같이 사회 속에서 사회적 지위와 역할이 분화됨에 따라서 사회 자체내에 계층적인 범주가 형성되고, 또 이것이 근거가 되어 사회계층이 형성되어지게 된다. 이렇게 형성된 사회계층은 계층의 배열상태에 따라서 계층구조의 형태가 정해진다.

사회계층의 근원이 되는 사회적 불평등은 사회의 구성원인 인간들이 그 불평등을 어떻게 인식하느냐에 따라서 불평등에 대한 의미규정이 달라진다. 즉 사회구성원들이 사회에서 발생하는 불평등을 어떻게 인식하는가에 따라 상이한 계층관이 형성된다.

1) 계층구조의 형태

사회계층 구조의 형태는 사회계층의 배열상태에 따라 완전계층형, 부분계층형, 부분평등형, 완전평등형으로 구분된다. 그러나 이때의 완전계층형과 완전평등형은 인간사회에서 실제로는 존재할 수가 없는 이상적인 형태이다. 왜냐하면 완전계층형은 계층의 배열이 상하로 일직선상에 배열된 형태로서 인간사회에서는 이론적으로만 가능한 형태이지 실제로는 존재할 수 없는 형태이고, 또 완전평등형도 모든 사회구성원들이 수평선상에서 똑같은 위치를 차지하는 형태로서 실제로는 존재할 수가 없고 이론상으로만 존재할 수 있는 계층형태이다. 인간사회에 실제로 존재하고 있는 계층형태로는 부분계층형과 부분평등형이 있다.

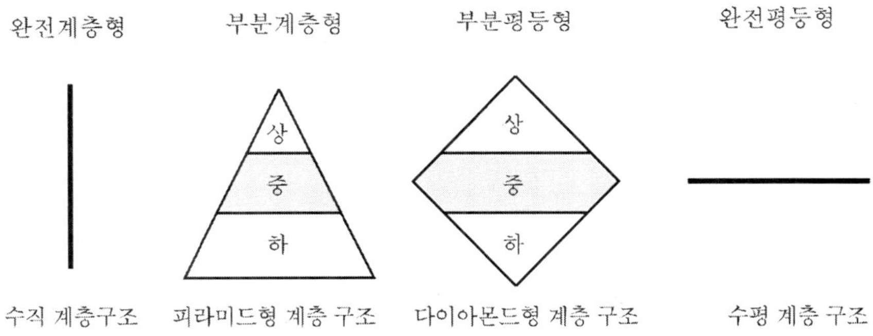

[계층 상징도]

부분계층형의 내용은 다음과 같다. 부분계층형은 계층의 배열이 피라미드형을 이루고 있는 계층형태로서, 이 계층형태는 소수의 상층에 다수의 하층으로 구성되어 있다. 이 계층형은 전통사회의 전형적인 계층형태로서 오늘날에도 후진성을 띤 사회에서는 아직도 찾아볼 수가 있다. 그래서 이 형태를 후진사회형 계층형태라고도 한다.

다음은 부분평등형의 내용이다. 부분평등형은 산업사회의 일반적인 계층형태로서 중산층이 계층 분포의 많은 부분을 차지하는 다이아몬드형 계층형태이다. 이 형태의 사회에서는 중산층의 세력이 강해서 사회가 상대적으로 안정을 유지해 나간다. 그러나 이 계층형태에서는 사회의 안정세력인 중산층이 기득권을 소유하고 있으면서 사회변화를 싫어하기 때문에, 사회가 안정되는 반면에 침체의 우려도 내포하고 있다.

2) 계층구조의 변화

사회가 변천함에 따라 계층구조의 형태도 계속 변화되어 왔다. 전통사회의 피라미드형 계층구조는 산업사회에 들어와서 중산층이 증가됨에 따라 다이아몬드형 계층구조로 변화되었다. 또 사회의 지배적 이념이 인간의 가치를 최우선으로 하는 복지사회에 접어들면서 산업사회에서 주를 이루던 다이아몬드형 계층구조의 형태가 상하의 소수부분 즉 최상류층과 최하류층이 줄어들어 타원형 계층구조로 변화되었다. 복지

사회에서 추구하는 타원형 계층구조는 우리 인류가 추구하는 이상형 계층구조에 가장 근접한 계층구조로서, 우리 인류는 이 타원형 계층구조의 실현과 발전을 위해 계속적으로 노력하고 있다.

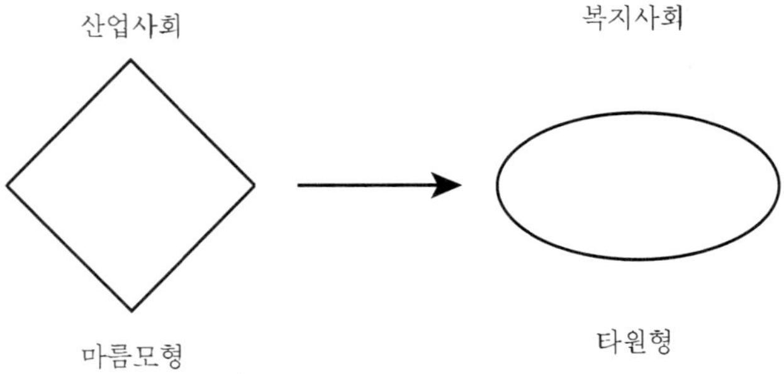

[복지사회의 계층구조]

3) 두 개의 계층관

계층관(階層觀)은 사회적 불평등을 인식하는 관점이다. 사회적 불평등은 정도의 차이는 있지만 인간사회에서는 거의 필연적으로 존재하는 사회적 현상이다. 그러나 이 사회적 불평등 현상은 사회의 구성원인 인간들이 그 불평등을 어떻게 인식하느냐에 따라서 그 불평등에 대한 의미의 규정이 달라진다. 사회적 불평등을 인식하는 일반적인 시각에는 다음과 같은 두 가지의 관점이 있다.

(1) 보수주의적 불평등관

보수주의(保守主義)적 불평등관은 사회적 불평등 현상을 필연적인 사회적 현상으로 보는 견해이다. 이 불평등관에서는 불평등에 의해서 만들어지는 사회계층을 사회의 구조와 인간의 본질에 의해 발생하는 자연적인 현상으로 보고 있다. 그래서 이 보수주의 불평등관이 통용되는 사회에서는 사회구성원들이 사회적 불평등 현상을 자연적이고도 필연적인 현상으로 인정하면서 이에 순응한다.

보수주의적 불평등관이 지배하는 사회에서는 사회적인 관행에 의해서 사회적 불평등 현상을 인정하기 때문에, 사회적 현실에는 순응하지만, 그러나 내면적으로는 불만이 쌓여서 과격한 사회적 변화가 일어나기도 한다.

(2) 진보주의적 불평등관

진보주의(進步主義)적 불평등관은 보수주의적 불평등관에 대립되는 것으로서, 인간사회의 불평등 현상을 근원적으로 인정하지 않는 견해이다. 진보주의 불평등관에서는 불평등의 기원을 잉여가치가 창출되는 사유재산제도에 두고 있으며, 또 여기에서 발생된 사회적 불평등은 지배계급의 힘과 강압에 의해서 유지된다고 보았다. 그러므로 이 진보주의적 불평등관에서는 인간사회에서 나타나는 불평등이란 원천적으로 인간의 이상에 배치되는 사회적 현상이기 때문에, 인간사회에서 나타나는 불평등을 근원적으로 부정한다.

진보주의적 불평등관이 통용되는 사회에서는 사회적 불평등 현상을 원천적으로 부정하기 때문에, 사회적 불평등을 인정하지 않는 이 진보주의적 불평등관은 그 사회의 평등사회 구현에 기여하게 된다는 것이다. 그러나 사회적 불평등을 원천적으로 부정하는 사회에서는, 인간사회에서 나타나는 필연적인 불평등 현상을 인위적으로 해소시켜야 하기 때문에 그 과정에서 과도한 경쟁과 아울러 구성원들간에 갈등이 표출되기도 한다.

4) 계층이론의 종류

인간사회의 계층현상은 필연적인 것이지만, 그러나 그 계층에 의해서 사회적 불평등이 가중되기 때문에 계층현상에 대한 연구는 사회현상 연구의 중요한 부분을 차지하고 있다. 이 사회계층이론은 사회적 불평등의 근원을 추구하여 그 해결 방안을 찾아보는 이론으로서 그 종류를 들어 보면 다음과 같다.

(1) 유기체적 계층이론

유기체(有機體)적 계층이론은 기능주의 이론을 기반으로 하는 계층이론으로서 기능론적 계층이론이라고도 한다. 이 계층이론은 사회계층을 기본적으로 인정하는 이론이다. 이 이론에 의하면 사회계층은 사회를 영위하기 위해서 필수적인 기능을 수행하기 때문에 사회발전을 위해서는 사회계층이 반드시 존재해야 한다는 것이다. 이 이론의 대표적인 사람은 데이비드(K. Davis)와 무어(W. E. Moore)이다.

유기체적 계층이론에서 사회계층을 기본적으로 인정하는 이유는 다음과 같다.

첫째, 어느 사회에서든지 특정한 사회적 지위가 있기 마련인데, 이 특정한 사회적 지위는 특수한 기능과 역량을 가지고 있어서 이것이 전체 사회를 영위하는 데 중요한 역할을 수행한다는 것이다.

둘째, 어느 사회든지 그 사회에서 중요한 위치에서 역할을 수행할 수 있는 능력을 소유하고 있는 사람들은 제한되어 있다. 그래서 사회구성원들은 각자가 자기가 속해 있는 계층에서 자신의 고유한 기능을 수행해야 사회를 유지 발전시킬 수 있다는 것이다.

셋째, 사회의 주요한 역할을 수행할 수 있는 훌륭한 재능을 소유하고 있는 사람을 새롭게 양육하기 위해서는 많은 비용이 들고 또 경우에 따라서는 손실과 희생이 따를 수 있다. 그러므로 사회구성원들은 각자가 본래의 자기의 위치에서 자신에게 선천적으로 주어진 역량을 발휘하는 것이 사회발전에 유익하다는 것이다.

넷째, 계층에 따른 희소가치(稀少價値)는 계층 소속 구성원들에게 일에 대한 애착과 일의 수행에 있어서 보람을 느끼게 하기 때문에 계층이 사회적으로 유익하다는 것이다.

다섯째, 사회조직의 부분들은 일의 성격에 따라 기능적인 인식도의 차이가 있기 때문에 차등적인 보수체계가 필요하게 된다. 그래서 이 계층체계에 따라서 합리적인 차등적 보수체계를 수립하고, 이로 인해 구성원들에게 합리적인 평등을 부여할 수 있게 된다는 것이다.

(2) 갈등론적 계층이론

갈등론(葛藤論)적 계층이론은 투민(M. M. Tumin)이 기능론적 계층이론을 비판하면서 정립시킨 이론이다. 이 계층이론에서는 인간사회에서의 계층을 근원적으로 부인하고 있다. 왜냐하면 모든 인간은 원래부터 천부의 인권을 소유하고 태어났기 때문에 인간사회에서의 계층형성을 근원적으로 부인되어야 한다는 것이다.

갈등론적 계층이론에서 사회계층 자체를 부인하는 이유는 다음과 같다.

첫째, 사회의 각 부분에서 수행되고 있는 기능들에 대해서 그 중요도의 우열을 단정하기는 어렵다는 것이다. 예를 들면 생산현장에서 일하는 육체노동자의 기능과 사무실에서 일하는 사무노동자의 기능간에 각각의 기능이 가지고 있는 중요도에 대해 우열의 차이를 판단하기가 어렵다는 것이다. 그래서 이 계층이론에서는 사회의 각 부분간의 기능적 차이는 특정 계층의 사람들이 자기중심적으로 판단한 것이라고 보고 있다.

둘째, 계층 인정론인 기능론에서 계층형성의 중요 요인으로 보고 있는 개인간의 능력의 차이는 평생 동안 고정되어 있을 수 없다는 것이다. 그래서 이 개인간의 능력 차이는 제한된 사회구조와 불평등한 사회구조 등 환경의 차이에서 연유하는 것이기 때문에 사회계층의 요인이 될 만큼 중요하지는 않다고 보는 것이다. 즉 인간의 선천적 자질의 차이는 생활을 하는 중에 얼마든지 변화시킬 수 있다는 것이다.

셋째, 계층 인정론인 기능론에서 주장하는 유능한 인재의 활용에 있어서 이 유능한 인재도 따지고 보면 수련과정인 교육과정에서 부모의 희생에 의해서 이루어진 결과라는 것이다. 오히려 이들은 수련기간 동안에 외부적인 조건에 의해서 정신적 심리적으로 특권을 향유한 사람들이라는 것이다.

넷째, 기능론적 계층론에서는 인간을 변화를 싫어하는 보수적인 존재로 보고 있지만 사실은 인간에게 보수성뿐 아니라 봉사의식과 의무감 등 변화를 추구하는 진보적인 면도 있다는 것이다. 그러므로 인간사회에서 계층을 고정화시키는 것은 인간의 진정한 본성을 무시하는 것이기 때문에 계층의 고정화를 인정할 수 없다는 것이다.

또한 갈등론적 계층론에서는 계층을 인정하는 기능론적 계층론에 대해서 다음과 같은 역기능을 지적하고 있다.

첫째, 인간사회에서 계층을 인정하게 되면 사회구성원들에게 수련의 접근 기회를 제한하여 사회의 인재 발굴과 적임자 충원에 제한을 주게 된다.

둘째, 계층체계에서는 규범적 서열을 강조하기 때문에 계층체계를 인정하는 사회에서는 사회의 보수화 경향을 강화시킨다.

셋째, 계층체계에서는 불평등한 사회적 배분이 이루어지기 때문에 사회구성원들이 독창력을 발휘할 수 있는 기회를 제한 당하게 되어 구성원들의 사기를 저하시킬 수 있다.

넷째, 계층체계에서는 계층체계의 불리한 위치에 있는 사람들에게는 불만이 가중되어 계층간에 불신이 쌓이고, 이로 인해 사회의 안정과 통합을 저해하게 된다.

3. 사회계층의 유형과 차원

인간은 원천적으로 고유한 개성을 소유하고 있다. 이렇게 고유한 개성을 소유하고 있는 인간들에 의해서 형성된 인간사회에서 불평등을 원인으로 한 사회계층 존재는 필연적인 것이라고 볼 수 있다. 그런데 이 사회계층이 형성될 때에는 사회적 불평등에 관련되는 일정한 원리가 작용하게 되는데 이 원리에 해당되는 것이 바로 그 사회의 기본 이념이다. 계층제도는 이 사회적 이념을 바탕으로 하여 생성된 사회제도이다. 그리고 사회계층을 그 형성요인에 의해서 설명하는 이론이 계층 차원론이다.

1) 계층제도의 유형

계층제도는 사회계층을 규정짓는 사회제도로서 사회적 불평등의 근원을 제공하는 기본 이념과 관련되어 있다. 이 계층제도에 의해서 사회계층을 분류할 때에는 일반적으로 계층간의 이동정도가 그 기준이 된다. 즉 계층간의 이동이 개방적인지 폐쇄적인지에 따라서 계층제도의 유형이 분류된다.

(1) 카스트제도

카스트(caste)제도는 힌두교의 이념이 사회를 지배하는 인도사회의 전통적인 특수한 신분제도이다. 이 제도는 개인의 신분이 출생에 따라서 운명적으로 정해지는 폐쇄적인 계층제도로서, 계층간의 신분이동 즉 사회이동이 엄격히 제한되어 있다. 카스트제도는 운명적이고 귀속적인 사회계층제도로서 계층의 종류에는 브라만(Brahman), 크샤트리아(Kshatriya), 바이샤(Vaisya), 수드라(Sudra)의 네 계층이 있다. 이 계층제도에서는 각 계층간에 신분이동이나 혼인이 엄격히 금지되어 있다.

인도에서는 이 제도가 법적으로 폐지되었음에도 불구하고 현대에까지 이어지고 있어서 많은 사회적 문제를 야기시키고 있다. 그래서 현대에 들어와서는 젊은 층을 중심으로 이 제도를 타파하려는 움직임이 계속되고 있다.

(2) 전통사회의 신분제도

전통사회의 신분제도는 출생의 근원이나 재산 소유에 의해서 사회적 지위가 법률로 규정되는 계층제도이다. 이 신분제도는 일반적으로 상류층인 귀족계급, 일반층인 평민계급, 하류층인 천민계급 등으로 계층이 구분된다. 이 신분제도는 특히 고대 로마시대나 우리나라의 고려, 조선시대 등에서 일반적으로 존재했던 계층제도이다. 이 신분제도에서는 법이 허용하는 범위 내에서는 계층간에 신분이동이 가능했지만, 그러나 이는 극히 제한적이었기 때문에 사실상 계층간에 신분이동은 거의 폐쇄적이었다. 왜냐하면 이 제도에서는 계층간에 권리와 의무가 법으로 뚜렷이 구분되기 때문에 계층의 벽을 넘기가 어려웠다.

(3) 개방계층제도

근대에 들어와서는 인권사상이 강조되고, 개인의 능력이 중요시되면서, 계층간에 차이를 이루는 요인들이 점점 약해지기 시작했다. 이에 따라 계층에 대한 인식이 약해지면서 계층의 구분도 상대적으로 약해져서 개방계층제도(開放階層制度)가 나타났다. 근대에 들어오면서부터 나타난 개방계층제도에서는 사회계층을 규정하는 계층제도가 정형성(定型性)을 잃어 가고, 또 유동적이 되어서 고정된 계층적 지위의 개념이 사라지게 되었다. 그래서 이 개방계층제도 아래서는 개인이 노력만 하면 그 능력과 또 업적에 따라 계층간의 이동이 가능해서 계층적 지위를 얼마든지 변동할 수 있게 되었다.

2) 개방계층제도와 지위불일치 현상

개방계층제도(開放階層制度)에서는 한 개인이 여러 개의 사회적 지위를 소유할 수 있다. 즉 한 사람이 그의 능력의 여하에 따라서 여러 개의 사회적 지위를 소유할 수가 있는 것이다. 이때의 여러 가지의 사회적 지위는 그 지위의 높낮이와 지위의 성격이 다를 수가 있기 때문에 개방계층제도에서는 지위불일치 현상이 일어난다. 개방계층제도의 사회에서는 사회적 지위에 대한 평가가 인식의 관점에 따라서 다르게 나타나기도 해서 한 개인이 여러 개의 지위를 소유하고 있을 때에는 각각의 지위에 대한 사회적 평가가 일치하지 않을 수도 있어서 개인의 지위를 규정하는데 혼란이 오기도 한다. 이러한 현상들은 개방계층제도 사회의 지위불일치 현상을 더욱 심화시키는 요인이 되기도 한다.

3) 계층 차원론

계층 차원론(階層次元論)은 사회계층의 형성에 관한 이론이다. 계층 차원론에는 다음과 같은 두 이론이 있다.

(1) 단일 차원론

단일 차원론(單一次元論)은 마르크스(Karl Marx)의 계급이론으로서 그는 이 이론에 의해서 계층의 형성과 발달을 설명했다. 이 이론의 핵심은 사회계층의 형성은 경제적 조건인 생산수단의 소유에 의해서 이루어진다는 것이다. 그는 이 이론에서 계급을 형성하는 요인으로 경제적 조건 즉 경제적인 소유관계를 들었고, 특히 생산수단의 소유에 기준을 두어 계급을 분류했다.

단일 차원론에서는 생산수단을 소유한 층을 유산계급 즉 부르주아 계급으로, 그리고 생산수단을 소유하지 못한 층을 무산계급 즉 프롤레타리아 계급으로 분류했다.

마르크스의 계급이론에서는 계급이 생산수단의 소유라는 객관적 조건에 따라 유산계급과 무산계급으로 나누어지기 때문에, 두 계급간에는 현실적인 이해관계의 대립이 생기게 되고, 또 이로 인해서 상호간에 계급의식이 형성된다고 보았다. 즉 생산수단을 소유한 쪽에서는 기득권의 보호를 강조하는 자기 보호적 계급이 형성되고, 또 생산수단을 소유하지 못한 쪽에서는 자기 보호적 계급에 대항하는 자기 확산적 계급으로 발전한다는 것이다.

마르크스의 단일 차원론에서는 계급결정의 기본적 요인인 경제적 요인이 계급간의 사회적 속성의 차이를 규정지어준다고 했다. 즉 각 계급의 생활양식, 의식구조 등 사회적 속성이 오직 경제적 요인에 의해 규정된다고 보았기 때문에, 마르크스의 계급결정 이론을 단일 차원론 또는 경제결정론이라고 부르는 것이다.

(2) 복합 차원론

복합 차원론(複合次元論)은 베버(Max Weber)의 계층형성에 관한 이론으로서, 마르크스의 계급 단일 차원론보다 포괄성을 띠는 이론이다. 그는 사회계층현상을 단순히 경제적인 요인에 의한 사회현상으로만 보지 않고, 여러 가지 요인들이 복합적으로 이루어진 복합적 사회현상으로 보았다. 이것을 계층 다차원론(多次元論)이라고도 한다.

베버는 그의 계층 다차원론에서 사회계층이 형성되기 위해서는 최소한 다음의 세 가지 측면의 요건들이 기초를 이루어야 한다고 했다.

베버가 주장한 세 가지 측면의 계층형성 요인을 들어 보면 다음과 같다.

첫째, 경제적 측면의 요인인 계급(階級, class)이다. 경제적 측면의 요인인 계급은 마르크스의 단일차원 계급론에서의 계급과 동일한 것으로, 소득이나 재산의 소유에 의해서 결정되는 계층 결정 요인이다.

둘째, 사회적 측면의 요인인 지위(地位, status)이다. 사회적 측면의 요인인 지위는 명예, 위신, 존경 등 다른 사람들로부터 받는 정신적 대우의 정도에 따라서 정해지는 계층 결정 요인이다. 사회적 지위가 같은 사람들은 일반적으로 비슷한 생활양식과 가치관을 소유하고 있으며, 비교적 친밀한 상호작용을 함으로써 소속의식을 갖게 된다.

셋째, 정치적 측면의 요인인 권력(權力, power)이다. 정치적 측면의 요인인 권력은 외부의 저항에도 불구하고 자기의 의사를 실현할 수 있는 힘을 말한다. 이 권력에는 구성원들이 부여하는 권위가 내포되어 있기 때문에 강력한 힘이 실리게 된다. 이 권력을 중심으로 하여 동일한 의지를 가진 사람들이 모이게 되면 하나의 권력집단을 형성하게 된다.

베버가 지적한 계층 형성의 세 가지 요소들은 서로가 상호관련성을 가지면서도 반드시 일치되지는 않는다. 예를 들면 경제적 측면의 조건은 충분하지만 사회적 지위나 권력이 거기에 따르지 못하는 경우도 있고, 또 사회적 명성은 높은데 이에 비해서 경제적 조건이나 권력이 따르지 못하는 경우도 있다. 이와 같이 베버가 지적한 이 계층 형성의 각 요소들은 시대에 따라서 그 중요도의 평가가 달라지기 때문에 계층형성의 범위도 시대에 따라서 달라지게 된다.

(3) 계층의 지표(指標)

사회계층의 형성에 관한 이론은 시대에 따라서 그 형성요인에 차이를 보이고 있다. 예를 들면 전통사회의 계층형성 이론인 신분 계층론은 계층형성의 주요 요인이 신분이었지만, 근대사회에 들어와서 형성된 계층요인으로서 마르크스의 단일 차원론에서의 계층형성의 주요 요인은 생산수단이었다. 그리고 베버의 복합 차원론에서의 계층형성의 주요 요인은 계급, 위신, 권력이다. 특히 현대에 들어오면서부터는 사회구조가 다양해지고 또 인간평등사상이 강조되어지면서, 사회계층을 형성하는 요인이 더욱 복합적으로 이루어지고 있다.

현대사회에 들어와서는 계층형성의 지표가 다양해졌다. 현대사회의 계층형성의 주요 요인으로는 보편적 가치를 형성하는 다양한 요인들로 구성된다. 즉 물질적 가치인 부(富), 정신적 가치인 권위, 목표가치의 달성수단인 직업, 학력, 가문, 그리고 명예획득의 수단인 인격, 생활양식, 신체적 조건 등이 있다.

이와 같이 사회계층의 형성에 영향을 주는 계층지표는 시대에 따라서 상이하게 나타난다. 즉 전통사회에서는 신분이 계층형성에 절대적인 영향을 주었고, 근대에 와서는 경제적 조건인 부(富)가 기본적인 조건이 되었으며 그리고 현대에 들어와서는 경제적 조건과 아울러 인격적인 측면이 강조되고 있다.

(4) 계층 연구 방법

사회계층은 그 형성요인이 복합적이고, 또 시대에 따라서 형성 요인들의 중요도가 달라진다. 사회계층은 이와 같이 복합적인 형성요인들에 의해서 이루어지고 있기 때문에 그 연구방법도 여러 가지 측면으로 접근하고 있다.

① 객관적 방법

이 방법은 사회계층을 규정할 때에 구성원들이 소유하고 있는 객관적인 요인들을 기준으로 하는 방법이다. 계층을 규정할 때에 사용하는 객관적인 요인은 여러 가지가 있기 때문에 일반적으로 계층기준은 복합성을 띄게 된다.

계층형성의 객관적인 요인에는 직업, 재산, 소득, 학력, 주거지역, 주거상황, 생활양식 등이 있다. 이들 중에서 특히 현대사회에서 계층연구에 특별히 중요하게 사용되는 요인으로는 직업, 소득, 생활상태이다. 객관적 방법에 의해서 규정되는 사회계층은 규정요인이 주로 경제적 사회적 요인이기 때문에 계층 자체가 경제 사회적 지위의 성격을 띠고 있다.

② 주관적 방법

계층연구의 주관적 방법은 계층을 연구할 때에 구성원 자신들이 스스로 자신들을 평가하여 사회계층의 위치를 규정하는 방법이다. 이 방법은 사회구성원들의 사회계층에 관한 심리적 상태를 파악하는데 유효하게 사용할 수 있다.

주관적 방법에 의해서 계층을 연구할 때에는 사회구성원들이 계층구조에 대한 분명한 이해와 사회 속에서의 자신의 위치를 정확히 인식하고 있다는 전제 아래서 실시해야 한다. 또 이 연구에 있어서 중요한 것은 피조사자가 얼마나 정확하고 성실하게 대답을 해 주느냐이다.

주관적 계층연구 방법에는 두 가지의 형태가 있다.

첫째는 계층을 조사할 때에 미리 상, 중, 하와 같이 계층을 예시해 놓고 피(彼)조사자에게 선택을 하도록 하는 것이다.

둘째는 계층 조사 시 피조사자 자신이 직접 자기가 속해있는 계층의 이름을 지칭하도록 하는 방법이다.

전자의 경우는 피조사자가 부담 없이 자신이 속한다고 생각되는 계층을 선택할 수 있지만, 후자의 경우는 상중하가 아닌 특수한 계층을 지칭할 경우도 있어서 두 방법을 병행할 때에는 서로가 일치하지 않는 경우가 생길 수 있다. 그러나 계층을 예시해 주는 연구 방법에는 계층의 범위가 정해져서 주어지기 때문에, 계층을 선택할 때에 정해진 범위의 중간 부분을 선택하는 심리적인 치우침이 나타나기 쉬운 문제점이 있다.

③ 평가적 방법

사회계층의 평가적 연구방법은 사회적 계층을 규정할 때에 객관적 기준이나 주관적 결정에 의하지 않고, 제3자의 평가에 의해 피조사자의 계층을 규정하는 방법이다. 그러나 이 평가적 방법은 제3자에 의해 행해지는 주관적인 계층 연구 방법에 해당되는 것이기 때문에, 계층연구의 결과가 제3자의 주관성에 치우칠 우려가 있다.

이 평가적 연구방법은 사회계층을 연구할 때에 구성원들의 의사를 모아서 단체의 지도층을 평가할 때에 많이 사용된다. 그 이유는 사회적 지도층은 구성원들이 인정하고 또 구성원들에게 존경을 받을 수 있는 사람들이어야 하기 때문에, 지도층은 구성원들의 정확한 평가에 의해서 형성되어야 한다는 것이다.

사회계층 연구에서 이 평가적 방법이 실효를 거두려면, 구성원들이 서로를 잘 알 수 있어야 하기 때문에, 평가에 참여하는 집단의 범위가 일정한 한계내로 제한되어야 한다.

4. 사회이동

사회가 폐쇄사회에서 개방사회로 변천되면서 구성원들의 신분이동도 자유로워지기 시작했다. 즉 전통사회에서는 폐쇄성이 강해서 사회적 신분을 규정하는 지위의 변화가 어려웠지만 현대사회로 들어오면서부터는 폐쇄 사회가 개방 사회로 변하면서 지위의 변화를 가져오는 사회이동이 쉬워졌다.

1) 사회이동의 뜻

사회의 구성원인 개인은 모두가 사회 속에서 제각기 사회적 위치를 소유하고 있다. 이것을 사회적 지위라고 한다. 이 사회적 지위가 개인적으로 또는 단체적으로 이동하여 변화하는 것을 사회이동(社會移動, social mobility)이라고 한다. 즉 사회이동은 신분간의 이동을 말하는 것이다. 이에 비해 사회생활의 기반을 이동하는 지역이동은 지역간의 공간적 이동을 말한다.

2) 사회이동의 다양성

사회이동은 그 이동의 정도 차이는 있지만, 인간사회에서의 사회이동은 계속적으로 이어지고 있다. 인간은 다양성을 소유하면서 미래를 추구하는 존재이기 때문에, 항상 새로운 세계를 추구하게 된다. 이러한 과정에서 사회이동이 일어나고 또 이에 따라서 현재의 자신의 위치에 변화를 가져오게 된다. 그런데 이러한 변화를 일으키는 사회이동은 그 속도와 양상이 시대에 따라서, 사회적 관습이나 제도에 따라서 차이가 있다.

예를 들면 전통사회나 권위주의적 사회에서는 신분적인 기반을 강조하기 때문에 지위변화를 가져올 수 있는 사회이동에 많은 제약을 받았다. 그래서 지위변화가 일어나더라도 변화에 대한 제한 때문에 변화의 범위는 크지 못했다. 그러나 현대의 개방사회에서는 사회적 지위의 변화는 보편적이고도 정상적인 사회현상의 하나가 되었다.

또 오늘날에는 지위변화의 속도가 빠르고 변화의 폭도 커서 사회적 지위변화가 사회변동에 미치는 영향도 커지고 있다. 예를 들면 근로자 계층의 빠른 지위 상승이 보수성이 강한 사회를 혁신적인 성격이 강한 사회로 급속히 변화시키고 있다.

3) 사회이동의 유형

사회이동은 사회구성원들의 사회적 위치가 변화되는 것으로, 그 이동의 유형은 변화의 방향과 변화시간의 경과에 따라서 다음과 같이 구분된다.

(1) 변화의 방향에 의한 사회이동의 유형

사회이동의 유형을 변화의 방향에 의해서 분류하면 다음과 같다.

첫째, 수직적 이동(垂直的 移動, vertical mobility)이다. 수직적 이동은 사회적 지위가 상하로 이동하는 것이다. 즉 사회적 지위가 사회계층의 구조 내에서 그 지위의 높이가 상하로 이동하는 것을 말한다. 수직적 이동에서는 지위가 위로 이동할 때에는 상승이동(上昇移動, upward moblity)이 되고, 아래로 이동할 때에는 하강이동(下降移動, downward mobility)이 된다.

상승이동의 예로서는 회사에서 계장에서 과장으로 자리가 바뀌는 승진의 경우로서, 이 상승이동이 수직적 사회이동의 일반적인 예가 된다. 그리고 하강이동은 특수한 경우에 일어나는 지위이동으로서, 특별한 이유로 사회적 지위가 강등되는 좌천이동을 말한다.

둘째, 수평적 이동(水平的 移動, horizontal mobility)이다. 수평적 이동은 지위가 같은 수준에서 자리바꿈을 하는 사회적 이동을 말한다. 이 수평적 이동은 사회조직 속에서 계층적 지위변화는 없고 동일하게 평가되는 지위간에 자리만 바꾸는 사회이동이다.

수평적 사회이동의 예로서는 교사의 전보이동이나, 또 회사 내에서 인사과장에서 경리과장으로 전보이동을 하는 경우 등이다. 이 수평적 사회이동은 단순히 자리바꿈만 하는 사회이동이다.

(2) 시간의 경과에 의한 사회이동의 유형

사회이동의 유형을 시간의 경과에 의해서 구분하면 다음과 같다.

첫째, 세대내 이동(世代內 移動, intra-generation mobility)이다. 세대내 이동은 사회적 지위가 본인의 생애 동안에 변화되는 사회적 이동을 말한다. 다시 말하면 이 세대내 이동은 일 개인의 생애 내에서 두 시점을 기준으로 하여 지위의 변화를 파악하는 것이다.

세대내 이동에는 한 개인의 직장 내에서의 지위이동으로서 계장에서 과장으로 이동하는 것과 같이 개인의 노력에 의해서 두 시점간의 지위가 변하게 되는 수직적 이동과 또 개인의 생애 내에서의 지위이동으로서 가족이나 친족간에서 일어나는 위치 변화인 귀속적인 지위이동이 있다. 그리고 한 개인이 생애 내에서 시간적 거리를 두고 경력이 쌓이며 따라 지위가 수평적으로 이동하는 경력이동도 세대내 이동의 하나가 된다.

둘째, 세대간 이동(世代間 移動, inter-generation mobility)이다. 세대간 이동은 사회적 지위가 자신의 세대에서 다음의 세대로 넘어가서 변화를 가져오는 사회이동을 말한다.

세대간 이동은 한 개인의 지위가 자기 이전 세대의 지위를 기준으로 하여 그 다음 세대에 나타나는 지위의 변화를 말한다. 예를 들면 근로자인 부모의 세대에서 태어난 자식이 성장해서 고급 공무원의 지위를 획득한 경우가 여기에 해당된다.

4) 사회이동의 원인

사회구성원의 지위가 변화되는 사회이동은 여러 가지의 원인에 의해 일어나고 있다. 그 원인을 크게 둘로 나누어 보면 다음과 같다.

(1) 개인적인 원인

사회이동의 개인적인 원인으로는 개인의 능력, 교육정도, 지위상승에 대한 개인의 열망, 출생의 배경 등이 있다. 한 개인이 사회이동을 가져오기 위해서는 사회이동이 허용되는 사회구조적인 요건이 갖추어져야 가능하다. 그러나 사회이동을 허용하는 사회구조적 기반이 갖추어져 있더라도, 사회이동을 위해서 개인적으로 갖추어야 할 개인적 요건이 구비되어 있지 않으면 사회이동이 일어나지 않는다.

개방화사회에서는 개인의 능력이 업적 성취의 중요한 요인이 되어 사회적 지위변화에 핵심적 역할을 한다. 특히 오늘날과 같은 자유경쟁의 사회에서는 개인적인 요인에 따라서 사회이동의 정도가 정해지는 경우가 많다.

(2) 사회구조적인 원인

사회이동은 개인적인 요인과 아울러 사회적 요인이 갖추어졌을 때에 일어난다. 사회이동의 사회구조적인 원인에는 사회경제적 요인의 변동과 인구학적 요인의 변동이 있다.

① 사회경제적 요인의 변동

사회이동의 사회구조적인 원인에는 산업구조의 변화가 가장 큰 요인이 되고 있다. 즉 산업구조가 변하게 되면 인력의 수급에 변화가 일어나서 사회구성원들의 지위에 변화를 가져온다. 이때의 산업구조의 변화는 주로 사회 경제적 요인이 변동되는 것인데, 이것이 사회변동으로 이어지고 결과적으로 구성원들의 사회이동을 촉진시키게 된다.

산업사회의 기반을 마련한 공업화는 노동력의 수요를 증대시켰고, 이에 따라 사회구성원들의 직업의 변화가 수반되었다. 공업화에 따라 인구가 공업화지역인 도시로 유입되었고, 이를 계기로 하여 사회구성원들의 사회적 지위에도 커다란 변화를 가져오게 되었다. 특히 공업화 사회는 능력위주, 업적위주의 사회이기 때문에 이러한 사회의 특성상 사회구성원들은 지위상승의 기회를 보다 많이 얻기 위해 능력발휘와 업적 축적을 위한 경쟁적인 노력을 하게 되었다.

② 인구학적 요인의 변동

사회이동의 사회구조적 요인에는 사회경제적 요인 외에도 출생, 사망, 출산력(出産力), 인구 유출입(人口流出入) 등 인구학적 요인도 있다. 인구의 변동은 사회계층의 분포에 영향을 주기 때문에 이에 따라 계층간에 이동을 초래하게 되어 사회이동을 가져오게 된다.

5) 사회규범과 사회이동

사회이동은 그 사회를 지배하는 사회적 이념과 사회규범에 의해서 영향을 받는다. 이 사회적 이념과 사회규범은 그 사회의 질서를 유지시켜서 사회를 발전시키는 근원이 된다. 이와 같이 사회발전의 기반이 되는 이 사회규범은 사회구성원들이 추구하는 가치의 방향을 제시해 줌과 동시에 인간의 무한한 욕망을 조절하고 억제하는 역할을 한다. 사회규범의 종류에는 다음의 것들이 있다.

(1) 보편적 규범

사회규범 중에서도 모든 개인이나 집단이 희소가치를 균등하게 획득할 수 있도록 기회를 부여하는 규범을 보편적 규범이라고 한다. 이 보편적 규범은 우리 인간에게 가치추구의 방향을 제시해 주기 때문에 인간의 삶을 규정짓는 역할을 한다. 또한 우리 인간은 이 보편적 규범에 의해서 평등의 이념과 성취의 자유를 보장받게 되어 개인의 자기 향상을 용이하게 한다. 그리고 이 보편적 규범은 우리 인간에게 가치 추구의 방향을 제시해 줌과 동시에 특히 현대의 개방화 사회에서는 개인의 상승이동의 방향도 아울러 제시해 준다.

(2) 특수 규범

보편적 규범에 비해, 특수 규범은 인간의 욕망을 억제하는 동시에 인간사회에 있어서 희소가치의 획득 기회를 사람이나 집단에 따라 차등적으로 부여해 준다. 이 특수 규범은 사회이동이 폐쇄적인 전통사회, 특히 카스트제도가 사회를 지배하는 인도와 같은 사회에서 특수하게 존재하는 규범이다. 이 특수 규범이 지배하는 사회에서는 개인의 사회적 지위가 귀속적 지위에 의해 영향을 받게 되고, 또 사회이동도 제한을 받는다.

요점정리

1. 사회적 불평등과 사회계층

사회적 불평등의 의미 : 사회적 희소가치가 불균등하게 배분된 사회적 현상
사회적 불평등의 근원 : 차별적인 사회적 평가, 불평등 체계의 사회제도, 희소가치의 차별적 분배
광의의 사회계층 의미 : 사회구성원의 생활상태를 기준으로 하여 사회적 위계체계가 이루어지는 것
사회 속의 불평등의 위계 현상
상류층, 중류층, 하류층
협의의 사회계층 의미 : 동일한 또는 비슷한 정도의 희소가치를 향유하는 사람들의 집단
근로자 계층, 자본가 계층, 권력 계층

2. 계층구조와 계층 관

계층구조의 종류와 형태 : 완전계층 - 수직선형 계층 형태, 이상형의 계층 형태
부분계층 - 피라미드형 계층 형태
부분평등 - 다이아몬드형 계층 형태 - 타원형 계층 형태
완전평등 - 수평선형 계층 형태, 이상형의 계층형태
불평등관의 종류 : 보수주의적 불평등관 - 인간사회의 불평등을 필연적인 현상으로 인정
진보주의적 불평등관 - 인간사회의 불평등 현상을 근원적으로 부정
계층이론의 종류 : 유기체적 계층이론(기능론적 계층이론) - 계층 인정 이론
갈등론적 계층이론 - 계층 부인 이론
갈등론적 계층이론의 계층 인정론 비판 - 수련 기회 제한, 사회의 보수화 경향, 개인의 독창력 발휘 제한

3. 사회계층의 유형과 차원

계층제도의 유형 : 폐쇄적 계층제도

개방계층제도

계급 차원론 ; 마르크스의 계급 단일 차원론 - 경제결정론(생산수단)
베버의 계층 다차원론 - 계급(경제적), 권력(정치적), 위신(사회적)

계층의 지표 ; 신분, 부(富), 권위, 권력, 위신, 직업, 가문, 학력, 인격, 생활양식, 신체적 조건

계층연구 방법 ; 객관적 방법
주관적 방법
평가적 방법

4. 사회이동(social mobility)

사회이동의 의미 ; 집단 또는 개인의 사회적 지위 변화

사회이동의 종류 ; 이동의 방향에 따라 - 수직적 이동
수평적 이동
시간의 경과에 따라 - 세대 내 이동
세대간 이동

사회이동의 원인 ; 개인적 원인
사회구조적 원인(사회 경제적 요인, 인구학적 요인)

사회규범과 사회이동 ; 보편적 규범에 의한 사회이동 - 개방사회의 사회이동(지위상승이 용이)
특수적 규범에 의한 사회이동 - 폐쇄사회의 사회이동(사회이동이 제한)

수험대비 평가문제

1. 스리랑카의 고원 차밭에서 신발도 신지 않은 여인들이 비를 맞으며 묵묵히 차잎을 따고 있었다. 이들은 이러한 조건에서 하는 힘든 작업을 별다른 불평 없이 받아들이고 있는 것이었다.
   (1) 이러한 사회를 지배하고 있는 불평등관에 대해서 설명하시오.
   (2) 이와 대립되는 사회의 불평등관에 관해서 설명하시오.

2. 사회계층은 여러 가지 요소들의 종합된 평가에 의해서 형성된다고 했다. 그러나 이 경우에는 사회적 상황에 따라서 계층 내 요소들의 평가가 달라서 계층내의 갈등이 야기될 수도 있다.
   (1) 위와 같은 사회현상의 계층이론에 대해서 설명하시오.
   (2) 위의 계층이론에서 주장하는 계층형성 요소들을 들어보고, 오늘날 우리 사회에서 계층형성에 가장 큰 영향을 미치는 요소에 대해서 기술하시오.

3. 사회계층의 근원은 사회적 불평등이다. 사회적 불평등은 사회적 희소가치의 배분이 불평등하게 이루어진 결과이기 때문에 사회계층은 결국 희소가치의 불평등한 배분의 결과라고 볼 수 있다.
   (1) 사회적 불평등에 관한 양대 이론에 관해서 쓰시오.
   (2) 우리의 현실에서 희소가치의 배분에 영향을 미치는 요소들에 대해서 기술하시오.

4. 사회계층 파악의 객관적 접근 방법이 아닌 것은?
   ① 교육 수준　　② 직업
   ③ 소득　　④ 면접*

5. 갈등론적 계층이론의 설명과 거리가 가장 먼 것은?
   ① 사회계층은 적자생존의 자연도태에 의해서 발생한다.*
   ② 인간의 능력차이는 환경의 영향으로 해석한다.
   ③ 인간은 사회화에 의해서 이타적인 인간이 될 수 있다.

④ 계층간의 갈등은 계층 성원들의 이익추구에 의해서 일어난다.

6. 보수주의 불평등관의 설명과 관계가 먼 것은 ?
   ① 인간의 수련 기회를 제한시킨다.
   ② 인간사회의 계층을 인정하는 입장이다.
   ③ 기능론의 입장에서 불평등을 설명한다.
   ④ 현대사회로 올수록 강화되는 불평등관이다.*

7. 막스 베버(M. Weber)가 주장한 계층형성 요인에 들지 않는 것은?
   ① 학력* ② 위신
   ③ 권력 ④ 경제력

8. 막스 베버의 계층 복합차원론(다차원론)을 설명하시오,

9. 사회이동의 뜻을 쓰고 종류를 들어 설명하시오.

10. 사회계층과 사회이동의 연관성을 쓰시오.

11. 사회계층의 의미를 설명하시오.

12. 유기체적 계층이론에서 계층을 인정하는 이유를 쓰시오.

13. 갈등론적 계층이론에서 계층을 부정하는 이유를 쓰시오.

14. 수직적 사회이동과 수평적 사회이동을 비교 설명하시오.

15. 사회이동과 사회규범과의 관계를 설명하시오.

제 6 장 결혼과 가족

1. 가족의 개념
2. 결혼과 가족
3. 사회변동과 가족

가족은 인간사회의 가장 기본이 되는 사회적 단위이다. 이 인간사회의 기본이 되는 가족은 혼인에 의해서 성립되는 사회제도로서 사회의 안정과 국가발전의 바탕이 된다. 그래서 사회가 발전하고 국가가 번영하기 위해서는 우선적으로 사회의 기반을 이루고 있는 가족이 번성해야 한다.

가족은 인간의 기초집단이기 때문에 사회발전의 근원이 된다. 어느 사회를 막론하고 개개인의 가정이 번성할 때에 이를 기반으로 하여 사회가 안정되고 발전할 수 있으며, 이것이 곧 국가발전으로 이어지게 된다. 가족의 형태는 관습과 시대의 상황에 따라서 그 형태를 달리하고 있다. 예를 들면 전통사회에서는 확대가족형태가, 현대사회에는 핵가족형태가 주류를 이루고 있다.

인간사회의 기본적 바탕인 가족은 결혼에 의해서 형성된다. 결혼은 남녀가 결합하여 새로운 삶의 단위를 형성하는 계기를 마련해 주는 것으로서 일생에 있어서 대단히 중요한 과정이 된다.

결혼은 시대와 지역에 따라서 다양한 제도에 의해서 이루어져 왔다. 그래서 그 형태도 제도에 따라 다양하게 나타난다. 결혼제도는 전통사회의 복혼제도나 이슬람사회와 아프리카의 일부 종족들이 가지고 있는 일부다처제도 등과 같이 사회의 특성이나 종교나 관습에 따라서 결혼제도가 다양성을 띠고 있다.

가족은 인간의 역사와 맥을 같이 해온 사회제도이다. 그래서 그 형태와 기능도 인간사회가 변천해 옴에 따라 같이 변화되어 왔다. 가족의 형태는 사회적 필요에 따라서 그 형태가 변화되었다. 즉 전통사회에서는 사회적 상황에 따라서 확대가족의 형태가 주를 이루었지만 현대사회로 오면서 핵가족의 형태가 주를 이루게 되었다.

이 장에서는 가족의 개념을 파악해 보고, 그 기능과 변화과정을 살펴본 다음에, 가족의 형성 근원이 되는 결혼에 대해서 살펴보기로 하겠다.

1. 가족의 개념

1) 가족의 의미

가족(家族, family)은 인간사회에서 가장 기본적인 단위가 되는 인간의 집단이다. 그래서 인간사회는 가족을 근원으로 하여 유지되고 발전되어 왔다. 모든 인간은 특별한 경우를 제외하고는 가족 속에서 태어나서 가족 속에서 죽어 간다. 이와 같이 가족은 인간이 태어나서부터 죽을 때까지 평생동안의 보금자리가 되는 것이다. 또한 가족은 인간사회의 기본적인 집단인 동시에 하나의 제도이기 때문에 그 개념은 포괄성을 띠면서 여러 가지의 의미를 함축하고 있다.

가족의 개념을 정의해 보면 다음과 같다.

가족은 혼인(婚姻), 혈연(血緣), 입양(入養)에 의해서 형성된 부부중심의 소집단이다. 그러나 일반적으로 우리가 가족이라고 지칭할 때에는 한집에서 살고 있는 친족 공동체를 말한다. 가족은 인간사회의 기본적 제도인 동시에 기본적인 집단으로서 특성을 가지고 있다.

가족의 특성을 들어 보면 다음과 같다.

첫째, 가족은 혼인이나 혈연 또는 입양에 의해서 이루어진다. 이 혼인, 혈연, 입양을 각각 가족의 형성 요건이라고 한다.

둘째, 가족은 하나의 가구(세대)를 형성한다. 가구는 가족구성원들이 한 집에서 같이 모여 사는 생활 단위이다.

셋째, 가족은 사회구성원의 충원, 사회화 등 다양한 사회적 역할을 수행한다. 가족의 사회적 역할은 시대의 변천에 따라서 변화되어 왔다.

즉 전통사회의 가족의 역할은 사회구성원의 충원과 의식주의 해결에서부터 교육, 종교 등 다양했지만, 현대에 와서는 사회의 전문화에 의해서 많은 부분이 독립해 나가고 이제는 가족구성원의 충원과 사회화의 일부만 남아 있다.

넷째, 가족은 그 사회의 기본적인 문화를 소유하면서 이를 유지한다. 그러나 사회가 복잡해짐에 따라 가족이 소유하고 있는 기본문화에서 여러 가지의 파생문화를 생성시킨다.

2) 가족의 형태 분류

가족은 인간사회의 기본적인 단위로서, 다양한 구성형태를 가지고 있다.

(1) 구성상태에 따른 구분

가족의 형태를 구성상태에 따라 구분하면 핵가족(核家族, unclear family, Monogamy), 확대가족(擴大家族, extended family), 그리고 복합가족(複合家族, complex family, polygamy)으로 나누어진다.

핵가족은 가족의 여러 형태 중 가장 작은 단위로서 가족제도의 기본적 단위가 되는 것이다. 이 핵가족은 부부와 미혼 자녀의 2세대로 형성된 가족으로서 현대산업사회의 주된 가족 형태를 이루고 있다.

그리고 확대가족은 3 세대 이상으로 형성된 가족형태로서 가족의 구성은 두 쌍 이상의 부부와 그 자녀들로 이루어진다. 확대가족은 전통사회 특히 농경사회에서 주된 가족 형태를 이루었다. 확대가족은 일부일처의 가족제도에 그 기반을 두고 있다. 확대가족의 형태에는 부모가 결혼한 자녀 중 한 자녀 부부와 같이 사는 직계가족과 또 부모와 결혼한 형제들의 부부가 함께 사는 결합가족이 있다. 우리나라에서는 직계가족의 대부분이 장자(長子) 가족이다.

또 복합가족은 복혼(複婚)[1]에 의해서 이루어지는 가족의 형태로서 복혼가족이라고도 한다. 이 복혼가족은 복혼이 허용되는 사회에서 나타나는 것으로 일부다처나 일처다부 또는 집단혼에 의해서 이루어지는 가족의 형태이다.

(2) 세대간 거주상황에 따른 분류

가족의 형태를 세대간의 거주 상황에 의해 분류해 보면 직계가족과 방계가족으로 분류된다.

직계가족은 부모와 자녀 중 한 자녀의 부부가 동시에 거주하는 가족형태로서 현대사회의 일반적인 확대가족 형태이다. 우리의 전통적인 직계가족 형태로는 부모가 큰아들과 같이 살면서 직계가족을 이루는 것이 관행으로 되어 왔다. 이것이 바로 장자가 가계를 계승하는 장자 가계계승의 관행이다.

방계가족은 형제의 부부들이 같이 거주하는 가족형태로서 전통적인 농경사회에서는 흔히 볼 수 있었던 가족형태였다. 농경사회에서는 노동력을 쉽게 확보하는 것이 무엇보다도 중요한 일이었기 때문에, 형제들이 결혼을 한 후에도 한 집에서 같이 살면서 협동으로 농사를 지었다.

(3) 가족의 구성원 수에 따른 분류

또한 가족형태를 단순히 가족구성원의 수에 의해서만 구분할 때에는 가족 수가 적은 가족을 소가족, 가족 수가 많은 가족을 대가족으로 분류한다. 소가족은 일반적으로 핵가족의 경우가 여기에 해당되고, 대가족은 확대가족의 경우가 해당이 된다. 그러나 핵가족이 반드시 소가족이고 확대가족이 반드시 대가족이 되는 것은 아니다. 예를 들면 핵가족의 경우도 자녀들이 많으면 대가족이 될 수도 있고, 3 세대 가족인 확대가족도 가족의 구성원이 적으면 소가족이 될 수도 있다.

1) 배우자가 다수인 혼인 형태

3) 가족의 역할과 사회적 기능

가족은 사회형성의 기본적인 단위로서 주어진 역할을 수행하면서 사회의 유지 발전에 기여하고 있다. 이와 같이 가족이 수행하는 역할은 사회의 존속과 깊은 관계를 가지고 있다. 가족은 다음과 같은 기본적 역할을 수행하면서 사회를 안정시키고 발전시키는 사회적 기능을 담당하고 있다.

가족의 기본적인 역할을 들어 보면 다음과 같다.

첫째, 가족은 사회구성원을 충원시켜 사회를 유지 존속시킨다. 즉 가족은 합법적인 자녀 출산으로 사회의 구성원을 충원시키는 기능을 수행한다.

둘째, 가족은 그 구성원을 사회화시킨다. 그래서 가족은 원초적으로 사회화의 중요한 기관이 된다. 즉 인간은 특수한 경우를 제외하고는 가족의 일원으로 태어나서 가족의 구성원이 되고 또 가족 속에서 인간의 행동양식과 가치를 배운다.

셋째, 가족은 구성원을 양육하며 보호한다. 인간은 동물에 비해서 긴 양육기간이 필요하다. 왜냐하면 인간은 태어나서 자립능력을 갖출 때까지는 긴 기간이 필요하기 때문에 그 동안에는 부모가 보호를 해 주어야 한다. 바로 그 역할을 가족이 담당하고 있다. 그러나 현대 산업사회에 들어와서는 가족구성원의 사회화가 사회화 전문기관으로 이관되어지고 있어서 가족의 사회화 기능은 점점 축소되어 왔다.

넷째, 가족은 그 구성원들에게 가족제도에 규정된 사회적 지위를 부여하고, 그 구성원들의 사회적 활동에 영향력을 행사한다. 특히 전통사회에서는 가족이 사회적 활동의 기본적 단위가 되었고, 또 그 당시에는 가장의 지위가 권위적이었기 때문에, 가족의 역할이 구성원들의 사회적 활동에 크게 영향을 주었다. 그러나 현대사회에서는 가족관계에서 권위적 요소가 사라지고 평등한 관계가 형성되어지고 있어서, 가장의 권위가 가족구성원들의 사회적 활동에 미치는 영향력은 약화되었다.

2. 결혼과 가족

1) 결혼의 의미

결혼(結婚)은 남녀가 사랑을 근원으로 결합하여 가족을 성립시키는 가족형성의 근원적인 절차이며, 또한 가족형성을 외부적으로부터 인정받는 절차이기도 하다. 또한 결혼은 성행위를 사회적으로 인정해 주기 때문에, 성행위의 규제 장치의 역할을 하여 사회 질서유지와 사회 안정을 도모한다. 또한 결혼은 사회의 기본적인 단위인 가족의 형성 근원이 되고 또 개인에게는 삶의 새로운 계기를 마련해 주기 때문에 개인적으로나 사회적으로 중요한 의미를 지니고 있다.

결혼의 의미를 개인적인 면에서 보면, 개인은 결혼을 함에 따라 사회적 지위와 역할의 변화를 가져와서 새로운 사회적 지위와 역할을 취득하게 된다. 또한 결혼의 의미를 사회적인 측면에서 보면 결혼이라는 그 자체가 성행위 규제 등 여러 가지의 사회적 질서와 도덕의 기반을 제공해 주어서 사회발전에 기여하게 된다. 성생활에 대한 규제는 사회에 따라서 차이가 있다. 예를 들면 유교의 윤리가 사회의 주요 규범이 되는 나라에서는 성생활의 규제범위가 넓은 반면 서양의 국가들에 있어서는 그 규제범위가 상대적으로 좁다.

결혼은 여러 가지의 기능을 가지고 있지만 그 중에서도 가장 중요한 것은 결혼에 의해서 사회 구성원을 합법적으로 충원시켜 주고 또 결혼에 의해서 형성된 가족은 그 구성원을 사회화시켜 주는 것이다.

[우리나라 전통혼례의 모습]

2) 결혼의 형태

가족 성립의 근원이 되는 결혼은 시대와 장소에 따라 다양한 형태를 가지고 있다. 전통사회에서는 일부다처(一夫多妻) 제도나 일처다부(一妻多夫) 제도 등의 결혼형태가 허용되었으나, 현대사회에 들어와서는 이와는 달리 일부일처(一夫一妻)의 결혼형태가 결혼의 기본형태로 자리를 잡게 되었다. 이와 같이 결혼의 형태는 시대의 변천에 따라, 인간의 사고의 변천에 따라 그 형태가 변화되어 왔다.

전통사회의 일부다처제도나 일처다부제도의 결혼형태는 현대에 와서는 대부분이 일부일처제도로 보편화되어 있지만, 오늘날에도 특수지역에서는 일부다처제도가 지역의 문화로서 존속되어 오고 있다. 이렇게 오늘날에도 일부 지역에서 존재하고 있는 일부다처제도의 결혼형태는 그 지역의 전통적 특성이나 자연적 특성에 의해서 특별히 사회적으로 인정되어지는 문화적 현상이라고 볼 수 있다. 예를 들면 오늘날에도 일부다처제도가 인정되는 중동지역 국가나 아프리카의 마사이족들의 경우는 그들이 처해 있는 자연적 조건이 종족을 번식시키는 제한적 조건이 되고 있기 때문에 이 일부다처제도가 종족번식에 불리한 자연

조건을 극복하기 위해서 전승되고 있는 하나의 문화적 관습이다.

읽을거리

[1부 5처의 마사이족의 가족]

여름의 더위 속에서 동지나해를 거쳐 인도의 뭄바이(봄베이)에 들렸다. 인도의 제1의 도시인 이곳은 정말 다양하고 복잡한 도시였다. 우리의 60년대에 유사한 사회상에서부터 초현대식 건물들이 즐비한 현대적인 거리가 혼재해 있는 곳이었다. 인도를 탐방한 후 다시 인도양을 넘어 아프리카로 향했다. 아프리카의 목적지는 적도의 아래에서 사시사철 흰눈을 머리에 이고 있는 킬리만자로산이 자리잡고 있는 케냐였다.

케냐(Kenya)는 적도에서 조금 아래로 비껴 있지만 영국이 점찍어서 식민지로 만들었던 곳이기에 아프리카에서는 생활조건이 좋은 곳이었다. 여름이었지만 그곳의 날씨는 오히려 선선한 느낌까지 들 정도였다. 펼쳐진 푸른 초원에 가축들이 한가롭게 풀을 뜯고 있는 모습이 외형적으로는 평화롭기 그지없었다.

케냐의 수도 나이로비는 '아웃 오브 아프리카(out of Africa)'라는 영화의 배경이 있는 곳이기도 하다. 유럽에서 이주해온 어느 억척스러운 여인이 커피농장을 일구어 지역을 발전시켰던 흔적들이 지금도 여기저기에 남아 있었다.

케냐는 우리에게 TV의 인기 프로그램인 '동물의 세계'로 소개가 많이 된 곳이다. 그곳에는 마사이마라(Maasaimara), 암보셀리(Amboseli) 등 여러 개의 광대한 자연 국립공원이 있다. 사파리카(safari car)를 타고 마사이마라 국립공원에 들어가면 동물의 세계 속에서 그들과 동물들과 터전을 같이하면서 생활하고 있는 마사이족들의 거주지역들을 발견할 수 있다. 마사이족 하면 세계에서 가장 용맹스러운 부족으로 알려져 있다. 마사이족들은 척박한 자연환경에 적응하고 투쟁하면서 생존을 위해 그 들의 종족을 확산시켜야 하는 필요성 때문에 1부 5처의 혼인제도를 오늘날에도 보존하고 있다. 그곳의 풍습은 부인들이 각각 집을 소유하고 있기 때문에 남편은 부인들의 집을 순회하면서 생활을 한다. 이와 같이 현대에도 아프리카나 중동 등지에는 일부다처의 결혼제도가 문화로서 존재하고 있다.

3) 이혼과 재혼

결혼은 남녀가 사랑을 기반으로 결합하여 가족을 형성하는 사회제도이다. 그래서 결혼에 의해서 일단 가족이 형성된 후에도 그 기반을 이루고 있는 사랑이 지속되어야만 원만한 가정생활을 이루어 나갈 수가 있다. 결혼생활에서 사랑이 결여되면 결혼생활은 그 의미를 잃게 되어 파탄에 이르게 되고 결국은 부부가 헤어지게 되는데 이것을 이혼(離婚)이라고 한다.

이혼은 결혼시의 사랑을 기반으로 한 약속이 깨어져서 부부의 관계가 소멸되는 것이다. 결혼은 남녀가 만나서 법에 정한 절차를 거쳐 하나의 가정을 꾸미고 같이 살아가는 삶의 한 과정이다. 그러나 아무리 사랑을 약속하고 시작한 결혼이지만 살아가는 동안에 어떤 경우에는 결혼할 때의 약속이 지켜지지 못할 때도 있다. 이와 같이 결혼시의 약속이 지속되지 못하면 결혼관계는 이혼으로 이어지고 부부는 다시 남남으로 돌아서게 된다. 그러나 이 이혼은 결혼의 파탄 상태인 동시에 다른 한 편으로는 부부였던 남녀가 다시 결혼할 수 있는 계기가 되기도 한다.

인간의 삶에 있어서 결혼은 제 2 의 인생을 시작한다고 까지 하는 중요한 삶의 과정이기 때문에 결혼이 파기되는 이혼은 일반적으로 바람직스럽지 못한 것으로 여겨지고 있다. 또한 이혼은 남녀가 사랑을 기반으로 하여 이룩한 약속을 파기하는 것이기 때문에 인간사회의 근원적인 사회질서에 위배되는 사회현상으로 생각하고 있다. 그렇기 때문에 이혼은 사회에 따라서 차이는 있지만 일반적으로 바람직스럽지 못한 행위로 간주되어 왔으며, 경우에 따라서는 사회적 관습에 의해 이혼을 규제하기도 한다.

그러나 이혼에 대한 사회적 의미에는 두 가지의 측면이 있다. 하나는 남녀간의 사랑의 약속이 깨어져서 끝이 나는 사회현상이고, 또 하나의 측면은 남녀가 헤어졌기 때문에 각자에게 다시 만나서 결혼생활을 새롭게 시작할 수 있는 계기를 만들어 주는 것이다. 후자와 같이 이혼 후에 남녀가 다시 만나서 새로운 결혼생활을 하게 되는 것을 재혼(再婚)이라고 한다. 즉 재혼은 결혼시의 약속이 깨어져서 이혼이 된 경우에, 당사자들이 다른 남녀와 다시 결합하여 새로운 가정을 이루는 것이다. 재혼의 관점에서 본다면 이혼은 재혼이 이루어지는 하나의 과정이기도 하다.

유교윤리가 사회의 주된 규범을 이루고 있는 유교권의 전통사회에서는 이혼과 재혼에 대한 사회적 규제가 엄격하게 행해졌다. 그러나 현대에 와서는 특수한 관습이 지배하는 지역을 제외하고는 이혼과 재혼에 대한 사회적 규제가 대부분 철폐되었다. 그래서 현대사회의 결혼에 관련된 사회적 규범은 도덕적 범주를 벗어나지 않는 한 개인의 자율을 존중하는 방향으로 나가고 있다.

4) 결혼의 보편성과 다양성

결혼은 남남의 남녀가 결합하여 지금까지와는 다른 새로운 삶을 시작하는 인생의 새로운 단계이며 또 여러 가지의 특성을 소유하고 있다. 결혼의 속성을 크게 둘로 나누면 보편성과 다양성이다.

결혼의 보편성(普遍性)이란 사람은 누구나 특별한 사유가 없는 한 결혼을 하게 된다는 것이다. 그래서 인간사회에서의 결혼은 지극히 보편적인 현상으로 받아들여지는 것이다. 그러나 결혼은 보편성에 의해서 누구나 다 하게 되지만 그 형태에 있어서는 시대와 장소에 따라서 다양성을 띠고 있다.

결혼의 다양성(多樣性)을 들어보면 다음과 같다. 우선 결혼의 상대를 선택하는 범위에 따라서 내혼(內婚)과 외혼(外婚)으로 구분된다.

내혼은 결혼을 할 때에 같은 집단내에서 배우자를 선택하여 혼인이 이루어지는 것을 말한다. 내혼이 이루어지는 중요한 목적은 주로 전통사회에서 상층 신분에 속하는 사람들이 자신들이 소유하고 있는 권력과 부(富)의 분산을 방지하고, 또 자신들이 속하고 있는 집단의 단결을 확고히 하는데 그 목적이 있었다. 이러한 현상은 현대사회에서도 기득권을 소유한 상류층에서 가끔 일어나고 있다. 그러나 내혼이 일어나는 경우에도 친족간의 혼인 금지 범위는 관습에 따라서 엄격하게 규정되어져 있다. 특히 내혼이 이루어지는 사회에서도 근친간의 혼인은 인정되지 않는 것이 일반적인 예이다.

외혼은 결혼이 집단의 경계를 넘어서 이루어지는 것이다. 즉 결혼을 할 때에 배우자의 선택을 본인이 소속되어 있지 않는 다른 집단에서 하는 것을 말한다. 현대사회에서는 대부분이 이 외혼의 결혼 형태에 의해서 혼인이 이루어지고 있다. 그러나 전통사회에서도 외혼이 없었던 것은 아니다. 예를 들면 정략결혼 같은 것은 특정한 목적에 의해 이루어진 외혼이었다.

어느 사회든지 결혼을 할 때에 배우자를 선택하는 범위에는 제한이 있기 마련이다. 왜냐하면 결혼이란 혼인의 당사자인 개인에게 뿐만 아니라, 그 개인이 속해 있는 집단에게도 영향을 미치기 때문에, 결혼을 할 때에는 배우자 선택에 신중을 기하는 것은 당연한 일이다. 특히 사회적 계층, 신분, 지역, 종족 등은 배우자 선택의 중요한 기준이 되어 왔다. 이러한 기준들은 특히 전통사회에서는 내혼의 범위를 규정할 때에 중요한 요인을 제공해 주었다. 그리고 외혼이 일반화되어 있는 현대사회에서도 배우자의 선택시 이 기준들은 영향을 미치고 있다.

현대사회에서는 사회가 개방체제로 전환됨에 따라서 개인의 사회적 지위이동이 제한을 받지 않게 되었고, 또 빈번히 행해지고 있다. 또한 사회적 상황으로는 교통과 통신이 발달하여 외혼의 범위가 더욱 넓어졌다. 그러나 현대에도 상류층으로 자처하는 사람들, 특히 경제적으로 좋은 조건을 가지고 있는 사람들이 그들의 기득권을 고수하기 위해서 내혼을 선호하는 경향이 상대적으로 강하다.

5) 결혼과 거주형태

결혼은 남녀가 결합하여 같이 거주하는 계기가 된다. 그런데 결혼 후의 거주형태는 사회적 관습과 시대의 변천에 의한 의식의 변화에 따라서 상이하게 나타난다. 결혼 후의 주거형태 구분은 일반적으로 결혼 후에 두 사람이 어느 쪽의 집에서 거주하느냐에 따라서 구분된다.

결혼 후의 거주형태를 위의 기준에 의해서 구분해 보면 다음과 같다.

첫째는 부거제(父居制)이다. 부거제는 결혼을 한 후에 두 사람이 거처할 집을 남자 쪽으로 정하는 경우를 말한다. 이 형태는 일반적으로 유교적 전통이 지배하는 사회에서의 결혼 후의 거주형태이다.

둘째는 모거제(母居制)이다. 모거제는 두 사람이 결혼을 한 후에 여자 쪽의 집에 가서 사는 결혼 후의 주거형태이다. 이러한 주거형태는 전통적인 사회에서 모권(母權)이 중심이 되는 사회에서 찾아볼 수 있는 결혼 후의 주거형태이다.

셋째는 양거제(兩居制)이다. 현대에 들어오면서 결혼 후의 거주형태에도 변화를 가져오고 있다. 즉 새롭게 나타나고 있는 결혼 후 거주형태로는 부부가 양쪽 부모 집을 오가면서 교대로 거주하는 주거형태이다. 이 양거제 형태를 신거제(新居制)라고도 한다.

읽을거리

[1자녀가족과 신거제(新居制)경향]

산업사회에 들어오면서 가족의 형태는 핵가족 중심으로 변화되고, 자녀관은 소 자녀관으로 변화되었다. 우리나라의 경우도 이러한 경향으로 변화되고는 있지만, 그러나 유교의 전통이 사회규범의 기반을 이루고 있는 우리나라에서는 장자가 부모를 모시는 장자직계가족의 전통은 그대로 이어져 오고 있다. 그런데 문제가 되는 것은 1자녀 가족의 확산으로 장자의 개념이 사라지고 있다는 것이다. 그래서 자녀가 부모를 모시는데서 발생하는 사회적 문제가 종종 발생하고 있다. 그러나 우리나라의 장자직계가족의 전통은 아직도 사회규범화가 되어 있기 때문에 결혼기의 젊은 사람들도 특수한 경우가 아니면 장자를 우선으로 하되 그렇게 할 수 없는 경우에는 자녀 중에 한사람이 부모를 모시는 것을 기정사실로 받아들이고 있다.

그런데 결혼을 할 남녀가 모두 1자녀 가족인 경우 부모를 모시는 문제가 해결해야 할 문제로 대두된다. 그래서 나타난 것이 양거제 주거방법이다. 부모를 모시는 방법은 시대에 맞춰서 변화되고 있다. 오늘날의 아파트 주거문화는 양거제 주거방법을 시행하기에 매우 편리한 점을 가지고 있다. 양쪽의 부모를 가까이 모시면서 양쪽 집을 오가면서 부모를 모시는 것이다. 어느 경우에는 양쪽 부모집이 둘 다 여유가 있을 때에는 양쪽 집에 교대로 거주하면서 양쪽을 같이 돌보는 방법이다.

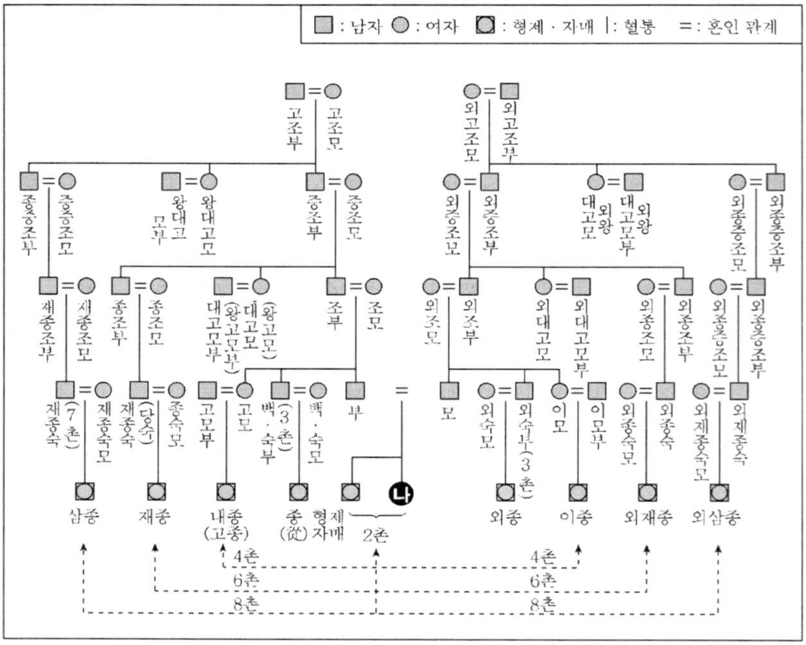

[친족관계 표]

6) 결혼과 친족

친족(親族)은 혈연관계와 인척(姻戚)관계 그리고 법적 관계인 입양에 의해서 이루어진 사회제도인 동시에 사회적 관계이다. 이 친족관계를 형성시키는 3 요인 중 입양관계를 제외한 혈연관계와 인척관계는 결혼에 의해서 형성되어지고 있다. 그래서 결혼은 새로운 친족관계를 형성시키는 주된 근원이 된다. 즉 결혼에 의해서 부모, 형제, 자녀의 가족 구성원이 형성되고, 또한 결혼으로 새로운 친족관계인 인척관계가 형성된다. 이 인척관계는 남편 쪽과 아내 쪽의 쌍방으로 구성되어 이루어지며 그 범위는 그 사회의 규정에 따라 정해진다. 그래서 인척관계의 범위는 시대와 사회에 따라서 차이가 있다.

3. 사회변동과 가족

가족은 사회의 기본 단위이기 때문에 사회의 변동에 의해 그 특성과 형태가 변하게 된다. 특히 산업화에 의한 도시화 현상은 가족의 형태와 그 특성에 큰 변화를 야기시켰다.

1) 도시화와 핵가족

사회의 산업화가 진척됨에 따라 사회의 구조가 변화되어 왔고, 또한 이에 따라서 인간의 생활양식도 변화가 일어났다. 특히 산업화는 도시를 중심으로 하여 산업을 발전시켜 왔기 때문에 인구의 도시집중 현상을 가져오게 되었다. 이렇게 산업화에 의해서 나타난 인구의 도시집중은 도시를 급속히 팽창시켜서 새로운 형태의 도시를 형성시켰고,

이렇게 형성된 도시의 주민들은 사회의 변화에 따라 새로운 가치관을 형성하게 되었다.

산업화(産業化)에 의해서 도시화(都市化)가 확산됨에 따라 사회의 전반에 걸쳐 여러 가지의 사회적 특징이 나타나게 되었다. 즉 사회현상이 분절적, 피상적으로 변화되고, 인간관계에는 개인주의적 성향이 강해지면서 비인간적인 요소가 스며들게 되었다. 또한 가족의 형태는 부부 중심의 핵가족(核家族)화 현상이 두드러지게 나타나면서 포괄성을 소유하고 있던 가족의 기능이 축소되었다. 가족의 기능축소는, 핵가족화 현상이 나타나면서 가족의 기능은 사회구성원의 충원, 구성원의 양육 보호 등의 본원적인 부분을 제외하고 그 외의 기능들은 외부의 전문기관으로 이관되었다. 즉 산업화에 의해서 진행된 핵가족화는 가족의 기능을 대폭적으로 축소시키는 결과를 가져왔다.

2) 공업화와 가족구조의 변화

산업사회는 공업화에 의해서 생산양식이 변화되었고, 이 생산양식의 변화는 사회의 구조를 변화시켰다. 이와 같이 산업화에 의해서 나타난 사회의 전반적인 변화는 인간의 생활양식을 크게 변화시켰다. 즉 공업화에 의해서 나타난 생산방식인 기계화는 인간의 생활양식을 전통적인 협업체제에서 전문화를 추구하는 분업체제로 바꾸었다. 이에 따라 인간의 사고방식도 전문화를 추구하는 개인위주의 사고방식으로 변화되었다.

공업화에 의해서 인간의 생활양식이 전반적으로 변화됨에 따라, 사회의 기본 단위인 가족의 구조도 변화된 사회상황에 적응이 용이하도록 변천되었다. 이렇게 공업화를 기반으로 하여 형성된 현대산업사회에는 사회구조가 변화됨에 따라서 새로운 사회적 특징들이 나타나게 되었다.

현대산업사회의 특징을 들어 보면 다음과 같다.

첫째, 업적에 의한 사회적 지위 결정이다. 즉 개인의 사회적 지위는 대개가 개인의 업적에 의해서 결정된다. 그러나 이때에 중요한 것은 개인의 업적이 객관성을 소유한 보편적인 기준에 의해서 평가되어야 한다는 것이다.

둘째, 업무의 성격이 개인보다는 기능으로 결정된다. 공업화 사회에서는 사회구성원의 사회적 업무가 기능적으로 연결되어지기 때문에, 업무의 성격이 구성원으로서의 개인과는 구분이 된다. 다시 말하면 산업사회에서는 업무와 관련된 사항은 그 기능적인 면을 중시하기 때문에, 개인의 직장에서의 지위는 개인적인 특성보다는 업무와 관련된 기능적인 능력에 의해서 결정된다. 즉 개인과 업무는 기능적으로 영역이 구분되어 있다는 것이다.

셋째, 지역적 이동과 사회이동의 증가이다. 공업화된 산업사회에서는 산업의 개방성이 전제가 되면서 지역적 이동이 증가되고, 또 업적에 의해서 사회적 지위가 정해지면서 개인의 사회이동이 증가되었다.

이와 같이 여러 가지의 특성을 가진 산업사회에서는 그 특성에 따라 가족의 형태는 변화를 가져왔다. 협업을 강조하던 전통사회의 가족형태는 많은 구성원으로 형성되는 확대가족이 주를 이루었으나, 기능을 강조하면서 분업을 중시하는 산업사회에서는 사회의 특성상 부부중심의 핵가족이 중심을 이루게 되었다.

공업화에 의해서 자리를 잡게 된 핵가족은 그 기반이 부부의 양쪽의 감정을 기초로 해서 형성되어지기 때문에, 생활에 있어서 자유로운 생활양식을 채택하게 되고, 또한 부부의 역할분담도 분명해졌다. 그래서 산업사회에서는 가정생활을 할 때에 부부의 역할분담을 인식치 못하고 전통적인 불평등을 고수하게 되면, 성불평등이라는 사회문제를 발생시키게 된다. 아직까지 우리사회에서는 성불평등 문제는 상대적으로 많은 부분이 여성들의 피해와 연결되고 있기 때문에 사회적으로 여성문제 쪽에 더 큰 비중을 두고 있다.

산업사회의 주요 가족형태인 핵가족은 부부가 중심이 되어 평등사상을 기반으로 하여 이루어지기 때문에, 혈통의 전승을 중요시하는 전통사회의 가계전승(家系傳承) 사상이 산업사회에서는 약화되고 있다.

3) 한국의 가족

(1) 한국의 가족 기반

한국의 가족들은 그 기반이 전통적 가족규범인 효(孝)를 기본으로 하고 있다. 이것은 우리의 가족들은 유교(儒教)의 윤리규범에 그 기반을 두고 있다는 뜻이다. 이러한 기초에 의해서 형성된 우리의 가족들은 혈연집단을 중심으로 하는 다세대 가족의 형태를 이상적인 가족의 모습으로 규정해 왔다. 즉 여러 세대가 하나의 가족을 구성하여 한 집에 살면서 협동하는 혈연집단으로서의 가족형태인 확대가족, 대가족, 다세대가족 등이 여기에 해당된다. 이러한 혈연집단으로 형성된 가족은 가족간의 우애를 중요시하기 때문에, 가족구성원간의 우애가 강하고 또한 협동심도 강하다.

효(孝)사상은 우리의 전통적인 가족규범이다. 이 효사상의 내용에는 자녀들이 부모를 모시면서 의식주를 해결해 드리고, 또 부모의 뜻을 받들어 순종하면서 부모를 기쁘게 해드리는 내용이 포함되어 있다. 또한 이 효사상은 아버지의 가부장적 권위에 정당성을 부여하는 근원이 되어 왔다.

또한 효사상의 근원인 유교규범에는 남녀간의 지위와 역할을 엄격하게 구분하고 있기 때문에, 유교사상이 가족규범을 이루고 있는 나라에서는 남아선호 사상이 강하게 나타나고 있어서 성비(性比)[2]의 불균형 원인이 되고 있다.

2) 성비 : 여자 100명당 남자수의 비율,

성비 계산 : $\frac{\text{같은 연령의 남자 수}}{\text{같은 연령의 여자 수}} \times 100$

(2) 유교 전통의 가족규범 특징

우리의 전통적인 가족규범의 기반은 효사상이다. 이 효사상은 심오한 동양사상의 중요부분을 차지하고 있기 때문에 많은 특성을 소유하고 있다.

유교적 전통의 가족규범의 특징을 들어보면 다음과 같다.

첫째, 동족간의 내혼금지이다. 동족간의 내혼금지 범위는 시대와 장소에 따라서 차이가 있다. 우리나라의 경우는 그 범위를 동성동본간의 혼인금지로 규정해 왔었다. 그러나 이 규정은 시대의 흐름에 따라 변화되어 이제는 동성동본간이라도 특별한 제한 규정이 없으면 결혼이 허용되고 있다.

가족규범에서 동족간의 내혼을 금지하는 이유는 친족촌락의 성생활의 문란을 방지하고, 부계혈통의 순수성을 보장하며, 또 여성들의 혼전, 혼외 성행위를 금지하려는 데 있었다.

둘째, 여성의 이혼과 재혼을 금지했다. 이 규범은 여성들이 일단 결혼을 하게 되면 그 결혼을 유지시키는 역할을 했다. 그러나 이 규범은 여성들의 결혼생활에 큰 제약조건이 되었다. 즉 여성은 일단 결혼을 하면 그 체계를 벗어날 수 없도록 심리적인 압박을 가하는 요인이 되었다. 또한 동일한 사회에서 남성에게는 이혼이나 재혼이 허용되면서 여성에게만 이것이 금지된 것은 유교전통의 특징인 남성우위사상이 강조된 것이다.

셋째, 부계제(父系制)와 부거제(父居制)를 규범화했다. 우리나라의 전통적인 가족제도에서는 가부장제도에 의해서 가족내의 권력이 남성쪽에 집중되도록 되어 있다. 전통적인 우리의 가족제도를 보면 가부장제를 뒷받침해 주기 위해서 부계제와 부거제를 규범화하여 가계계승의 방향을 아버지 쪽으로 고정시켰고, 또 결혼 후의 거주도 아버지의 집에서 거주하는 것을 원칙으로 하였다.

(3) 우리나라 전통가족의 특징

우리나라는 유교의 규범이 사회규범의 바탕을 이루어 왔다. 그래서 우리의 전통가족의 규범적 기반도 이 유교의 규범에 의해서 형성되었다.

우리나라의 전통가족의 특징을 들어 보면 다음과 같다.

첫째, 혈연을 중시했다. 우리나라의 전통가족에서는 혈연을 중요시하기 때문에, 가계를 이을 양자를 입양할 때에도 가장 가까운 혈연을 선택하여 입양시켰다.

둘째, 강한 친족의식과 효사상 그리고 조상숭배의식이다. 우리의 전통가족에서는 혈연을 중시했기 때문에 친족의식이 강했고, 또 유교의 전통에 의해서 효사상과 조상숭배의식이 특별히 강했다.

(4) 우리의 전통가족의 형태

우리의 전통사회는 농경사회였기 때문에 가족의 형태도 직계가족의 원칙에 의한 확대가족의 형태가 일반적이었다. 그리고 결혼은 보편원칙에 따라 일부일처제를 원칙으로 하였으며, 이에 따라 직계에 의해서 가계가 계승되었다. 그러나 경우에 따라서는 일부다처제가 용인되기도 했지만, 본처와의 사이에서 태어난 자녀가 아닌 경우에는 여러 가지 사회적 차등이 주어졌다.

우리의 전통사회에서는 가족주의(家族主義, familism) 원칙이 강하게 작용하였다. 특히 우리의 전통가족은 가족주의 원칙에 의해서 가족이 운영되었다. 예를 들면 가족에 관계되는 일들은 대개가 개인에 앞서 가족의 판단이나 행동이 일의 해결기준이 되었다. 구체적인 예로서는 부모의 원수는 대대로 원수로 생각해 온 것이라든지, 가족의 일원이 혼인을 할 때에는 개인자신의 의견보다 가족전체의 의견에 따르는 것 등이다.

(5) 가족의 형태 및 기능의 변화

우리의 가족제도는 시대가 변천함에 따라서 그 형태와 기능이 변천되어 왔다. 즉 우리의 사회에 산업화가 진행됨에 따라서 핵가족의 이념이 확대되어 가족의 형태가 전통사회의 확대가족에서 현대사회에 적합한 핵가족의 형태로 변해왔다. 그리하여 오늘날에는 핵가족을 이상적인 가족형태로 생각하게 되었다.

핵가족이 증가됨에 따라, 부부 사이의 사랑의 관계가 가족생활에 주는 영향이 증대되었고, 또 가족의 구성원들은 친족조직의 속박에서 벗어나 직업을 자유롭게 선택하게 되어 생활도 독립적으로 운영하게 되었다. 그러나 아직까지는 우리 사회에 가족에 관한 전통적인 의식이 남아있어서 결혼 후에도 부모와의 관계가 완전 독립이 되지 않고 있다. 특히 경제적인 부분의 관계는 계속 유지하는 경우가 많다.

가족 형태가 핵가족화되면서 가부장권의 축소현상이 나타나고, 이로 인해 부자관계에 있어서도 호혜평등화 경향이 증가되었다. 또한 현대사회에 들어오면서 젊은 사람들의 수입이 증가되고, 특히 여성들이 노동에 참여함으로써 여성의 경제력이 증대되어 젊은 층과 여성들의 사회적 지위가 상승되었다.

그러나 가족의 형태가 핵가족화되면서 여러 가지의 사회문제가 나타났다. 그 중에서도 핵가족화에 의해서 나타난 대표적인 사회문제는 노인문제이다. 노인문제는 우리의 전통적인 유교윤리를 부정하는 면에서 나타난 사회문제이기 때문에, 유교적 전통을 중시하는 우리의 사회에서는 사회질서를 혼란시키는 요인 중에 하나가 되고 있다.

요점정리

1. 가족

가족 ; 한집에서 살고 있는 친족 공동체 - 가구 형성
　　　인간 사회의 기본적 제도이며 기본적 집단
가족의 종류 ; 핵가족(nuclea family) - 일반적으로 소가족
　　　확대가족(extended family) - 일반적으로 대가족 ; 직계가족
　　　　　　　　　　　　　　　　　　　　　　　방계가족
　　　복합가족(complex family, 복혼가족) ; 일부다처 가족
　　　　　　　　　　　　　　　　　　　일처다부 가족
　　　　　　　　　　　　　　　　　　　집단혼 가족
가족의 주요 역할 ; 사회 구성원의 합법적인 충원
　　　가족구성원의 안식처
　　　가족구성원의 사회화

2. 결혼과 가족

결혼 ; 남녀가 합법적으로 결합하여 가정을 이루는 사회적 제도
결혼의 속성 ; 보편성 - 결혼행위의 일반성
　　　다양성 - 결혼형태의 다양성
　　　　　배우자 선택 범위 - 내혼, 외혼
　　　　　배우자 수 - 일부일처(단혼), 일부다처(복혼)
결혼의 기능 ; 개인의 사회적 지위와 역할이 바뀜 - 새로운 사회적 지위와 역할부여
　　　사회 구성원의 합법적 충원 장치 마련
　　　사회질서 유지 기능
결혼과 거주 ; 부거제
　　　모거제
　　　양거제(신거제)
결혼과 친족
　　결혼 ; 새로운 친족 관계 형성 - 아버지, 어머니, 자녀
　　　　인척관계의 성립 - 남편쪽, 아내쪽

3. 사회변동과 가족

사회변동 ; 가족의 형태 및 기능을 변화시킴

도시화와 가족의 변화

도시화 - 생활양식의 변화

가족의 형태 변화 ; 핵가족화 - 가족의 기능 축소

사회구성원의 의식 변화 - 의식의 전문화 경향

우리의 전통가족 ; 농경사회의 확대가족

가족윤리의 근본 ; 유교 윤리 - 효(孝)

가족의 특징 ; 남녀간의 지위 역할 구분

동족 내혼 금지

여성의 이혼 재혼 금지

가족주의(familism) 강조

전통가족의 이상적인 형태 ; 확대가족, 대가족, 다세대 가족

전통가족의 이상적인 제도 ; 가부장제, 부계제, 부거제

수험대비 평가문제

1. 산업사회에 들어오면서 가족의 형태가 바뀌기 시작했다. 즉 산업화에 의해서 직장의 이동이 용이해지고 업무의 분화가 일어남에 따라서 이러한 사회변화에 적응하기 용이한 가족의 형태로 바뀌어 갔다.
   (1) 가족 형태의 변화를 세대구성과 관련지어서 설명하시오.
   (2) 변화된 가족형태가 현대사회에 미친 역기능을 기술하시오.

2. 차를 몰고 가다 보면 교통규칙 위반 점검을 알리는 표시로 불을 깜박이면서 지나가는 차량을 보게 된다. 조심하라는 신호이다. 이러한 현상의 근원에는 우리의 전통가족 윤리의 영향도 한 몫을 차지하고 있다.
   (1) 이러한 사상의 근원은 어디에서 온 것인가?
   (2) 이러한 사상이 우리사회에 미치는 영향에 대해서 기술하시오.

3. 가족은 인간사회의 가장 기본이 되는 단위이다. 우리나라의 제도에 입각해서 다음 물음에 답하시오.
   (1) 가족이 형성되는 세 가지의 요인에 대해서 쓰시오.
   (2) 가족의 역할을 들어보시오.

4. 다음 중 가족의 설명에 맞지 않는 것은?
   ① 합법적인 사회구성원의 충원
   ② 1차적인 사회화 기관
   ③ 도시화에 따라 핵가족화 현상 증가
   ④ 현대사회로 올수록 기능의 다양화*

5. 우리의 전통가족 설명에 맞지 않는 것은 ?
   ① 농경사회의 전형적인 확대가족 형태였다.
   ② 남녀의 역할이 구분되어있지 않았다.*
   ③ 가족주의사상이 강했다.
   ④ 이상적 가족제도는 부거제였다.

6. 세대의 상속권 소재에 따라 분류된 가족의 형태는?
   ① 부계가족, 모계가족, 양계가족*
   ② 부권가족, 모권가족, 평등가족
   ③ 핵가족, 직계가족, 확대가족
   ④ 부부중심 가족, 친족중심 가족, 혈연중심 가족

7. 결혼의 보편성과 다양성을 설명하시오.

8. 결혼의 기능을 약술하시오.

9. 우리의 전통가족의 특징을 들어보시오.

10. 친족관계에서 인척(姻戚)을 설명하시오.

11. 도시화와 가족의 변화관계를 설명하시오.

12. 우리의 전통가족의 특성을 설명하시오.

13. 우리의 전통가족의 근본 윤리에 관해서 쓰시오.

제 7 장 인구와 자원

1. 인구의 개념
2. 인구의 변천
3. 인구와 자원문제

인구는 사회의 구성요소로서 사회형성의 필수 요건이 된다. 그래서 사회를 연구하기 위해서는 항상 인구에 관한 연구가 중요한 부분을 차지한다. 인구는 다양한 사람들의 집합이기 때문에 다양한 속성을 가지고 있다. 그리고 인구를 연구할 때에는 연구 주체인 인간 자신이 연구 대상이 되기 때문에 주관성에 치우칠 가능성도 있다.

인구의 연구는 항상 자원과 관련지어서 행해진다. 왜냐하면 인구와 자원은 서로를 분리할 수 없는 밀접한 관계를 가지고 있기 때문이다. 즉 인구는 자원 없이는 존속이 불가능하며, 또한 자원은 인구가 사용하지 않으면 그 가치를 발휘할 수가 없기 때문이다.

인간사회에서 나타나고 있는 많은 사회문제들이 이 인구에 관련되어서 일어나고 있다. 특히 현대사회의 많은 사회문제들은 이 인구에 관련된 문제들이 근원을 이루고 있다. 다시 말하면 현대사회의 대부분의 사회문제들은 인구의 집중과 증가속도에 관련되어 일어나고 있는 것이다.

인구문제는 시대의 변천에 관계없이 사회문제의 근원이 되어 왔기 때문에 인구문제에 대한 연구와 인구문제를 해결하려는 인구정책은 옛날이나 지금이나 국가정책의 중요한 부분을 차지하고 있다.

인구에 관련되어 나타나는 문제는 대부분의 사회문제의 근원이 된다. 즉 사회문제가 발생했을 때에 그 발생원인의 근원을 추적해 보면 대부분이 인구문제와 관련된다. 그래서 인구문제의 해결은 바로 사회문제의 근원을 해결하는 것이 된다.

이 장에서는 인구의 개념 파악과 아울러 사회문제의 근원이 되는 인구문제를 자원과 관련해서 연구해 보고 아울러 해결방안을 모색해 보기로 하겠다.

1. 인구의 개념

인구는 사회의 구성 요소로서, 사회구조와 인간생활에 밀접한 관련성을 가지고 있다. 특히 인구는 인간이 사회생활을 할 때에 생활의 질

(質)을 좌우하는 중요한 요인이 된다.

인구의 변동은 사회구조와 사회생활의 변화에 영향을 주기 때문에 인구의 변동은 곧 문화를 변동시키는 요인이 된다. 이와 같이 한 사회의 인구는 그 사회의 변동과 발전에 밀접한 관련성을 가지고 있다.

1) 인구의 뜻

인구(人口, population)는 일정한 지역에 사는 어느 한 시점의 사람의 총수를 말한다. 이와 같이 인구의 의미에는 일정한 지역이라는 지역성과 일정한 시점이라는 시간성이 내포되어 있다. 그래서 이 지역성과 시간성이 인구의 필수적인 속성을 이루고 있다.

2) 인구의 특성

인구는 다양한 개성을 소유한 사람들의 집합이기 때문에 개개인의 특성과 생활기반 그리고 생활양태에 따라서 특성을 소유하게 된다. 그래서 인구의 특성을 살펴보기 위해서는 범위를 구분해서 각 부분별로 그 특성을 찾아보게 된다.

첫째, 인구학적인 측면의 특성이다. 이 특성에는 나이에 따라서 나타나는 특성, 성별에 따라서 나타나는 특성 그리고 혼인상태에 따라서 나타나는 특성들이 있다. 즉 나이에 따라 나타나는 특성의 예로는 부양능력의 유무가 있고, 또 성별에 따른 특성의 예로는 역할의 구분이 있다. 그리고 혼인상태에 따른 특성으로서는 미혼과 기혼으로 구분된 사회적 지위와 권리 의무 등이 있다.

둘째, 사회 경제적인 측면에서 본 특성이다. 이 특성에는 교육정도에 따라서 나타나는 특성, 직업에 따라서 나타나는 특성, 종교에 따라서 나타나는 특성 그리고 거주지의 배경에 따라서 나타나는 특성들이 있다. 교육정도에 따라 나타나는 인구특성의 예로는 학력의 차이가 있고, 직업에 따라 나타나는 인구특성의 예에는 직업의 종류에 따라서 직업종사자들의 의식의 구별이 있다. 그리고 종교에 의해서 나타나는 인구특성의 예로는 종교별로 신자들의 종교적 의식의 차이가 있고, 또 거주지 배경에 따라 나타나는 인구특성의 예로는 거주지에 따른 주민의 의식과 생활정도의 차이를 들 수 있다.

인구는 이러한 특성에 따라서 인구의 성별구성이 이루어지고, 또 인구의 연령이나 직업별 구조가 형성된다. 또한 인구의 특성은 인간의 거주 조건에 영향을 주어 인구의 분포를 규정짓는다.

3) 인구의 성장

(1) 인구성장의 의미

인구에 관한 최대 관심은 인구의 수이다. 인구의 성장은 바로 이 인구의 수의 변동을 말하는 것이다. 인구의 변동은 인구의 증가와 감소를 둘 다 포함하고 있다. 그러나 인구의 변동은 일반적으로 인구의 증가에 초점을 맞추고 있기 때문에, 인구의 성장은 보통 인구의 증가를 의미하게 된다.

(2) 인구성장의 3 요인

인구가 성장하는 3 요인으로는 출생(出生), 사망(死亡), 인구이동(人口移動)이 있다. 이 3 요소 중 인구의 이동에는 인구가 전입해서 들어오는 이입(移入, in-migration))과 전출해서 나가는 이출(移出, out-migration)이 있다.

인구의 수를 알아보기 위해서는 일정한 시점의 인구수를 계산해야 한다. 일정한 시점의 인구의 수는 기준시점의 인구에 비교기간의 출생과 사망의 차이를 합하고, 또 거기에다 비교기간 동안의 전입과 전출의 차이를 합한 것이 된다.

[일정 시점의 인구수 계산 방법]

$$P_2 = P_1 + B_{1-2}(\text{출생}) - D_{1-2}(\text{사망}) + NM_{1-2}(\text{순수이동})$$

$$= P_1 + B_{1-2} - D_{1-2} + (IM_{1-2}(\text{전입}) - OM_{1-2}(\text{전출}))$$

P_2 ; 일정 시점의 인구 수 P_1 ; 기준 시점의 인구 수

4) 인구의 구성

인구는 일정시점의 일정 지역에 거주하는 사람들의 총 수로서, 인구를 구성하는 각 개인들은 일정한 특성에 의해서 집단으로 구분된다. 즉 인구의 구성은 성(性)별 구성, 연령별 구성 그리고 계층별 구성으로 이루어지는데, 그 중에서도 특히 인구구성의 기본적인 요소는 성별과 나이이다.

(1) 성별 인구구성

인구의 성별 구성은 남녀간의 성비(性比)에 의해 구성형태가 결정된다. 성비는 여자 100명당 이에 해당되는 남자의 수로 표시되는 수치이다. 성비는 원래 성적 균형을 위해 자연적으로 조절되고 있으나, 경우에 따라서는 사회적인 관습이나 성적인 역할 분담에 의해서 인위적으로 조절되기도 한다. 예를 들면 유교적 관습이 사회를 지배하는 동양사회에서는 남아선호(男兒選好) 사상에 의해서 성비가 상승하는 것이 일반적인 예이며, 또 사회적 활동이 남성위주로 되어 있는 사회에서는 남성의 수명이 상대적으로 단축되어 이것이 성비를 저하시키기도 한다.

성비를 계산하는 방식으로는 주어진 연령층의 남자 수를 분자로 하고 같은 연령층의 여자 수를 분모로 하여 백분율로 계산한다. 성비를 계산할 때에는 특정연령층에 대해서 계산해낼 수도 있고, 또 총인구에 대해서도 계산해낼 수가 있다. 성비는 일반적으로 일정한 유형을 나타내고 있다. 즉 출생 시에는 성비가 100을 넘는데 이것이 결혼 적령기

가 될 때쯤에는 100에 가까워진다. 그러다가 노년에 접어들면 100 이하로 떨어지는 것이 일반적인 예이다. 이러한 현상은 인간사회의 성적인 균형을 유지하기 위한 자연적인 조화 현상으로 볼 수 있다. 즉 인간이 태어날 때에는 남자아이 수가 여자아이 수보다 약간 많이 태어나는데 이것이 남아의 생존력이 여아에 비해 떨어지기 때문이라고 한다. 그래서 자라나면서 남자와 여자의 수가 접근하게 되어 결혼기에는 대체로 균형을 이루게 된다는 것이다. 그러다가 장년기에 접어들면 남성의 활동이 여성의 활동에 비해 일반적으로 힘이 많이 들고 위험도가 높아서 남성의 생존력이 떨어지게 되어 성비가 다시 100 이하로 떨어지게 된다. 그러나 이러한 현상은 전쟁이나 기근 또는 전염병 등의 이유로 이러한 일반적인 현상이 깨어질 수도 있다. 특히 현대에 와서는 한 자녀 갖기나 남아선호사상 등 자녀관의 변화와 의학의 획기적인 발달에 의해서 이러한 현상이 사라지고 있기는 하지만 노년기 여성수가 남성 수보다 많은 것은 오늘날에도 이어지고 있다. 성비 계산방식을 수식으로 표시하면 다음과 같다.

$$\frac{\text{주어진 연령층의 남자 수}}{\text{같은 연령층의 여자 수}} \times 100$$

읽을거리

[남녀의 생명력과 성비의 균형]

인간의 근원에 대해서는 생물학의 진화론과 신학의 창조론이 각각의 이론에 의해서 인간의 근원을 설명하고 있다. 아무튼 우리 인간은 오묘한 조화의 이치에 의해서 조화롭게 형성된 존재임에는 틀림이 없다. 인간사회의 조화 중에서도 핵심 부분이 되는 것은 구성원인 인간의 남녀의 균형 유지이다. 만약에 인간사회에서 남녀의 균형이 유지되지 않는다고 예상해 보면 그 결과는 바로 인간사회의 파멸로 연결될 것이다.

남녀의 자연스러운 조화과정을 보면 인간이 출산 시에는 일반적으로 남아가 여아보다 많이 태어난다. 이것은 자연상태에서는 여아가 남아보다 생명력이 강하기 때문에 성장과정에서 자연적으로 숫자적인 균형상태로 접근하여, 결혼적령기에 이르면 자연스럽게 남녀의 숫자적 균형이 맞게 된다. 그러나 노년에 가까워질수록 성비가 떨어져서 남녀의 숫자상 불균형 현상이 나타나는데 이것은 여성의 강한 생명력에도 관계가 있겠지만, 장년시에는 인간의 생리적 조건에 의해 남성이 여성보다 힘든 활동을 더 많이 하는 데에서도 그 이유가 있는 것이다. 그러나 이 장년시의 성비의 불균형은 전쟁이나 전염병의 발생 등 사회적인 특수 상황이 발생하면 이러한 일반적인 유형이 깨어진다. 특히 현대와 같이 의학이 발달된 시대에는 성비균형의 자연적인 역할이 약해지고 있다.

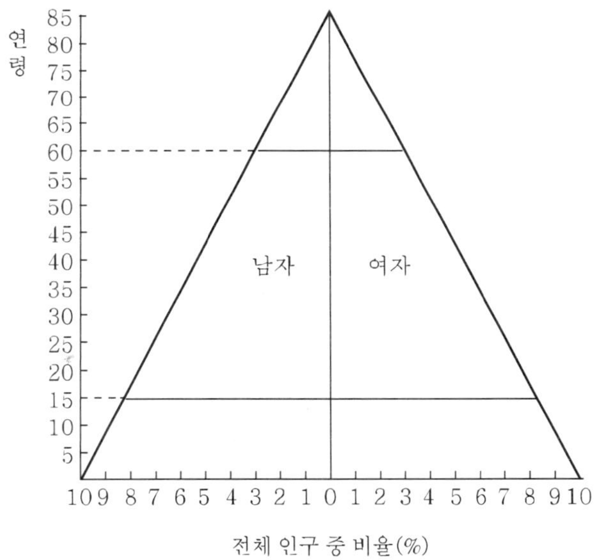

[인구피라미드[1] 구성의 모형]

(2) 연령별 인구구성

인구의 연령별 구성형태를 그림으로 나타낼 때에는 피라미드형으로 나타난다. 그래서 인구의 연령별 구성을 피라미드형 구성이라고도 한다. 피라미드형 인구구성은 주어진 시점에서 인구의 연령과 성 구성을 도표화해서 만들어진 인구 구성도로서, 피라미드 모형의 왼쪽은 남자의 연령별 구성비, 오른 쪽은 여자의 연령별 구성비로 되어 있다. 인

1) 인구피라미드 : 인구의 성별 구성, 연령별 구성, 시대적 인구과정 함축.

구피라미드는 인구의 연령구성과 성 구성 그리고 인구의 시대적인 변동양상을 동시에 나타내는 것으로, 인구의 특성을 개괄적으로 살피는 데에 가장 유용하게 사용된다. 즉 이 인구 피라미드에 의해서 인구의 변동양상인 출생, 사망, 인구이동의 역사적 과정을 추론할 수 있다.

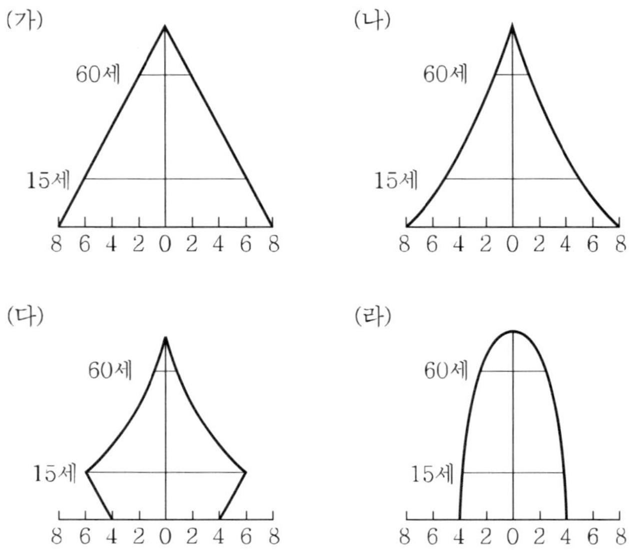

(가) 고출생률 · 고사망률 형태
(나) 고출생률 · 저하하는 사망률 형태
(다) 저사망률 · 저하하는 출산율 형태
(라) 저출산율 · 저사망률 형태

[인구피라미드의 여러 가지 형태[2)]]

위의 인구 피라미드의 여러 가지 형태에서 보면, 전통사회의 전형적 모형의 인구구성에서는 고출산과 고사망에 의해서 자연적인 인구균형이 유지되었고, 공업사회의 전형적인 모형에서는 저출산과 저 사망에 의해서 종(鐘)모양의 형태가 만들어져서 고령인구가 증가하는 현상이 나타난다.

---

2) 김채윤, 『사회학개론』, 서울대학교 출판부, 1995, p. 180 참조.
김경동, 『현대의 사회학』 박영사, 1995, p. 104 참조.

인구 피라미드의 형태는 그 사회의 문화 수준에 따라서도 차이가 생긴다. 예를 들면 문화수준이 낮은 사회에서는 대개가 노동력을 많이 필요로 하는 산업이 주를 이루기 때문에, 출생률이 높아져서 인구 피라미드의 모양이 아래 부분, 즉 출산부분의 비율이 비대해져서 인구과다 현상이 나타나기 쉽다. 이에 비해서 문화수준이 높은 사회의 경우에는 문화수준이 높은 사회일수록 출생률과 사망률이 낮아지기 때문에 인구 피라미드의 모양이 위로 볼록해지게 된다.

(3) 계층별 인구구성

계층별 인구구성은 인구의 기능을 분류하여 살펴본 것이다. 인구구성을 기능적인 측면에서 살펴보면 다음과 같다. 한 사회의 인구의 연령과 성별구성은 그 사회의 경제적 현상과 밀접한 관계가 있다. 특히 인구의 연령별 구성은 그 사회의 고용기회, 가족수당, 부양 인구비(扶養人口比)를 결정하는 요인이 된다. 이와 같은 인구의 기능별 구성을 인구의 기능적 구성이라고 한다. 기능적 인구구성에서는 부양인구의 구성이 사회의 경제현상에 큰 영향을 미친다.

부양인구는 인구학적 의미에서, 단순한 연령개념에 의해 노동참여가 가능한 인구의 층을 지칭하는 것이다. 그러므로 이렇게 분류한 부양인구는 다만 연령적 개념에 의해서 노동에 참여할 능력이 있는지를 가름한 것이지, 실제로 노동에 참여하고 있는지의 여부와는 무관하다.

부양인구의 구성에는 부양을 받는 연령층의 피부양 인구와 부양을 하는 연령층의 인구로 구분된다. 부양을 받는 연령층의 인구는 노동능력이 없는 것으로 인정되는 0세에서 14세까지의 인구로 이루어지는 소년층의 인구와 65세 이상의 인구로 이루어지는 노년층의 인구를 말한다. 그리고 부양을 하는 인구는 15세에서 64세까지의 인구로서 노동능력을 가지고 있는 것으로 인식되는 연령층의 인구를 말한다. 부양인구 구성에서 부양하는 인구를 노동력 인구라고 한다.

• 부양 인구비

부양 인구비는 부양받는 인구의 부양하는 인구에 대한 비를 말한다. 부양 인구비에는 소년인구부양비와 노년인구부양비가 있다. 소년인구부양비는 소년층 인구의 노동력인구에 대한 비를 말하고, 노년인구부양비는 노년층인구의 노동력인구에 대한 비를 말한다. 인구부양비는 경제적 의미와 아울러 그 비율이 바로 소년문제와 노인문제의 척도가 된다.

$$\text{부양 인구비} = \frac{\text{피부양 인구(소년인구 + 노년인구)}}{\text{부양인구(노동력인구)}} \times 100$$

$$\text{소년인구 부양비} = \frac{\text{소년인구}}{\text{부양인구}} \times 100$$

$$\text{노년인구 부양비} = \frac{\text{노년인구}}{\text{부양인구}} \times 100$$

• 모아비(母兒比)

인구의 기능적 구성에서는 0세에서 4세까지의 영유아 인구의 15세에서 44세까지의 가임(可姙) 여성인구에 대한 비를 모아비(母兒比)라고 하는데, 이 모아비에 의해서 인구의 성장능력을 파악할 수 있다.

$$\text{모아비(母兒比)} = \frac{\text{0세} - \text{4세}}{\text{15세} - \text{44세 여성}} \times 100$$

4) 인구과정

인구과정은 인구가 변동되는 연속적인 상황을 말한다. 그런데 인구의 변동은 바로 인구의 성장과 관계되며, 이 인구변동에 영향을 주는 중요한 사항들은 출생과 사망 그리고 인구이동이다. 인구의 변동상황을 나타내는 인구과정은 사회 경제적 요인에 따라서 영향을 받는다.

(1) 출생과 사망

출생은 인구과정의 첫 번째 단계로서 사회의 구성원을 생성하고 충원하는 단계이다. 그래서 출생은 하나의 생물학적인 현상으로서 사회의 존속 유지를 위한 필수적인 요건이 된다. 그리고 이 출생은 가족의 기본적 기능 중의 하나이다. 즉 합법적인 출생은 가족에 의해서만이 이루어지는 것이다.

[인간의 세대변천]

인구과정에서 출생과 양 축을 이루는 단계가 사망이다. 사망은 생물학적인 측면에서 보면 생명체인 인간의 신체의 기관들이 활동을 끝내는 필연적인 현상을 뜻하며, 사회학적인 측면에서 보면 인간이 생을 마감함으로써 사회성원이 감소되는 것이다. 인간은 본능적으로 오래 살기를 원하기 때문에 사망은 누구나 달갑지 않은 일로 받아들이고 있다. 그러나 인간에게 있어서 사망은 자발적인 의지가 아닌 하나의 숙명적인 인생의 한 과정이기 때문에 거부하지 않고 수용을 한다.

인구과정에서 출생과 사망은 서로가 상반되는 현상으로서 각각이 특성을 지니고 있다. 즉 출생은 의지에 따라 조절이 가능하며, 또 여성의 일정한 연령층에 있어서만 가능한 일이다. 그러나 사망은 출생과는 달리 연령과 성별을 따지지 않고 발생하며, 원천적으로 인간의 의지로는 조절할 수가 없는 것이다. 그렇지만 인간은 사망 그 자체는 운명적으로 수용하지만, 장수의 본능에 의해서 가능한 한 사망을 비껴

가려고 노력하고 있다.

인구과정의 또 하나의 요인인 인구이동은 인구가 지역적으로 옮겨가는 것이다. 인구이동에는 국가 안에서 이동하는 국내이동과 국가간에 이동하는 국제이동이 있다. 인구과정의 중요 사항들인 이 출생과 사망 그리고 인구이동은 여러 가지의 외부 요인들에 의해서 영향을 받는다.

① 출생과 사망의 주요 요인

한 사회의 출산율과 사망률은 자연적 요인과 아울러 사회경제적 요인에 영향을 받는다. 인구과정의 주요 단계인 출생과 사망에 영향을 주는 주요 요인으로는 다음과 같다.

가) 자연적 요인

출생과 사망에 영향을 줄 수 있는 자연적 요인에는 기후와 풍토 등을 들 수 있다. 예를 들면 중동지역이나 중부 아프리카 지역의 사막기후에서는 출산력이 떨어지고 사망률이 높기 때문에 종족보존의 본능에 의해서 일부다처(一夫多妻)의 혼인 풍습이 있고, 또 척박한 산간지역의 환경이나 추운 기후도 출산율을 떨어뜨리고, 사망률을 높이는 데 영향을 준다. 그래서 산간지역이나 극(極)지방에서도 복혼의 풍습이 있었다.

읽을거리

[에스키모인의 귀빈 대접 풍습]

인간의 종족보존 본능은 어느 환경에서나 존속된다. 그리고 환경이 어려울수록 그 어려운 환경을 극복하기 위해서 구성원의 유지 및 충원이 필요하게 된다. 북극지방의 매서운 추위 속에서 살고 있는 에스키모인들은 강인한 생활력으로 추위를 극복하면서 생활해 왔다. 그들은 혹독한 추위의 환경 속에서 사회의 유지 존속을 위한 종족의 확산을 위해서 창안한 그들 나름대로의 문화가 있었다. 에스키모의 사회는 남자들이 사냥을 위해서 집을 떠나 있는 시간이 많고, 또 혹독한 추위 때문에 임신의 확률이 상대적으로 낮았다. 그래서 종족보존을 위해 자신의 집에 귀한 남자 손님이 오면 자기의 아내가 손님방에서 잠을 자도록 하는 풍습이 있었다고 한다. 물론 현대에 와서는 문명의 혜택을 받아서 이러한 문화가 사라졌다.

이러한 풍습에서 엿볼 수 있는 것과 같이 인간의 출생은 자연환경과 사회적 환경에 영향을 받고 있다.

나) 사회, 경제적 요인

출생과 사망에 영향을 주는 사회, 경제적 요인에는 사회구조, 사회제도, 경제상태 등을 들 수 있다. 이러한 사회, 경제적 요인들은 근대에 들어와서 산업화와 도시화에 의해서 크게 변화되었다. 즉 산업화와 도시화는 사회구조와 경제상황을 크게 변화시켰는데, 이렇게 변화된 사회, 경제적 요인이 출생률과 사망률을 변화시키는 중요한 요인들이 되었다.

산업화와 도시화가 출생률을 변화시킨 예를 들어 보면 다음과 같다. 산업화에 의해서 도시화가 진전되어, 이 결과로 가족의 형태가 핵가족의 형태로 변하고, 또 여성들의 노동력 참가가 증가되어서 출산율이 저하되는 현상을 가져왔다. 특히 현대산업사회에서는 사회, 경제적 원인에 따라 개인간에 또는 집단간에 출산의 차이가 나타난다. 이것을 차별출산력(差別出山力)이라고 한다.

• 차별 출산력

한 사회 안에서의 출산율은 개인의 사회 경제적 배경에 따라 차이가 나는 경우가 생긴다. 이것이 차별 출산력이다. 이 차별 출산력이 나타나게 하는 구체적인 요인으로는 교육정도, 수입정도, 거주지의 배경, 여성의 사회활동 등 사회, 경제적 요인이 주를 이루고 있으며, 그 외에도 결혼연령, 독신관습, 남아선호사상, 12간지(干支)에 의한 출산기피의해 등도 있다. 다시 말하면 차별출산력은 경제 및 사회, 문화적인 요인이 개인간의 출산력에 영향을 주어 차이를 야기시키는 것이다.

② 사망의 유형

사망은 인간의 생애에서 필연적으로 받아들이는 일이지만 그 유형에는 여러 가지가 있다. 유형의 예로는 영아 사망, 유아 사망, 청소년 사망, 장년층 사망, 노인 사망 등 연령별 사망과 그 외에도 사고 사망, 자연 사망 등 사망의 원인에 의한 유형들이 있다.

사망률은 사회, 경제적 여건에 의해서도 영향을 받는다. 사회제도, 직업, 관습에 의해서 남자와 여자의 사망률에 차이가 생기고, 또 평화시와 전시, 경제발전 정도 등 사회적 여건도 사망률 차이의 원인이 된다.

(2) 인구이동

인구이동(人口移動)은 인구가 두 지역간에 이동되는 사회적 현상을 말한다. 이 인구의 이동에는 국내이동과 국제이동으로 나누어진다. 즉 이동이 일어나는 지역단위를 국내와 국가간으로 규정하고 국가내에서 일어나는 인구의 이동은 국내이동으로서 전출과 전입이 있다. 그리고 국가간에 일어나는 인구의 이동은 국제이동으로서 이출(移出)과 이입(移入)으로 나타내며 이것을 이민(移民)이라고 한다.

① 인구이동의 유형

인구이동의 유형은 일반적으로 이동의 원인에 따라서 분류하고 있는데, 그 유형으로는 원시이동, 자유이동, 대중이동, 강제이동 등이 있다.

첫 번째의 원시이동(原始移動)은 자연현상에 의해 인구가 이동하는 것이다. 예를 들면 홍수나 가뭄에 의해 생활터전에 변화가 일어났을 경우에는 자연과 인간관계의 순리에 의한 생태학적 배출에 의해서 자연스러운 인구의 이동이 일어나게 된다.

두 번째의 자유이동(自由移動)은 개인이 사회경제적 요인에 따라 본인의 자유의사에 의해서 이동하는 것이다. 자유이동의 예로서는 일자리를 구하기 위해서 또는 자녀의 교육을 위해서 지역을 넘어서 이동하는 경우이다.

세 번째의 대중이동(大衆移動)은 사회변동 과정에서 집단적으로 인구가 이동하는 것을 말한다. 즉 인구이동의 유발 요인에 의해서 사회 전반적으로 인구이동의 물결이 일어나는 경우이다. 예를 들면 도시화에 의해서 농촌인구가 대거 도시로 유입되는 경우이다.

네 번째의 강제이동(强制移動)은 인구이동이 개인의 의사에 반해서 즉 강요에 의해서 일어나는 것으로서 일반적으로 국가의 권력에 의해서 일어난다. 이 경우의 이동은 국가의 정책상 일정 지역의 주민들을 특정 지역으로 강제이주를 시키는 경우이다. 구 소련이 사할린 지방의 한민족을 중앙아시아 지역으로 강제 이주시킨 경우가 바로 그 예이다.

② 인구이동의 요인

인구의 이동은 인구를 밀어내는 배출요인(排出要因)과 인구를 끌어들이는 흡인요인(吸引要因)에 의해서 일어난다. 다시 말하면 인구가 이동하는 경우는 생활의 여건이 불리한 쪽에서 유리한 쪽으로 이동한다는 것이다. 즉 생활여건이 불리하면 인구를 밀어내는 배출요인이 존재하게 되고, 이에 반해 생활여건이 유리하면 인구를 끌어들이는 흡인요인이 발생하게 된다. 인구이동은 두 지역간의 이러한 배출요인과 흡인요인에 의해서 이루어지게 된다.

인구의 배출과 흡인의 구체적인 요인으로는 고용기회, 자녀교육, 수입정도, 생활기회, 생활의 편리, 지역사회의 성격 등이 있다. 그러나 이러한 요인들은 언제나 일정한 영향력을 행사하는 것이 아니라 개인에 따라서 상대성을 띄고 있다. 즉 인구이동은 동일한 배출, 흡인요인이라도 개인적인 배경에 의해서 인구이동의 정도에 차이가 생긴다.

인구이동의 경우를 개인적인 배경에서 살펴보면 다음과 같다. 연령층에서 보면 젊은 연령층이 상대적으로 인구이동이 빈번하고, 혼인의 관계에서 보면 미혼 층이 상대적으로 빈번하다. 또 가족의 규모에서 보면 소규모의 가족이 상대적으로 인구이동이 빈번하다.

③ 인구이동과 문화적 적응

인구가 이동하게 되면 이동된 인구는 새로운 문화에 접하게 된다.

이때에 이동된 인구는 새로운 문화에 적응하게 되는데 그 적응 양상은 이동한 인구의 사회적 속성에 의해서 차이가 난다. 그 차이는 다음과 같다.

급진성향의 사회에서는 사회적 변화를 강조하기 때문에 이러한 사회에서 이동한 인구는 인구이동 후에는 자신들의 기존문화를 유지하기보다는 새로운 문화를 형성해 가는 것이 일반적인 예이다. 그러나 기존문화의 유지를 강조하는 보수성향의 사회에서는 인구가 이동하면 기존문화의 적응을 강조하는 사회성향 때문에 그 사회의 기존문화에 적응하려고 노력한다.

2. 인구의 변천

인구는 여러 가지의 여건에 의해서 양적인 면과 질적인 면에서 변천을 거듭해 왔다. 우리가 인구의 변천단계를 통해서 엿볼 수 있는 것은 인구는 사회현상에 민감하게 영향을 받으면서도 균형을 유지하기 위한 스스로의 노력이 계속되어 왔다는 것이다.

1) 인구변천의 단계

인구의 변천단계를 체계적으로 세분화시킨 것은 국제연합의 인구국에서 제시한 인구변천 단계 모델이다. 이 모델을 도식화해 보면 다음과 같다.

Ⅰ : 고출산율과 사망률
Ⅱ : 고출산율과 저하하기 시작한 그러나 아직도 높은 사망률
Ⅲ : 저하하기 시작하나 아직도 높은 출산율과 상당히 낮아졌으나 계속 떨어지는 사망률
Ⅳ : 저하하고 있는 출산율과 상당히 낮은 사망률
Ⅴ : 저출산율과 저사망률

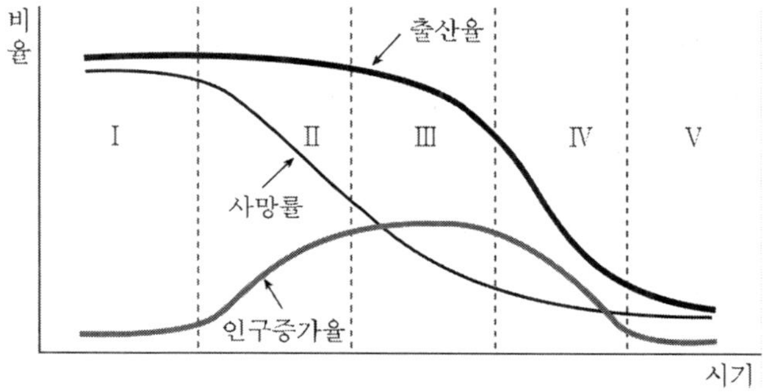

[인구변천단계 모형][3)]

1 단계의 시기는 고출산과 고사망의 시기로서 인구가 전통적인 안정 상태를 유지하는 시기이다. 이 시기에는 고출산을 고사망으로 상쇄하기 때문에 자연적으로 인구안정이 유지되었다. 역사적으로 보면 이 단계는 산업혁명 이전의 모든 나라에서 나타난 인구현상이며, 오늘날에도 문명의 혜택이 미치지 않는 아프리카 내륙지방 같은 곳에서는 이러한 인구현상을 찾아볼 수 있다.

2 단계의 시기는 출산은 고출생률에 의해 지속되면서 사망률이 저하하기 시작한 시기로서, 이 시기에는 초기는 높은 출생률이 그대로 지속되면서 반면에 높은 사망률은 점차 낮아져서 인구가 증가되기 시작했다. 역사적으로 보면 이 단계는 산업혁명이 시작된 시기의 국가에서 나타났던 인구현상이었고, 또 개발도상에 들어선 나라들의 인구현상이기도 했다. 이 단계에서 사망률이 낮아지기 시작한 가장 큰 이

3) Alex Thio, *Sociology*, 1990, p. 532에서 참조.

유는 경제발전에 의한 영양상태의 개선과 의학의 발달에 의한 수명의 연장이다.

3단계의 시기는 사망률이 급속히 떨어진 데 비해 출생률은 아직도 높은 수준을 유지하면서 서서히 떨어지는 시기로서, 인구의 폭발적 증가현상이 나타나는 시기이다. 그러나 이 단계를 고비로 하여 인구증가는 감소하기 시작한다. 이 단계에서 출생률이 감소하는 중요한 이유는 출산에 대한 가치관의 변화이다. 즉 핵가족화 현상이 나타나면서 소자녀관이 통념화되어 출생률이 낮아졌다. 이 시기의 역사적 단계는 개발에 의해서 갑작스럽게 경제발전이 이루어지고, 인구의식의 수준은 여기에 미치지 못했던 개발도상국들의 단계였다.

4단계의 시기는 급속한 출생률의 저하와 완만한 사망률의 저하시기이다. 이 단계에서는 폭증하던 인구가 감소추세를 나타내면서 안정을 찾아간다. 이 시기에는 출생률과 사망률이 모두 낮은 수준으로 접근하면서 인구가 안정되어 가는 시기이다. 이 시기를 역사적인 발전단계로 보면 경제발전과 인구의식이 선진국형에 가까워지는 상위의 중진국시기이다. 이 시기에는 경제발전에 의해서 교육수준이 상승하고, 사회보장이 발달하여 출산에 대한 가치관이 변화된 것도 출산율 감소의 원인이 되었다.

5단계의 시기는 인구의 안정이 인간의 노력에 의해서 이루어지는 저출생률과 저사망률의 시기이다. 이 단계의 국가들은 인구의 변천이 한 주기를 거친 상태의 나라들로서 선진공업국들이 여기에 속한다. 이 나라들의 경우에는 의학이 고도로 발달하고, 철저한 사회보장제도와 인간다운 삶을 추구하는 가치관이 확립되고 있다. 그러나 이 단계에서는 인구증가에 대한 안정은 가져왔지만 새로운 인구문제인 노령화사회의 노인문제가 나타나게 되었다.

2) 인구와 사회적 관계

인구는 사회를 구성하는 구성원이기 때문에 인구증가의 사회적 의미는 크다. 인구와 사회적 관계를 구체적으로 들어 보면 다음과 같다.

첫째, 인구의 크기에 따라서 노동력의 크기가 결정된다. 특히 인구의 크기 중에서도 노동력의 크기를 결정해 주는 것은 노동이 가능한 노동력 인구이다. 노동력 인구는 일반적으로 14세에서 60세까지의 나이에 있는 인구를 말한다.

둘째, 인구의 출생률 차이는 결혼의 성립에 혼란을 초래하게 된다. 예를 들면 전후의 베이비 붐(baby boom)은 이들이 자라서 결혼 연령에 다다르게 되면 남녀의 결혼 연령에 차이가 있는 사회에서는 결혼성립에 긴장상태를 유발시키게 된다. 즉 결혼 적령기의 남녀의 비율에 균형이 깨어지기 때문이다. 이와 같이 출생률의 차이에 의해서 결혼적령기의 남녀비율에 차이가 생기면 결혼관습에 변화를 가져오게 된다. 즉 기존의 남녀간 결혼 연령의 차이가 무시되고, 독신 여성에 대한 사회적 관용이 증대되며, 또한 재가(再嫁) 금지와 같은 결혼과 관련된 도덕이나 윤리에도 변화를 가져오게 된다.

셋째, 급격한 인구의 증가는 교육현장에 변화를 초래하게 된다. 즉 갑작스러운 출산의 증가는 이들이 입학 적령기에 다다르게 되면 교육시설의 부족현상을 가져오게 되고, 또 입시경쟁의 가열화를 초래하게 된다.

3) 인구와 생태계의 보정작용

인구와 사회체계와의 관계는 생태학적인 면에서도 밀접한 관계를 가지고 있다. 사회는 원래 생태학적으로 균형을 이루려는 속성을 가지고 있는데 이것을 생태계의 보정작용(補正作用)이라고 한다. 인구와 사회현상 및 생태계와의 관계를 모형으로 도식화해 보면 다음과 같다.

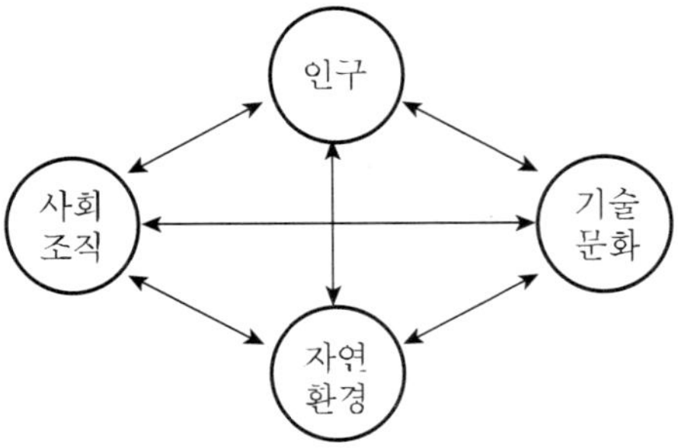

[생태계의 보정작용 모형도]

위의 도식에 의해서 인구와 생태적 요인들과의 관계를 설명해 보면 다음과 같다.

첫째, 인구의 증가는 식량자원의 공급 증대를 필요로 하기 때문에 환경에 변화를 일으키게 된다. 즉 토지의 경작지화를 증대시킨다. 그리고 기술의 측면에서는 생산 기술의 혁신을 가져오게 된다. 또 사회조직의 측면에서는 사회조직이 인구의 변화에 맞도록 변화시키는 영향력을 행사한다. 이와 같이 인구의 변화는 사회현상 및 생태학적인 변화와 밀접한 관계를 가지고 있다.

둘째, 환경의 변화는 사회조직인 가족제도에 변화를 가져오고, 또 생산기술을 발달시키고, 인구의 증감에 영향을 준다. 즉 공업화에 의해서 형성된 산업사회에서는 가족의 형태를 확대가족에서 핵가족으로 변화시켰고, 이로 인해 인구의 감소를 가져왔으며, 또 산업사회의 분업화는 전문 기술을 발달시켰다.

셋째, 기술의 변화는 생산기술의 혁신에 의해서 생산조직이나 제도에 영향을 준다. 즉 기술이 발전되면 이를 익히기 위한 교육과 훈련의 기간이 연장되어 사회적 변화를 가져오게 한다. 또 기술의 변화는 생산을 증대시켜 인구를 증가시키고, 또 환경적인 측면에서는 기술의 발달이 환경을 파괴하는 결과를 낳게 된다.

넷째, 사회조직의 변화는 여러 가지 사회적 조건을 변화시켜 인구의 변화를 가져온다. 즉 사회제도인 가족제도의 변동은 부부 중심의 핵가족을 일반화시키고, 이로 인해 형성된 소가족의 가치관에 의해서 출산율 저하현상을 가져왔다. 또 사회제도의 변화는 분업을 발달시켜 전문화 사회를 이룩하여 기술을 발달시키고, 환경적인 측면에서는 개발을 촉진시킨다.

3. 인구와 자원문제

1) 인구와 자원

인구는 자원에 의해서 생존이 가능하다. 그리고 자원은 인구에 의해서 개발되고 또 그 가치를 인정받는다. 그러므로 인구와 자원은 서로가 상호보완적인 불가분의 관계를 가지고 있다. 그래서 인구와 자원은 그 균형이 유지될 때에만 사회발전에 기여할 수가 있다. 만약에 인구와 자원간에 균형이 깨어질 때에는 이것이 근원이 되어서 여러 가지의 사회문제를 야기하게 된다. 오늘날 이 지구상에서 인구와 자원의 불균형 때문에 많은 인구가 고통을 당하고 있으며, 이것이 국제적 문제로 확대되고 있다.

아프리카의 열악한 환경 속에서 기아로 고통을 받는 많은 인구들, 자원의 편재 때문에 자원획득에 고심하고 있는 자원부족국가들, 자원분배의 이해관계 때문에 긴장을 풀지 못하고 있는 산유국들과 비산유국들간의 대립, 자원의 유통을 놓고 이익을 따지면서 줄다리기를 하고 있는 국제유통의 현실 등 인구와 자원간에 풀어야 할 문제들은 끝이지 않는다.

인구와 자원의 균형 유지는 우리 인류가 이 지구상에 생존하는 한 우리 인류의 필연적인 과제로 존재할 것이다.

읽을거리

[신(神)들이 버린 땅?]

이 말은 어느 TV에서 방영한 다큐멘터리의 제목이다. 인간사회는 인종도 다양하고 생활도 다양하다. 그래서 지역에 따라 특수한 호칭이 붙기도 한다. 아프리카를 우리는 보통 검은 대륙이라고 부른다. 이 말은 아프리카에 사는 사람들의 피부 색깔이 검어서 붙여진 말이기도 하지만, 이 말의 뜻에는 그 이상의 의미가 함축되어 있다. 아프리카 대륙에도 축복받은 지역들이 있다. 영국의 식민지였던 남아프리카 공화국 같은 나라는 세계 어느 지역에 못지않을 정도로 삶의 여건이 좋은 곳이다. 그래서 이곳은 오랜 기간동안 외부에서 이주해 온 백인들이 이곳을 개척하여 생활해 왔다. 그러다가 원주민들의 강력한 저항에 부딪쳐 결국에는 원래의 주인 손으로 되돌아갔다.

그러나 아프리카 대륙에는 TV 다큐멘터리 제목과 같이 신(神)들이 버린 땅(?)들이 너무나 많다. 즉 자원이 부족하여 인간이 살기가 어려운 곳들이 많다. 이제는 우리들에게도 익숙해진 지명이 되어버린 에티오피아, 소말리아, 수단 등은 아직도 많은 주민들이 기아(飢餓)와 병마(病魔)에 시달리며 삶을 원망하는 지역들이다. 설상가상(雪上加霜)으로 최근에 들어서는 에이즈라는 불치의 병까지 이곳 사람들의 숨통을 조이고 있는 실정이다. 제대로 먹지도 못해서 피골(皮骨)이 상접해 있는데 거기에다 병마가 덮쳐드니 속수무책으로 앉아서 눈만 껌벅이며 죽어 가고 있는 사람들이 늘어만 가고 있는 것이다.

신들이 버린(?) 이 땅에 사람들이 살지 않으면 아무런 문제가 없다. 그러나 지구상의 인구는 늘어가고 인간이 살 수 있는 자원을 가지고 있는 땅은 한정되어 있기 때문에, 기아에 굶주리는 땅 인줄은 뻔히 알면서도 이런 곳에도 사람이 살 수밖에 없는 것이 오늘의 실정이다. 인구가 늘어나는 것은 자연의 이치이기 때문에 어쩔 수가 없다. 그래서 오늘날에도 인구와 자원의 불균형은 점점 더 늘어만 가고 있다.

2) 인구와 사회문제

인구와 자원의 불균형은 사회문제(社會問題, social problem)의 근원이 된다. 자원의 부족현상에서 나타나는 자원문제는 인구문제를 야기 시키고 이것이 바로 사회문제로 연결된다.

사회문제는 사회발전을 저해하는 사회적 조건이다. 즉 사회의 다수인이나 일반적인 사회집단에 의해서 바람직하지 못하다고 인정되거나 주의가 필요하다고 생각되는 사회적 조건을 말하는 것이다. 다양성을 띠고 있는 인간사회에서는 어느 사회를 막론하고 정도의 차이는 있겠지만 사회발전을 저해하는 사회적 조건들이 발생하고 있다. 그래서 인간사회에서 사회문제의 발생은 필연적인 사회적 현상이 되고 있다. 이러한 사회문제의 원인을 근원적으로 접근해 보면 대부분의 사회문제들의 근원이 인구문제로 귀착된다.

현대에 들어와서 산업화가 진행됨에 따라 인구의 도시집중이 가중되면서 사회문제의 형태도 더욱 다양해져 왔다. 특히 도시를 중심으로 야기되고 있는 여러 가지의 사회문제들, 예를 들면 교통문제, 주택문제, 공해문제, 환경문제, 비행문제 등 많은 사회문제들도 그 발생원인의 근원은 인구문제로 귀착된다. 다시 말하면 대부분의 사회문제들의 근원은 인구의 과잉과 인구의 도시집중에서 시작이 되는 것이다. 복지사회를 추구하는 현대사회의 핵심적인 정책과제는 사회발전을 가로막는 이러한 사회문제를 해결하는 것이다. 이러한 사회문제를 해결하기 위한 근원적인 방법은 인구문제 해결을 위해 더욱 노력하는 것이다.

3) 인구문제의 시작

인구는 사회를 구성하는 필수적인 존재이며, 또한 사회가 발전하기 위해서는 항상 적정의 인구를 필요로 하게 된다. 이러한 사회구성원인 인구는 여러 가지 여건에 의해서 증가 또는 감소되고 있다. 그래서 경우에 따라서는 인구가 적정 수를 벗어나게 되고, 이로 인해서 인구문제가 발생하게 된다.

인구문제가 본격적으로 논의되기 시작한 것은 의학의 발달에 의해서 사망률이 급격히 줄어들면서부터 이다. 의학의 발달로 영아의 사망률이 줄어들고, 아울러 노년인구가 급속히 증가되어 인구의 급증을 가져왔다. 특히 개발도상국의 경우 출산율은 떨어지지 않는 반면 노인층의 사망률이 급속히 떨어져서 인구폭발 현상이 나타났다.

인구 급증에 관련된 구체적 예로는 2차 세계대전 후 페니실린의 약효와 전후의 베이비 붐(baby boom)을 들 수 있다. 이러한 인구의 급증은 심각한 인구문제를 가져왔고, 이를 근원으로 하여 각종의 사회문제들이 나타나기 시작했다.

[식량난에 허덕이는 아프리카 사람들]

4) 인구문제의 논의

인구문제가 심각해지면서 이 인구문제가 인간의 생활에 심각한 영향을 미치게 되자, 인구문제의 해결에 대한 논의가 시작되었다. 인구문제에 대한 본격적인 논의의 시작은 맬더스(Thomas Malthus)가 저술한 『인구론』에서부터이다. 1798년 맬더스가 이 책을 쓰게 된 것은 그 당시 사회를 지배했던 사상이었던 중상주의와 계몽주의사상이 인구증가에 대해 낙천적 입장을 펴 왔기 때문에, 이를 비판하고 인구 문제에 대한 각성을 촉구하기 위해서였다.

• 중상주의 인구관

중상주의(重商主義, mercantilism)는 17-18세기에 서구사회를 지배했던 사상으로 부국(富國)을 위한 경제정책을 강조한 사회사상이다. 이 사상의 핵심인 부국은 당시의 왕실 재산을 축적하여 왕권을 강화시키는데 중점을 두었으며 일반 국민의 생활향상에는 별다른 관심이 없었다. 중상주의시대의 일반 국민들은 왕실의 재산 축적을 위한 노동의 제공자에 불과했고, 국가의 관심은 오직 값싼 노동력을 이용하여 생산을 많이 하여 부를 축적하는데 있었다. 그런데 값싼 노동력은 인구가 많을 때에만 가능하고, 또 인구가 많아서 임금이 싸지면 생활비 마련을 위해서 더욱 열심히 그리고 많이 일을 해야 하기 때문에, 왕실의 측면에서 보면 부를 더욱 많이 축적할 수 있었다. 이러한 이유로 인구의 증가는 중상주의 사회에서는 필요 불가결한 조건이었다.

• 계몽주의 인구관

계몽주의(啓蒙主義)는 인간의 이성을 중시하는 사회사상으로서 18세기의 절대주의(絶對主義) 사상이 사회를 지배하던 시대에 인간의 가치를 보존하기 위해서 출발했다. 계몽주의사상에서는 인간의 이성에 대한 신뢰를 절대적인 가치로 인정하면서, 인간사회는 이성의 가치를 존중하면 인간사회는 이상적인 사회가 될 수 있다고 주장했다. 이 계몽주의사상은 그 당시의 사회가 절대주의 정치사상과 중상주의 경제사상에 의해 인간의 가치가 물질적 가치에 의해서 잠식당해 가고 있었기 때문에, 이것을 방지하기 위해서 인간의 이성을 강조하면서 나타난 사회사상이다. 그래서 이 계몽주의 사상에서는 인간에 관련된 모든 일들은 인간의 이성에 의해서 처리되어야 한다고 주장했다. 그러므로 인구의 증가에 관해서도 인간의 이성으로 해결해야 한다고 했다. 즉 인간사회의 적정의 인구수는 이성에 의해서 조절될 수 있다는 것이다.

다시 말하면 계몽주의자들의 주장은 인간은 이성으로 관능과 물욕을 억제할 수 있기 때문에 적정수의 인구조절도 이성으로 가능하다는 것이었다.

(1) 맬더스의 인구론

맬더스(T. Malthus)는 중상주의에서 주장하는 부국강병만을 위한 인구증가나, 인간의 이성에 의해서 인구는 조절된다는 계몽주의 인구사상의 두 입장에 대해서 모두 문제점을 지적하면서, 인구의 증가가 지속되면 여러 가지 사회적인 악덕을 가져오기 때문에 인구증가는 막아야 한다고 주장했다.

① 맬더스 인구론의 두 개의 기본전제와 하나의 가정

맬더스의 인구에 관한 이론은 두 가지의 기본전제와 한 가지의 가정에 의해서 시작된다. 이 두 가지의 전제 중 하나는 '식량은 인간을 위해 필수적인 것이다.'이고 다른 하나는 '인간의 양성(兩性)간의 정욕(情慾)은 필요한 것이며 앞으로도 변함없이 지속된다.'는 것이다. 그리고 하나의 가정은 '인구의 번식력은 인간을 위해 식량을 생산하는 토지의 힘보다 무한정 크다.'는 것이다. 즉 식량의 생산은 산술급수적 즉 1, 2, 3, 4, 5 … 배수로 증가하는 반면 인구는 기하급수적 즉 1, 2, 4, 8, 16 … 배수로 증가한다는 것이다. 따라서 인간은 산술급수적으로 증산되는 식량으로서는 기하급수적으로 증가되는 인구를 부양할 수가 없다는 것이다. 그러므로 우리 인간이 영속적으로 생존하기 위해서는 인구의 증가를 식량생산의 증가에 맞추어서 억제해야 한다고 주장했다.

② 맬더스의 인구 억제책

맬더스가 초기에 주장한 인구증가 억제책은 '인구론'의 초판에서 주장한 질병, 범죄, 전쟁 등에 의해서 사망에 이르는 '빈곤과 악덕'에 의한 인구의 억제 방법이었다. 그는 질병에 의한 곤궁은 자연의 법칙에 의한 것으로서 자연적인 인구 억제이고, 범죄나 전쟁의 악덕은 인간에 의해서 행해지는 필연적인 인구의 억제라고 했다. 그러나 초기의 이 자연적 방법에 의한 인구 억제는 증가하는 인구를 억제하는데 별다른 의미를 갖지 못했다. 그래서 계속해서 인구 억제책을 제시하게 되었다.

그는 초판에 이어서 출간한 인구론의 제 2판에서는 만혼, 금욕 등에 의해서 출산을 억제하는 '도덕적 억제'를 주장했다. 이 도덕적 억제는 인간의 의식적인 노력으로서 결혼을 연기하여 출산을 회피하거나 결혼생활에 있어서도 금욕생활에 의해서 출산을 회피함으로써 인구를 억제하는 방법이었다.

맬더스는 그의 인구 억제책에서 보여주고 있는 바와 같이 인구는 억제하되 도덕적인 기준을 벗어나지 않으려고 했다. 예를 들면 피임에 있어서도 도덕률에 어긋나지 않는 피임만을 주장하고 인위적인 피임방법은 거론하지 않았다. 그는 오직 자연에 의한 필연적인 억제와 인간의 도덕성에 의한 예방적 억제에 의해서도 인구를 일정 수준으로 유지할 수 있다고 본 것이다. 이러한 맬더스의 인구론은 인구조절에 대한 제도적인 측면을 무시한 면이 있기 때문에 그의 이론에 대한 찬반의 논란이 있었다.

(2) 맬더스 이후의 인구논쟁

인구에 관한 논쟁은 맬더스 이후에도 계속되었다. 즉 맬더스의 인구론에 동조한 쪽은 고전경제학파로서 토지수확체감(土地收穫遞減)의 법칙을 주장하여 그의 인구론의 전제를 인정했다. 고전경제학에서는 저임금에 의해서 인구가 억제된다고 보았다. 이것이 바로 빈곤과 악덕에 의한 인구억제 방법이었다. 반면에 사회주의 경제학자들은 맬더스의 인구이론에 반대하면서 인구문제는 제도의 변혁에 의해서 근원적으로 제거해야 한다고 주장했다.

• 토지수확체감법칙

토지수확체감법칙이란 생산의 3 요소인 자연, 자본, 노동에서 자연인 토지와 이에 투자하는 자본이 일정한 경우에 생산량은 노동의 투하에 따라 영향을 받는다는 것이다. 즉 일정한 토지에 일정한 자본이 투자된 때에는 생산에 필요한 최적 인원이 될 때까지는 생산량이 노동이 증가함에 따라 체증(遞增)하다가 생산에 필요한 최적 인원이 넘어서면 생산량의 증가량이 체감(遞減)한다는 이론이다.

5) 인구문제에 대한 현대적 관점

인구는 사회를 형성하는 핵심적인 요인이기 때문에 인구의 안정은 바로 사회의 안정으로 연결된다. 그래서 인구안정에 관한 연구는 옛날부터 지금에 이르기까지 인류의 중요한 과제로 이어지고 있다.

(1) 인구팽창의 위력

인구학자 삭스(Carl Sox)는 인구팽창의 위력을 다음과 같이 지적했다. 그는 주장하기를 우리 인류가 인구증가를 억제하지 못하면 원자탄과 같은 폭발 위력을 가질 수도 있다고 했다. 그는 한 걸음 더 나아가서 인구의 증가가 원자폭탄보다도 더 무서울 수 있다고 주장하면서 인구의 급증을 경계했다. 왜냐하면 원자폭탄은 무서운 줄을 알기 때문에 우리 인류가 노력하여 위험을 미리 피할 수가 있지만, 인구 증가는 단시일 안에 확실하게 느끼기가 어렵기 때문에 초기의 억제가 어렵고, 그것이 일단 어느 수준을 넘어서게 되면 걷잡을 수 없이 폭발할 수 있기 때문이라고 했다.

맬더스 인구론의 견해를 지지하는 신맬더스주의자들은 인구폭발을 방지하는 방법으로 자발적인 출산 억제를 강조했다. 이들이 주장한 이 출산 억제방법으로는 맬더스가 주장한 금욕에 의한 도덕적 억제보다 더욱 적극적인 방법인 피임의 방법을 주장했다.

또한 맬더스 인구론에 반대하는 입장에서 인구문제를 연구하는 사회주의 경제학자들은 현대사회의 인구문제의 원인을 제도적인 결함에 있다고 보면서 인구문제를 예방하고 치료하기 위해서는 먼저 사회제도를 변혁해야 한다고 주장하고 있다.

(2) 인구와 자원 소비

인구이론에 대한 논쟁은 맬더스 인구론 이후에도 계속되어 왔다. 20세기에 들어와서 등장한 신맬더스주의 자들은 맬더스의 인구론을 지지하는 맥락에서 현대에 와서도 인구는 계속 증가되어 심각한 자원 부족 현상을 초래할 것이라고 주장했다. 인구는 여러 가지 사회현상들과 관련되어 있지만, 특히 자원과는 밀접한 관계를 가지고 있다. 인구증가가 가장 먼저 영향을 미치는 것은 자원의 부족이다. 이 자원부족이 계속될 때에는 자원고갈에까지 이를 수 있다. 그래서 인구문제와 자원고갈 문제는 항상 맥을 같이 하고 있다. 자원의 고갈 문제는 인구의 자원사용량과 관계되어 있기 때문에, 인구 일인당 자원소비 비율이 인구문제의 심각성에 영향을 준다. 예를 들면 후진국의 1인당 자원소비량과 선진국의 일인당 자원소비량에는 큰 차이가 있기 때문에 자원과 관련해서 인구문제를 논할 때에는 선진국의 인구증가가 전체의 인구문제에 더 큰 영향을 미치게 된다.

현대는 자원생산의 기술이 발달하여 인구에 대비한 자원부족을 어느 정도는 보완하고 있지만, 맬더스의 인구론에서 주장한 두 전제와 하나의 가정은 계속 그 의미를 지니고 있다. 우리가 인구증가에 대해 방심하게 되면 언젠가는 이 지구상의 자원이 고갈되는 비운을 맞이하게 될 것이다. 우리는 계속해서 인구에 대한 지대한 관심을 가지고 인구문제의 예방에 힘써야 할 것이다.

요점정리

1. 인구의 개념

인구의 뜻 : 일정 지역에 사는 어느 한 시점의 사람의 총 수
인구 성장 : 인구수의 변동(+, -)
인구 성장의 3 요인 : 출생, 사망, 인구 이동
인구의 기본 구성 : 나이와 성에 의한 구성
인구 피라미드로 도식화
*인구 피라미드 : 사회의 성별의 연령별 변화과정을 표시
기능적 구성 : 특수 목적에 의한 구성 --- 부양인구 구성
*부양인구 : 노동력 인구(14세- 60세)
피부양인구 : 소년부양인구(0세-13세)
노인부양인구(61세-)
인구과정 : 출생, 사망, 이동

모아비(母兒比) : $\frac{0-4\text{세}}{15-44\text{세의 가임 여성}} \times 100$

성비(性比) : 여자 100명당 남자의 수

$$\frac{\text{주어진 연령층의 남자의 수}}{\text{같은 연령층의 여자}} \times 100$$

*출생시 정상 성비 : 107
결혼적령기 성비 : 100
장, 노년기의 성비 : 100 이하

2. 인구의 변천

인구 변천 이론 : 인구변천의 단계를 설명한 이론
*인구변천 5단계 설명
1단계 - 고출산, 고사망 --- 자연적인 인구 안정
2단계 - 고출산, 저하되는 사망 --- 인구증가 시작
3단계 - 고출산, 저사망 --- 인구 폭발
4단계 - 저하되는 출산, 저사망 --- 인구증가율 감소 시작

5단계 - 저출산, 저사망 --- 인위적 인구 안정

인구와 사회현상 및 생태계와의 관계 ;

인구증가, 기술개발, 자원개발, 사회구조변화 는 서로가 관련성을 가지고 영향을 미치고 있다.

*보정(補正)작용 ; 생태계의 요소들이 생태학적으로 균형을 이루려는 작용

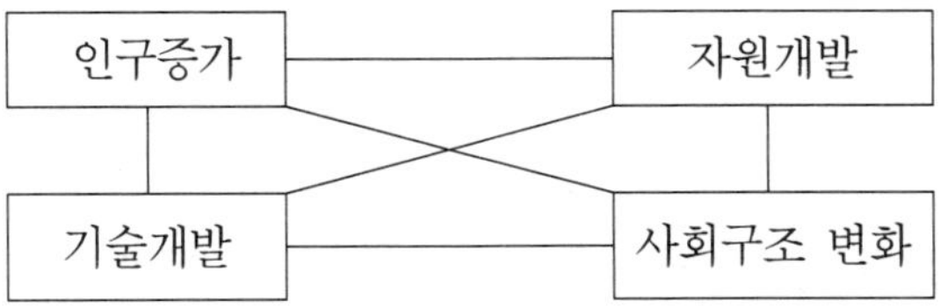

3. 인구와 자원문제

인구와 자원 ; 상호보완의 관계

인구와 자원의 불균형 - 자원문제 발생 - 인구문제로 연결 - 사회문제의 근원

인구문제 ; 인구수의 적정 범위 벗어남(인구의 과잉, 과소)

인구 문제의 배경 ; 인구와 자원의 불균형(자원 부족)

인구의 부적절한 분포(인구의 집중, 인구의 부족)

의학의 발달(수명의 연장 - 노령화 사회 - 부양 문제)

Malthus의 인구 이론 ;

중상주의 인구관(인구증가 장려)과 계몽주의 인구관(인간의 이성에 의해서 인구 조절)을 반박

*2가지 기본 전제와 1가지 가정 설정

2가지 기본 전제 ; 1. 식량은 인구에 필수 2. 양성간의 정욕은 불변

1가정 ; 식량은 산술 급수적으로 증가, 인구는 기하급수적으로 증가

Malthus 이후의 논쟁 ; 고전 경제학파 학자들 - 맬더스의 인구론 지지

수확체감 법칙 주장

사회주의 경제학자들 - 맬더스의 인구론 비판

인구문제는 제도의 모순에서 비롯

인구에 대한 현대적 관점 ; Carl Sox의 인구 폭발 주장,

신맬더스 주의자들 --- 출산 억제 주장(인공피임 주장)

사회주의 경제학자들 --- 제도의 개혁을 주장(제도의 모순 시정)

수험대비 평가문제

1. 인구의 기본구성을 나타내는 도식으로 인구 피라미드가 있다.
   (1) 인구 피라미드의 기본 구성을 도식해 보시오.
   (2) 인구 피라미드의 기능을 기술하시오.

2. 생태계의 자연현상들은 서로가 상호보완의 관계를 가지고 있다. 이것을 생태계의 보정작용(補正作用)이라고 한다.
   (1) 생태계의 보정작용을 설명하시오.
   (2) 위 설명의 이론적 근거가 되는 사회학의 이론에 대해서 쓰시오.

3. 인구문제는 사회문제의 근원이 되기 때문에 어느 나라를 막론하고 인구문제 해결이 국가의 주요 정책과제의 하나가 되고 있다.
   (1) 인구문제의 배경에 대해서 기술하시오.
   (2) 우리나라의 인구문제의 현실에 대해서 기술하시오.

4. 인구문제의 배경이 아닌 것은?
   ① 인구와 자원의 불균형 ② 인구 분포의 부적절성
   ③ 국제무역의 발달* ④ 의학의 발달

5. 환경문제의 특성이라고 볼 수 없는 것은?
   ① 생명에 치명적인 영향을 줄 수 있다.
   ② 책임소재가 분명하다.*
   ③ 세계성을 띠고 있다.
   ④ 축적성이 강하다.

6. 인구의 성비를 설명하시오.

7. 인구부양비를 설명하시오.

8. 모아비(母兒比)를 설명하시오.

9. 맬더스의 인구이론에서 2 전제와 1 가정을 설명하시오.

10. 인구변천 단계에서 인구의 폭발단계를 설명하시오.

11. 고전경제학자들이 맬더스 인구론을 지지한 이론적 근거는 무엇인가?

12. 사회주의 학자들의 인구문제에 대한 견해에 대해서 쓰시오.

제 8 장 지역공동체

인간의 생활은 땅을 기반으로 하여 이루어진다. 이것은 인간이 지역을 벗어나서는 삶을 영위할 수가 없다는 것이다. 이렇게 지역을 중심으로 하여 형성된 인간의 생활공동체가 지역공동체 즉 지역사회이다.

지역공동체는 지역을 기반으로 하여 형성된 인간사회의 단위이기 때문에 인간생활의 직접적인 장이 된다. 그러므로 지역공동체는 인간생활의 원초적인 기반이 되는 것이다.

지역공동체는 그 형태와 속성에 따라서 그 종류가 구분된다. 지역공동체의 종류는 그 구성형태와 속성에 따라서 농촌지역공동체와 도시지역공동체로 나누어진다. 즉 농촌지역사회와 도시지역사회로 구분되는 것이다.

농촌지역사회는 대부분의 사람들이 농업에 종사하기 때문에 농업을 주요 산업으로 하고 있다. 그리고 주민들 상호간에 협동심이 강하고 친밀한 유대관계가 형성되어 있다. 또한 전통성이 강하고 대면적(對面的)인 접촉 기회가 많기 때문에 운명공동체적인 공동사회의 특징을 가지고 있다.

도시지역사회는 인구의 집중에 의해서 형성된 인위적인 성격이 강한 도시를 기반으로 하여 형성된 지역사회로서 구성원들의 관계는 간접적인 관계가 주를 이루고 있다. 또 익명성이 강하고 이해관계가 얽혀 있는 이익사회의 특징을 가지고 있다.

이 장에서는 먼저 인간의 생활집단인 공동체의 개념을 파악한 후에, 위에 든 두 지역공동체를 중심으로 하여 지역사회의 형성조건과 지역사회의 특성을 살펴보고, 아울러 농촌지역사회와 도시지역사회의 문제점들을 각각 파악하여 그 원인을 찾아서, 이에 따라 지역사회의 발전방안을 연구해 보기로 하겠다.

1. 공동체의 개념

1) 공동체의 의미

공동체는 인간이 공동생활을 하기 위해서 만든 집단으로서, 인간사회를 형성하는 단위가 된다. 그리고 인간은 원천적으로 집단생활의 특성을 소유한 존재이기 때문에 살아가는 동안에 여러 가지의 공동체에 소속되게 된다. 인간은 공동체에 속하지 않고서는 인간다운 생활을 할 수가 없다. 왜냐하면 공동체는 인간의 상호작용의 장이 되어서 인간다운 삶을 영위할 수 있는 근원을 제공해 주기 때문이다.

공동체는 구성원들에게 인간다운 삶을 살 수 있는 최소한의 기본적 욕구를 충족시켜 주는 기능을 소유하고 있다. 즉 공동체는 일정한 사회조직을 가지고 있으면서 그 조직을 통하여 구성원들의 욕구를 충족시켜주기 위한 기능을 발휘한다. 또한 공동체는 구성원들이 상호작용을 함으로써 성원들 사이에 일체감과 소속감을 갖게 한다.

공동체가 형성되어 사람들이 모여들게 되면 공동체의 규모가 확대되고 공동체가 체계를 갖추게 된다. 이렇게 하여 공동체는 점점 확대되어 가는데, 여기에서 공동체의 도시화현상이 일어나게 된다.

공동체는 그 형성의 근원이나 역사적인 발전단계에 따라 그 유형이 나누어지고 또 그 유형에 따라 제각기 고유한 특성을 소유하게 된다.

2) 공동체의 구분

(1) 자연적 산업적 구분

공동체의 구분은 일반적으로 농촌과 도시로 구분한다. 농촌에서는 대부분의 주민이 농업에 종사하는데, 경우에 따라서 어업이나 임업에 종사한다. 이에 반해 도시에서는 대부분이 제조업이나 서비스업에 종사하고 있다. 또한 농촌은 자연적 환경이 주를 이루는 전원적이고 정적이며 평화스러움이 있는데 비해, 도시는 인공적 환경이 주를 이루면서 분위기가 활동적이고 긴장스러운 면이 있다. 인구의 측면에서 보면 농촌은 인구밀도가 낮아서 생활하는 데 공간적인 여유가 있는 반면 도시는 인구밀도가 높고 생활의 공간에 상대적으로 제약을 받는다.

(2) 행정적인 구분

공동체를 구분함에 있어서 자연적인 공동체와 사회 문화적인 공동체의 구분은 개념상 명백한 구분이 곤란한 경우가 있다. 또한 사회의 변화에 따라서 공동체의 성격도 변한다. 그래서 공동체를 구분할 때에는 일반적으로 행정적인 기준에 의해서 구분하며, 이에 따라 농촌과 도시 등의 공동체가 구분된다.

공동체 구분의 행정적인 기준의 대표적인 예는 인구의 수이다. 이 기준은 하나의 단위지역에 사는 사람들의 수에 따라서 행정적인 공동체 단위를 정하는 것이다. 그러나 이 경우에도 자연적 산업적 조건들이 고려되지 않는 것은 아니다. 즉 지리적 조건이나 산업적 조건 등이 공동체의 행정적 단위를 확정하는 데 영향을 주고 있다.

우리나라의 경우는 인구 50,000명 이상의 지역공동체를 도시의 기본의 단위인 시로 규정하고 있다. 또 20,000명 이상 50,000명 미만의 지역을 읍이라 하고 20,000명 미만의 지역을 면으로 규정하고 있다. 그러나 이러한 기준은 국가에 따라서 차이가 있다. 예를 들면 대부분의 서양국가들에 있어서는 인구 5,000명 이상의 지역을 시로 규정하고 있다. 이렇게 행정적으로 도시를 규정할 때에 국가에 따라서 인구의 수가 차이가 나는 것은 도시적인 생활양식을 갖추는 데에 인구의 수가 절대적인 조건이 되지 않는다는 뜻이다. 즉 국가마다 인구밀도의 차이가 있고, 도시화의 개념에 있어서 차이가 있기 때문이다.

3) 공동체의 유형

공동체는 인간들이 모여서 형성한 집단이기 때문에 여러 가지의 유형을 가지고 있다. 그 유형을 형성의 근원과 역사적 발전 단계에 따라 분류해 보면 다음과 같다.

(1) 형성의 근원에 따른 분류

공동체의 유형을 그 형성 근원인 인간의 의지에 따라 분류해 보면 다음과 같다.

첫째는 운명공동체이다. 운명공동체는 공동체를 형성하는 근원인 인간의 의지가 본질적인 의지이며, 또 공동체를 구성하는 구성원들은 공동체에 참여하는 그 자체에 일차적인 의미를 두고 있다. 그래서 이 운명공동체의 구성원은 선택의 여지가 없이 운명적으로 그 공동체에 소속된다. 즉 일 개인의 공동체 가입은 본인의 의사와는 상관없이 이루어진다. 운명공동체의 대표적인 예는 가족이다.

둘째는 이익공동체이다. 이익공동체는 공동체를 형성하는 의지가 선택적이고, 이해 타산적이다. 또 구성원들이 공동체에 참여할 때는 특별한 목적을 가지고 참여하게 된다. 이 이익공동체는 선택적 의지에 의해서 형성되어지기 때문에, 구성원들이 공동체에 가입하고 탈퇴하는 것이 자유롭다. 이익공동체의 대표적인 예는 회사이다.

(2) 역사적 발전단계에 따른 분류

공동체의 유형을 역사적인 발전단계에 따라 분류하면 다음과 같다.

첫째는 씨족공동체(氏族共同體)이다. 이 씨족공동체는 채집과 수렵을 중심으로 하여 생활하던 시대의 대표적인 공동체로서, 혈연을 중심으로 형성된 공동체이다. 채집과 수렵을 주로 하던 이 씨족공동체에서는 도구를 사용해서 경제생활이 이루어졌다.

둘째는 부족공동체(部族共同體)이다. 부족공동체는 씨족공동체의 다음 단계에 나타난 공동체의 형태로서, 농경생활이 주가 되던 시기에 형성된 공동체이다. 이 부족공동체 사회에서는 농경에 축력(畜力)이 사용되었고, 또 농사에 사용된 기구로서는 쟁기가 있었다. 이 부족공동체에서는 농경에 축력과 쟁기가 사용되면서 농업생산량이 증대되었고, 이로 인해 인구의 증가를 가져왔다.

부족공동체 사회에서 나타난 획기적인 일의 하나는 바퀴의 사용이었다. 바퀴가 사용되면서부터 운송에 변혁을 가져와서 유통을 발달시켰고, 아울러 교통이 발달되어 도시의 출현을 촉진시켰다.

셋째는 국가공동체(國家共同體)이다. 국가공동체는 부족공동체가 모여서 부족연합을 형성하면서 나타났다. 국가공동체는 보다 조직적인 체계를 갖춘 공동체로서 지역사회의 발달을 가져왔다. 도시의 발달은 공업화를 촉진시켜 공업화 사회를 형성시켰다. 공업화 사회에서는 에너지의 수요를 증대시켰고, 이에 부응하기 위해서 에너지원의 개발이 활발하게 진행되었다. 이렇게 에너지원이 개발됨에 따라서 생산활동이 가속화되어 대량생산을 이룩하게 되었다. 이렇게 이룩된 대량생산은 교역을 발달시켰고, 교역의 발달은 도시화의 촉진을 가속화시켰다. 또한 교역의 발달은 공동체의 범위를 국제적으로 확대시켰다.

2. 지역사회

1) 지역사회의 의미

인간은 원천적으로 공동생활을 하는 속성을 지니고 있는 존재이다. 그래서 인간을 사회적 동물이라고 부르기도 한다. 즉 이 말이 내포하고 있는 뜻은 인간은 혼자서 고립해서는 살수가 없고 항상 사회를 형성해서 모여서 살아야 한다는 것이다. 다시 말하면 인간은 사회 속에서 서로가 모여서 공통의 가치를 추구하고, 정을 나누면서 살아야만 인간으로서의 가치를 추구할 수 있다는 것이다.

지역사회(地域社會, community)는 이러한 인간의 속성에 의해서 인간들이 일정한 지역을 기반으로 하여 모여 사는 지역공동체이다. 즉 지역사회는 지역을 기반으로 한 인간의 공동체로서 인간의 직접적인 삶의 터전이 된다. 이 지역사회는 구성원들에게 지역이라는 기반을 근거로 하여 문화를 공유케 하여, 구성원들 간에 유대관계를 형성하고, 서로가 일체감을 갖도록 한다.

지역사회의 형태를 포괄적으로 분류할 때에는 생태학적인 접근에 의해서 농촌지역사회와 도시지역사회로 구분된다.

2) 지역사회 성립의 기본 요소

지역사회는 인간의 사회생활의 직접적인 기반이 된다. 그래서 이 지역사회가 성립되기 위해서는 일정한 기본적 요소들을 갖추어져야 한다. 지역사회 성립의 기본적 요소를 들어 보면 다음과 같다.

첫째는 지역의 공유성(共有性)이다. 이것은 지역사회 형성의 근원이 되는 지연성에 의한 지역적인 공유관계이다. 지역사회가 형성되기 위해서는 무엇보다도 먼저 지리적 근접성에 의한 지역 기반을 공유하면서 상호작용이 일어나야 한다. 이로 인해 지역사회는 같은 지역기반 안에 있는 인적 물적 자원을 공유하게 된다.

둘째는 공동체의식과 소속감이다. 인간은 같은 지역에 모여 살게 되면 소위 '우리의식(we-feeling)'이라는 동류의식을 가지게 된다. 그래서 우리 인간은 함께 모여서 살게 되면 이 동류의식에 의해 일체감(一體感, identity)이 형성되고, 이것이 더 나아가서 공동운명체 의식으로 발전한다. 지역사회는 이 '우리의식'에 의해 구성원들에게 소속감을 형성시켜 주어 구성원들이 지역사회 발전에 능동적으로 참여토록 한다.

셋째는 공통적 생활양식이다. 인간이 집단생활을 하기 위해서는 질서유지가 필수적이다. 이 질서를 유지하기 위해서 필요한 것이 바로 사회규범이다. 사회규범은 그 사회의 가치관을 표현하는 장치로서 사회구성원의 행위의 지침이 되어 사회의 유지 발전에 기여한다.

지역사회는 지역을 기반으로 하여 형성된 공동체이기 때문에, 심리적 문화적 단위로서 공동의 규범을 소유하게 된다. 즉 지역사회가 형성되면 공통의 관습이나 전통이 형성되어 그 지역사회의 공통된 가치체계가 성립된다. 이에 따라 구성원들에게는 공통적인 생활방식이 형성되어 지역사회를 안정시키고, 또 발전시킨다. 지역사회의 이 공통적인 생활방식이 지역사회 구성원들의 공동노력을 이끌어 내어 지역사회 발전에 기여토록 한다.

지역사회의 개념을 기본적인 구성요소에 의해 종합 정리해 보면 다음과 같다.

지역사회는 일정한 지역 안에 사는 사람들이 공동체의식을 가지고 유대감을 형성하면서, 공통의 규범에 의해서 상호작용을 하며 살아가는 생활공동체이다.

그러나 현대에 들어와서는 급속히 발전하는 교통과 통신으로 인해 상호작용의 범위가 무제한으로 확대되어 가고 있다. 그래서 현대사회에서는 위에서 지적한 지역사회 구성요소들의 의미가 점점 약해져 가고 있다.

3. 농촌지역사회

1) 농촌지역사회의 의미

농촌지역사회(農村地域社會)는 농경생활을 중심으로 하고 있는 인간 집단을 기반으로 하여 이루어진 지역공동체이다. 즉 농촌지역사회는 농촌의 특징을 소유하고 있는 지역공동체를 말하는 것이다.

인간은 누구를 막론하고 지역사회에 소속되어 살고 있다. 이러한 인간의 삶의 터전이 되는 지역사회가 자리 잡기 시작한 시기는 역사적으로 보면, 정주생활이 시작된 농경사회에서부터이다. 농경사회에서는 토지를 중심으로 정주생활이 이루어졌기 때문에 지역사회의 주요 기반인 지역적 근접성이 자연스럽게 형성되었다. 이 농경사회의 형성이 바로 농촌지역사회의 기반이 되었다.

[산악지대의 농경지]

2) 농촌지역사회 특징

지역사회는 형성기반에 따라 그 종류가 구분되고, 또 그 형성기반이 가지고 있는 속성에 따라서 그 지역사회의 특징이 형성된다.

지역사회의 특징을 규정지을 때에는 다음과 같은 두 가지의 측면에서 접근을 한다. 하나는 생태학적 측면의 접근이고, 다른 하나는 사회 문화적 측면의 접근이다. 생태학적 측면의 접근에서는 인구와 생태적인 특징을 찾아보고, 사회 문화적 측면의 접근에서는 직업과 인간관계의 특징을 찾는다. 농촌지역사회는 지역사회의 형성기반인 농촌이 가지고 있는 특징에 의해서 지역사회의 특징이 규정지어진다.

(1) 생태학적 특징

농촌지역사회의 생태학적 특징을 들어보면 다음과 같다.

첫째, 인구의 집결 규모가 작고 또한 인구밀도가 낮다. 농촌지역사회는 그 특성상 인위적으로 한 곳에 많은 사람들이 집결해서 생활하지 않기 때문에 단위당 면적의 인구수가 적다.

둘째, 지역사회 형성의 입지조건으로 배산임수(背山臨水)와 같은 자연적 조건이 주가 되며, 대부분이 자연부락의 형태를 이루고 있다. 농촌지역사회는 농업이 주요 산업이기 때문에 농경에 유리한 조건이 사회형성의 우선적 요건이 된다. 즉 배산임수의 자연적 조건은 뒤쪽에는 산이 있어서 땔감을 제공해 주고, 앞쪽에는 강이 있어서 농업용수를 제공해 준다.

(2) 직업 및 인간관계 특징

농촌지역사회의 직업 및 인간관계의 특징을 들어 보면 다음과 같다.

첫째, 농촌지역사회의 산업은 1차 산업을 위주로 하고 있다. 농촌지역사회는 그 발생기반이 농경사회이기 때문에 주된 산업에도 자연히 1차 산업인 농업이 그 자리를 차지하게 된다.

둘째, 농촌지역사회의 인간관계는 주로 대면적인 관계로 이루어진다. 농촌지역사회는 농업이 주된 산업이기 때문에 작업의 대부분이 밖에서 주민들이 협동하면서 이루어진다. 그래서 인간관계도 대면적인 관계가 일반화되어 있다.

셋째, 공동체의 성격은 운명공동체(運命共同體, Gemeinschaft)의 성격을 가지고 있다. 즉 농촌지역사회는 본질적 의지에 의한 친밀성, 자발성, 신뢰성, 정서적인 면이 강조되는 인간의 집단이다.

3) 농촌지역사회의 발전 조건

지역사회의 발전은 국가발전의 기초를 이루고 있기 때문에, 지역사회 발전은 국가발전의 핵심적 요인이 된다. 그런데 일반적으로 농촌지역사회는 도시지역사회에 비해 발전에 관한 정책적인 배려가 뒤떨어지는 경우가 많다. 이것은 국가의 중추적 기관과 시설들이 도시에 많이 배치되어 있기 때문에 불가피하게 나타나는 현상이다. 그러나 이로 인해 농촌과 도시의 불균형 현상이 초래되어서 결국은 이것이 국가의 균형발전을 저해하는 요인이 되고 있다.

농촌지역사회를 발전시키기 위한 조건들을 구체적으로 들어보면 다음과 같다.

첫째, 지역사회의 균형발전 정책을 수립해야 한다. 즉 농촌과 도시의 현실적인 조건을 감안하여 농촌지역사회의 뒤떨어진 여건을 보완할 수 있는 발전정책을 세워야 한다.

둘째, 영농기술을 향상시켜야 한다. 농촌지역사회가 발전하기 위해서는 주민들의 소득향상이 필수적으로 따라야 하기 때문에, 농촌 주민들에게 영농기술을 교육시켜 영농의 과학화를 꾀해야 한다.

셋째, 문화시설을 농촌지역에 유치해야 한다. 농촌은 도시에 비해 여러 가지 조건으로 보아 문화시설의 유치가 불리하다. 불리한 가장 큰 이유는 문화시설의 수요자가 숫자적으로 도시에 비해 많이 떨어지기 때문에, 문화시설 유치의 우선순위에서 항상 뒤떨어지게 된다. 그러므로 농촌지역에 문화시설을 유치할 때에는 수요자의 수보다 항상 주민의 복지증진의 차원에서 추진해야 한다.

넷째, 교육기회를 확대해야 한다. 교육은 개인의 발전과 아울러 직업의 선택에 중요한 역할을 하는 조건이다. 현대에는 교통, 통신의 발달에 의해 교육기회가 많이 확대되었지만, 농촌지역은 도시지역에 비해 교육기회 획득에 있어서 상대적으로 불리한 면이 많다. 특히 교육기관의 설치 면에서는 농촌지역에 대한 지원을 더욱 강화시켜야 한다.

다섯째, 주민의 의식구조를 전통과 합리성을 조화시키는 방향으로 개선시켜야 한다. 일반적으로 농촌지역 주민의 의식구조는 전통적 사고를 중심으로 하여 형성되어지기 때문에 보수적 성향이 강하다. 보수적 성향은 사회를 안정시키는 데는 기여하는 면이 있지만, 현대와 같이 급변하는 사회상황에서는 변화를 수용하는 발전 지향적인 의식구조가 더욱 필요하다. 그래서 이제는 농촌지역사회의 의식구조도 전통을 기반으로 하면서도 현대사회에 적합한 변화를 추구하는 합리적인 의식구조가 형성되어야 한다.

4. 도시지역사회

1) 도시지역사회의 의미

도시지역사회(都市地域社會)는 도시지역을 기반으로 하여 형성된 지역공체이다. 도시지역사회는 일반적으로 주변지역을 거느리면서 중심지 역할을 하기 때문에 문화의 중심지 역할을 한다.

도시지역사회가 본격적으로 형성되기 시작한 것은 산업혁명에 의해 생산방법이 기계화되어 대량생산 체제가 갖추어진 후부터이다. 기계화에 의한 대량생산은 생산활동에 필요한 인구를 집중시켰고, 또한 교역을 증가시켜 교역의 중심지를 형성시켰다. 이렇게 인구가 집중되어 인구의 수와 밀도가 증가되고, 대량생산에 의한 생산품의 교역 중심지로 시장이 발달되어 이곳을 중심으로 하여 도시가 발달하였다. 즉 인구집중과 시장발달에 의해서 발전된 도시가 도시지역사회를 형성하였다.

[도심의 야간 빌딩]

2) 도시화

도시화(都市化, urbanization)는 도시가 형성 확대되어 가는 과정으로 사회가 발전하는 한 단계이며, 또 인간공동체의 변천과정이기도 하다. 다시 말하면 도시화는 인구가 집중되면서 공동체의 생활상이 다양해지고, 또 복잡성을 띠어 가는 인간공동체의 한 변화과정이다.

도시화 현상은 근대에 들어와서 서구사회에서 체계적으로 일어나기 시작했다. 근대의 서구사회에서 도시화가 체계적으로 일어나게 된 주요 동기는 산업혁명(industrial revolution)이었다. 산업혁명은 생산방법이 도구를 사용하는 수공업에서 기계를 사용하는 공장제 기계공업으로 바뀐 동력혁명이었다. 이 동력혁명은 농업에도 영향을 주어 농업의 생산력을 증대시키는 농업혁명으로 연결되었다. 산업혁명에 의한 기술혁신은 생산력 증대와 아울러 생활의 편리화를 가져 왔으며, 대량생산에 의한 생산품의 교역중심지로 인구가 몰려들어 도시화를 가속화시켰다.

도시화의 과정을 살펴보면 서구사회의 도시화와 비서구사회의 도시화에는 차이가 있다. 즉 서구사회의 도시화는 산업혁명의 결과로 교역의 중심지가 형성되고, 생활의 편리화에 따라 인구가 집중되어 도시화가 촉진되었다. 다시 말하면 서구의 도시화는 산업혁명에 의해서 도시의 기반이 자연스럽게 마련된 다음에 그 기반 위에서 도시화가 진행되었다.

그러나 비서구사회의 많은 도시들은 서구사회의 팽창주의 정책에 따른 제국주의적 식민지 정책에 의해서 자본주의 국가들의 원료획득과 상품판매를 위한 거점을 확보하는 과정에서 도시화가 촉진되었다. 즉 비서구사회의 도시화는 서구의 자본주의 국가들의 식민지 개척과정에서 시작되어, 식민지가 독립된 후 세계적인 교역 중심지로 발전하였다. 그 대표적인 예가 인도의 뭄바이(봄베이), 홍콩, 싱가포르 등이다.

읽을거리

[홍콩의 향수]

동양의 진주, 동서가 혼재하는 애환의 도시, 액션(action) 영화의 도시, 여행의 마지막 코스인 쇼핑의 도시 등등 홍콩을 일컫는 애칭 및 대용어(代用語)들이 많다. 지금은 신공항에 의해서 뒷전으로 밀려났지만 오랫동안 홍콩의 관문이었던 '카이닥'공항의 매립 활주로는 홍콩을 처음 찾는 사람들의 가슴을 철렁하게 만들던 곳이었다. 홍콩시내가 눈에 들면서 고도를 낮추고 착륙준비에 들어간 비행기가 갑자기 바다를 향해서 내려갈 때에는 간담이 서늘해지던 느낌은 지금도 홍콩을 생각할 때면 맨 먼저 떠오르는 것이다.

홍콩은 식민지의 애환이 서린 대표적인 도시이다. 홍콩은 비서구사회의 식민지 시절의 기반에 의해서 발전한 대표적인 도시이다. 복잡스러운 시가지이지만 홍콩섬의 중심가의 하늘을 찌를 듯한 빌딩 군, 홍콩섬과 구룡 반도를 연결하는 지하차도와 페리 보트(ferry boat), 구룡반도의 정취 어린 재래상가, 홍콩 섬의 남쪽해안의 애버딘의 수상 레스토랑, 리펄스 만의 요트들, 산꼭대기의 오션파크(Ocean Park) 등 혼돈 속에서도 조화가 돋보이는 도시이다. 홍콩 섬 중턱에서 본 홍콩항의 야경은 홍콩을 영원히 잊을 수 없는 도시로 남게 하는 추억의 장면이었다. 홍콩은 복잡함 속에서도 질서가 돋보이던 도시였다. 많은 추억 중에서도 수년이 지난 오늘에도 가슴 저리게 되살아오는 추억은 홍콩 섬 중턱의 숙소에서 내려다 본 홍콩항의 야경과 제트엔진의 배를 타고 마카오를 방문한 일이다. 마카오는 지금은 많이 활성화되었겠지만 그 당시만 해도 조용하기만 했던 정감 어린 도시였다.

이제는 홍콩도 마카오도 그 옛날의 홍콩과 마카오가 아니다. 식민지의 수난 속에서 그래도 번영을 추구하기 위해 최선을 다했던 추억어린 이 도시들이 앞으로는 더욱 발전하기를 기대해 본다.

3) 도시화의 생태학적 과정

도시가 생성될 때에는 생태적 조건이 중요한 요인으로 작용한다. 예를 들면 도시의 도로, 지대, 강변, 교통 등 생태적인 조건이 도시화의 중요한 요건이 된다는 것이다.

(1) 도시형성의 생태학적 과정

도시가 형성되는 과정을 생태학적 단계별로 분류해 보면 다음과 같다.

첫째는 밀집(密集, integration) 단계이다. 밀집단계는 같은 성격을 가진 계층의 사람들이 모여서 집단을 형성하는 단계로서 도시형성의 기초를 형성하는 기본적인 단계이다.

둘째는 분리(分離, segregation) 단계이다. 분리단계는 밀집된 사회 구성원들이 사회적 지위, 경제적 지위 등에 따라 새로운 집단으로 분리되는 단계를 말한다.

셋째는 침입(侵入, invasion) 단계이다. 이 단계는 분리단계를 통해서 자리를 잡은 집단들이 발전하는 과정에서 세력의 차이가 생기게 되고, 이에 따라 세력이 큰 집단이 약한 집단을 침입하여 잠식해 들어가는 단계이다.

넷째는 계승(繼承, success) 단계이다. 침입단계에 의해서 도시는 세력이 강한 집단의 성격으로 고착되어진다. 이 단계는 도시내에서 연속적으로 일어나는 생태학적 과정의 마지막 단계이다. 또한 이 단계는 침입의 마무리 단계로서 도시의 성격이 침입에 성공한 집단의 성격으로 연속되는 과정을 말한다.

(2) 도시 팽창의 생태학적 과정

도시가 팽창되는 과정을 생태학적으로 살펴보면 다음과 같다.

첫째는 인구의 집중, 확대(人口集中, population centralization)이다. 도시가 형성되기 위해서는 우선 사람들이 모여야 되기 때문에 인구의 집중은 도시화의 우선적인 과정이 된다. 그리고 인구가 집중되게 되면 도시는 자연적으로 확대되는데, 이러한 집중과 확대의 과정을 반복하게 되면 도시의 기능과 활동도 집중과 분산을 거듭하게 되어 도시가 팽창하게 된다.

둘째는 도시의 근교화(近郊化, suburbanization) 현상이다. 도시의 인구와 기능이 확대되어지면 영역은 외부로 팽창되어 인구 및 각종 활동과 기능이 교외로 뻗어나가서 도시의 영역이 확대된다. 이것을 근교(近郊)화 현상이라고 한다. 그러나 이 근교화 현상에 따라 도시의 외형은 교외로 확장되어 나가지만, 도시의 주요 기능은 여전히 도심에 남아 있기 때문에 교외지역은 베드타운(bed town)화 경향이 나타나게 된다.

셋째는 거대도시(巨大都市, metropolitan)화 현상이다. 근교화 현상이 거듭되면 도시는 점점 확대되어 중심도시와 위성도시가 포괄되면서 거대도시화 현상이 나타난다. 오늘날의 대부분의 도시들은 이 거대도시화의 경향을 띠어 가고 있다.

넷째는 초거대도시(超巨大都市, megalopolis)화 현상이다. 도시가 계속적으로 팽창을 거듭하다보면 거대도시들이 모여서 거대도시들의 군(群)을 형성하게 된다. 이것을 초거대도시화 현상이라고 한다. 이 초거대도시화의 현상은 대도시들이 밀집된 지역에서 나타나는 현상으로서 미국의 동부 해안지대의 대도시들의 밀집지역이 그 대표적인 예이다. 우리나라에서도 예를 굳이 들어 본다면 서울과 인천간, 서울과 수원간의 도시 밀집지역이 이 예에 해당된다고 볼 수 있다. 산업화 사회가 진전되는 오늘날에는 도시의 초 거대화 현상이 계속되고 있다. 이러한 초거대도시화 현상이 일어나는 가운데 전 국토의 도시화 현상은 계속되어지고 있다.

4) 도시형성의 생태학적 이론[1)]

도시의 형성은 생태학적 측면의 자연적 형성과 도시계획에 의한 인위적인 형성으로 구분된다.

생태학적 측면의 자연적 형성은 자연적인 생태적 특성에 따라 지역이 구분되면서 도시가 형성된다. 생태학적 측면에서 본 도시형성이론은 자연지역이론, 동심원지대이론, 선형지대 이론, 다핵지대 이론 등이 있다.

(1) 자연지역 이론

자연지역(自然地域, natural area) 이론은 도시가 자연적인 지형조건에 의해서 형성된다는 이론이다. 다시 말하면 도시가 산이나 강 등 자연적 물리적 특성에 따라 구분된 자연지역에 의해서 형성된다는 것이다. 이 이론에 따라 설명될 수 있는 도시는 자연적인 입지 조건에 의해서 생성된 전통사회의 도시들이다.

(2) 동심원지대 이론

동심원지대(同心圓地帶, concentric zone)이론은 파크(R. E. Park)와 버제스(E. W. Burgess)가 정립한 생태학적 도시형성 이론이다. 이 이론에 의하면 도시는 중앙업무지역을 중심으로 하여 동심원의 형태로 각종 특수 지대들이 틀을 잡아가면서 도시가 형성된다는 이론이다. 이 이론에서는 동심원을 이루는 특수지대들의 특징을 다음과 같이 설명하고 있다.

첫 번째는 중심지역의 중앙업무지역이다. 이 지역은 도심의 영업지역으로서 이곳에는 주로 관공서, 고층건물의 사무실, 백화점, 호텔, 은행의 본점 등이 자리를 잡는다. 이 지역은 도시의 중심으로서 도시의

1) Alex Thio, *Sociology*, 1990, pp. 555-560 참조.

전반을 지배한다.

두 번째는 추이(推移)지대이다. 추이지대는 과도기 지대라고도 하는데, 이 지역은 중앙업무지역을 둘러싸고 있는 지역으로서 이 지역에 거주하는 단순 근로자들은 주로 중앙업무지역의 단순 업무들을 담당한다. 이 지역에 사는 사람들은 대체적으로 단순 근로에 종사하는 빈민층이나 생업에 실패한 사람들이다. 이들은 이 지역에 살고는 있지만 앞으로 안정된 지역으로 이동할 것을 생각하며 어려움을 참으면서 일시적으로 주거를 정하고 있는 사람들이 대부분이다.

세 번째 지역은 근로자 주거지역이다. 이 지역은 주로 저소득층이 거주하는 지역으로서, 추이지대에서 생활기반을 잡아서 이동한 사람들이 대부분이다. 이 지역에 거주하는 사람들은 대부분이 경공업에 종사하는 사람들로서 저소득층에 해당되며, 이 지역의 주택은 오래된 집들이 많다.

네 번째 지역은 양호한 주거지역이다. 이 지역은 주로 중류층의 사람들이 거주하는 지역으로서 이들은 대부분 사회의 중요한 역할을 담당하면서 안정된 생활을 하며 살고 있는 지역이다. 이 지역에는 주로 중소기업 경영인, 은행원, 회사원 공무원, 전문직업인 등이 거주한다.

다섯 번째 지역은 도시의 가장 외곽지역으로서 통근자 주거지역이다. 이 지역에 사는 사람들은 주거는 이 지역에 두면서 생활 근거는 도심에 두고 있다. 그래서 주간에는 도심에서 생활하고 밤에만 주거지역으로 돌아오기 때문에 이 지역을 일컬어 베드 타운(bed town)이라고도 한다. 통근자 주거지역에는 두 계층의 주민들이 살고 있다. 하나는 전원주거지역을 형성해서 사는 상류층 주민들이고, 다른 하나는 도심의 땅값이 비싸기 때문에 밀리고 밀려서 교외로 나온 빈민층의 주민들과 어렵게 살아온 원주민들이다.

동심원지대 이론에 대해서는 다음과 같은 비판이 제기되고 있다.

동심원지대 이론은 도시형성의 생태학적 과정을 이론적으로는 적절하게 설명하고 있지만, 도시형성의 실제에 있어서는 형성의 형태가 언제나 원을 그리면서 진행되지는 않는다는 비판을 받았다. 그래서 이 동심원지대 이론을 보완해서 나온 이론이 선형(扇形) 지대이론이다.

(3) 선형지대 이론

동심원지대 이론의 부족한 점을 지적하면서 대두된 선형지대 이론(扇形地帶理論, sector zone theory)은 호이트(H. Hoyt)가 정립한 도시형성 이론으로서, 도시의 복잡한 생태학적 구조를 보다 현실성 있게 모형으로 제시했다. 이 이론에 의하면 도시가 형성되는 과정에서 그 형태가 중심 지역에서 도로망을 따라 퍼져나가면서 몇 개의 특성적 지역(sector)들이 부채 모양의 지역으로 나누어진다는 것이다. 다시 말하면 도시의 형성은 특성을 소유한 지역들이 중앙업무지역을 중심점으로 하여 외곽으로 방사되는 많은 부채모양의 지역형태로 나누어진다는 것이다.

도시의 형태는 중앙에는 도시의 핵심부분인 업무지역이 자리를 잡고, 그 주변에는 업무지역의 단순노동에 종사하는 빈곤층이 중앙에서 퍼져나가는 부채꼴 모양의 형태를 갖추면서 중앙업무지역에 가장 가깝게 자리를 잡는다는 것이다. 그리고 계속해서 외곽을 향해서 근로자층의 주거지역, 중산층의 주거지역, 통근자 거주지역으로 자리가 잡혀진다는 것이다.

(4) 다핵지대 이론

도시의 규모가 확대되어지면서 도시가 성장해 가는 형태도 변해왔다. 이에 따라 새롭게 정립된 도시성장이론이 다핵지대 이론(多核地帶理論, multi nuclei zone theory)이다. 다핵지대 이론은 해리스(C. Harris)와 울만(E. Ullman)이 정립한 생태학적 도시형성 이론이다.

이 이론에 의하면 도시가 성장하는 과정에서 도시 중심부인 중앙업무지대를 중점으로 하는 핵심적인 중심 도시지역이 형성되고, 그 주변에는 다시 중앙업무지역을 대신할 수 있는 또 다른 소 중앙 업무지역이 형성되어 도시의 기능을 갖춘 소도시 형태의 지역들이 형성된다는 것이다. 이렇게 하여 형성된 소도시 기능 지역들이 도시내에 여러 개의 핵을 이루면서 도시가 성장해 간다는 이론이다.

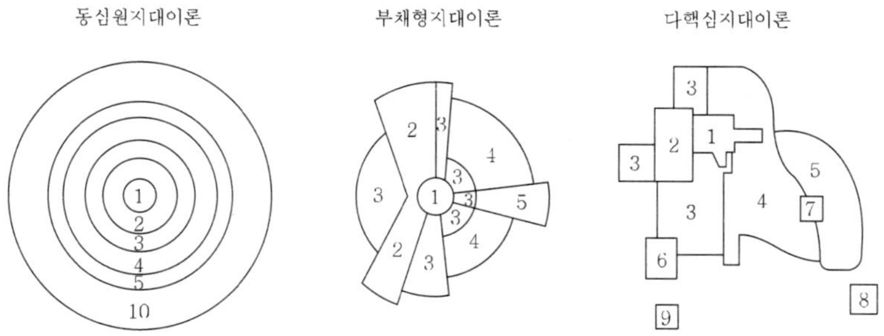

세 이론의 도시지역의 내부구조의 일반화 :

1. 중앙상업지역
2. 경공업공장지역
3. 저소득층거주지역
4. 중류층거주지역
5. 상류층거주지역
6. 중공업지역
7. 외곽상업지역
8. 교외거주지역
9. 교외공업지역
10. 통근자거주지역

[도시형성의 생태학적 모형들][2)]

이 이론에서는 도시가 성장하는 과정에서 도시의 사회적 경제적 특성이 지역별로 구분되면서 사회적 특성지대를 형성해 가는 것을 강조했다. 또 도시의 형성과정에서 나타나는 특성지대의 형성요인으로는 직업, 교육수준, 생활수준, 인종 등을 지적했다.

5) 도시의 사회 문화적 특성

도시는 인구가 밀집되어 인구밀도가 높아지고 또 생활양식이 농촌에 비교되는 특성을 갖는 지역사회이다. 도시의 특성을 사회 문화적인 면에서 살펴보면 다음과 같다.

(1) 이해타산적인 인간관계

도시화가 진행되면 인구가 모여듦과 동시에 주민들의 의식에 변화가 일어난다. 즉 의식과 생활양식에 도시적인 성향이 나타나게 된다. 다시 말하면 주민들의 의식이 전통적인 협동의식에서 이기주의적 성향

2) Alex Thio, *Sociology*, 1990, p. 559의 모형 참조

으로 변화되면서 경쟁의식이 강해지고 또 합리성을 강조하는 이해타산적인 인간성이 형성된다.

이와 같이 합리성이 강조되고 이해타산을 강조하는 도시사회에서는 자연적으로 인간관계가 사무적이고 비인간적으로 형성되게 된다.

(2) 인간관계에서 익명성 표출

도시사회의 인간관계는 이해타산적인 인간관계가 주류를 이루고 있기 때문에 영속성이 결여되는 일시적인 인간관계가 큰 비중을 차지하게 된다. 그리고 주민 상호간에는 대면접촉의 기회가 줄어들어 친밀성이 결여되기 때문에 자신의 노출을 꺼리게 된다. 그래서 도시지역사회의 인간관계에서 서로의 노출을 꺼리는 익명성(匿名性, anonimity)이 나타나게 된다.

(3) 자기중심적인 선택적 의지 형성

도시사회의 인간관계는 일반적으로 이해관계가 중심이 되는 선택적 의지에 의해서 형성된다. 사회학자 퇴니스(F. Tönnis)는 도시사회를 게젤샤프트(Gesellschaft) 즉 이익사회로 구분했다. 그래서 도시사회는 개인의 자기중심적 이해관계가 기초를 이루는 타산적, 합리적, 경쟁적, 인위적 인간관계로 이루어진다. 그러기 때문에 도시사회에서는 구성원간 신뢰성이 부족해지고 대부분의 일들에 있어서는 자기중심적으로 일을 처리하려는 이기주의적 경향이 강하게 나타난다.

(4) 다양한 사회문제 발생

도시화가 진행되면 사회가 복잡해지고 다양해지기 때문에 여러 가지의 사회문제들이 발생한다. 즉 인구문제, 교통문제, 주택문제, 환경문제 등 다양한 사회문제들이 발생하게 된다. 사회문제는 사회발전을 저해하는 조건이기 때문에 사회문제를 해결하지 않으면 사회발전을 기대할 수가 없게 된다. 그런데 이 사회문제는 그 발생 원인이 다양하기 때문에 해결방법도 다양하게 대처해야 한다.

사회문제를 예방하고 해결하기 위해서는 사회적 통제가 필요하다. 사회통제의 방법에는 공식기관이 법에 의해서 통제하는 공식적 통제와 관습이나 사적인 규정에 의하는 비공식적 통제가 있다. 도시사회에서는 일탈행위에 대해서 농촌사회에 비해 공식적인 사회통제 방법으로 해결하려는 경향이 강하다. 그래서 도시사회의 인간관계에는 더욱 기계적인 관계가 되고 이에 따라 인간의 본연의 정(情)은 점점 결여되어 가고 있다.

(5) 구성원들간에 이질성 심화

도시사회는 많은 사람들이 모여서 이루어진 사회이기 때문에, 구성원들간(구성원들 간)에 이질성(異質性)이 심하다. 그래서 구성원들 사이에 불평등이 심하고, 상호간의 대립과 반목이 자주 일어나며, 사회적인 비행이 상대적으로 증가된다. 특히 도시화의 과정에서 인구가 모여들 때에 단순 근로자들이 큰 비중을 차지하기 때문에 도시빈민층이 형성되고, 이곳을 중심으로 사회적 비행이 상대적으로 증가한다.

6) 도시화에 따른 부작용

사회가 도시화됨에 따라 인간의 생활형태도 도시의 특성에 따라 다양하게 변화되어 왔다. 도시화에 따른 생활형태의 변화는 인간에게 많은 편리함과 함께 이에 못지않은 부작용들을 안겨 주었다. 도시화가 인간에게 준 편리함으로는 주택이 개선되고, 교통이 편리해지고, 시장이 형성되어 유통이 편리해지는 등 생활의 향상에 관련되는 것들이 있다. 그러나 생활이 향상되는 반면에 이에 못지않은 부작용들이 나타나고 있다.

도시화에서 나타난 부작용들을 들어보면 다음과 같다.

첫째, 환경공해의 증가이다. 환경공해는 순수한 자연환경에서는 나타나지 않는다. 왜냐하면 자연은 스스로 보정작용(補正作用)의 기능을 소유하고 있기 때문이다. 그러나 인간사회가 도시화의 현상을 나타내면서 자연의 보정작용을 약화시켜서 환경공해를 유발시키고 있다.

[인도 봄베이의 시내공중세탁장]

환경공해에는 대기오염(大氣汚染), 수질오염(水質汚染), 소음공해(騷音公害), 쓰레기 공해 등이 있는데, 이 환경공해는 인간의 삶의 질에 심각한 영향을 준다. 또 이 환경공해는 그 정도가 심해지면 인간의 생명에 치명적인 영향을 줄 수 있다. 그래서 현대에 와서는 모든 나라들이 환경공해 방지에 많은 노력을 하고 있다.

둘째, 비행(非行), 범죄(犯罪, 탈선(脫線)의 빈번한 발생이다. 도시는 이질성을 가진 다양한 사람들이 모여서 형성된 사회이기 때문에, 구성원들의 의식구조와 생활방식에 많은 차이가 있다. 이러한 차이 때문에 구성원들 간에는 불평과 불만이 일어나게 되고, 이를 노출시키는 과정에서 여러 가지의 사회규범을 어기게 되어 사회문제를 일으키게 된다.

셋째, 저속문화(低俗文化) 창출의 중심이 된다. 도시는 여러 가지 직업에 종사하는 사람들이 모여서 살고 있는 이질성의 사회이고, 또 도시의 직업들은 대체로 많은 사람들을 상대로 하고 있다. 이러한 이유 때문에 도시인들은 상대적으로 많은 스트레스를 받는다. 도시인들은 이 스트레스의 해소방법으로 자신도 모르는 사이에 저속문화에 젖어들게 된다.

넷째, 도시의 집중개발(集中開發)이 지역의 균형발전을 저해한다. 도시는 일반적으로 주변지역의 중심지 역할을 하기 때문에 개발에 있어서 농촌보다 우선되는 것이 일반적인 예이다. 또한 도시는 농촌에 비해서 개발여건이 상대적으로 유리하기 때문에 지역사회를 개발할 때에 우선되기도 한다. 이와 같이 도시의 집중개발은 도시의 생활조건을 향상시키지만, 반면에 지역사회의 균형발전을 저해하는 결과를 가져오게 된다.

요점정리

1. 공동체의 개념

공동체의 의미 : 인간의 공동생활의 집단
사회형성의 단위

공동체의 유형 : 형성 근원에 따라 - 운명공동체, 이익공동체
역사적 발전단계에 따라 - 씨족공동체, 부족공동체, 민족공동체

2. 지역사회

지역사회의 의미 : 공통의 가치를 추구하는 사람들이 일정지역을 중심으로 하여 형성한 공동체

지역사회 구성 요건 : 지역적 근접성
소속감
공통의 생활방식

3. 농촌 지역사회

농촌지역사회의 의미 : 농촌을 중심으로 형성된 지역공동체

인구학적 생태학적 특징 : 인구의 집결 규모가 작고 인구밀도가 낮음
대부분 자연 부락 형태

직업 및 인간관계 특징 : 1차 산업 위주
주로 대면적 인간관계
Gemeinschaft 적 성격

농촌 지역사회의 발전 요건 : 지역사회의 균형발전 정책 추진
영농기술의 발달 및 보급
문화시설의 확충
교육기회의 확대
주민의 의식구조 전환

4. 도시 지역사회

도시지역사회의 의미 : 도시를 중심으로 형성된 지역공동체

도시화 : 인구증가, 교역 중심지화
생활양식의 도시성, 생활의 편리

근대 서구 사회의 도시성장 요인 : 산업혁명
농업혁명
기술혁신

비서구 사회의 도시화 계기 : 세계 체계 이론
팽창주의 정책
제국주의적 식민지 정책

도시형성의 생태학적 과정 : 밀집(integration), 분리(segregation), 침입(invasion), 계승(success)

도시의 생태학적 유형 : 자연지역
동심원지대 : 중앙업무지대, 추이지대, 근로자 주거지역, 양호한 주거지역, 통근자 주거지역
선형지대
다핵지대

도시화에 따른 문제점 : 환경 공해
비행 범죄 탈선
저속 문화 창출,

수험대비 평가문제

1. 지역사회가 형성되려면 여러 가지의 요건이 갖추어져야 한다. 여러 가지 요건들 중에서 특히 세 가지를 들어서 3 대 요건이라고 한다.
   (1) 지역사회형성의 3 대 요건을 쓰시오.
   (2) 위의 3 대 요건 중에서 핵심이 되는 요건을 들고 그 이유를 쓰시오.

2. 인간은 본능적으로 사회를 형성하여 살도록 되어 있다. 그래서 인간은 본능적으로 모여들게 되는 것이다. 즉 도시화 과정도 바로 이러한 본능이 표출되는 과정이다. 그런데 도시화 과정은 환경적 여건에 의해서 차이가 나타난다.
   (1) 서구사회의 도시화 과정과 비서구사회의 도시화 과정을 비교 설명하시오.
   (2) 우리나라 도시화 과정의 특징을 들어 보시오.

3. 현대는 농촌지역의 도시화가 급속히 진행되고 있다. 우리나라의 경우를 보더라도 과거의 농촌들이 지금은 도시의 이름으로 바꾸어진 곳이 많다.
   (1) 도시화의 의미를 설명해 보시오.
   (2) 농촌지역사회와 도시지역사회의 인간관계의 특징을 비교 설명하시오.

4. 농촌의 생태학적 속성이 아닌 것은?
   ① 동질성 ② 안정성
   ③ 이동성* ④ 친밀성

5. 농촌과 도시의 특성 설명이 옳지 못한 것은?
   ① 농촌일수록 일상생활에 관습의 영향력이 크다.
   ② 농촌일수록 집성촌(集成村)의 성격이 강하게 나타난다.
   ③ 도시일수록 인간관계가 비공식성을 강하게 나타낸다.*
   ④ 도시일수록 익명성이 강하게 나타난다.

6. 근대 서구사회의 도시성장의 직접적인 요인이라고 볼 수 없는 것은?
   ① 산업혁명 ② 유통발달

③ 정치혁명*　　　　　　　　④ 기술발달

7. 도시형성의 생태학적 과정을 설명한 이론들을 들어보시오.

8. 농촌과 도시의 균형발전 방안에 대해서 기술하시오.

9. 농촌지역사회의 인구적 생태적 특징을 설명하시오.

10. 농촌지역과 도시지역의 인간관계의 특징을 비교 설명하시오.

11. 도시형성과정의 생태학적 이론 중에서 동심원지대이론을 설명하시오

12. 도시형성과정의 생태학적 이론 중에서 선형지대이론을 설명하시오.

13. 도시형성과정의 생태학적 이론 중에서 다핵지대이론을 설명하시오.

제 9 장 일탈행동과 사회통제

1. 일탈행동의 개념
2. 일탈행동의 원인 이론
3. 일탈행동과 범죄
4. 일탈행동과 사회통제

우리가 살고 있는 이 사회는 일정한 규범에 의해서 유지 발전해 나간다. 이 규범은 인간사회를 가치 지향적인 방향으로 이끌어 가는 원동력이 되며, 또한 사회구성원들의 행동방향의 지침이 된다. 사회는 이 규범에 의해서 질서를 유지하며 또 발전해 간다. 그래서 사회구성원들의 규범준수는 사회발전의 필수적 조건이 된다.

사회규범에는 법률과 도덕 그리고 관습이 있다. 법률은 공적인 기관에 의해서 시행되며 불이행 시에는 강제적인 제재를 받는다. 그리고 도덕은 자율적 규범으로서 양심에 의해 시행되며 관습은 반복된 관행이 일상생활을 규제하는 규범이다.

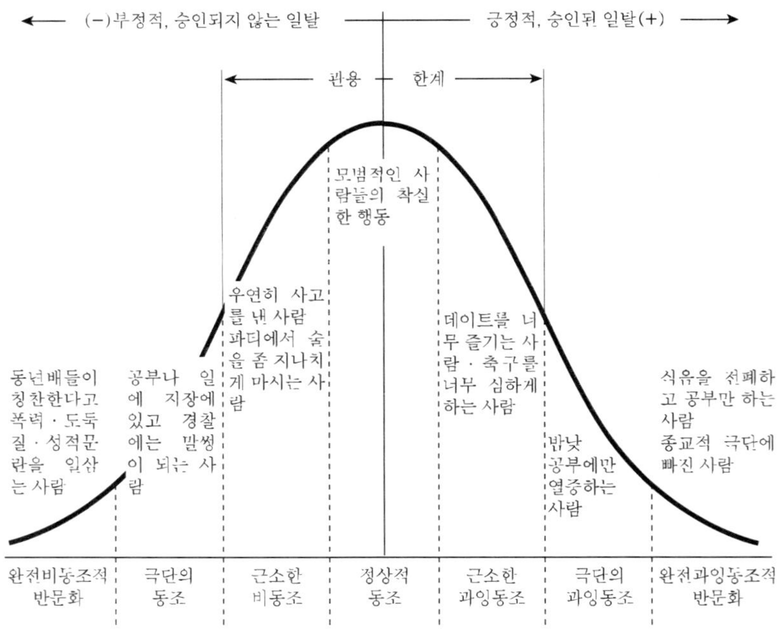

[긍정적 일탈과 부정적 일탈의 상징도][1)]

사회는 그 구성원이 규범을 지킬 때에(에 생략) 발전이 가능하기 때문에,(쉼표 생략) 구성원들은 반드시 이 규범을 지켜야 한다. 그러나 인간사회는 다양한 구성원으로 이루어져 있기 때문에 경우에 따라서는 사회구성원들이 이 규범을 어기게 되는 때가 생긴다. 이렇게 구성원들

1) Lowry & Rankin(1977 : 529)과 Sites(1975 : 414) 김경동, 『현대의 사회학』, 박영사, 1995, p.391에서 인용.

이 사회적 기대를 저버리고 규범을 어기는 행동을 일탈행동이라고 한다.

일탈행동은 사회질서를 파괴하고 사회발전을 저해하게 된다. 즉 일탈행동은 사회발전을 저해하는 사회문제를 낳게 된다. 사회문제는 바람직스럽지 못한 사회적 현상으로서 사회발전을 저해하는 사회적 조건이다. 그래서 일탈행동을 막지 못하면 사회문제가 발생해서 사회의 발전을 기대할 수가 없게 된다. 그러므로 일탈행동의 예방과 치료는 어느 사회를 막론하고 국가의 중요정책이 되고 있다. 이렇게 일탈행동을 예방하고 또 치료하는 사회적 행위를 사회통제라고 한다.

사회통제는 구성원들이 사회적 규범을 어겼을 때에 제재를 가하는 것이다. 사회통제에는 비공식적 사회통제와 공식적 사회통제가 있다.

이 장에서는 일탈행동의 개념을 파악한 후에 일탈행동이 발생하는 원인과 그 치료방법에 대해서 살펴보기로 하겠다.

1. 일탈행동의 개념

1) 일탈의 정의

일탈(逸脫, deviation)은 어원이 내포하고 있는 바와 같이 인간의 행동이 정상적인 궤도를 벗어난 상태를 말한다. 이 일탈이라는 용어는 주로 사회학의 전문용어로서 사용되고 있는데, 이때의 의미는 인간의 행동이 사회의 규범에 벗어나서 사회문제의 소지를 만들어내는 것을 말한다.

사회적 규범은 인간의 정상적인 행위를 기준으로 하고 있기 때문에, 이 사회적 규범을 어기는 일탈은 대부분이 사회에 부정적인 영향을 준다. 그러나 경우에 따라서는 인간의 행동이 사회적 규범에는 맞지 않지만 다른 사람들에게 손해는 주지 않는 경우도 있다. 우리는 전자를 부정적인 일탈이라 하고, 후자를 긍정적인 일탈이라고 한다.

일탈은 일탈행동을 수반하게 된다. 개인이 부정적인 일탈행위를 저지르게 되면 이것은 위법행위가 되어 처벌의 대상이 된다. 부정적 일탈행위의 예로서는 범죄, 탈세, 밀수, 비행 등의 부정행위들이 있다. 반면에 긍정적인 일탈행위는 정상적인 사회생활의 규범에는 맞지 않는 행위이기 때문에 사회적인 인정은 받지 못하지만 그러나 그 행위가 다른 사람들에게 피해는 주지는 않는 행위를 말한다. 예를 들면 하루의 식사 횟수와 식사하는 시간이 보통 사람들과 다르다든지, 또는 일상생활에 있어서 습관적으로 낮에는 잠을 자고 밤에만 활동을 하는 것 등이 여기에 속한다.

일탈행동(逸脫行動, deviant behavior)은 규범을 어기면서 행하는 행동이다. 우리가 사회학적으로 지칭하는 일탈행위자란 사회에서 용인된 규범체계를 벗어난 행동을 하는 사람을 말한다. 예를 들면 범법자 또는 범죄자는 법률로 명문화된 사회규범을 어긴 일탈행위자이다. 이들은 법에 의해서 응분의 처벌을 받게 된다.

2) 일탈행동의 사회적 상대성

일탈행위는 사회적 규범에 벗어나는 행위이지만 일탈행위에 대한 규정은 언제 어디서나 항상 고정되어 있는 것은 아니다. 즉 일탈행동을 규정하는 기준은 시대와 장소에 따라서 변화될 수 있다는 것이다. 이 말의 의미는 일탈행동을 규정할 때에는 일반적으로 행동자체가 내포하고 있는 내재적 특성보다 그 행동이 일어나고 있는 사회적 상황이나 문화에 더 많은 영향을 받아서 규정된다는 것이다. 즉 어떤 행동이 일탈행동으로 규정될 때에는 행동이 행해지는 그 당시의 사회적 상황이나 문화에 따라서 결정이 된다. 동일한 행동이라도 시대와 사회의 상황에 일탈행위가 될 수도 있고, 또 되지 않을 수도 있다는 것이다. 이와 같이 사회적 상황이나 그 사회의 문화에 따라서 일탈행위가 결정되는 것을 일탈행위의 사회적 상대성이라고 한다.

어떤 행동이 그 사회의 사회적 상황에 따라서도 일탈행동으로 규정되는 예를 들어 보면 다음과 같다. 여름철의 해수욕장에서 여성들이 비키니 수영복 차림을 하고 있는 것은 하등의 문제가 되지 않지만, 여름철이 아닌 경우라든지 또 여름철이라도 해변이 아닌 도심의 한 복판에서 그런 옷차림이 나타났다고 하면 분명히 일탈행위가 될 것이다. 또 전쟁터에서 사람을 죽이면 훈장을 받지만, 그렇지 않은 경우에 사람을 죽이면 커다란 일탈행위가 된다.

또 어떤 행동이 그 사회의 문화에 따라서 일탈행위로 결정되는 예는 다음과 같다. 여성이 웃어른의 앞에서 흡연을 하는 경우, 여성의 흡연이 일반화된 서구사회에서는 아무런 문제가 되지 않지만, 유교윤리가 사회윤리의 중심을 이루고 있는 동양사회에서는 아직도 정상적인 행위로 보지 않으려는 경우가 지배적이다. 또 일부다처제도가 법적으로 인정되는 중동의 회교 국가에서는 한 남자가 여러 명의 여자와 결혼을 하는 것이 법적으로 인정되기 때문에 일탈이 되지 않지만, 우리나라와 같이 유교의 윤리를 중시하는 국가에서는 이것이 법적으로 금지되어 있기 때문에 이러한 행위를 하게 되면 일탈행동이 된다.

이와 같이 일탈행위를 규정할 때에 그것을 규정하는 기준이 사회적 상황에 따라서 가변성을 가지기 때문에 일탈행위의 규정이 시대와 장소에 따라서 달라진다. 시간의 흐름에 따라 기준이 변화하는 경우로서는, 과거에는 인정이 되었지만 오늘날에는 인정되지 않는 일부다처제도가 그 예가 될 수 있다. 또 문화의 전파에 의해서 일탈행위의 기준이 변화하는 예로서는, 서구문화의 전파에 따라 일반화되어 가고 있는 여성의 흡연이나, 대로상에서의 남녀 포옹, 동성애 등이 그 예가 될 수 있다. 또한 교육에 의한 가치관의 변화에 의해서 일탈행위의 기준이 변하는 예로는 미망인의 재가나 여성의 선원 근무 등 과거에는 금기시되어 오던 일들이 오늘날에는 사회적으로 인정되고 있는 것 등이 있다.

읽을거리

[런던의 지하철에서]

영국 런던의 교통체계는 런던을 구경하러 온 외국인들에게 편리하게 되어 있다. 즉 하나의 티켓만 사면 이 한 장으로 일정한 범위 안에서는 기차, 지하철 그리고 버스를 하루 종일 이용할 수 있게 되어 있다.

필자가 런던을 방문했던 때였다. 어느 날 오후 숙소로 돌아오기 위해서 지하철을 탔다. 지하철은 하루 일과를 마치고 귀가하는 사람들로 가득 차 있었다. 두리번거리면서 빈자리를 하나 찾아서 자리를 잡고 앉아 있는데, 아마도 퇴근시간을 맞추어서 귀가 길에 오른 듯한 중년 부부가 필자와 마주보는 앞자리에 다정하게 앉았다. 그 둘은 하고싶은 이야기가 많은 듯 서로가 얼굴을 마주하며 소곤소곤 정담을 나누고 있었다. 그런데 그들은 이야기를 하다 말고 다정하게 얼굴을 맞대고 키스를 하고, 또다시 소곤소곤 이야기하고 그러다가 또 다정하게 얼굴을 마주하며 키스를 하곤 했다. 그들의 바로 앞에 앉은 나는 이러한 문화에 익숙하지 못해서 그럴 때마다 고개를 돌리곤 했는데, 그 고개를 돌린 횟수가 전철 구간이 그렇게 길지 않은 구간이었는데 열 번이 넘었다.

지금 생각해 보면 이러한 일은 그들의 문화에서는 하루 일과를 끝내고 귀가하는 부부간의 지극히 평범한 일이었는데도 나는 그때에 스스로 어색함을 감추지 못했던 것이었다. 그 당시에만 해도 우리의 문화적 관점에서 보면 대낮에 많은 사람이 있는 지하철에서 중년부부가 많은 사람들이 보는 앞에서 노골적인(?) 애정표현을 하게 되면 그것이 일탈행위의 범주로 생각할 수 있었기 때문에 그렇게 어색했던 것이 아니었나 하는 생각이 들었다.

그러나 시간이 지난 지금은 우리의 문화에서도 그와 같은 일들이 문화적으로 인정이 되어 가고 있다. 즉 일탈의 기준이 시간의 흐름과 문화의 전파에 의해서 변화되고 있는 것이다.

2. 일탈행동의 원인이론

일탈행동을 그 발생원인에 의해서 설명할 때에는 크게 두 가지의 입장서 설명하고 있다. 하나는 개인이 가지고 있는 개인적 특성에 의해 나타나는 일탈행동이고, 또 하나는 사회적 환경에 영향을 받아서 나타나는 일탈행동이다. 그러나 일반적으로 일탈행동이 일어날 때에는 개인적 요인과 사회적 요인이 복합되어서 일어나는 것이 보통이다.

1) 개인적 원인론

개인적 원인론은 일탈행동의 발생 원인이 개인에게 있다는 이론이다. 즉 이 이론은 일탈행동이 발생하는 경우 그 발생원인을 개인적인 요인에서 찾으려는 이론이다. 일탈행동의 개인적 원인론에는 일탈행동의 원인을 생물학적으로 접근하는 유전적 원인론과 심리학적으로 접근하는 후천적 원인론이 있다.

(1) 유전적 원인론

유전적 원인론은 일탈행동이 인간의 생물학적 요인인 유전적 원인에 의해서 일어난다는 이론이다. 즉 이 이론에서는 일탈행동의 원인을 행위자의 생물학적, 생리적 특성에서 찾는다. 이 이론에 의하면 어떤 개인이 일탈행동을 하게 되는 것은 그 개인에게 선천적으로 타고난 유전적인 결함이 있기 때문으로 보는 것이다. 그러나 이 유전적 원인론에 대해서는 이의를 제기하는 비판론이 야기되고 있다. 즉 한 개인에 의해서 발생되는 일탈행동이라도 그 개인이 처해있는 주변 환경에 따라서 일탈행동의 발생률이 다르게 나타난다는 것이다.

다시 말하면 동일한 속성을 가진 집단에서 발생하는 개인적인 일탈행동의 발생빈도가 지역이나 시기 등 주변환경에 따라서 상이하게 나타난다는 것이다. 이러한 예는 같은 속성의 사회집단에 대한 일탈행동의 발생빈도 및 범죄율 조사에서도 나타나고 있다. 이러한 결과가 나타나는 이유는 일탈행동은 개인적인 원인에 의해서만 일어나는 것이 아니고, 그 사회를 지배하는 문화적 목표나 규범, 또는 사회적 상호작용이나 사회적 역학관계 등에 의해서도 일어난다는 것이다. 그래서 이 비판론에서는 일 개인에 의해서 발생하는 일탈행동은 개인 그 자신의 선천적 요인에 의하기도 하지만, 한편으로는 주변환경에 의해서도 개인의 일탈행동의 발생 요인이 형성된다는 것이다.

(2) 후천적 원인론

일탈행동의 개인적 원인론에서 접근하는 또 하나는 후천적 원인론이다. 이 후천적 원인론은 개인의 일탈행동의 원인에 대한 심리학적 접근 방법이다. 이 심리학적 접근은 일탈행동의 원인을 후천적인 개인의 성격에서 찾는 접근 방법이다. 즉 일탈행동은 후천적으로 형성된 개인의 퍼스낼리티에 문제점이 있거나 또는 환경에 적응하는 과정에서 문제가 형성되어 일어난다고 보는 것이다. 이 접근에서 강조하는 것은 인간의 심리적 또는 정서적 불안정이 일탈을 야기하는 주요 요인이 된다는 것이다.

심리학자 프로이드(Sigmund Freud)는 일탈행동의 원인을 개인의 무의식적 충동과 내면화된 사회적 요구간에 나타나는 갈등으로 보았다. 즉 그는 개인의 무의식적 충동과 내면화된 사회적 요구를 적절히 해결하지 못할 때에 일탈행동이 발생한다고 보았다. 그래서 인간은 이러한 일탈의 본질적인 요소를 해소하기 위해서 성장과정을 통해 일탈적 충동행동을 억제하는 방법을 배운다.

2) 사회구조적 원인론

일탈행동의 원인에는 개인적인 원인과 함께 사회구조적인 원인이 있다. 즉 일탈행동의 유형이 심리적인 측면과 관련성이 많으면, 그 원인은 개인적인 특성에서 찾는 것이 용이하고, 반면에 일탈행동의 유형이 환경적인 요인에 관련성이 많으면 그 원인을 사회구조적인 측면에서 찾는 것이 용이하다.

일탈행동의 사회구조적 원인론은 일탈행동의 원인이 사회구조적 요인에 있다고 보고 일탈행동의 발생에 관해서 사회구조적인 요인을 연구하는 이론이다. 일탈행동에 대한 사회학자들의 일반적인 견해는 심리학자들의 견해와는 달리 일탈행동의 원인을 개인적인 요인 보다 사회 구조적, 사회 배경적 요인에다 비중을 크게 두고 있다. 사회 구조적 측면에서 본 일탈행동의 원인론의 종류에는 아노미론, 차별교제론 그리고 낙인론 등이 있다.

(1) 아노미 이론(anomie theory)

아노미(anomie)는 사회적 무질서라는 뜻을 내포하고 있는 말이다. 그래서 사회에 아노미 현상이 발생했다는 것은 그 사회가 혼란에 빠져들고 있다는 뜻이다. 아노미 현상을 좀더 구체적으로 설명해 보면 다음과 같다. 어떤 사회에 아노미 현상이 발생한 경우에는 그 사회를 지배하는 사회규범이 약화되었거나 또는 없어졌다든지, 아니면 두 가지 이상의 상반되는 사회규범이 동시에 존재하여 사회질서가 혼란에 빠지게 된다. 다시 말하면 아노미상태가 발생한 사회에서는 개인의 욕구와 행위를 조정해 줄 수 있는 사회적 규율이 없어지게 되고, 또 구성원들의 행동 지침이 없어짐에 따라 구성원들은 행동의 방향을 잃게 된다.

어떤 사회에 아노미 상태가 일어나면 그 영향이 사회 전반에 걸쳐 나타나게 되는데, 우선 사회내의 집단결속이 약화되어 사회조직이 와해되고, 또 구성원들이 가지고 있는 공통의 목표와 가치가 상실되게 되어 사회발전을 저해하게 된다. 이렇게 아노미상태를 규범부재의 상태로 설명한 사람은 뒤르켐(E. Durkheim)이다.

노미이론을 체계화시킨 사람은 머튼(Robert Merton)이다. 그는 아노미 상태를 사회적으로 인정된 목표와 이 목표를 달성하기 위한 합법적인 수단간에 괴리현상이 나타나서 사회적으로 혼란이 일어나는 것으로 설명했다. 다시 말하면 아노미 상태는 문화적 목표와 합법적 수단간에 나타나는 괴리현상이라고 했다. 예를 들면 돈을 벌어서 행복하게 살고 싶은데 정상적으로 돈을 벌 수 있는 기회가 막혀버린 경우에는 좌절감을 갖게 되면서 부정한 수단을 생각하게 된다. 또 출세를 해서 행복하게 살고 싶은데 출세의 기회가 쉽게 주어지지 않을 때에도 좌절감을 맛보면서 정상적이 아닌 삶의 방법을 생각하게 된다. 아노미 현상은 결국 사회적 일탈행위를 유발시켜서 사회적 혼란을 가져오게 된다.

그런데 사회의 속성상, 사회에 아노미 상태가 나타나게 되면 그 상황에 적응하는 다양한 대응형태가 나타나게 된다. 머튼(R. Merton)은 사회적 적응형태를 다섯 가지로 나누어서 설명했다. 그는 정상적인 사회적 적응상태를 동조형으로 규정하고, 여기에 대응되는 일탈적 적응형태를 혁신형, 의례형, 패배형, 반역형으로 구분하여 설명했다.

동조형은 정상적인 사회적 적응상태로서 사회적으로 인정된 목표와 수단에 모두 동조하는 보편적인 적응방식이다. 이 보편적인 적응방식은 사회의 문화적 목표와 제도적 수단을 모두 수용하는 것으로 사회에서 기대하는 이상적인 적응양식이다. 머튼은 아노미 현상에 대한 적응상태를 다음과 같이 도식화했다.

〈아노미(anomie) 현상에 대한 적응 상태〉

	문화적 목표	제도적 수단	비 고
동조형(conformity)	+(수용)	+(수용)	정상적 적응
1. 혁신형(innovation)	+(수용)	-(거부)	일탈적 적응
2. 의례형(ritualism)	-(거부)	+(수용)	일탈적 적응
3. 패배형(retreatism	-(거부)	-(거부)	일탈적 적응
4. 반역형(rebelion)	+ -(무관)	+ -(무관)	일탈적 적응

출처 : Merton, *Social Theory and Social Structure*, New York, Free Press

위의 표에서 제시한 동조형(同調型)은 정상적인 사회적응 상태이다. 이것은 아노미 상태의 일탈적 적응 상태와 구별된다. 이것은 사회생활을 하면서 사회적으로 인정하는 문화적 목표와 이 목표달성을 위한 합법적인 수단을 동시에 수용하는 이상적인 사회 적응의 형태이다. 아노미 상태의 일탈적 적응 상태의 설명은 다음과 같다.

첫 번째의 혁신형(革新型)은 사회적으로 인정된 문화적 목표는 수용하면서 이를 실천하기 위한 합법적으로 인정되는 제도화된 수단을 포기하는 상태이다. 이 경우에는 목표를 달성하기 위해서는 사용할 수 있는 모든 수단을 동원하기 때문에 때로는 윤리적, 도덕적 측면에서 정도(正道)를 상실하는 경우가 발생하게 된다. 예를 들면 행복한 삶을 위한 물질적 풍요를 얻기 위해 불법으로 부정축재를 한다든지, 또는 선거에 당선되기 위해 불법으로 선거운동을 하는 것 등이 여기에 속한다.

두 번째의 의례형(儀禮型)은 삶을 살아가는 데 있어서 삶의 목표보다는 제도화된 수단에 더욱 집착하는 것으로 진취성이 부족하고 의욕이 없는 삶의 형태이다. 예를 들면 관료조직에 지나치게 얽매여 조직의 형식적 절차와 의식에 집착하다 보면 궁극적인 목표보다는 사소한 규칙이나 규정에 얽매이게 되어서, 규정의 본래 목적을 망각해 버리는 경우이다. 이러한 형태의 삶이 바로 무사안일주의의 삶으로써 사회의 발전을 저해하게 된다.

세 번째의 패배형(敗北型)은 삶 자체에 대해서 의욕을 상실한 경우로서, 삶의 목표와 수단을 모두 거부하는 삶의 형태로서, 현실참여 자체를 거부하기 때문에 생활지표를 상실하고 유랑생활을 하는 자포자기(自暴自棄)의 생활을 하게 된다.

네 번째의 반역형(反逆型)은 기존의 사회질서와 체제가 문화적 목표를 달성하는 데 있어서 장애가 되는 것으로 생각하고 기존의 목표와 수단을 모두 거부해 버리는 삶의 형태이다. 이 경우에는 삶 자체의 모든 것을 포기하는 것이 아니라 기존의 것을 대체시키기 위한 새로운 것을 창출하려고 시도를 하게 된다. 예를 들면 급진적인 사회운동이나 혁명이 이 경우에 속한다.

머튼의 아노미 이론은 사회적 일탈을 설명하는 데 크게 기여한 이론임에는 틀림없다. 특히 사회의 구조적 기능의 수행여부에 따라서 사회적 일탈행동을 설명한 것은 큰 의미를 지니고 있다. 그러나 이 이론에도 문제점을 지적하는 비판적인 견해가 따른다. 즉 머튼의 아노미 이론은 그 이론적 기반이 기능주의 이론이기 때문에 일탈행동을 설명할 때에 일탈행동이 발생하는 과정이 소홀히 취급된다는 것이다. 왜냐하면 기능주의 이론에서는 사회의 속성을 통합과 안정 그리고 사회적 균형으로 보기 때문에 이 기능주의 이론이 기반을 이루는 아노미 이론에서는 일탈행동이 발생했을 때에 행동의 결과에만 관심을 갖게 된다. 그래서 이 아노미 이론에 의해서 일탈행동을 규정지을 때에는 개인간의 상호작용과정이 소홀히 취급되어 일탈행동에 대한 대책마련에 어려움이 따르게 된다는 것이다.

(2) 차별교제론

차별교제이론(差別交際理論, differential association theory)은 서더랜드(Edwin H. Sutherland)가 정립한 이론이다. 이 차별교제이론이라는 용어는 영어를 직역한 말로서 일탈상호학습이론이라고도 한다.

이 이론의 의미는 한 개인이 일탈행동과 지속적으로 접하게 되면 자신도 그 일탈행동의 영향을 받아서 자신의 행동이 사회규범에 동조하는 행위 유형과는 멀어지게 되어 일탈행동을 발생시킨다는 것이다. 다시 말하면 정상행위자가 일탈행위자와 교제를 하게 되면 정상행위자도 일탈행위에 젖어들게 되어 일탈행위를 배우게 된다는 것이다. 이 이론은 청소년들의 교육에 있어서 생활지도에 많이 적용되고 있다. 즉 일탈행동을 저지른 청소년들을 지도할 때에는 먼저 그들이 사귀고 있는 친구들과 또 주변 환경에 관심을 가지고 지도를 하게 된다.

차별교제이론에 의해서 보면 하위문화권이 많은 사회일수록 일탈행동이 빈번하게 일어나는 경향이 있다. 왜냐하면 하위문화권일수록 구성원들간에 상호작용이 긴밀하게 일어나기 때문에 일탈행동의 전파가 쉽게 일어나기 때문이다.

차별교제이론에도 비판적 견해는 따른다. 차별교제이론에 대해서 지적하고 있는 문제점을 들어보면 다음과 같다. 즉 어떤 사람이 일탈행동자와 접한다고 해서 그 사람이 반드시 일탈행동자가 되지는 않는다는 것이다. 예를 들면 일탈행동을 예방하고 또 이를 치료하기 위해서 일탈행동을 저지른 사람들과 가장 많이 접하는 사람들은 경찰, 검찰, 교정관리들이다. 그러나 이들이 특별한 경우를 제외하고는 일탈행동을 쉽게 배우지는 않는다. 또 일탈행위를 유발하기 쉬운 동일한 환경에서 자란 사람들이라도 모두가 일탈행동에 젖어들지는 않는다는 것이다.

(3) 낙인론

낙인론(烙印論, stigma theory)은 일탈행동의 사회구조적 원인론의 하나이다. 이 낙인론은 일탈행동의 사회적 상대성을 강조하는 이론이다. 즉 이 이론에서는 특정 행위를 사회의 다수인이나 또는 사회집단 자체가 그 행위를 일탈행위로 규정하기 때문에 동일한 행동에 대해서도 사회에 따라서 일탈행동의 규정이 달라질 수가 있다는 것이다. 이 이론에 의하면 어떤 행동이 일탈행동으로 규정될 때에는 행동 그 자체가 갖는 본질적인 의미보다는 그 행위가 발생하는 사회적 상황과 여건에 따라서 일탈행위로 규정지어지는 경우가 많다는 것이다. 다시 말하면 낙인론에서 주장하는 것은 일탈행위란 행위 자체의 본질보다 사회적 상황이 그 행위를 일탈행위로 규정지었느냐가 중요한 문제라는 것이다.

낙인론에 의하면 일탈행동은 일반적으로 그 사회에 영향력을 미치는 사회적 유력자의 집단에 의해서 규정지어진다는 것이다. 그렇기 때문에 일탈행동을 규정지을 때에는 문화권마다 차이가 생기게 된다. 예를 들면 같은 행위일지라도 문화권에 따라서 일탈행위가 될 수도 있고, 그렇지 않을 수도 있다는 것이다.

낙인론에 의해서 규정지어지는 일탈행동에는 원초적 일탈행동과 이차적 일탈행동이 있다.

첫 번째의 원초적 일탈행동은 경미한 일탈로서 일반적으로 본인도 느끼지 못하는 경우가 많다. 예를 들면 상류층이 경제적 이익을 얻기 위해서 중류층의 서류를 구비해서 제출하는 것이라든지, 또 시험을 볼 때에 자신도 모르는 사이에 옆 사람의 시험지에 곁눈질을 하는 것 등이다.

두 번째의 이차적 일탈행동은 원초적 일탈이 정도가 심해서 노출되는 경우에 타인들이 일탈자로 규정하여 낙인을 찍는 것이다. 즉 일탈이 습관화 된 경우이다. 예를 들면 전과자를 선입견에 의해서 사회적으로 냉대하게 되면 다시 전과자의 행동을 답습하게 된다. 이러한 경우는 사회적 낙인이 일탈행위를 조장하고 강화시키는 결과를 가져오게 되는 것이다.

3. 일탈행동과 범죄

일탈행동은 정상적인 사회적 행위에서 벗어난 행동으로서, 여러 가지의 형태로 나타나고 있다. 일탈행동의 범위를 크게 둘로 구분해 보면 하나는 사회적 규범을 벗어나서 사회질서를 직접적으로 혼란시키는 부정적인 일탈행동이고, 또 하나는 정상적인 사회적 규범에는 벗어나지만 타인에게 직접적인 피해를 주지 않는 긍정적인 이탈행동도 있다. 일탈행동의 유형 중에서 범죄는 부정적인 일탈행위의 대표적인 예이다. 이 절에서는 범죄에 대해서 살펴보기로 하겠다.

1) 범죄의 뜻

범죄(犯罪, crime)는 공식적인 제재가 가해지는 일탈행위로서 사회질서를 파괴시키는 주요 요인이 된다. 범죄의 뜻을 좀더 구체적으로 설명해 보면, 사회질서를 위반한 사람에 대한 제재 규정을 명시한 제 법률, 즉 민법, 형법, 군법 등을 위반한 행위를 일반적으로 범죄라고 한다. 또한 법률로는 명시되어 있지 않지만 집단의 도덕률에 위반된 행위로서 공적인 집단의 제재가 따르는 경우의 행위도 범죄의 범주에 넣고 있다. 즉 범죄는 개인이나 집단에 해로운 반사회적인 제반 행위를 총칭하는 것이다.

2) 범죄의 유형

범죄는 그 의미 규정에서 본 바와 같이 반사회적인 제반 행동을 포괄하고 있다. 이 범죄의 유형을 분류해 보면 다음과 같다.

(1) 사회적인 직접 피해 유무에 따른 분류

첫째, 직접범죄(直接犯罪)이다. 직접범죄는 범죄행위가 타인의 재산이나 신체에 직접적으로 피해를 끼치는 범죄로서 절도, 살인, 강도, 강간 등 흉악 범죄가 대부분 여기에 속한다. 그러나 살인의 경우는 전쟁터에서 적을 사살한다든지, 정당방위가 인정되는 살인인 경우는 범죄가 형성되지 않는다. 직접범죄는 재산이나 신체에 직접적으로 피해를 주는 경우이기 때문에 범죄의 상황이 정확하여 신속한 대처를 하기가 용이하다.

둘째, 간접범죄(間接犯罪)이다. 간접범죄는 범죄행위가 타인에게 직접적으로는 영향을 주지 않기 때문에 그 행위로 인한 직접적인 희생자는 없지만 궁극적으로 보면 사회적인 피해를 가져오는 범죄이다. 그 예로서는 대마초 흡입, 마약복용, 매춘 등이 여기에 속한다. 이러한 유형의 범죄를 저지른 경우에는 본인은 죄의식을 거의 느끼지 못하는 것이 특징이다. 즉 이 유형의 범죄는 타인에게 직접으로는 피해를 주지 않지만 궁극적으로 보면 사회규범을 깨뜨리게 되어서 사회질서를 혼란시키고 사회통합을 저해하게 되어 결국은 그 결과가 사회구성원 전체에 미치게 된다.

(2) 조직 유무에 따른 분류

첫째, 개인범죄(個人犯罪)이다. 개인범죄는 범죄행위가 특정한 조직이 없이 개인에 의해서 단독적으로 이루어지는 범죄이다. 이 개인범죄에는 개인적인 사기사건이나 또는 개인이 저지른 부정사건 등이 여기에 속한다.

둘째, 조직범죄(組織犯罪)이다. 조직범죄는 범죄행위가 조직을 통해서 체계적으로 저질러지는 경우의 범죄를 말한다. 폭력조직, 밀수조직, 마약조직 등 특수한 조직에 의해서 저질러지는 범죄들이 이 조직범죄에 속한다. 유럽의 마피아조직이나, 일본의 야쿠자조직 등은 세계적으로 알려진 범죄조직들이다. 이들은 이 범죄조직을 통해서 마약이나 도박에 관여하면서 조직범죄를 행하고 있으며, 여기에서 얻은 자금으로 그들의 방만한 조직을 운영한다.

(3) 범죄의 특성에 따른 범죄

첫째, 정신적 범죄이다. 정신적 범죄는 사무직 종사자들의 지능적 조작에 의해서 일어나는 화이트칼라(white collar) 범죄가 여기에 속한다. 화이트칼라 범죄는 글자 그대로 사무에 종사하는 사람들이 저지르는 범죄로서 보통 사회의 중산층이나 상류층이 직업에 관련하여 저지르는 범죄를 말한다. 화이트칼라 범죄는 직업과 관련하여 저질러지는 지능적인 행위가 많기 때문에 외부로 쉽게 노출되지 않고 은닉된다. 그래서 어떤 경우에는 본인도 미처 느끼지 못하는 사이에 저질러질 때도 있다.

이 범죄는 직업과 관련하여 저질러지기 때문에 직업의 수준에 따라서 범죄의 유형이 정해진다. 예를 들면 대중을 상대하는 직업에 종사하는 사람들에 의한 허위광고, 저술에 관련된 직업에 종사하는 사람들이 저지를 수 있는 판권도용, 증권관련자에 의해서 저질러지는 증권조작, 일반 사업자에 의한 세금포탈 그리고 그 외에도 밀수, 사기 등 직업의 수준 및 종류에 따라 다양한 유형의 범죄들이 여기에 해당된다.

정신적 범죄인 이 화이트칼라 범죄는 흔히 사회적 상류층에서 많이 일어나고 있는데, 이러한 경우에는 범죄 자체가 사회적 지위에 의해서 묵인되는 경우가 종종 생긴다. 예를 들면 정치인들의 그들의 사회적 지위를 이용한 이권획득이나 재벌들이 그들의 사회적 영향력을 이용한 불법적인 재산증식이나 자금의 해외유출 등이 그 예들이다.

둘째, 육체적 범죄이다. 육체적 범죄는 육체적 수단이 가세하는 폭력적 범죄로서 폭행이나 린치 등이 여기에 속한다.[2] 이 육체적 범죄는 힘에 의해서 타인의 신체적 자유를 구속하기 때문에 일반적으로

2) 린치(lynch) : 사적인 제재, 과거 미국에서 있었던 흑인에 대한 백인의 사적인 형벌

직접적이고 외형적인 범죄를 형성한다.

3) 소년 비행

(1) 소년 비행의 정의

소년 비행(非行)은 연령층이 낮은 청소년들이 저지르는 일탈행위로서, 성인들이 저지르는 일탈행위에 비해서 누범(累犯)의 가능성이 적기 때문에 성인들의 일탈행위와 구별하고 있다. 그러나 시대가 변화됨에 따라, 특히 산업사회에 접어들면서부터 청소년들의 비행이 증가되어 왔고, 또 그 연령층도 낮아지고 있으며, 흉폭의 정도는 더해지고 있다. 그래서 현대사회에서는 청소년의 비행이 사회에 미치는 영향이 증가되고 있으며, 이에 따라 청소년비행에 대한 사회적인 관심이 점점 높아지고 있다.

소년 비행의 정의를 형벌법에 의해서 살펴보면 다음과 같다.

소년비행은 형벌법에 저촉되거나, 또는 특별법이나 환경에 비추어 장래 형벌법에 저촉되는 행위를 할 우려가 있는 10세 이상에서 19세 미만의 청소년들이 행하는 탈법행위를 말한다. 소년 비행자에는 범죄소년, 촉법(觸法) 소년, 우범(虞犯) 소년, 요(要)보호 소년 등이 포함된다. 이때에 사용되는 소년의 용어 의미에는 소년과 소녀의 의미가 모두 포함되어 있다.

범죄소년은 14세 이상 20세 미만으로 형벌 법령에 저촉되는 행위를 한 청소년을 말하며, 이들이 행한 행위는 형사적 책임을 지지 않는 것이 성인 범죄와 구별되는 점이다.

촉법 소년은 14세 미만의 소년으로 소년법에 저촉되는 행위를 한 소년을 말하며, 특징은 행위에 대해서 형사책임을 묻지 않는 것이다.

우범소년은 직접 범죄 행위를 저지르지는 않았지만 범죄성이 있거나 장차 범죄를 저지를 우려가 있는 소년을 말한다.

요보호 소년은 음주, 끽연(喫煙) 등 사회의 풍속과 덕성을 해친 소년으로서 이러한 행위를 불량 비행으로 보기는 어렵지만 비행의 잠재력을 가지고 있다고 판단되는 소년을 말한다.

(2) 소년 비행의 원인

소년비행의 원인으로는 개인적인 원인과 사회적 환경적 원인이 있다.

첫 번째의 개인적인 원인에는 심리적 성격적 요인이 핵심을 이루고 있다. 다시 말하면 이는 개인의 선천적 요인이 비행의 원인이 된다는 것이다.

두 번째의 사회적 환경적 원인은 청소년을 둘러싸고 있는 주변 환경이 소년비행의 원인이 된다는 것이다. 즉 교제하는 친구, 가정 사정, 거주지역 등이 소년비행의 환경적 원인이 되는 것이다. 특히 소년비행의 사회적인 요인을 들어보면 교육기회의 상실, 사회적인 유혹, 사회적인 낙인 등이 여기에 속하며, 환경적인 요인으로는 불량 친구와의 교제, 빈곤한 가정사정, 유흥가에 접한 거주지역, 타인의 직접적인 유혹 등이 있다. 환경적인 요인 중에서 특히 가정적 요인은 가정적인 결함에 의해서 발생하는 결손가정이 주가 된다. 또 거주지역으로 인한 원인으로는 거주지가 빈민가나 유흥가에 근접해 있는 경우이다. 그리고 최근에 와서는 매스컴과 인터넷 같은 정보적 요인이 청소년비행의 주요 사회적 환경적 요인으로 등장하고 있다. 특히 오늘날과 같이 공업화와 도시화가 급속히 진행되고 전자매체의 발달이 가속화되고 있는 시기에는 사회변동이 가속화되어 계속적으로 청소년 비행의 요인을 생성해 내고 있어서 청소년비행에 대한 관심을 더욱 높여야 할 것이다.

4) 일탈행위의 기능적 기여

일탈행위는 일반적으로 사회발전을 저해하는 바람직스럽지 못한 행위로 인식되고 있다. 그러나 일탈행위를 사회학적인 측면에서 보면 그 행위의 결과가 사회적으로 기여하는 면을 찾을 수가 있다. 일탈행위가 사회적으로 기여하는 기능을 들어 보면 다음과 같다.

첫째, 일탈행위는 정상행위와 구별되는 행위로서 정상행위를 사회적 행위의 기준으로 설정하는데 기여한다. 즉 일탈행위를 보고 그 행위가 바람직스럽지 못함을 느낌으로써 정상행위를 사회적 행위의 기준으로 삼게 된다.

둘째, 일탈행위의 처벌은 사회질서 유지를 위한 경고적 효과를 갖는다. 즉 일탈행위를 하게 되면 사회규범에 의해서 처벌을 받게 되기 때문에 사회구성원들은 일탈행위의 처벌을 보고 일탈행위란 해서는 안 되는 행위로 깊이 인식하게 된다. 또한 일탈행위를 처벌함에 의해서 사회적 범주의 이탈을 막아 부분적으로는 사회적 결속력을 강화시키게 된다.

셋째, 일탈행위가 경우에 따라서는 사회변동의 근원을 제공한다. 즉 일탈행위는 그 당시의 사회적 시점에서 보면 바람직스럽지 못한 행위로 규정되지만, 이 일탈행위가 계속되면서 사회적 관점의 변화를 일으키게 되어 사회적으로 인정을 받게 된다. 이와 같이 일탈행위가 계속되면서 사회적으로 인정을 받게 되면 이것이 곧 사회변동의 근원을 제공하게 된다. 예를 들면 유교적 규범이 사회관념을 지배하던 지난날의 우리사회에서는 연애결혼은 일탈행위로 인식되었지만, 그러나 현재에 와서는 연애결혼이 중매결혼을 앞서가고 있다.

읽을거리

[뉴욕의 동성연애 거리]

뉴욕을 방문했을 때의 일이다. 빌딩의 숲으로 이루어져 있는 맨하튼(Manhattan) 거리는 빌딩 숲에 의해 계곡을 스쳐가는 느낌이 드는 곳들이 많았다. 그리고 특이하게 눈에 띠는 것들은 길가의 벽에 어수선하게 그려져 있는 낙서들이었다.

하루는 필자가 뉴욕의 모습을 살펴보기 위해서 버스를 타고 맨하튼의 거리를 가고 있는데 어느 길목에 접어드니 길가의 벽에 그려져 있는 낙서의 형태가 갑자기 바뀌기 시작했다. 낙서에 섞여 있는 그림들이 애정

표현의 내용을 담고 있는 것들이 많이 눈에 띄었다. 그곳의 사정을 잘 모르는 나는 의아해하면서 상황을 물어보니 그 거리가 바로 뉴욕의 동성연애자들의 거리라고 했다.

동성연애자들의 주장은 꾸준히 계속되어 왔다. 이성(異性)끼리 함께 모여 살면서 사랑을 나누는 것과 동성(同性)끼리 함께 살면서 사랑을 나누는 것이 무슨 차이가 있느냐고 그들은 끈질기게 항변하면서 동성연애 부정의 사회적 시각에 맞서 왔다. 그 결과 오늘날에 와서는 동성연애에 대한 사회적 인식에도 변화의 움직임이 일어나고 있다. 특히 유럽의 일부 국가에서는 동성연애자들이 입법부의 일원이 되어서 동성연애에 대한 합법화 작업을 완성시킨 곳도 있다고 한다. 이와 같이 사회적 일탈행동으로 안정한 행동이 꾸준히 지속되는 경우에는 사회적 인식을 변화시켜서 사회변동의 계기를 만들게 된다.

4. 일탈행동과 사회통제

일탈행동(逸脫行動)은 원천적으로 사회의 기본 질서에 위배되는 행위이기 때문에 사회발전을 저해하게 된다. 즉 일탈행동이 심화되면 이것은 결국 반사회적인 행위가 되어서 사회문제를 야기하게 되고, 이 사회문제는 곧 사회발전을 저해하는 요인이 되기 때문이다. 그러므로 사회의 발전은 사회문제의 해결 없이는 기대할 수가 없다. 이 사회문제를 해결하기 위한 사회적 장치가 바로 사회통제이다. 즉 사회통제는 사회문제의 근원이 되는 일탈행위를 예방하고 해결하기 위한 사회적 장치인 것이다.

1) 일탈과 사회문제

사회문제는 사회의 다수인이 바람직스럽지 못하다고 인정하는 일탈적 사회조건으로 사회발전을 저해하는 사회현상이다. 일탈적 사회조건은 사회관계에 있어서 사회적 가치와 규범이 현실적 조건과의 사이에 뚜렷한 모순이 존재할 때에 발생한다. 일탈적 사회조건은 일탈행동을 야기시키고 이 일탈행동이 심화되면 사회문제로 전환되어 사회발전을 저해하게 된다. 그러므로 결국 일탈행동은 사회문제의 근원이 되기 때문에 일탈행동을 예방하고 해결하는 것은 사회발전을 저해하는 근원을 제거하는 일이 된다.

사회문제는 사회발전을 저해할 뿐만 아니라, 심화되면 사회의 와해현상까지 초래할 수가 있다. 그래서 사회발전을 위한 근본적인 대책은 사회문제의 발생을 예방하는 것이다. 그러나 사회문제는 그 발생의 원인이 다양하기 때문에 예방대책을 세우는 것은 쉬운 일이 아니다. 그러므로 사회문제를 예방하기 위한 대책을 세우기 위해서는 사회문제의 발생 근원을 철저하게 분석할 필요가 있다. 그리고 사회문제에 대한 대책을 세울 때에는 예방대책과 아울러 치료대책이 병행되어야 한다.

2) 사회문제의 형태

사회문제는 그 발생원인이 다양한 만큼 발생되는 사회문제의 형태도 다양하다.

(1) 발생의 원인에 따른 사회문제 분류

첫째, 탈선적 사회문제(脫線的 社會問題)이다. 탈선적 사회문제는 개인적인 결함이 주된 원인이 되어서 나타나는 사회문제로서 비행(非行)이나 가출 또는 약물중독 등이 여기에 속한다.

둘째, 구조적 사회문제(構造的 社會問題)이다. 구조적 사회문제는 사회의 구조적인 결함이 주원인이 되어서 발생하는 사회문제로서 권력남용이나 소외의식 또는 인구문제 등이 여기에 속한다.

(2) 표출의 정도에 따른 사회문제 분류

첫째, 현재적 사회문제(顯在的 社會問題)이다. 현재적 사회문제는 사회문제가 현실에 노출되어 있는 사회문제이다. 산업체의 파업이나 주택부족문제 등이 여기에 속한다. 이 현재적 사회문제는 사회문제가 현실에 노출되어 있기 때문에 사회구성원들이 그 사회문제를 구체적으로 느낄 수가 있어서 대책 강구에 신속히 응할 수 있다.

둘째, 잠재적 사회문제(潛在的 社會問題)이다. 잠재적 사회문제는 잠복되어 있는 사회문제로서 당장은 현실화되어 있지는 않지만 그 영향을 간접적으로 사회에 미치면서 언젠가는 현실적인 사회문제로 나타날 가능성을 가지고 있다. 남아선호사상이라든지 과소비현상 등이 잠재적 사회문제에 속한다. 이 잠재적 사회문제는 현실에 구체적으로 노출되어 있지 않기 때문에 문제 해결의 대책을 마련하는데 소홀하게 되기 쉽고 이로 인해 사회문제를 확대시키는 결과를 가져올 수 있다.

3) 일탈적 사회문제의 원인과 예방

일탈적 사회문제의 근원적인 발생원인은 인간의 욕구 불만족이다. 즉 일탈적 사회문제의 발생원인을 근원적으로 추구(追究)해 보면 결국에는 인간의 무한한 욕망이 충족되지 못할 때이다. 그러므로 이 일탈적 사회문제를 해결하기 위한 근본적인 방안은 인간의 불만족스러운 욕구를 해결해 주는 것이다. 다시 말하면 일탈적 사회문제의 해결책의 핵심은 인간의 욕구를 충족시켜 주는 것이다.

일탈적 사회문제를 예방하고 해결하기 위한 제도적인 장치로는 사회개발과 사회보장이 있다. 즉 사회개발에 의해서 구성원들의 삶을 풍요하게 해주고, 또 사회보장에 의해서 구성원들의 욕구 충족을 보장해 줌으로써 일탈적 사회문제의 소지를 제거해 주어야 한다는 것이다. 그러나 인간의 욕구는 무한하고 또 상황에 따라서 변하기 때문에 인간의 욕구를 완벽하게 충족시키기란 거의 불가능한 일이다. 그래서 정도의 차이는 있지만 어느 사회를 막론하고 사회문제는 발생하게 된다.

인간의 욕구는 무한하지만 이 욕구를 충족시켜 줄 수 있는 조건은 유한하다. 그래서 우리는 인간의 욕구와 이를 충족시킬 수 있는 조건 간의 균형을 유지시켜야 하며, 이를 위해서 사회적 통제가 필요하게 된다.

4) 사회통제

사회는 다양한 인간들이 모여서 형성된 인간의 집합체이다. 그래서 인간사회에는 여러 가지의 갈등들이 존재하게 된다. 갈등은 사회의 유지와 발전을 저해하는 요인이 되기 때문에 사회가 유지되고 발전하기 위해서는 사회에서 일어나는 갈등들을 해소시켜야 한다. 사회적 갈등을 해소하기 위해서 해야 할 우선적인 일은 사회 속에 내포되어 있는 많은 갈등요인들을 제거하는 것이다.

사회적 갈등요인을 제거하는 기본 조건은 합리성의 추구이다. 그런데 이 합리성의 추구는 사회적 질서가 잡혀 있을 때에만 가능하다. 이 사회적 질서를 유지하기 위해서 필요한 것이 바로 사회통제이다.

(1) 사회통제의 뜻

사회통제(社會統制)는 사회의 구성원이 규범을 일탈할 때에 이를 억제하고 제재하는 것이다. 사회구성원은 누구나 다 자신이 속해 있는 사회가 원활하게 유지되고 발전하기를 원한다. 그래서 구성원들은 사회발전을 위해서 스스로 사회규범을 만들고, 이 규범으로 사회질서를 유지한다. 사회구성원들은 누구나 다 그들이 소속되어 있는 사회가 발전하여 보다 더 살기 좋은 사회가 되기를 원하기 때문에 그들은 사회규범을 준수하면서 사회의 질서유지에 노력하게 된다.

사회질서 유지의 기본 장치인 사회규범은 근원적으로 가치 지향적이다. 그래서 이 사회규범은 본질적으로 사회를 유지 발전시키는 방향으로 끌어가게 된다. 그래서 이 사회규범이 때로는 사회의 유지 존속을 위해서 개인의 의사를 일시적으로 제한하는 경우가 생기게 된다. 이러한 경우에는 대체적으로 구성원들이 규범 이행을 소홀히 하거나 불이행하게 되는데 이러한 경우를 대비해서 규범을 철저히 지키도록 하기 위한 사회적 장치들이 만들어지게 되었다. 이것이 바로 사회통제 장치이다.

사회통제는 바로 이러한 사회적 통제장치에 의해서 행해진다. 즉 사회규범을 어겼을 때에는 제재를 가하고, 규범을 잘 지키면 더 잘 지키게 하기 위해서 보상을 하는 것이다. 즉 사회통제란 사회구성원들이 사회규범을 더욱 잘 지키도록 보상과 제재를 통해서 사회적 규제를 하는 것이다. 다시 말하면 사회통제란 사회가 그 구성원들에게 사회적 규범에 동조하도록 하기 위해서 사회적 규범에 동조하면 동조를 확고히 하기 위해 보상을 주고, 일탈하면 제재를 가하는 것이다.

사회통제는 사회질서를 유지하기 위한 제도적 장치이기는 하지만, 제재를 가한다는 그 자체는 자유를 제한하는 것임에는 틀림없다. 그럼에도 불구하고 사회구성원들이 자유를 제한받으면서도 사회규범을 지키려고 노력하는 이유는, 사회가 유지되고 발전되어야 자신도 번영할 수 있다는 것을 인식하고 있기 때문이다. 이렇듯 사회통제는 언제나 구성원들이 그 통제장치를 인정할 때에만 진정한 효과를 거둘 수 있는 것이다.

이 사회통제가 구성원들의 이해를 얻어 사회에 기여하기 위해서는 사회통제는 항상 가치 지향적이고, 통제를 받는 당사자는 스스로 잘못을 느낄 수 있는 자율성이 제고되어야 한다. 그리고 사회통제의 효과를 더욱 높이기 위해서는 항상 보상과 제재가 병행되어야 한다.

(2) 사회통제의 종류

사회통제의 궁극적인 목적은 사회질서를 바로 잡아서 사회를 발전시키는 것이다. 그래서 사회통제의 방법도 이러한 목적을 달성하기 위해서 다양하게 추구되고 있다. 사회통제의 종류를 크게 두 부분으로 분류하면 비공식적인 사회통제와 공식적인 사회통제가 있다. 사회통제는 사회질서를 바로잡는 것이 그 목적이기 때문에 일탈의 유형에 따라서 거기에 적합한 통제방법을 선택해야 한다. 즉 통제방법을 선택할 때에는 항상 일탈행동의 형태와 질을 고려해야 한다는 것이다.

① 비공식적 사회통제

비공식적 사회통제는 공식적 기관을 통하지 않고 행해지는 사회통제를 말한다. 즉 일탈행동을 통제할 때에 사회적 관습이나 다수의 의견에 따라서 통제를 행하는 것을 말한다. 비공식적인 사회통제는 일탈행동의 질이 사회질서를 크게 벗어나지 않을 때에 주로 사용되는 사회통제방법이다. 그 이유는 일탈행동의 질이 사회질서에 크게 벗어나지 않는 경우에는 공식적인 통제방법보다는 비공식적인 통제방법으로 일탈행동을 바로잡는 것이 더욱 효과적일 수도 있기 때문이다. 예를 들면 어린이들의 일탈행동에는 처벌보다는 훈계나 종용으로 바로잡을 때에 자율적인 질서 의식의 고취되어 일탈행동을 근원적으로 예방할 수 있다는 것이다. 또 어린이들의 일탈행동에는 일반적으로 판단력이 성숙되지 않은 어린이들을 규정에 의해서 처벌하는 것보다 오히려 가능성을 지적하여 칭찬이나 물질적 보상을 행하는 것이 더욱 효과적인 방법이 될 수도 있다는 것이다. 그리고 어른들의 일탈행위 중에서도 가족간의 사소한 일탈행위 같은 것에는 충고나 소외(疏外) 등의 방법으로 사회적 통제를 하게 되는데 이것이 궁극적으로는 더욱 효과적이 될 수도 있기 때문이다. 그러나 사소한 일탈행위라도 비공식적 통제방법으로는 해결이 되지 않을 때에는 공식적인 규정에 의한 공식적 통제방법을 써야 한다.

② 공식적 사회통제

모든 공적인 사회조직은 그 조직의 유지 발전을 위해서 강제규범을 설정해서 공식적으로 집행하고 있다. 이 강제규범에 의해서 행해지는 공식적 사회통제는 사회적 일탈행동에 대해서 공적인 기관이 강제규범인 법을 통해서 행하는 사회적 통제를 말한다. 다시 말하면 이 공식적 사회통제는 일탈행동에 대해서 사회의 질서유지의 책임을 맡고 있는 공적기관이 가하는 제도적인 공적 제재이다. 즉 국가의 질서유지 책임을 맡고 있는 공적 기관이 법에 의해서 일탈행동을 통제하는 것이다.

이 공식적 사회통제는 법에 저촉되는 행동의 통제를 1차적인 통제대상으로 하고 있다. 그러나 앞에서 언급한 바와 같이 법에 저촉되는 행동은 아니더라도 비공식 사회통제 방법으로는 해결이 어려운 일탈행동에 대해서 공식적인 사회통제방법으로 통제를 하게 된다. 왜냐하면 사소한 일탈행동이라도 빨리 해결이 되지 않을 때에는 그 영향이 확산되어 사회적으로 심각한 영향을 미치게 될 우려가 있기 때문에 이를 방지하기 위해서 공식적 통제가 개입되어야 한다. 공식적 사회통제는 법에 의해서 개인의 자유를 강하게 구속하기 때문에 공정한 법의 집행에 의해서 이루어져야 한다. 그래서 공식적 통제를 집행하는 사람은 반드시 일정한 자격을 소유하고 있는 자로서, 질서유지 권력을 위임받은 해당 국가기관에 종사하는 사람이어야 한다. 공식적인 사회통제를 담당하는 국가기관에는 경찰, 검찰, 법원 등 법에 의해 권력을 위임받은 기관들이 있다.

요점정리

1. 일탈행동의 개념

일탈(逸脫) ; 사전적 의미 - 궤도에서 벗어나 빗나간 상태
사회학적 의미 - 사회적으로 용인되는 규범으로부터 벗어난 긍정적 부정적 모든 상태
일탈행동(deviant behavior) ; 규범에서 벗어난 행동
일탈행동의 사회적 상대성 ; 문화의 상대성과 관련
일탈행동의 규정이 문화적 배경에 의해서 상이함
일탈을 규정하는 기준의 가변성 ; 일탈 규정의 기준이 시간과 장소에 따라 변화되는 현상

2. 일탈행동의 원인 이론

일탈의 원인에 대한 두 가지 입장
개인적 특성에서 본 일탈의 원인 ; 개인의 심리적 성격적 요인
사회 구조적 특성에서 본 일탈의 원인 ; 사회의 구조적 결함
사회 구조적 측면에서 본 일탈 행위의 3 형태
아미노(anomie) 이론 ; 뒤르켐(Durkheim)의 anomie 상태 - 사회 규범이 약화되거나 없는 상태 - 무규범 상태
머튼(Merton)의 아미노(anomie) 상태 - 문화적 목표와 합법적 수단간에 나타나는 괴리현상
*머튼의 사회적응 5 형태 및 아미노(anomie) 상태의 적응 형태
동조형 ; 정상적인 사회상태에서 정상적인 적응 형태
혁신형 ; 문화적 목표는 수용하고 합법적 수단은 거절 - 부정축재, 부정선거
의례형 ; 문화적 목표는 거절하고 합법적 수단은 수용 - 무기력 생활
패배형 ; 문화적 목표와 합법적 수단 모두를 거절 - 자포자기
반역형 ; 기존의 문화적 목표와 합법적 수단 모두를 부정하고

새로운 목표와 수단 추구 - 혁명

차별교제론 ; 일탈행위자와 교제함에 의해서 일탈행동을 배움

낙인론 ; 사회적 규정에 의해서 일탈행위 발생

3. 일탈 행동과 범죄

범죄 ; 공식적인 제재가 가해지는 일탈 행위

범죄의 종류 ;

사회적 직접 피해 유무에 따라

직접 범죄 - 재산 및 인원(신체)에 대한 범죄(강도, 강간, 살인, 절도 등)

간접 범죄 - 희생자가 없는 범죄(마약, 대마초, 매춘 등)

범죄조직의 유무에 따라

조직범죄 - 범죄조직을 통한 범죄(마피아, 야쿠자, 밀수조직, 폭력조직 등)

개인범죄 - 개인의 단독 범행(개인적인 사기, 부정 등)

범죄의 특성에 따라

정신적 범죄 - white collar 범죄

육체적 범죄 - 폭행, 린치

소년비행 ; 12-20세 미만 청소년의 형벌법 저촉 행위

범죄 소년 - 14세 이상 청소년의 형벌법 저촉 행위 - 형사책임 무

촉법 소년 - 14세 미만 청소년의 형벌법 저촉 행위 - 형사책임 무

우범소년 - 범죄의 가능성 소지

요보호 소년 - 음주 끽연 등에 의해 공중도덕을 저해

소년 비행의 원인 ; 개인적인 원인 - 선천적 원인, 후천적 원인

사회적 환경적 원인 - 사회구조적 원인, 주변환경적 원인

일탈행위의 기능적 기여 ; 행위기준 설정에 도움, 경고적 효과, 부분적 결속력, 사회 변동의 근원

4. 일탈행동과 사회문제

일탈과 사회 문제 ; 일탈은 사회문제의 근원

사회문제 ; 사회의 다수인이 바람직스럽지 못하다고 인정하는 사회적 조건

사회 가치 및 규범과 현실적 조건 사이에 뚜렷한 모순이 존재할 때에 발생

일탈적 사회문제의 원인 ; 개인의 사회적 욕구 불만

일탈적 사회문제의 대책 : 개인의 사회적 욕구불만의 해결 및 사회적 통제장치 마련

5. 사회 통제

사회통제 : 일탈행동의 예방 및 해결을 위한 사회적 통제장치
사회문제의 예방 및 해결 장치

사회통제의 기본 방법 : 사회적 규범에 동조하면 보상을 받고, 일탈하면 제재를 하는 것

사회통제 방법의 선택 : 일탈의 형태와 질을 고려하여 통제방법 선택
예) 어린이의 일탈 행동 - 훈계, 종용, 칭찬, 물질적 보상 등으로 선도

사회통제의 종류
비공식적 통제 - 관습이나 전통에 의한 통제(가벼운 일탈)
공식적 통제 - 공식기관에서 법률에 의한 통제(공공질서 유지 차원)

수험대비 평가문제

1. 학교에서 일탈행위를 저지른 문제학생에 대해 생활지도를 할 때에 그 학생의 친구들에 관해서 알아보는 경우가 많다.
   (1) 이 경우는 어떤 일탈이론을 근거로 하여 문제학생을 지도하려고 하는가?
   (2) 위의 일탈이론에 대한 비판적 견해를 기술하시오.

2. 일탈행동은 사회규범에 벗어나는 행동으로서 일반적으로 바람직스럽지 못한 행동으로 인식되고 있다.
   (1) 일탈행동을 기능론적 입장에서 설명하시오.
   (2) 일탈행위가 기능론적 입장에서 볼 때 사회적으로 기여하는 면을 들어 보시오

3. 사회변동이 급속하게 일어날 때에는 그 사회에서 인정하는 문화적 목표와 그 목표를 달성하기 위한 제도적인 수단간에 괴리현상이 일어난다.
   (1) 위의 설명은 누구의 무슨 이론을 설명한 것인가?
   (2) 위 이론에서 설명하는 일탈행동에 대한 적응형태를 들어보시오.

4. 다음 중 해체적 사회문제에 해당되는 것은?
   ① 가출* ② 빈곤
   ③ 실업 ④ 지역격차
   ⑤ 마약중독

5. 다음 중 구조적 사회문제의 성격이 가장 강한 것은?
   ① 사회의 불공정한 분배제도에 의해서 빈부의 차이가 심화된다.*
   ② 공무원들이 근무시간에 증권투자에 관한 일을 한다.
   ③ 학생들이 학교를 이탈하여 오락실에서 시간을 보낸다.
   ④ 일을 하기 싫어서 방랑생활을 한다.
   ⑤ 기업이 이윤을 높이기 위해서 탈세를 한다.

6. 일탈행위 이론 중 낙인론을 설명하시오.

7. 일탈행동의 기준의 가변성에 대해 쓰시오.

8. 일탈행동의 상대성을 설명하시오.

9. 뒤르켐(Durkheim)이 설명한 아노미상태는 어떤 것인가?

10. 소년비행의 원인에 대해서 기술하시오.

11. 직접범죄와 간접범죄를 설명하시오.

12. 사회통제의 의미와 종류에 대해서 쓰시오.

제10장 산업화와 대중사회

1. 산업화의 개념
2. 산업사회의 통일인간사고
3. 산업화와 대중사회
4. 대중사회의 문제점

산업화는 근대화 추진의 원동력이었고, 또 현대사회의 기반을 마련한 사회변천의 과정이다. 즉 산업화는 인간사회를 전통사회에서 현대사회로 넘어오게 한 사회변천의 실천자 역할을 하였다. 인간사회는 이 산업화에 의해서 생활의 양식에 혁명적인 변화를 가져왔다. 즉 산업화는 인간사회에 생산방식에서부터 사고방식에 이르기까지 생활의 전 영역에 걸쳐서 획기적인 변화를 불러일으켰다.

산업화가 인간사회에 미친 영향은 다양하다. 그러나 그 영향들 중에서도 특히 인간사회를 발전시키는데 크게 기여한 것은 물질적인 풍요를 가져다 준 것이다. 산업화에 의해서 인간은 물질적인 풍요를 누리게 되어 생활의 여유를 가지게 되었고, 이 여력을 이용하여 기술개발에 더욱 힘쓰게 되었다. 이 결과 사회는 전문화 사회로 변천되었고, 이에 따라 생산체제의 분업화 현상이 더욱 증가되었다.

산업화는 인간사회를 발전시키는데 커다란 역할을 담당해 왔다. 그러나 이 산업화는 인간사회의 발전에 기여만 한 것은 아니다. 산업화는 인간에게 물질적인 풍요를 안겨다 준 반면에 인간의 의식을 물질에 예속시켜 버렸다. 즉 우리 인간에게 물질 위주의 의식구조를 형성시켜서 사물의 판단기준을 물질에 의거하도록 만들어 버린 것이다.

산업화가 인간사회에 미친 영향은 여러 측면에서 살펴볼 수 있다. 사회적인 측면에서는 인간사회를 협동 위주의 전통적인 사회에서 개인본위의 경쟁추구 사회로 전환시켰다. 개인본위의 경쟁추구사회가 진전되면서 인간관계에 있어서 정(情)이 약해지는 삭막한 인간관계가 형성되고, 이에 따라 사회구성원들은 개성을 숨기고 외형적인 획일화를 추구하게 되는 대중화 현상이 나타났다. 이러한 형태의 사회가 바로 대중사회이다. 대중사회는 대중화에 의해서 형성된 사회로서 외형적으로는 획일적인 구성원들의 집합체이지만 내면적으로 보면 고립된 개체들이 모여서 형성된 인간 집합체라고 볼 수 있다.

이 장에서는 먼저 산업화 개념을 파악해 보고, 산업화에 의해서 형성된 사회에서의 인간사고에 관해서 연구해보려고 한다. 그리고 다음에는 사회가 산업화됨에 따라서 나타나는 인간사고의 대중화 현상과 그 문제점에 대해서 살펴보려고 한다.

1. 산업화의 개념

1) 산업화의 의미

산업화(産業化, industrialization)란 사회변천의 한 단계로서, 특히 경제적인 측면의 변화에 초점을 맞추어서 본 사회변천 단계의 사회현상이다. 사회가 산업화됨에 따라서 나타난 가장 큰 변화의 모습은 생산방법의 변화이다. 즉 산업화는 생산방법이 수(手)작업이나 도구를 사용하는 소규모의 생산방법에서 기계를 사용하는 대규모의 생산방법으로 변화되어 대량생산과 대량소비를 가능케 했다.

산업화가 진전됨에 따라 생산은 급속도로 증가되었다. 즉 생산방법의 기계화에 의한 대량생산은 대량공급이 용이한 시장을 주 공급대상으로 하여 이루어졌고, 이에 따라 상품의 유통장소로서 시장이 더욱 발달하게 되었다. 시장이 발달함에 따라서 소비자들은 품목과 가격에 있어서 선택의 폭이 넓어져서 물품의 선택이 용이해졌다. 이로 인해 인간사회에는 대량소비가 이루어져서 물질적인 풍요를 누리면서 경제발전을 가속화시켰다.

2) 시장중심의 경제체제 형성

산업화에 의해서 형성된 경제체제는 시장이 그 중심을 이루었다. 즉 생산방법의 기계화로 대량생산이 이루어짐에 따라 생산물의 유통이 경제의 주요부문을 차지하게 되었다. 이에 따라 산업사회에서의 시장의 기능은 경제발전을 좌우하는 핵심적인 부분이 되었다.

시장은 상품의 공급자와 수요자가 경제활동을 위해서 만나는 곳이다. 즉 상품의 공급자가 시장의 기능을 통해서 소비자에게 상품을 판매하는 곳이다.

시장을 중심으로 이루어지는 대량유통체제에서 생산품의 유통이 원활하게 이루어지기 위해서는 생산품에 대한 적정가격이 형성되어야 한다. 이 적정가격이란 생산자와 소비자 모두에게 만족을 줄 수 있는 합리적인 가격을 말한다. 그런데 이 적정가격은 자유경제체제 아래서는 시장의 자동조절 기능에 의해서 자동적으로 형성되어진다. 다시 말하면 적정가격은 시장에서 일어나는 수요와 공급이 일치하는 점에서 결정되는데 이것을 시장가격이라고 한다. 이 시장가격은 시장의 수요와 공급이 일치하는 균형점에서 이루어지기 때문에 이를 균형가격이라고도 한다. 경제학자 애덤 스미스는 이 균형가격을 형성하는 시장기능을 '보이지 않는 손'(invisible hand)이라고 했다.

이와 같이 산업화는 경제생활에 있어서 시장의 역할을 획기적으로 증가시켰고, 이에 따라 경제의 중심이 시장을 중심으로 집약되었다. 그래서 산업화사회에서의 경제체제는 시장을 중심으로 한 시장경제체제로 자리잡게 되었다. 산업화의 주역인 생산방법의 기계화는 대량생산을 이루어서 사회 전반에 걸쳐 물질적인 풍요를 가져오게 했고, 이에 따라 자연스럽게 대량소비의 사회현상이 나타나게 되었다.

3) 경제논리의 의식구조 형성

산업화는 인간생활에 있어서 경제적인 측면에 커다란 영향을 주었을 뿐만 아니라, 또한 정신적인 측면에도 이에 못지않은 커다란 영향을 주었다. 즉 이 산업화는 사회구성원들의 의식구조를 크게 변화시켰다. 산업화에 의해서 나타난 물질적인 풍요는 인간의 의식구조를 경제논리, 즉 경제원칙에 의해서 움직여지도록 만들었다. 이 결과 인간의 의식에는 경제원칙에 따르는 합리적이면서도 이기적인 사고가 증대되었고, 이로 인해 인간생활의 전반에 걸쳐 물질위주의 사고가 팽배해지면서 이기적인 사고가 만연되어 갔다. 이와 같이 산업화는 인간생활에서 물질적이 면은 물론이고, 정신적인 면에도 지대한 영향을 준 사회변천의 단계이다. 산업화의 결과를 의식적인 측면에서 보면, 산업화는 인간사고를 경제논리에 예속시키는 결과를 초래해서 오늘날 현대인의 물질위주의 의식구조 형성에 큰 영향을 주었다.

이 산업화를 사회변동의 측면에서 보면, 서구사회를 근대화로 이끌어 낸 원동력이었다. 즉 서구사회는 산업혁명에 의해서 산업화가 시작되었고 이것이 바로 서구사회에서 근대화가 시작된 시발점이 된 것이다. 산업혁명에 의해서 나타난 생산방법의 기계화는 우리 인간에게 인간의 1차적 욕구인 물질적 풍요를 가져다주었고, 이로 인해 인간은 보다 많은 생활의 여유를 갖게 되어 사회발전에 힘쓴 결과 사회를 근대화의 방향으로 이끌게 되었다.

4) 산업사회의 특징

산업사회는 산업화에 의해서 형성된 공업화가 사회의 기반을 이룬 사회이다. 즉 산업사회는 생산방법을 비롯해서 여러 가지의 사회적 여건이 변화되면서 형성된 사회이다. 이렇게 형성된 산업사회는 형성과정에서부터 획기적인 사회적 변화를 수반했기 때문에 이에 따라 다양한 사회적 특성들을 지니게 되었다.

산업사회의 특징을 들어 보면 다음과 같다.

첫째, 사회의 다원화(多元化)와 전문화(專門化)이다. 사회가 산업화됨에 따라 사회의 구조는 변화된 사회현상을 수용하기 위해서 다원화되었다. 이렇게 사회가 다원화됨에 따라 사회운영의 폭도 넓어지게 되었다. 그래서 다원화된 사회구조를 원활하게 운영하기 위해서는 사회의 조직도 분야별의 전문성에 의해서 운영될 필요가 생겼다. 이와 같이 산업사회는 사회의 구조가 다원화되고 또 다원화된 사회구조를 원활하게 운영하기 위해서 조직의 전문화가 이어졌다.

산업사회는 여러 가지의 사회적 여건의 변화에 의해 생활양식이 다원화되었고, 이 다원화에 부응하기 위한 전문화는 산업사회의 핵심적인 특징으로 자리를 차지하게 되었다. 그래서 산업사회에서는 이 전문화된 조직을 운영할 수 있는 전문적인 지식을 가진 사람들을 필요로 하게 되었고, 이를 위해 전문지식인을 양성하는 전문교육이 발달하게 되었다.

둘째, 생산기술의 발달에 의한 작업의 분업(作業分業)화이다. 이는 사회가 전문화됨에 따라 전문적인 생산기술이 발달하여 생산과정이 분화된 것이다. 산업화는 기계화에 의한 생산기술의 발달로 생산방법에 있어서 획기적인 변화를 가져왔다. 즉 생산기술의 발달은 생산방법을 전문화시켜서 작업을 분업화시킨 것이다.

산업사회에서는 작업이 분업화 체계를 형성해 감에 따라 전문지식을 소유한 전문인의 역할이 증대되었다. 이러한 사회적 현상에 부응하기 위해서 산업사회에서의 전문인 양성교육은 그 중요성이 더욱 증대되었다.

셋째, 노사관계(勞使關係)의 형성이다. 산업사회에서는 생산수단의 기계화에 의해서 대량생산이 이루어진다. 이 대량생산 체제에서는 생산의 능률화를 위해서 생산활동과 자본소유가 분리된다. 즉 자본을 소유한 사용자가 생산활동에 참여할 노동자를 계약에 의해서 고용하게 된다. 이에 따라 산업사회에서는 계약에 의한 임금노동자가 출현함으로써 산업사회에서는 경제분야의 양 축을 이루는 사용자와 노동자간에 노사관계가 형성된다. 그런데 이 노사관계는 항상 원천적으로 대립의 요인을 내포하고 있다. 즉 노동자와 사용자는 서로가 추구하는 원초적 목표 즉 임금과 이윤의 추구가 상반되기 때문에 항상 갈등의 소지를 안고 있다. 그래서 산업사회에서의 노사대립은 필연적인 면을 소유하고 있는 것이다. 이 필연적인 대립성을 띠고 있는 노사관계에서 일어나는 노사갈등은 산업사회에서 일어나는 갈등의 대표적인 표본이 되고 있다.

넷째, 시장중심(市場中心)의 경제체제 형성이다. 산업사회에서는 생산방법의 기계화에 의해서 대량생산이 이루어진다. 그런데 대량생산된 상품은 유통에 의해서 소비로 이어져야 만이 경제가 제대로 순환될 수 있는 것이다. 이때 유통의 과정이 이루어지는 곳이 시장이다. 시장은 그 기능에 의해서 상품의 적정가격을 형성시킨다. 즉 생산품이 시장에 공급되면 시장은 그 기능을 발휘하여 소비자의 수요와 생산자의 공급이 합리적인 가격선으로 자동 조절되게 하여 수요와 공급이 일치하는 균형점을 찾아내게 한다. 이 균형점에서 형성되는 가격을 우리는 시장가격이라고 한다. 이와 같이 산업사회의 경제체제는 시장을 중심으로 하여 이루어지며, 또한 이 시장을 중심으로 해서 이루어지는 경제상황이 사회상황을 주도하게 되었다.

다섯째, 조직의 체계(組織體系化)화이다. 산업사회의 상징으로는 거대한 공장 굴뚝에 검은 여기가 뿜어지고, 크기를 경쟁하듯 치솟는 빌딩의 숲, 그리고 분주하게 움직이는 수많은 사람들이 연상된다. 산업화에 의해서 거대화되고 다원화된 산업사회는 그 조직이 확대되어서 복잡한 양상을 띠게 되었다. 이렇게 확대되고 복잡한 조직의 운영을 위해서는 조직의 체계화가 필요하게 되었다.

여섯째, 생활의 규격화(生活規格化)와 이질적인 인간집단(異質的 人間集團)의 형성이다. 산업사회는 사회규모가 거대화되다 보니 사회생활에 있어서 질서유지를 용이하게 하기 위해서 표준을 추구하게 되었다. 이렇게 생활이 표준화되면 생활자체에 규격화 현상이 일어나게 된다. 산업사회에서는 대량생산에 의한 유통의 발달로 도시가 발달되었고, 또한 분업의 발달에 의해서 인간의 생활은 규격화되었다. 인간의 생활이 규격화되면 생활 그 자체가 자연히 폐쇄성을 띠면서 이질적인 인간집단을 형성하게 된다.

일곱째, 가치기준이 물질(價値基準 物質化)에 의해서 좌우된다. 산업화에 의해서 얻게 된 물질적인 풍요는 인간에게 물질위주의 의식구조를 형성시켜서 가치판단의 기준이 물질에 의해 좌우되게 했다. 이렇게 형성된 물질위주의 사고방식은 인간을 이기주의적인 존재로 변화시켰으며, 또한 인간자신의 가치도 물질에 의해서 좌우되는 인간성 경시 풍조를 낳았다.

여덟째, 공해(公害)에 의한 인간생명의 위협이다. 산업화의 기반인 공업화는 인간사회에 물질적인 풍요를 가져와서 생활을 윤택하게 해 주었지만, 그 반면에 공해를 증가시켜서 인간의 생명을 위협하게 되었다. 즉 공업화 사회는 2차 산업인 제조업이 핵심을 이루는 사회구조를 형성하기 때문에 공장가동에 의한 공해발생은 필연적인 현상이었다. 산업사회는 우리 인간에게 물질적인 풍요를 안겨 주었지만 그 대신 인간은 생명을 위협받게 되는 엄청난 대가를 안게 되었다.

[사회의 발전과 생활의 편리화]

산업사회는 위에서 든 여러 가지의 특성에 의해서 우리 인간에게 물질적인 풍요를 제공하면서 인간생활을 여러 면에 있어서 편리하게 해 주었다. 그러나 우리 인간이 그 편리함의 대가로 안게 된 부작용 또한 지나칠 수가 없다. 즉 인간의 정신이 물질에 예속되는 결과를 낳아서 인간의 의식에 물질 위주의 사고방식이 형성되어 인간의 가치가 저하되고 이에 따라 인간의 존엄성이 추락하는 결과를 가져왔다.

2. 산업사회의 인간사고

산업사회는 산업화에 의해서 형성된 사회이다. 다시 말하면 산업혁명에 의해서 이룩된 공업화를 기반으로 하여 이룩된 사회이다. 공업화는 생산방식의 기계화로 대량생산과 대량소비의 시대를 열었다. 이러한 경제적 변화를 불러온 산업사회에서는 물질적으로는 풍요한 생활을 누리게 되었지만, 이 물질적인 풍요는 인간의 정신적인 측면에서는 물질적인 풍요에 못지않은 부정적인 영향을 끼쳤다.

여기서는 산업사회에서 형성된 인간의 사고를 들어보고 그 부정적인 측면에 대한 대책에 관해서 연구해 보기로 하겠다.

1) 물질위주의 인간사고

사회가 산업화되면서 사회의 변화와 아울러 인간의 사고(思考)에도 많은 변화를 가져왔다. 산업사회에서 인간사고의 가장 큰 변화는 물질위주의 사고방식이 증대된 것이다. 물질위주의 사고방식이 증대됨에 따라서, 사회의 전반에 걸쳐 금전만능사상이 팽배해졌고, 이것이 또한 사회질서를 혼란시키는 중요한 근원이 되었다. 이 금전만능사상은 산업사회가 진행됨에 따라서 더욱 심화되었고, 이것은 급기야 인간사회의 근원적 질서의 기반인 인간의 존엄성까지 위협하게 되었다. 인간사회에서 인간의 존엄성이 위협받게 되면 인간의 가치는 자연적으로 떨어지게 되고 인간의 생명을 소홀히 여기는 인간의 생명 경시 풍조가 나타나게 되어 인간사회를 파괴시킬 수 있는 위험성까지 노출하게 되었다.

오늘의 우리 현실을 보면, 금전만능사상이 극도로 심화되어 돈을 벌 수 있는 일이라면 인간의 가치까지도 무시하고 참여하려 하고 있다. 심지어는 돈이 생기는 일이라면 감추어야 할 자신의 사생활까지도 거리낌 없이 들어내려 하고 있다.

또한 산업사회는 자유경쟁의 사회체제를 가지고 있는 사회이다. 그러기 때문에 구성원간의 경쟁은 필연적인 것이다. 이러한 경쟁심의 증대는 인간의 사고에 이기심을 고조시키게 되어, 인간의 이성적 판단을 흐리게 하는 결과를 초래했다. 이로 인해서 인간은 자신의 가치를 스스로 떨어뜨리는 결과를 가져왔다.

또한 산업사회에서는 생산방식의 기계화로 생산현장에서 인간의 역할이 축소되어 인간이 기계에 예속되는 현상까지 가져왔다. 이와 같이 산업사회의 발달은 우리 인간에게 기여한 수많은 공헌에도 불구하고, 한편으로는 인간이 물질에 예속되는 현상을 더욱 심화시켜서 인간의 존엄성을 해치고, 급기야는 인간성 상실의 우려까지 가져왔다.

산업사회에서는 인간이 가치를 판단할 때에 대부분의 경우 그 기준을 물질적인 측면에 두고 있기 때문에, 가치판단의 결과가 대부분 외형을 중시하는 형식적인 결과를 가져오게 된다. 예를 들면 사물에 대한 아름다움을 평가할 때에도 그 기준이 아름다움의 본질에 있는 것이 아니라, 물질적인 외형이나 실용성에 의해서 좌우되고 있다. 이 결과 인간이 소유하고 있는 아름다움도 물질에 의해 조작되고, 조작된 아름다움은 상품으로 매매되는 결과를 가져왔다. 결국 우리 인간은 산업화에 의해서 물질적인 풍요를 얻었고, 그 대가로 인간의 소외현상을 자초하게 되어 인간의 가치를 인간 스스로가 저하시키고 있는 것이다.

산업사회에서는 조직의 거대화가 사회의 특성을 이루고 있다. 그래서 구성원인 인간은 조직의 거대화에 위축되어 자신을 소홀히 하는 현상이 나타난다. 특히 산업사회에서는 사회의 특성상 인간이 조직의 구성원으로서 순응해야 하는 피동성이 강조되기 때문에 이것이 또한 인간의 주체성을 약화시키는 요인이 되고 있다.

2) 인간성 회복의 노력

산업화는 우리 인간에게 물질적인 풍요를 선물해 주어서 인간의 1차적 욕망충족에는 크게 기여했지만, 반면에 정신적인 측면으로는 인간 가치의 핵심인 인간의 존엄성을 크게 훼손시켰다. 그러나 우리 인간은 현대사회에 적응하면서 살아가기 위해서는 이러한 산업화에 의해서 나타난 역기능에도 불구하고, 산업화에 의해서 이룩된 사회적 기반을 활용하지 않을 수가 없다. 그래서 우리는 여전히 산업화에 의해서 형성된 사회현상을 수용하면서, 이를 활용하여 사회를 발전시키고 있다. 즉 산업화의 순기능은 더욱 증진시키고, 동시에 역기능은 억제하고 개선하는데 노력을 아끼지 않고 있다. 우리는 앞으로도 인간의 존엄성을 더욱 강조하면서 주인의식을 강화시켜서 산업화가 안겨준 물질적인 풍요를 사회발전에 기여할 수 있는 방향으로 계속 유도해야 할 것이다.

산업화의 과정에서 훼손된 인간의 존엄성을 회복하고, 인간의 가치를 지키기 위한 방안을 들어 보면 다음과 같다.

첫째, 인간의 가치를 재인식하여 인간의 존엄성을 고취시키는 일이다. 인간의 가치는 존엄한 것이기 때문에 그 무엇과도 바꿀 수 없다. 특히 산업화 사회에서는 물질이 인간의 가치를 지배하려는 경향이 있기 때문에 인간가치의 존엄성을 재인식하는 것이 중요하다.

둘째, 인간의 이성적 판단력을 고취시켜 욕망억제력을 신장시키는 일이다. 인간은 이성을 소유하고 있으면서도, 한편으로는 무한의 욕망을 가지고 있는 존재이다. 그래서 우리 인간에게는 이성과 욕망이 항상 대립되어 있다가 욕망이 지나치면 이성이 억제를 하게 된다. 그런데 문제가 되는 것은 이성이 욕망의 유혹에 약해질 경우가 생기는 것이다. 그래서 우리 인간은 욕망을 억제할 수 있는 이성의 힘을 강화시킬 필요가 있다.

셋째, 주인의식을 고취시켜 인간위주의 사고를 가져야 한다. 다시 말하면 인간이 주인의 자리를 지키면서 물질을 지배해 나가야 한다. 산업사회에서는 능률을 향상시키는 기술이 계속 발달하고 있어서 생활수단의 자동화가 가속화되고 있다. 이에 따라 인간은 기계에 예속화되는 현상이 나타나서 인간과 기계가 주객이 뒤바뀌는 현상이 나타나고 있는데 이를 바로잡기 위해서는 인간이 기계를 지배하는 주인의 자리를 지켜야 한다.

넷째, 공존공영의식을 고취시켜 인류공영에 이바지하도록 해야 한다. 인간은 원래 혼자서는 인간다운 삶을 영위할 수가 없는 존재이다. 그래서 인간은 사회를 형성해서 항상 더불어 살아가고 있다. 더불어 살아가며 번영하기 위해서는 같이 살며 함께 번영하려는 공존공영의 의식을 가져야 한다. 공존공영의 마음가짐이 없이는 인류사회의 발전을 기약할 수가 없다.

3. 산업화와 대중사회

사회가 산업화됨에 따라서 사회의 성격도 변화를 가져왔다. 즉 산업화는 사회의 구조를 다양화시키고, 전문화시켜서 다원화의 사회로 변화시켰다. 다원화된 산업사회에서는 직장의 종류도 다양해져서 직장간의 이동이 빈번해졌고, 또한 사회구조의 다원화에 따라서 가족의 구조에도 변화를 가져왔다. 즉 다원화된 사회구조에 적응하기 쉽도록 확대가족 제도에서 핵가족 제도를 선호하게 되었다.

산업사회에서는 사회규모가 거대화됨에 따라서 사회체제는 조직화되고, 사회적 활동은 전문성을 필요로 하게 되어 분업화 사회가 형성되었다.

인간관계에 있어서는 사회의 형태가 도시화됨에 따라 인간관계가 본질적 의지에 의해서 형성되는 공동운명체적 인간관계에서 이해타산이 핵심을 이루는 목적위주의 인간관계로 변화되었다. 즉 인간관계에 있어서 정이 메말라지고 사회구성원들은 고립된 개인으로서 사회를 형성하는 고독한 군중의 개체가 되게 된다. 이러한 사회현상에 의해서 대중사회의 특성들이 형성되게 되었다.

1) 대중사회의 의미

사회의 산업화는 인간사회를 물질적 가치를 중시하는 물질 위주의 사회로 형성시켰다. 이러한 영향을 받아서 사회구성원인 개인에게는 자신의 이익만을 추구하는 이기주의적 사고가 형성되었다. 이기주의적 사고가 형성되면 구성원들은 자신의 이익을 추구하기 위해서 자신의 노출에 신중을 기하게 된다. 그 결과 개인들은 개성을 숨기면서 자신을 공개적으로 들어내기를 싫어하게 된다. 그래서 이러한 사회에서는 사회의 전반적인 흐름이 획일화되고 평준화되어 가는 사회현상이 나타난다. 이러한 사회현상을 대중화 현상이라고 한다.

대중사회(大衆社會, mass-society)는 이 대중화 현상이 사회의 속성을 이루고 있는 사회를 말한다. 대중화에 의해서 획일화되고 평준화된 대중사회에서는 구성원들이 수동적 속성을 가지게 된다. 이러한 대중화된 사회를 이끌어가기 위해서는 사회를 주도하는 세력이 필요하게 되는데, 이에 따라 나타나게 된 것이 대중사회의 엘리트층이다. 그래서 대중사회는 획일화되고 평준화된 수동적인 대중과 사회를 주도하려는 선도적인 엘리트층으로 구성이 된다. 이와 같은 사회적 구성요소에 의해서 형성된 대중사회는 일반적으로 엘리트층의 선도성(先導性)과 일반인의 추종성이 사회의 속성으로 자리잡게 되었다.

[거리에 넘치는 자동차와 인파들]

대중사회에서는 이와 같은 사회의 속성상 구성원들은 사회전반에 관한 관심보다는 개인적인 일에 더욱 집착하게 된다. 이에 따라 개인적인 능력과 후천적인 여건에 있어서 차이를 소유하고 있는 개인들간에는 생활상에 차이가 생기게 되고, 이것이 심화되면 구성원간의 갈등으로 나타나게 된다.

어느 사회를 막론하고 구성원간에 갈등이 나타나면 이것은 사회발전을 저해하는 요인이 되기 때문에 이 갈등을 해결하기 위한 제도적인 장치를 필요로 하게 된다. 특히 사회구성원들이 고립된 상태를 유지하면서 집합을 이루고 있는 대중사회에서는 사회의 유지 존속을 위해서 합법적인 사회통제가 더욱 강조되고 있다. 이 합법적인 사회통제의 일환으로 대중사회에서는 구성원 간의 불평등을 해소하고 사회정의를 실현하기 위한 사회복지정책이 강조되고 있다.

2) 대중사회의 인간사고

사회가 대중화됨에 따라 사회구조의 변화는 물론이고, 인간의 사고에도 커다란 변화를 가져왔다. 즉 대중화사회에서는 구성원들의 의식이 표출적(表出的)인 면에서는 획일성을 띠면서도 내면적으로는 개성이 강한 이질성을 소유하게 된 것이다. 다시 말하면 대중화사회에서 나타난 구성원들의 의식구조의 변화 형태는 외형적인 획일성과 내면적인 이질성이다. 대중사회에서는 구성원들이 개성을 숨기면서 이질적인 상태에서 결합하여 이질성의 집합을 이루면서도, 외형상으로는 대중사회의 추종적인 속성에 의해서 획일성을 나타내게 된다. 즉 대중사회 구성원들의 전반적인 의식의 양상은 내용적으로는 다양성을 띠면서도 외형적으로는 획일화의 모습을 나타내는 것이다. 이러한 의식구조가 구성원들의 사고방식에 영향을 주어 외형적으로는 항상 획일적인 집합적 사고를 하면서도 내면적으로는 고립적인 사고를 하게 된다는 것이다. 즉 사고방식의 특징이 외형적인 집합성과 실질적인 고립성이 혼재되어 사고의 혼란을 초래하게 된다는 것이다. 이러한 현상을 사회학자 리즈만(David Riesman)은 '고독한 군중'이라고 표현하면서 이것을 대중사회의 특성으로 규정지었다.

3) 대중사회와 매스미디어(mass-media)[1]

대중사회는 사회의 속성상 외형적인 획일성이 강조되는 사회이기 때문에, 구성원들은 사회적 활동에 있어서 개별적으로 자신을 부각시켜 앞장서지 않으려고 한다. 이러한 사회적 속성 때문에 대중사회의 구성원들에게는 익명성이 강하게 나타난다. 그래서 대중사회에서는 이와 같이 익명성이 강한 구성원들을 설득하고, 움직이는 장치로서 매스미디어의 역할이 강조되게 되었다.

대중사회에서의 매스미디어의 위력은 대단하다. 대중사회에서는 매스미디어의 위력 때문에 대부분의 사람들이 결과적으로 매스미디어 즉 대중매체에 의해서 지배를 받고 있는 것이다. 이로 인해서, 때로는 지배자가 조작된 상징을 대중매체를 통해서 대중에게 일방적으로 강요하는 경우가 생겨서 대중사회에 있어서 매스미디어의 부작용을 나타내기도 한다. 결국 대중사회는 매스미디어의 조작에 의해서 지배를 받는 셈이 된다. 또한 대중사회에서는 매스미디가 일방적인 의사전달을 주

1) 매스미디어(mass-media) : 대중매체(신문, 라디오, TV, 잡지 등)

도하기 때문에 일반국민들의 사고는 더욱 수동적이 된다.

대중사회에서는 사회구성원들이 일단 대중화되면 대중사회가 지니고 있는 속성인 추종성의 영향을 받아서 구성원끼리의 내부적인 결속력이 약화되고, 반면에 국가에 대한 의존성이 높아져서 구성원들에게 이기적인 사고가 증대된다. 그래서 대중사회의 구성원들은 자기 일은 자기가 스스로 개척하려는 창의력이 부족해지고, 결과적으로 의존심이 더욱 증대되어 사회의 침체를 가져오게 된다.

사회의 대중화가 진전되면 될수록 인간은 더욱 고립된 외로운 존재로 전락되고, 추종성과 의존성은 더욱 더 증대되어, 인간이 사회의 주인이라는 의식도 약해져 간다. 이로 인해 인간은 자신들의 인간으로서의 가치를 스스로 소홀히 여기게 되어, 이것이 계속될 때에는 인간 스스로가 자신을 파멸의 길을 자초할 우려마저 낳고 있다.

읽을거리

[쿠테타와 매스미디어]

쿠테타(coupdetat)는 사회적 불만세력이 무력에 의해서 불법적으로 기존 정권에 도전하는 사회적 현상이다. 쿠테타는 무력에 의한 불법적인 정권 쟁취 방법이기 때문에 인간의 존엄성을 무시한 인권 유린의 행위이다. 그러나 정치적 현실에서는 끊이지 않고 발생하는 사회적 사실이다.

쿠테타가 발생하면 제일 먼저 무력에 의해서 점령당하는 곳이 방송국과 신문사이다. 이것은 현대사회에서 매스미디어의 위력을 입증하는 것이다. 즉 현대사회는 매스미디어에 의해서 지배되고 있음을 사실로 입증해 주는 부분이다.

현대사회, 특히 대중사회의 구성원들은 대중사회의 속성에 의해 추종성과 의존성이 강하기 때문에 매스미디어를 장악하게 되면 매스미디어의 강력한 영향력에 의해서 구성원들을 쉽게 설득할 수 있기 때문이다.

이와 같이 현대의 대중사회에서는 개인들이 사회적 속성에 영향을 받아 인간의 존엄성이 저하되고 있다. 즉 대중사회의 인간의 가치는 인간가치 그 자체가 산업화에 의해서 팽배된 물질적 가치에 종속되어 점점 저하되고 있음을 엿볼 수 있다.

4. 대중사회의 문제점과 대책

대중사회는 산업사회의 진전에 의해 형성된 사회체제이다. 이 대중사회의 기반이 된 산업사회는 자유주의 이념을 기반으로 한 자유경쟁사회이기 때문에, 대중사회는 이러한 사회적 기반의 속성에 따라 구성원들에게 보다 많은 자유를 부여해 주었다. 즉 구성원인 개인들은 자신의 의지에 따라서 개인적인 능력을 발휘할 수 있는 충분한 기회를 가질 수 있었다. 이와 같이 대중사회는 인간에게 보다 많은 자유와 기회를 부여해 주기는 했지만, 한편으로는 인간에게 미친 부작용도 간과할 수가 없다.

1) 대중사회의 문제점

대중사회에서 나타나고 있는 문제점을 들어 보면 다음과 같다.

첫째, 구성원들의 수동적이고 추종적이 성격이다. 대중사회에서는 사회의 속성인 외형적 획일성에 의해서 구성원들은 수동적이고 추종적인 존재가 되어 창의적인 능력 발휘의 기회를 제대로 활용하지 못하고 있다. 그래서 대중사회에서는 특히 개인의 자발성과 아울러 가치지향적인 능동성이 더욱 필요하게 된다.

둘째, 구성원들의 물질위주의 의식구조이다. 대중사회에서는 산업화의 결과에 따라 인간이 물질적인 풍요와 아울러 생활의 편리함을 누리게 되지만, 반면에 사회구성원들에게는 물질위주의 사고가 팽배해져서 가치 지향적인 행동이 억제를 당하게 되었다. 또한 물질위주의 의식구조는 무분별한 개발을 초래해서 삶의 보금자리인 자연을 파괴하게 된다.

셋째, 구성원간의 생활차이와 고립화 현상이다. 대중사회에서는 구성원들이 사회전체보다는 개인의 생활에 초점을 맞추기 때문에 개인간(개인 간)에 생활차이가 생겨서 사회적 화합을 해치는 경우가 생기게 되고, 또 사회의 대중화현상으로 인간이 대중 속에서 고립된 존재로 전락하게 되어 인간의 본연의 가치에 위협을 받게 되었다.

2) 대중사회의 문제점에 대한 대책

대중사회에서 나타나고 있는 문제점들에 대한 대책을 들어 보면 다음과 같다.

첫째, 구성원들의 주체의식의 강화시켜야 한다. 구성원들의 주체의식 강화로 능동적인 사고를 진작시켜서 사회가 구성원들의 합의에 의해서 운영되도록 해야 한다.

둘째, 물질위주의 의식구조를 개선해야 한다. 인간의 정신적 가치의 중요성을 인식시켜서 산업화에 의해 만연된 물질위주의 의식구조를 개선하고, 아울러 인간존엄의 사상을 고취시키도록 해야 한다.

셋째, 자연보호정신을 길러야 한다. 대중사회에서는 자신의 일에 주로 관심을 두기 때문에 자연의 훼손에 대한 주의가 소홀하다. 그래서 대중사회에서는 산업화에 의해서 파괴되는 자연을 보호하기 위해서, 자연을 파괴하는 무분별한 개발을 자제해야 한다.

넷째, 공평분배제도를 확립해야 한다. 대중사회에서는 산업사회의 자유경쟁 경제논리에 의해 나타나는 계층간의 불평등을 완화시키기 위해서 공평분배 제도를 강화해야 한다.

다섯째, 사회 엘리트층의 솔선수범이 있어야 한다. 대중사회를 이끌어 가는 엘리트층은 사회적 영향력이 크기 때문에 사회발전을 위한 솔선수범을 생활화해야 한다.

여섯째, 공존공영의 의식을 고취시켜야 한다. 대중사회의 구성원들은 고립의식에서 탈피하여 더불어 사는 사회건설에 노력하여 복지사회 건설에 적극적으로 참여해야 한다.

요점정리

1. 산업화의 개념

산업화의 의미 : 생산방법의 기계화(공업화)로 대량생산과 대량소비가 진행되는 사회발전 단계
국민의 의식이 경제논리 즉 경제원칙에 의해 합리성을 추구하는 사회발전단계

산업화의 영향 : 서구사회의 근대화의 기반
현대사회의 사회적 특성 형성 ;
사회구조 - 분업화, 전문화, 체계화
인간의식 - 물질 위주의 의식구조

2. 산업사회와 인간사고

산업사회 : 산업화에 의해서 형성된 사회
산업화의 특성을 사회의 특성으로 하는 사회

산업사회의 특성
사회구조적 특성 : 조직의 전문화, 작업의 분업화, 조직의 체계화
도시의 발달
경제적 특성 : 대량생산, 계약에 의한 임금노동자 출현, 시장중심 경제체제

산업사회의 문제점 : 공업화 - 공해 증가 - 인간의 생명 위협

산업사회의 인간사고 : 물질이 인간가치의 척도
물질위주의 인간사고
인명경시 풍조

3. 산업화와 대중사회

대중화 : 개성을 숨겨 가면서 외형적인 평준화가 되어 가는 사회현상

대중화와 엘리트층 : 평준화된 대중 속에서 사회를 주도하려는 엘리트층 발생

대중사회 : 대중화에 의해서 형성된 사회

대중사회의 특징 : 수동적인 대중

선도적인 엘리트층
구성원은 개인적인 일에 집착
구성원들의 생활차이 심화 - 복지정책 필요

대중사회의 인간사고 ; 외형적인 집합성
실질적인 고립성(고독한 군중)
대중매체에 지배당함
국가에 대한 의존성 고조

4. 대중사회의 문제점

대중사회의 문제점 ; 인간의 주체의식 약화
물질위주의 사고
자연의 파괴
구성원간 생활의 차이 심화
구성원들의 고립화

문제점에 대한 대책 ; 인간존엄성 강조
자연 개발의 자제
분배의 공평화
엘리트계층의 솔선수범
공존공영의식 강화

수험대비 평가문제

1. 근대에 들어서 나타난 커다란 경제적 변화에 의해서 인간사회가 새로운 시대로 접어들었다. 새롭게 나타난 대표적인 현상은 생산방법의 기계화에 의한 대량생산이었다.
   (1) 위와 같은 사회현상을 가져온 사회변동의 계기는 무엇인가?
   (2) 위의 사회변동이 인간사회에 미친 영향을 약술하시오.

2. 인간사회가 물질적인 풍요를 누리면서부터 인간은 개인 본위의 경쟁사회로 전환해 갔다. 이러한 사회적 상황에서는 구성원들이 개성을 숨기면서 외형적인 획일화 현상을 나타낸다.
   (1) 위와 같은 사회변화 현상에 대해 약술하시오.
   (2) 위와 같은 특징을 소유한 사회의 구성원들의 의식구조의 특징을 쓰시오.

3. 대중사회가 형성되면 사회의 속성상 구성원들은 개인적인 일에 보다 큰 비중을 두면서 자신을 노출시키는 것을 꺼리게 되며 수동적 속성이 형성되게 된다.
   (1) 이러한 속성을 지닌 대중사회에서 나타나는 대립적인 두 계층을 들어 보시오.
   (2) 대중사회의 구성원들의 사고의 특성에 대해서 쓰시오.

4. 산업화의 설명으로 옳지 않은 것은?
   ① 생산방법의 기계화　② 주문 생산의 확대*
   ③ 계약노동자 출현　④ 물질위주의 사고 형성

5. 산업사회의 사회이동과 관계가 없는 것은?
   ① 기회평등 사상의 확대　② 직업이동의 용이
   ③ 귀속적 기준의 강화*　④ 인구의 도시 집중

6. 다음 중 대중사회에서의 대중매체의 순기능에 해당되는 것은?
   ① 지적 호기심을 충족시킨다.*

② 대중을 수동화시킨다.
③ 인간관계를 익명화시킨다.
④ 정치현상에 무관심해지도록 한다.

7. 매스커뮤니케이션의 순기능에서 거리가 가장 먼 것은?
① 여론형성 ② 사회적 유대 결속
③ 가치관의 획일화* ④ 정보의 신속 전달

8. 산업화의 의미와 산업사회의 특성에 대해서 쓰시오.

9. 산업사회의 사회구조적 특징을 쓰시오.

10. 산업사회의 경제적 특성에 대해서 쓰시오.

11. 대중사회의 특성 중의 하나인 '고독한 군중'을 설명하시오.

12. 대중사회의 문제점에 대한 대책을 쓰시오.

13. 대중사회의 인간사고의 특징을 쓰시오.

14. 대중사회의 엘리트층의 역할에 대해서 쓰시오.

제11장 복지사회와 인간가치

1. 복지사회의 개념
2. 복지사회의 이론적 기반
3. 사회복지 증진의 과정
4. 복지국가의 국민의식
5. 복지국가의 과제

인간은 누구나 인간으로서의 가치를 누리면서 인간다운 삶을 살기를 원한다. 그래서 인류는 사회를 형성하면서부터 인간의 가치를 보장받으면서 인간다운 삶을 누릴 수 있는 사회를 염원해 왔다. 이러한 인류의 염원은 우리 인간이 인간다운 삶을 살 수 있는 사회 즉 복지사회의 건설을 위해 끊임없이 노력하도록 해오고 있다.

복지사회는 우리 인류가 염원해온 이상사회이다. 즉 인간이 인간답게 살 수 있도록 사회적 여건이 구비되어 있는 사회를 말한다. 인간다운 삶이란 인간이 추구하는 현실적인 삶과 이상적인 삶의 여건을 동시에 충족시켜 주는 삶이다. 그래서 복지사회의 개념을 설명할 때에는 인간다운 삶이 보장될 수 있는 물질적 여건과 정신적 여건과 아울러 복지사회 건설을 위한 구성원의 의식과 노력이 함께 포함된다.

인간다운 삶은 인간이 살아가면서 보람과 만족을 얻는 삶이다. 즉 인간이 추구하는 욕망이 충족되는 삶을 말하는 것이다. 그러나 인간의 욕망은 무한하기 때문에 욕망의 완전 만족은 거의 불가능한 일이다. 그래서 인간은 욕망 충족을 위한 노력과 아울러 이성을 통해서 욕망을 조절하게 된다.

[스위스의 주거문화]

인간의 욕망은 크게 물질적인 욕망과 정신적인 욕망으로 나눈다. 산업화에 의해서 얻어진 물질적인 풍요는 인간의 물질적인 욕망을 충족시키는데 크게 기여했다. 그러나 산업화에 의해서 얻어진 이 물질적인 풍요는 상대적으로 인간의 정신적인 욕구부족을 가중시켜 왔다. 복지사회에서는 이와 같은 욕구충족의 불균형을 해소시켜 인간의 진정한 가치가 보장되는 인간다운 삶을 실현시키기 위해서 노력한다.

이 장에서는 먼저 복지사회의 개념을 파악하고, 다음에 복지사회의 이론적 기반과 아울러 복지증진의 과정을 살펴보도록 하겠다. 그리고 더 나아가서 복지국가 국민의 의식구조를 살펴보면서 인류의 영원한 과제인 복지사회의 건설을 위한 과제를 연구해 보려고 한다.

1. 복지사회의 개념

1) 인간의 복지추구 염원

인간이 인간답게 살고 싶은 욕망은 옛날이나 지금이나 변함이 없다. 그래서 인간이 사회를 형성해서 살기 시작한 때부터 보다 편안하고 안전하게 살 수 있는 사회를 만들기 위해서 노력해 왔다. 그러므로 인간다운 삶의 조건인 복지(福祉, welfare)를 추구하려는 인간의 염원은 인간이 생활을 시작하면서부터 라고 볼 수 있다.

인간의 복지추구 염원은 끊임없이 추구되어 왔다. 인간의 생활이 주로 자연의 질서에 따라서 영위되었던 시기에는 인간의 삶이 자연의 순리에 따라서 이루어졌기 때문에 인간의 가치도 자연질서에 순응하는 가운데에서 보장이 되었다. 그래서 이 시기에는 복지증진을 위한 특별한 사회적 장치의 필요성을 느끼지 못했다. 그러나 사회의 산업화가 진척됨에 따라서 인간의 삶이 점점 물질위주의 생활로 변했고, 인간의 가치기준에도 변화를 가져오게 되었다.

산업사회의 물질적인 풍요는 우리 인간들에게 일차적 기본욕구인 물질적인 욕구를 충족시켜 주었다. 그러나 인간다운 삶을 추구하는 인간은 물질적인 욕구충족만으로는 인간으로서의 가치를 제대로 누릴 수가 없음을 깨닫게 되었다. 즉 우리 인간은 산업사회의 물질적인 풍요의 덕분에 인간의 일차적 욕구인 물질적인 욕구의 충족은 얻을 수 있게 되었지만, 반면에 정신적인 측면에서는 인간의 사고가 물질위주로 변해가면서 인간의 존엄성을 흐리게 했다.

이러한 사회적 변화를 겪으면서 우리 인간은 우리가 추구해야 할 진정한 삶의 내용을 구체적으로 인식하게 되었다. 즉 인간다운 삶을 유지하기 위해서는 물질적인 만족과 아울러 정신적인 만족이 반드시 병행되어야 한다는 것을 인식하게 된 것이다. 다시 말하면 물질적인 만족과 정신적인 만족이 고르게 충족될 수 있는 사회에서만이 인간은 비로소 인간다운 삶을 누릴 수 있게 된다는 것을 깨닫게 되었다.

복지사회는 인간의 염원을 담은 이상사회를 추구해가는 과정의 사회이기 때문에 그 개념을 정립할 때에는 복지사회의 여건과 아울러 복지사회 건설을 위해 노력하는 과정까지 포함되어야 한다.

2) 복지사회의 뜻

복지사회(福祉社會, welfare society)를 이룩하려는 인간의 노력은 인간이 사회생활을 시작하면서 복지를 추구하는 노력과 함께 시작되었다. 그러나 사회가 산업화, 대중화, 정보화에 의해서 변화됨에 따라 인간의 존엄성이 점점 위협받게 되고 인간의 가치가 떨어지고 있기 때문에 복지사회 건설이 더욱 절실한 과제로 대두되고 있다. 그래서 오늘날의 모든 국가들은 복지사회를 실현하는 복지국가의 건설을 국가정책의 우선적 목표로 삼고 있다.

복지사회의 의미를 파악하기 위해서 먼저 복지라는 말의 뜻부터 살펴보기로 하겠다. 복지의 뜻을 그 어원에서부터 살펴보면 다음과 같다. 복지(福祉)라는 말의 영어단어는 welfare이다. 이 welfare라는 단어는 영어의 건강한 상태를 의미하는 well이라는 단어와 살아간다는 뜻이 담긴 fare라는 단어가 합해져서 만들어진 것이다. 이와 같이 복지라는 말의 근원적인 의미는 그 어원에서 보는 바와 같이 건강하게 그리고 편안하게 잘 지내면서 살아가는 상태를 뜻하는 것이다.

행복한 삶의 조건을 크게 둘로 나누면 물질적인 만족과 정신적인 만족이 있다. 결국 복지사회는 인간의 행복한 삶을 보장하기 위해서 물질적인 만족과 정신적인 만족을 충족시켜 주고, 또 이들의 충족을 위해서 계속 노력해 가는 사회를 말한다.

3) 사회복지의 개념

복지사회의 사회현실을 설명할 때에 사용하는 사회복지(社會福祉, social welfare)의 의미는 위에서 살펴본 편안하게 잘 살아간다는 복지(福祉)의 의미가 사회적으로 적용되어, 사회적으로 행복하게 생활하는 상태를 말하는 것이다. 사회적으로 행복한 상태란 인간이 사회생활을 함에 있어서 물질적 정신적 측면에서 행복을 느끼는 생활상태를 말한다. 즉 포괄적인 사회생활에 있어서 여러 가지의 조건들이 충족되는 만족스러운 생활상태이다.

사회복지(社會福祉, social welfare)의 의미를 개념적으로 설명할 때에는 보통 전통적 사회복지 개념과 현대적 사회복지개념으로 나누어서 설명한다. 전통적 사회복지는 개인을 복지시행의 주체로 하여 행해지는 상부상조, 자선사업, 인보사업(隣保事業) 등이 여기에 속한다. 그리고 현대적 사회복지는 사회단체나 국가를 복지시행의 주체로 하여 행해지는 사회사업, 사회봉사, 사회보장, 사회정책 등이 여기에 속한다.

4) 사회복지의 특성

사회복지(社會福祉)는 복지사회(福祉社會)의 실천적인 사회현상이다. 사회복지는 사회구성원의 복지를 증진시켜 인간다운 삶을 보장해 주는 것으로 다음과 같은 특성을 가지고 있다.

첫째, 기본적 생활권의 실현이다. 인간은 원래 고유한 가치를 소유한 존재로서 존엄성을 보장받을 권리를 가지고 있다. 사회복지는 이러한 인간의 고유의 가치가 실현되는 사회적 현상이다.

둘째, 사회적 책임을 내포한다. 사회복지의 증진은 사회가 구성원의 삶을 보장해주기 위한 사회적 책임 활동이다. 사회복지 증진은 그 목표가 복지증진 대상자의 이익과 복지에 있다.

셋째, 조직적인 활동을 필요로 한다. 효율적인 사회복지 증진을 위해서는 제도와 조직에 의한 활동에 의해서 이루어진다.

넷째, 대상자의 욕구와 관련되어야 한다. 사회복지 증진은 수혜 대상자의 욕구와 관련이 있을 때에만 의미가 있다.

[호주의 주거문화]

3) 복지국가

복지국가(福祉國家)는 인간이 추구하는 이상적인 국가의 모델이다.

그래서 복지국가의 기본이념을 설명하고 또 개념을 정립함에 있어서 추상성을 내포하고 있다.

(1) 복지국가의 개념

복지국가(福祉國家, welfare state)는 국민이 인간다운 삶을 누리면서 살아갈 수 있는 국가이다. 즉 사회의 구조가 구성원들의 인간다운 삶을 보장하는 데에 초점을 맞추어 짜여 있고, 또 국가의 이념이 인간의 가치를 존중하는 휴머니즘(humanism)사상을 핵심으로 하여 형성되어 있는 국가를 말한다.

복지국가의 정책방향은 항상 국민의 복지를 우선으로 하고 있으며 또 구성원인 국민이 인간으로서의 가치를 누리면서 인간답게 살 수 있도록 사회적 조건을 구비해 주는 것을 국가의 임무로 하고 있다. 복지국가의 국민복지 증진 조건 중에서 중요한 것은 국가의 기본이념과 국민의 복지의식이다. 국가의 복지국가 기본이념과 국민의 능동적인 복지의식이 결합되어 국가와 국민이 함께 노력할 때에 복지국가는 계속적으로 번영할 수 있다.

(2) 복지국가의 기본 이념

복지국가는 다음에 들고 있는 세 가지의 기본이념을 내용으로 하는 이념적 틀에 의해서 운영된다. 세 가지의 기본이념 다음과 같다.

첫째, 인도주의(人道主義, humanism)이다. 인도주의는 복지국가 이념의 핵심을 이루는 사상이다. 이 인도주의는 인간의 존엄성을 사상의 기반으로 하면서 서로를 존중하고 상호간에 우애와 협동을 강조하며 인간의 가치를 중시하는 사상이다. 복지국가는 인간이 인간다운 삶을 영위할 수 있도록 보장해 주는 국가이기 때문에, 인간의 존엄성을 핵심으로 하는 인도주의는 복지국가 이념의 기본 사상이 된다.

둘째, 평등주의(平等主義, principal of equality)이다. 평등주의는 모든 인간은 태어나면서부터 천부의 인권을 평등하게 지니고 태어났다. 그래서 모든 인간은 원천적으로 평등한 대우를 받을 권리가 있는 것이다. 그런데 이 평등주의는 인간의 또 하나의 기본권인 자유주의와 대립적이면서도 보완적인 관계를 가지고 있다. 그래서 이 평등주의를 실현할 때에는 자유주의와의 균형 유지에 노력해야 한다.

복지국가에서는 이 평등주의의 이념에 입각해서 삶의 낙오자가 없이 모두가 인간으로서의 기본적인 가치를 누릴 수 있도록 하는 것을 기본 정책으로 하고 있다.

셋째, 보상주의(補償主義, principal of compensation)이다. 인간은 원래가 태어나면서부터 선천적으로 불평등하게 태어난다. 또 태어난 후에도 여러 가지 여건에 있어서 후천적인 차등이 지워진다. 이렇게 선천적으로 또 후천적으로 차등이 지워진 인간은 사회생활을 하면서 이러한 불평등을 해소하기 위해서 노력하게 된다. 그러나 타의에 의해서 지워진 이 불평등 상태는 자신의 노력만으로는 극복할 수 없는 경우가 있다. 이러한 불평등 상태에서는 평등한 사회생활을 유지할 수가 없으며, 또한 인간으로서 누려야 할 가치를 충분히 누릴 수가 없게 된다. 바로 이러한 사회적으로 낙오된 사람들의 생활을 보상해주는 것이 보상주의 이념이다.

보상주의는 인간이 인간다운 삶을 누리는데 있어서 자의가 아닌 타의에 의해서 지장을 받을 때에는 이를 사회적, 국가적 차원에서 해결해 주어야한다는 견해이다. 다시 말하면 자신의 힘으로는 인간다운 삶을 유지할 수 없는 경우에 사회가 특별히 지원을 하여 인간다운 삶을 유지하도록 해주는 것이다. 예를 들면 선천적으로나 후천적으로 또는 신체적으로나 정신적으로 결함을 얻어 정상적인 수준의 생활이 어려운 장애인들에게 장애인 복지법을 제정하여 그들에게 직업을 알선하고 또 직업훈련을 시키고 직업을 지도하는 것 등이 여기에 속한다.

4) 사회복지의 구성

사회복지는 여러 가지의 구성요건을 가지고 있다. 즉 사회복지가 시행되기 위해서는 사회복지를 시행하는 기관이 있어야 하고, 또 사회복지의 혜택을 받는 대상과 복지의 내용이 정해져야 하고, 그리고 사회복지를 시행하는 방법과 사회복지 시행에 필요한 재원이 준비되어야 한다.

(1) 사회복지 시행기관

사회복지를 시행하는 기관(機關)은 그 규모와 성격에 따라 다양한 형태를 지니고 있다. 즉 사회복지 시행기관에는 규모가 작고 자선적(慈善的) 성격을 가진 가족에서 시작하여 규모가 크고 제도적 체제를 갖춘 국가에 이르기까지 다양한 형태가 있다. 또한 이 사회복지 시행기관은 시대의 변천에 따라 그 규모의 크기뿐만 아니라 역할의 내용도 변화되어왔다. 즉 전통사회에서는 가족이 중심이 되어 사회복지가 시행되었지만 현대로 올수록 국가의 역할이 증대되어 오늘날은 국가가 사회복지 시행의 중심기관의 자리를 차지하게 되었다.

전통사회에서 시행되었던 가족중심의 사회복지는 순수한 인간적인 정에 의해서 이루어진 사회복지로서 상부상조와 자선적 활동이 주를 이루었다. 그러나 오늘날의 국가 중심의 사회복지활동은 제도적 체제에 의해서 강제성을 띄면서 포괄적 범위에 걸쳐서 이루어지고 있다. 특히 현대사회에서는 기존의 사회권이 복지권(福祉權)으로 인식되면서 생존권으로 자리를 잡았고, 이에 따라 국가는 국민의 복지증진을 위해 공적인 복지활동을 강화하고 있다.

(2) 사회복지의 대상과 내용

사회복지의 대상은 사회복지의 혜택을 필요로 하는 개인이나 집단을 말한다. 그런데 이 사회복지의 혜택을 필요로 하는 사회복지의 대상은 시대가 변천함에 따라 그 대상의 범위도 변화되어 왔다. 즉 전통사회에서는 사회복지의 의미가 의식주를 중심으로 한 인간의 기본적 욕구를 충족시켜 주는 것으로 인식되었기 때문에, 사회복지의 대상도 인간의 기본적 욕구충족이 어려운 사람들이 되었다. 다시 말하면 사회구성원들 중에서 사회적 활동에 필요한 여건에 결함을 가지고 있어서 정상적인 생활을 영위할 수 있는 능력이 부족하거나 또는 없어서 사회적 낙오의 위치에 있는 사람들이 대상이 되었다. 그러나 사회가 변천되어 현대사회로 들어오면서 사회복지의 의미에도 변화가 일어나면서 복지의 대상과 내용에도 변화를 가져왔다. 현대사회에 들어 와서는 사회복지의 의미가 전통사회의 의미였던 인간의 기본적인 최저 생활보장에서 인간다운 삶의 보장으로 확대되었다. 이에 따라 사회복지의 대상도 전통사회의 사회적 낙오자에서 현대사회에 들어와서는 전통사회에서의 사회복지 대상이었던 사회적 낙오자를 포함해서 모든 사회구성원 즉 전체 국민으로 확대되었다.

사회복지의 대상과 내용을 복지정책의 포괄범위나 자격조건을 기준으로 볼 때에는 보편주의(universalim)와 선별주의(seletivism)로 나눌 수 있고, 사회적 위험에 따른 문제해결의 중심적 역할을 수행하는 주체를 기준으로 볼 때는 제도주의(institutionalism)와 잔여주의(residualism)로 나눌 수 있다.

① 보편주의

모든 사람이나 일정한 범주 안(예: 몇 세 이상 또는 몇 세 이하)에 있는 모든 사람을 사회복지의 대상으로 보는 것이다. 모든 사람을 대상으로 하는 보편주의는 복지를 시민권으로 인식하고 있다.

② 선별주의

자산조사에 의해 일정 소득 및 자산 기준으로 기준 이하의 사람을 사회복지의 대상으로 보는 것이다. 즉, 사회적 약자를 우선적하는 선별주의는 효율성이 뛰어나다.

③ 제도주의

사회적 위험 해결 즉 사회복지 증진을 사회적 비용(social cost)로 보고 사회적 위험 해결의 중심적 역할을 정부가 제도를 통해서 담당해야 한다는 것이다.

④ 잔여주의

사회적 위험을 해결하는 중심적 역할은 일차적으로 가족이나 제도가 담당해야한다고 보고, 이것이 제대로 역할을 다하지 못해서 도움이 필요한 사람이 생기면 이들에게는 사회적 안전망으로 정부가 역할을 담당해야한다는 것이다.[1)]

정부나 국가가 복지정책을 시행할 때에는 하나의 원칙에만 따르지 않고 여러 원칙들을 조화롭게 결합하여 복지정책이나 복지프로그램을 시행하는 것이 바람직하다.

(3) 사회복지 시행의 방법

사회복지를 시행하는 방법은 시행기관, 수혜(受惠) 대상 그리고 복지증진의 내용에 따라서 분류된다. 전통사회의 민간위주의 복지증진은 주로 사적인 방법에 의한 자발적이면서도 비형식적인 방법에 의해서 행해졌지만, 현대사회의 사회복지 증진은 주로 국가의 정책에 의해서 강제성을 띠면서 행해지게 되었다. 현대사회의 사회복지 시행은 많은 부분이 국가에 의해서 시행되어지고 있는데, 그 이유는 사회복지의 내용이 인간다운 삶의 보장으로 바뀌면서 사회복지의 증진이 국가의 책임으로 바뀌었기 때문이다. 즉 사회복지 증진을 요구할 수 있는 복지권(福祉權)이 사회권(社會權)의 차원에서 국가의 책임하에서 시행되어지기 때문이다.

사회복지의 시행방법은 시행의 도구에 따라서 분류된다. 사회복지의 시행방법을 크게 두 분야로 나누어 보면 다음과 같다.

① 국가의 정책에 의한 시행

이것은 국가의 정책에 의해서 사회복지를 증진하는 방법이다. 즉 복

1) 김영순, 복지동맹 문제를 중심으로 본 보편적 복지국가의 발전 조건, 2012, 한국정치학회보 제46집 제1호, pp. 337~339 참조.

지시행의 정책적인 접근은 국가가 복지정책을 제도에 의해서 시행함으로써 복지를 증진시키는 방법이다. 이 방법은 복지증진의 대상이 제도적인 장치를 필요로 하는 경우에, 국가가 정책을 수립하여 거기에 대처해 나가는 것이다.

국가의 복지정책은 협의의 복지정책과 광의의 복지정책으로 구분된다. 협의의 복지정책에는 인간의 기본적 생활을 보장해 주기 위해 수립된 사회보장정책이 있다. 사회보장정책의 구체적인 내용은 국가에 따라서 차이가 있지만 일반적으로 소득보장정책과 의료보장정책으로 나누어진다. 사회보장을 위한 복지제도에는 사회보험제도와 공공부조제도가 있다. 사회보험제도에는 노후보장을 주목적으로 하는 연금보험제도, 의료사고에 대비하는 의료보험제도, 작업장의 사고에 대비하는 산업재해보상보험제도 그리고 실직자의 생활을 보장하는 실업보험제도가 있다. 그리고 공공부조제도에는 생활능력이 없는 사람들의 생활을 보장해 주는 생활보호제도와 극빈자의 의료사고를 해결해 주는 의료보호제도가 있다.

사회보험의 특징으로는 가입의 강제성, 부담의 능력성, 국가의 지원성, 목적의 공익성을 들 수 있다.

국가의 복지증진 정책을 분야별로 분류해서 적용의 예를 들어 보면 다음과 같다.

가) 사회적 불평등의 해소 정책으로는 분배정책, 조세정책, 교육정책 등이 있다. 이 정책들은 빈부의 차이나 교육의 불평등 등 사회적 불평등에 의해서 생겨나는 사회문제를 해결하기 위해서 시행한다.

나) 경제제도의 시행과정에서 나타나는 사회문제를 해결하기 위한 정책에는 노동정책과 고용정책 등이 있다. 이 정책들은 노사문제나 실업 등과 같이 경제제도의 결함 때문에 생기는 사회문제를 해결하는데 시행된다.

다) 사회적 일탈에 대한 정책으로는 형사정책과 교정(矯正)정책 등

이 있다. 이 정책들은 범죄나 마약중독 등과 같이 사회적 일탈에 의해서 생겨나는 사회문제를 해결할 때에 시행된다.

라) 사회해체에 대한 정책으로는 가족정책과 지역사회복지정책이 있다. 이 정책들은 결손가족이나 이혼 등 사회해체에 의해서 나타나는 사회문제를 해결하기 위해서 시행된다.

② 전문가에 의한 시행

전문가에 의한 복지시행은 사회복지증진이 전문적인 지식을 소유하고 있는 전문가들에 의해서 행해진다는 것이다. 이 경우에는 복지증진 대상이 주로 개인적인 문제이며, 복지시행도 전문지식을 가진 전문가에 의해서 시행된다. 이 접근 방법에는 전문적인 지식과 기술이 필요하며 동시에 봉사의 정신이 필요하다.

복지증진의 전문적 접근 방법에는 다음의 두 가지가 있다.

첫째는 심리적 요법이다. 이 심리적인 요법은 전문가에 의한 심리적인 방법으로 개인적인 복지를 증진시키는데, 주로 개인의 퍼스낼리티를 개발하는 데 활용된다.

둘째는 사회적 요법이다. 이 사회적 요법은 개인의 복지증진을 위해서 복지증진 대상의 주변 환경 개선하거나 또는 새롭게 조성하여 개인이 여기에 적용하도록 하여 문제를 해결시켜 복지를 증진시키는 방법이다.

(4) 사회복지 시행의 재원

사회복지를 증진하는 것은 인간다운 삶을 저해하는 조건 즉 사회문제를 해결하는 일이다. 사회문제는 여러 가지의 조건에 의해서 다양하게 발생하고 있으며, 이 사회문제들을 해결하는 데는 물질적, 정신적인 노력이 필요하게 된다. 다시 말하면 사회복지를 시행하기 위해서는 제도적인 대책과 아울러 재원이 있어야 한다는 것이다.

사회복지를 시행하기 위한 재원의 조달 방법은 사회복지의 시행기관과 시행방법에 따라서 상이하다.

첫째는 국고 조달의 재원이다.

사회복지 시행의 재원이 국고에서 조달되는 경우는 사회복지 시행기관이 국가기관이고 또 국가정책에 의해서 사회복지가 시행될 때에 조달되는 재원이다. 즉 이 경우에는 복지 증진의 내용이 전체 국민을 대상으로 하기 때문에 그 비용은 국고에 의해서 전적으로 충당하게 되는 것이다. 다시 말하면 사회복지시행이 국가기관에 의해서 사회정책적 접근으로 시행될 때에는 그 재원은 국고에 의해서 충당하게 된다.

둘째는 민간 출연과 국고 지원의 재원이다.

사회복지 시행의 재원이 민간 출연금이나 국고의 보조금에 의해서 충당되는 경우는 사회복지 시행 기관이 개인이나 자발적인 단체로서 특별한 분야의 사회복지를 시행할 때에 충당되는 재원이다. 이 경우에는 일반적으로 일차적인 재원은 개인이 출연하고, 이차적으로 국가의 보조금을 받아서 부족한 경비를 충당하게 된다. 다시 말하면 전문적 접근에 의한 사회사업의 사회복지 증진 활동인 경우는 그 재원을 개인적인 출연금과 아울러 국고보조금에 의해서 충당하게 된다.

2. 사회복지의 이론적 기반

사회복지는 인간다운 삶이 보장되는 사회적 생활조건이다. 그런데 이 사회복지는 그 이론적인 관점에 따라서 복지증진의 내용과 그 증진방법이 달라진다. 그러므로 사회복지를 증진할 때에는 먼저 복지증진의 대상이 처해 있는 사회적 상황을 이론적으로 접근하여 사회문제의 원인을 파악한 후에 복지증진의 방향과 방법을 결정해야 한다. 사회복지의 이론적 기반에는 기능주의적 관점과 갈등주의적 관점 그리고 상호작용주의적 관점이 있다.

1) 기능주의 관점

기능주의이론(機能主義理論, functionalism)은 사회유기체설(社會有機體說)을 기반으로 하는 사회학의 주요 이론이다. 이 기능주의 이론에서는 사회의 각 부분이 소유하고 있는 기능의 수행을 사회유지의 근원으로 삼고 있다. 즉 사회의 각 부분들이 그들의 기능을 원활히 수행함으로써 사회가 발전한다는 것이다. 그래서 이 기능주의 이론에서는 사회를 부분간 기능들의 상호관련과 상호의존의 체계를 가지고 있는 것으로 본다.

기능주의 관점에 입각해서 사회복지를 설명해 보면 다음과 같다.

사회복지는 사회의 각 부분의 기능이 원활이 수행되어 사회 전체체제의 기능수행에 기여할 수 있도록 원활하게 수행될 때에 이루어지는 것으로 보고 있다. 그런데 만약 사회의 각 부분의 기능이 원활하게 수행되지 못하게 되면 이로 인해 사회체계 전체의 기능이 위협받거나 파괴되어 사회발전을 저해하게 된다. 이러한 현상이 기능주의 관점에서 본 사회문제이다. 기능주의 관점에서 본 사회문제는 부분들의 기능이 원활하게 수행되지 못해서 사회복지를 저해한 것이기 때문에 복지증진을 위해서는 사회 각 부분의 기능이 원활히 수행될 수 있도록 해야 한다.

기능주의 관점에서 사회문제를 해결하기 위해서는 사회의 기능수행을 가로막는 장애요인을 제거하고 또 부족한 기능을 지원하여 사회발전을 저해하는 요인을 없애고 사회의 부족한 기능을 보완해 주어야 한다. 즉 기능이 위협 당했을 때에는 그 위협의 요인을 제거해주고, 또 기능이 파괴되었을 때에는 파괴된 부분의 기능을 보완해 주어서 사회의 기능이 정상적으로 발휘되어 구성원들의 생활이 향상될 수 있도록 해야 한다. 이것이 기능주의 관점에서의 사회복지 증진이다.

기능주의 관점에서 사회복지를 증진할 때에 필수적인 요건은 사회의 통합과 안정이다. 이를 위해서 사회는 항상 사회의 통합과 안정을 위해 사회적 갈등과 분열적 요소를 제거하고 체계의 기능을 유지, 확대시켜야 한다.

2) 갈등론의 관점

갈등이론(葛藤理論, conflict theory)은 사회의 속성을 대립과 갈등의 연속으로 보는 이론이다. 그래서 이 갈등이론에서는 인간사회를 이해와 대립의 관계로 되어 있는 하나의 갈등체계로 보고 있다. 이 이론에 의하면 인간사회는 그 구성 자체에서부터 자원과 이익이 구성원인 개인들에게 차별적으로 부여되어지기 때문에, 대립과 갈등이 필연적으로 일어난다는 것이다. 이러한 대립과 갈등이 심화되면 구성원들간에 합의와 협력이 깨어져서 사회적 혼란이 야기되는데 이것이 갈등론적 관점에서 보는 사회문제이다.

갈등론적 관점에서 본 사회복지의 증진은 구성원간에 이해의 대립과 갈등으로 야기된 사회문제를 해결함으로써 이루어진다. 다시 말하면 갈등론적 관점의 사회복지 증진은 사회 내부에 존재하는 이해의 대립과 이로 인한 갈등을 해소시킴으로써 구성원간에 나타나는 불평등을 해소시키고, 사회의 안정을 찾아 구성원들이 서로를 이해하면서 공존할 수 있게 하는 것이다.

사회문제의 요인인 이해의 대립과 갈등은 대부분 사회적 자원의 불평등한 배분에 의해서 발생된다. 즉 재산, 권력, 기회, 이익 등의 불평등한 배분이 사회문제의 요인을 제공한다는 것이다. 그래서 갈등론적 관점에서 본 사회문제를 해결하기 위해서는 무엇보다도 먼저 사회적 자원이 공평하게 배분되도록 해야 한다. 사회적 자원의 공평한 배분을 위해서는 공평배분을 위한 제도적 장치의 마련과 다수의 이익을 보장하는 정책이 시행되어야 한다. 그러므로 갈등론적 관점에서 본 사회문제를 해결에는 공평배분을 위한 제도의 역할이 강조된다.

사회적 갈등을 제도에 의해서 해결하기 위해서는 사회적 갈등을 제도권 안으로 수용해서 당사자들 간의 협의가 따라야 한다. 이와 같이 사회적 갈등을 제도권 안으로 수용해서 제도에 의해서 갈등을 해결하는 것을 갈등의 제도화라고 한다. 갈등론적 관점의 사회복지증진은 이렇게 갈등의 제도화에 의해서 사회적 갈등이 평화적인 방법으로 해결되는 것을 말한다. 갈등론적 관점에서의 사회복지 실현은 사회적 불평등을 해소시킬 수 있는 제도의 정립이 그 기본이 된다.

초기의 갈등론자들은 사회복지 증진을 위한 사회문제 해결 수단으로 사회적 갈등해소를 위한 극단적인 수단을 주로 사용했다. 그러나 후기의 갈등론자들은 갈등이론 속의 기능주의적 요소를 인식하면서 갈등의 해결 방법으로 무력과 같은 극단적인 방법이 아닌 협의를 통한 평화적인 방법을 사용하게 되었다. 즉 사회적 갈등을 제도화시켜서 갈등을 수용하고 이것을 평화적인 방법에 의해서 해결하게 되었다. 신갈등주의 이론은 갈등이론을 기능론적 입장에서 인식한 이론이다. 즉 갈등이론도 그 궁극적인 방향은 결국 통합과 안정에 의한 사회발전을 지향하게 된다는 것이다.

특히 산업사회의 복지증진에는 이 신갈등주의 입장의 복지증진이 큰 비중을 차지하고 있다. 산업사회에서 일어나는 갈등은 잠재성이 강하기 때문에 갈등을 제도에 의해서 수용하면서 평화적인 방법으로 해결하고 있다.

3) 상호작용주의 관점

사회학적 용어로서의 상호작용은 인간이 서로가 의미를 교환하면서 사회적 행위를 하는 것을 말한다. 상호작용주의(相互作用主義, interactionism) 관점은 사회구성원이나 사회자체가 부여하는 의미가 사회적 상황을 규정하고, 또 사회의 속성은 구성원들의 주관성에 의해서 규정된다는 견해이다. 이 관점에 의하면 사회문제는 구성원들이 부여하는 주관적 의미에 의해서 규정된다는 것이다.

상호작용주의 관점에서의 사회복지 증진은 사회구성원들이 규정해 놓은 사회문제의 주관적 인식의 근거를 제거해 줌으로써 이루어진다. 이 관점에서 본 사회복지의 증진은 인간의 주관적 인식에 의해서 영향을 받는다. 즉 인간의 행복의 기준은 개인적 상황이나 사회적 상황에 의해서 달라질 수가 있기 때문에, 상호작용주의적 관점에서의 사회복지증진은 그 시점의 상황에서 사회구성원이 생활에 만족을 느낄 수 있도록 사회적 상황을 규정해 줌으로써 이루어진다. 이 관점에 의해서 사회복지를 증진할 때에는 구성원들의 욕구를 정확히 파악하여 그 욕구가 충족될 수 있도록 사회적 여건을 조성해야 한다.

3. 사회복지 증진의 과정

사회복지 증진은 사회구성원들의 행복한 삶을 보장해 주는 것이기 때문에 인간은 누구나 복지를 추구하면서 복지사회를 염원해 왔다. 그래서 오늘날 모든 국가들은 국민의 복지 증진을 국가의 우선 과제로 정해 놓고 시행에 노력하고 있다.

1) 인간의 기본 욕구 파악

인간은 본능적으로 편안한 삶을 살기를 원한다. 이것은 인간이 본능적으로 소유하고 있는 염원이기도 하다. 사회복지의 증진은 이 인간다운 삶을 누리고 싶어 하는 인간의 염원을 실천하는 것이다. 인간의 기본적 욕구인 인간다운 삶을 실현하기 위해서는 이를 위한 사회적 여건이 조성되어야 한다. 사회복지 증진은 이 여건을 조성하는 과정이다.

인간의 욕구는 원래가 다양하고 무한하기 때문에, 이러한 인간의 욕구를 충족시켜 준다는 것은 쉬운 일이 아니며 그 충족의 방법도 다양하다. 그래서 옛날이나 지금이나 어려움에 상관하지 않고 추구방법이 계속적으로 연구되어 왔다.

2) 인간의 욕구충족의 기본 요건과 사회문제 해결

인간의 욕구는 무한하면서도 다양하다. 그래서 이 욕구를 충족하기 위해서는 여러 가지의 요건들을 갖추어야 한다. 인간의 욕구 충족 범위를 크게 둘로 나누면 물질적인 만족과 정신적인 만족이 있다. 물질적인 만족을 충족시키기 위해서는 우선 생산을 증대시켜 물질적으로 풍요한 사회를 이루어야 한다. 그리고 다음에는 물질적 풍요를 공평하게 분배하는 제도적 장치가 마련되어야 한다. 그리고 정신적 만족을 충족시키기 위해서는 인간의 가치가 보장되는 사회이념과 이를 위한 제도적인 장치가 마련되어야 한다.

인간의 욕구충족을 위한 기본적 요건을 충족시키기 위해서는 물질적 풍요를 추구하면서 동시에 인간의 가치가 보장되는 사회이념과 제도를 확립해야 한다. 이것이 결국은 사회복지 증진의 기본 조건이 된다.

사회복지를 증진하기 위해서는 복지증진의 기본 조건 확립과 아울러 복지를 저해하고, 사회적 가치에 반하는 반(反)사회적 조건인 사회문제를 해결해야 한다.

사회문제는 사회적 가치에 반하는 사회적 현상으로서, 다수의 사람들이 바람직스럽지 못하다고 인정하는 사회적 조건이다. 이 사회문제는 사회질서를 교란시키고, 사회발전을 저해한다. 그러므로 사회문제를 해결하지 못할 때에는 인간의 삶의 질이 떨어지고, 더 나가서는 사회 자체가 혼란에 빠져서 와해의 위험을 낳게 된다. 사회문제를 해결하는 사회복지 증진의 핵심적인 과제이다.

[농촌의 일손을 돕고 있는 자원봉사대]

사회문제는 인간사회에서 발생하는 사회적 현상이기 때문에 다양성을 띠고 있다. 그래서 사회문제를 해결하는 방안도 다양하다. 즉 물질적인 부족에서 오는 사회문제는 공정분배와 아울러 사회적인 낙오자에 대한 물질적인 지원이 있어야 하고, 정신적인 불만족에 의해서 나타나는 사회문제는 인간의 가치가 존중되는 사회 조건을 갖추어야 한다. 정신적 측면의 사회문제 해결을 위해서는 삶의 환경 개선과 사회적 기회의 균등배분이 이루어져야 한다. 사회복지가 보장될 때 사회구성원들은 능동적으로 사회발전에 참여하게 된다.

4. 복지국가의 국민의식

1) 복지의식의 인식

인간의 욕망은 끝이 없다. 그런데 우리 인간은 이 끝없는 욕망을 복지국가 건설이라는 목표 아래서 추구해 오고 있다. 그래서 복지국가는 인류가 꾸준히 추구해 오고 있는 이상형의 국가라고 볼 수 있다.

인간이 복지국가 건설을 염원하면서 노력하는 것은 인간의 영원한 목표를 실천해 가는 끊임없는 노력의 과정이며 복지의식의 구현이다. 복지의식은 인간의 가치를 추구하는 실천적 사고이다.

국가의 발전은 국민의 의식수준과 비례한다. 그러므로 복지국가의 건설은 국민의 복지의식과 비례하게 된다. 복지국가를 건설하는 데는 구성원인 국민의 건전한 복지의식이 기반이 되어야 한다. 모든 국민들이 건전한 복지의식을 가지고 능동적이면서도 적극적으로 참여해야 한다.

2) 복지국가의 기본 의식

복지국가는 국민들의 건전한 복지의식이 국민의식의 바탕을 이루고 있다. 건전한 복지의식은 인간다운 삶을 지향하는 건전한 의식구조를 말한다. 국민의 건전한 복지의식은 복지국가가 유지되고 발전될 수 있는 기본적 조건이다. 국가가 물질적인 풍요와 합리적인 제도를 갖추고 있어도 국민들의 건전한 복지의식이 없으면 복지국가의 건설은 기대할 수가 없다.

복지국가의 기본 의식을 들어보면 다음과 같다.

첫째, 인간존중(人間尊重) 사상이다. 복지국가는 국민들에게 인간다운 삶을 보장해주는 국가이다. 그러므로 복지사회를 형성하는 기본적 의식은 인간의 가치를 존중하는 의식이 주류를 이루고 있다. 특히 현대적인 복지국가가 출현하게 된 주된 동기는 산업사회에서 나타난 물질위주의 사고에 의해 저하된 인간의 가치를 회복하기 위해서였다. 그래서 인간존중 사상이 복지사회의 핵심 사상이 되었다.

둘째, 주인의식(主人意識)이다. 복지국가는 국민이 건전한 복지의식을 가지고 능동적으로 참여할 때에만 건설이 가능한 국가이다. 그러므로 복지국가는 국가가 일방적으로 국민의 인간다운 생활을 보장해주는 국가가 아니라, 국민 모두가 주인의식을 가지고 능동적으로 국가발전에 참여하는 국가이다.

셋째, 공존공영(共存共榮) 의식이다. 평등이념은 복지국가의 기본이념 중의 하나이다. 복지국가의 국민의 의식에는 모두가 더불어 살아가면서 번영을 누리는 공존공영의 의식이 있어야 한다.

넷째, 준법정신(遵法精神)이다. 복지국가는 국민이 주인의식을 가지고 국가발전에 능동적으로 참여하는 국가이다. 그러므로 복지국가에서는 국민들의 자율성이 강조되며, 따라서 국민들은 법을 준수하는 준법정신이 투철해야 한다.

다섯째, 신용정신(信用精神)이다. 복지국가는 자율성을 강조하는 국가이다. 자율성을 강조하는 사회에서 상호간의 신뢰가 사회생활의 기반을 이룬다. 신용정신은 복지사회의 기반이 되는 신뢰를 구축하는 핵심적 역할을 한다.

여섯째, 근검절약(勤儉節約) 정신이다. 복지국가는 국민 모두가 주인의식을 가지고 국가발전에 능동적으로 참여하면서 합리적인 경제생활을 영위해 가는 국가이다. 낭비 없는 적절한 규모의 경제생활로서 개인 간에 나타날 수 있는 위화감의 소지를 사전에 제거해야 한다.

일곱째, 자연보호(自然保護) 정신이다. 복지사회는 국민들이 자연과 친화적(親和的)인 사고를 가지고 공존하는 사회이다. 자연은 인간의 삶의 보금자리를 제공해 주기 때문에 인간은 자연을 보호할 의무가 있다.

5. 복지국가의 과제

복지국가는 순수한 이론적 측면에서 보면 인간이 염원하는 이상향(理想鄕)이다. 왜냐하면 복지국가의 의미를 인간다운 삶이 보장되는 국가라고 규정할 때에 이 인간다운 삶의 보장이란 추상적인 의미를 내포하고 있기 때문이다. 또 인간의 욕망은 무한하기 때문에 욕망의 완전한 충족은 사실상 불가능한 일이다. 그래서 복지국가의 건설은 엄밀히 따져보면 복지국가를 건설하는 노력의 과정이다. 다시 말하면 복지국가의 건설은 인간이 이상향을 향해서 끊임없이 노력해 가는 과정이다.

1) 복지국가 건설의 기본 요건

복지국가는 인류가 바라는 최선의 국가 형태이며, 복지국가 건설은 이 최선의 국가 형태를 구축해가는 과정이다. 복지국가 건설을 위한 기본적인 요건을 들어 보면 다음과 같다.

첫째, 물질적 생활(物質的 生活)의 기반이 갖추어져야 한다. 복지사회가 인간다운 삶을 보장해 주는 사회라고 볼 때에, 이 인간다운 삶의 양대 기반은 물질적 만족과 정신적 만족이다. 인간은 이성을 소유하고 있기 때문에 만물의 영장이라고 하지만, 인간은 본능을 소유하고 있는 유기체적 존재이기 때문에 유기체의 보존에 필요한 물질적 기반이 우선적으로 갖추어져야 한다.

둘째, 인간존중(人間尊重)사상이 사회사상의 핵심을 이루어야 한다. 인간사회에서 물질적 만족이 인간다운 삶의 우선적인 기반이 되지만, 그러나 인간의 삶이 물질적 만족에서 끝나고 만다면 이것은 식욕의 충족에 만족하는 동물의 삶과 차이가 없는 것이다. 인간은 이성으로서 가치를 추구하는 존재이다. 그래서 유기체 보존을 위한 물질적 만족과 아울러 정신문화 창조의 기반이 되는 정신적 만족이 이루어져야 한다. 인간존중 사상은 정신적 만족의 기반이 된다.

2) 복지국가의 과제

복지국가는 구성원들의 인간다운 삶을 보장해 주는 국가이다. 그러나 인간의 욕망은 무한하면서도 다양하기 때문에 구성원들의 욕구 충족 또한 무한하다. 그래서 복지국가를 유지 발전시키기 위해서는 국가와 국민의 계속적인 노력이 필요하다.

복지국가를 유지 발전시키기 위해서 노력해야 할 과제들을 들어 보면 다음과 같다.

첫째, 국민들의 건전(健全)한 복지관(福祉觀)의 확립이다. 건전한 복지관은 국민들이 스스로 복지국가 건설에 능동적으로 참여하는 국민의식이다. 국민들이 국가의 사회보장에만 의존하게 되면, 근로의욕이 떨어지고, 자발적인 실업이 증가하여 국가가 재정적으로 어려움을 겪게 되어 복지국가 유지에 어려움을 겪게 된다. 복지국가가 계속 유지되고 발전하기 위해서는 국민들에게 건전한 복지관이 형성되어 있어야 한다.

둘째, 국정지표(國定指標)를 정의사회(正義社會) 실현에 두어야 한다. 복지국가의 유지 발전을 위해서는 국민들의 건전한 복지관 확립과 아울러 사회정의를 실현하는 제도적인 장치가 마련되어야 한다. 복지국가는 국정운영의 지표로 분배정의를 실현하여 국민들의 생활을 공평하게 보장해 주어야 한다.

셋째, 국민들의 근로의욕(勤勞意慾)을 고취시켜야 한다. 복지국가는 국민들이 스스로 사회복지 증진에 참여하는 국가이기 때문에 국민들에게 근로의욕을 고취시켜 주어야 한다. 국민들이 근로의욕을 갖도록 하기 위해서는 국민들에게 노동의 가치를 인식시키고, 또 국가적인 실업대책을 세워 모든 국민이 안심하고 근로에 임할 수 있도록 해야 한다.

넷째, 합리적(合理的)인 사회보장제도(社會保障制度)를 확립해야 한다. 복지국가는 국민들의 인간다운 삶을 보장해 주기 위해 사회보장제도를 마련하여 국민의 복지를 증진시키고 있다. 합리적인 사회보장제도란 제도의 시행에 의해서 근로의욕이 고취되고, 국가의 재정적 낭비를 줄일 수 있는 제도이다.

다섯째, 국민들의 세계시민의식(世界市民意識) 함양이다. 오늘의 세계는 세계화에 의해 형성되어가는 지구촌시대이다. 지구촌시대는 국가와 국가를 구분하던 국경의 의미를 약화시켜 지구상의 국가들이 하나의 울타리 속으로 모여들게 하고 있다.

세계시민의식은 지구촌시대에 세계시민으로서의 가치를 추구하며 자질을 함양하는 의식체계이다. 세계시민의 자질의 핵심은 세계문화를 이해할 수 있는 능력이다. 지구촌시대의 복지증진을 위해서는 세계화에 대응할 수 있는 국제경쟁력을 함양하고, 아울러 국제협력의 정신을 고취시켜야 한다.

요점정리

1. 복지사회의 개념

복지의 어원적 뜻 ; welfare = well + fare

복지의 의미 ; 건강하게 잘 지내는 상태

사회복지의 의미 ; 사회적으로 행복한 상태
사회적으로 물질적, 정신적인 행복을 누리는 상태

복지사회 ; 인간의 행복한 삶이 보장되는 사회

복지국가의 기본 이념 ; 인도주의
평등주의
보상주의

사회복지의 구성 ; 시행기관 - 전통사회 ; 개인과 가족이 중심
현대사회 ; 국가와 사회가 중심
대상 및 내용 - 전통사회 ; 사회적 낙오자의 의식주 해결
현대사회 ; 전체 국민의 인간다운 삶을 보장
시행 방법 - 사회 정책적 시행 ;
사회보험 - 연금보험, 의료보험, 산업재해보상보험, 실업보험(고용보험)
특징 ; 가입의 강제성, 능력에 의한 부담, 국가와 공동 부담, 공익성
공공부조 - 생활보호, 재해구호
특징 ; 국가의 일방적 부담, 자산의 조사
복지 시행의 재원 - 사회정책 시행의 복지사업 ; 국고 중심
사회사업(social work) ; 개인적 출연금이 중심

2. 사회복지의 이론적 기반

기능주의(functionalism) 관점

사회를 상호관련과 상호의존의 체계로 봄

사회의 속성 ; 합의, 통합, 안정

사회문제 발생 ; 사회체계의 기능 위협, 파괴
사회복지 증진 ; 기능의 위협, 파괴를 방지, 제거, 보완
갈등주의(conflict theory) 관점
사회를 이해관계의 체계로 봄
사회의 속성 ; 불평등에 의한 대립과 갈등
사회문제 발생 ; 대립과 갈등의 심화
사회복지 증진 ; 사회적 불평등의 해결 - 구성원들이 공존
신갈등주의 관점
산업사회의 갈등의 잠재성
갈등해결을 위해서 - 갈등의 제도화
갈등의 평화적 해결 - 복지 증진

3. 복지증진과 사회문제

사회문제 ; 사회적 가치에 반하는 사회적 조건
복지증진 ; 사회문제 해결의 결과 - 물질적 만족, 정신적 만족

4. 복지국가의 국민의식

인간가치의 우선
주인의식
공존공영 의식
준법정신
신용정신
근검절약 정신
자연보존 정신

5. 복지국가의 과제

건전한 복지관 확립
정의사회 실현
근로의욕 고취
합리적인 사회보장제도 확립
세계시민의식 함양

수험대비 평가문제

1. 인간다운 삶을 추구하는 인간의 노력은 옛날이나 지금이나 다를 바가 없다. 다만 주변의 여건에 따라서 시행의 방법과 그 내용에 차이가 있었을 뿐이다.
   (1) 시대의 변천에 따른 복지시행기관의 변화에 대해서 기술하시오.
   (2) 복지시행의 내용을 시대의 변천에 따라 설명하시오.

2. 사회복지를 증진할 때에 기반이 되는 중요 이론에는 기능주의 이론과 갈등이론이 있다.
   (1) 기능주의 이론에 의한 복지증진을 설명하시오.
   (2) 갈등주의 이론에 의한 복지증진을 설명하시오.

3. 복지사회는 인간이 옛날이나 지금이나 변함없이 염원해 온 사회이다. 그래서 우리 인간은 복지사회건설을 위해 노력을 거듭해 오고 있다.
   (1) 복지사회의 의미에 대해서 약술하시오.
   (2) 이러한 복지사회를 실현하기 위해서는 필요한 여건에 대해서 약술하시오.

4. 현대복지국가의 이념과 관계가 먼 것은?
   ① 국가개입주의 ② 인도주의
   ③ 평등주의 ④ 자유방임주의*

5. 사회보험의 특징이 아닌 것은?
   ① 공익성 ② 능력에 따른 부담
   ③ 국가의 지원 부담 ④ 가입의 임의성*

6. 복지사회의 기본적 복지를 증진시키기 위한 실천 과제와 거리가 먼 것은?
   ① 우애와 협동의 인도주의 강화
   ② 평등주의에 입각한 제도적인 장치의 강화
   ③ 능력위주의 자유경쟁 체제 강화*
   ④ 보상적인 지원제도의 강화

7. 복지국가의 기본 이념에 대해서 기술하시오.

8. 신 갈등주의에 의한 갈등해소 방법을 기술하시오.

9. 전통사회와 현대사회의 사회복지 증진 대상을 비교 설명하시오.

10. 복지국가의 사회보장제도의 하나인 사회보험을 설명하시오.

11. 복지국가의 사회보장제도의 하나인 공공부조를 설명하시오.

12. 신갈등주의에서 주장하는 갈등의 제도화를 설명하시오.

13. 사회복지시행의 재원조달 방법에 대해서 기술하시오.

제12장

정보화와 정보사회

1. 정보사회의 개념
2. 정보사회의 특성
3. 정보화와 인간생활의 변화
4. 정보화와 세계화
5. 정보사회의 문제점
6. 정보사회의 가치관 정립

인간사회의 미래는 어떤 모습에까지 갈 것인가? 누구나 한번쯤은 생각해 보게 되는 문제이다. 지금의 우리사회는 미래학자 토플러(Alvin Toffler)가 예언한 제3의 물결이 급속히 진행되고 있는 중이다. 우리는 오늘의 인간사회를 설명할 때에 인간이 정보의 바다에서 항해하고 있다고 표현하다가 이제는 인간이 정보의 홍수 속에서 급류를 타고 있다는 말로 바꾸어 이야기하고 있다.

급속히 전개되어 가고 있는 정보화시대는 시간과 공간의 개념을 축소시키면서 인간을 긴장시키고 있다. 정보화시대의 특징인 시간과 공간의 단축은 예상을 넘어설 정도로 급속히 진행되고 있어서, 우리가 편익의 기쁨을 느낄 충분한 시간도 허락지 않고 인간을 당황스럽게 만들고 있다. 정보화시대에 우리가 해야 할 일은 숨가쁘게 진행되고 있는 이 사회현실을 슬기롭게 헤쳐나갈 수 있는 지혜와 능력을 구비하는 것이다. 끝없는 욕망의 소유자인 우리 인간은 이 정보화의 현실을 자신의 이기심을 충족시키는데 이용하려 하고 있기 때문에, 욕망을 억제하며 공존공영의 사고를 길러야 한다.

정보사회에서는 정보화에 따라 인간생활이 급속하게 변화되어 가고 있으며, 이에 따란 문제점들이 속속 들어나고 있다. 정보사회에서는 유기적인 인간관계를 기계적인 인간관계로 변화시키고 있다.

인간답게 살기 위해서 얻어낸 이 정보화시대가 인간의 지나친 욕심에 의해서 인류의 존립까지 훼손하는 일이 있어서는 안 된다.

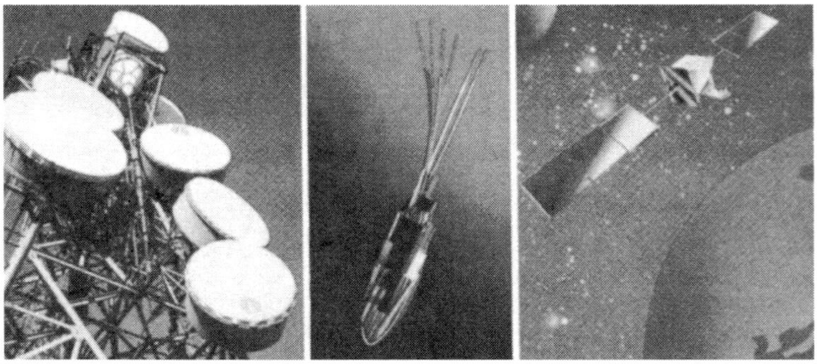

[여러 가지 정보화 시스템]

이 장에서는 정보화 시대의 사회현상을 심도 있게 살펴보면서 정보사회의 개념을 정립하면서 정보화의 특성과 정보화시대에서 변화되어 가고 있는 인간의 생활상태를 살펴보기로 하겠다. 또 오늘날 급속히 진행되고 있는 세계화 현상과 정보화의 관계를 살펴보면서, 정보사회의 미래를 예측해 보기로 하겠다.

1. 정보사회의 개념

1) 정보화의 개념[1)]

정보화(情報化)는 인간의 생활이 정보(情報, information)의 서비스에 의해서 운영되어지는 사회현상을 말한다. 인간의 생활이 정보의 서비스에 의해서 운영된다는 것은 인간의 생활이 통신매체인 전자매체를 통해서 전달되는 정보에 의해서 생활의 방향과 생활의 질이 좌우된다는 것이다. 여기에서 말하는 정보는 인간이 생존하는데 필요한 무형의 모든 자료를 뜻한다. 이 정보는 의사소통을 통해서 서로가 교환되어 전달되어야 그 가치를 발휘할 수 있다.

현대사회에서 급속히 발전하고 있는 지식산업은 사회변동을 급진전시켰다. 이렇게 사회를 급속히 변동시키고 있는 지식산업은 현대사회의 핵심기술인 컴퓨터와 통신기술에 의해서 그 발전이 가속화되고 있다. 지식산업의 발달을 가속화시키고 있는 컴퓨터와 통신기술은 계속적인 연구에 의해서 비약적인 발전을 하고 있으며, 이로 인해 인간생활의 정보화도 빠른 속도로 진척되고 있다.

인간의 생활이 정보화의 영향을 받으면서 나타난 가장 큰 특징은 시간과 공간의 개념이 축소되어 인간생활의 제약조건이 되고 있던 공간적, 시간적 제한을 해소시키고 있다는 것이다. 시간개념의 극소화는

1) 권태환 외, 『정보사회의 이해』(미래미디어, 1999), pp. 33-44와 김경동 외, 『정보사회의 이해』(나남, 1999), pp. 39-49 참조.

인간생활을 순간화시키고 있으며, 또 공간개념의 극소화는 세계를 하나의 컴퓨터 속으로 끌어들이고 있다. 시간과 공간 개념의 축소는 세계를 하나의 테두리로 묶는 지구촌시대를 가속화시키고 있다.

2) 정보사회의 개념

정보사회(情報社會, Information Society)는 정보화에 의해서 운영되어지는 사회이다. 즉 정보통신기술의 혁신이 사회생활에 적용되어 새로운 사회문화를 형성해 가는 사회를 말한다. 정보사회의 핵심적인 요소는 정보(情報, Information)이다. 인간이 생존하는 데 필요한 무형의 모든 자료인 이 정보는 '인간의 지적 활동의 결과로 얻어지는 무형의 생산물'을 뜻한다. 정보는 무형으로써 남에게 전하거나 판매를 해도 없어지거나 줄어들지 않는 특성을 지니고 있다. 이러한 특징 때문에 정보는 이동과 저장이 용이해서 어디에서든지, 언제든지 이동해서 보관할 수 있다. 이렇게 정보를 인간생활에 활용하는 사회적 현상이 바로 정보화인 것이다. 그러므로 정보사회에서는 인간의 주요 활동들이 대부분 정보 및 통신기술이 제공하는 서비스의 지원을 받아서 이루어진다. 그러므로 정보사회에서는 일상생활을 할 때에 정보를 얻지 못하면 사회생활은 물론이고 개인적인 생활에 있어서도 낙오를 면할 길이 없게 된다. 또 정보는 순간을 다투기 때문에 획득의 경쟁에서 뒤지게 되면 정보의 가치는 반감되어 버린다.

정보는 홍수처럼 범람하고 있다. 그래서 정보를 취득할 때에는 신속한 취사선택이 중요하다. 그래서 정보사회에서의 생활을 원활하게 영위하기 위해서는 홍수처럼 범람하는 정보의 무리 속에서 필요한 정보를 신속하게 취사선택하여 활용해야 한다. 정보사회에서의 인간의 생활은 정보의 획득과 처리의 결과에 따라 좌우되기 때문에, 정보를 신속하게 획득하고 처리할 수 있는 능력을 길러야 한다. 이것은 정보사회에 있어서 개인의 생활을 향상시키고 사회를 발전시키는 기반이 된다.

3) 정보화의 부작용

정보화는 인간의 생활을 편리하게 해주고 있으며, 사회발전에 기여하고 있다. 그러나 이 정보화는 인간에게 유익하게만 작용하지는 않는다. 정보화에 의해서 나타나는 부작용을 들어보면 다음과 같다.

첫째, 사회적 유대의 기반이 되는 인간의 정(情)을 약화되고 있다. 정보화의 진전이 시간과 공간의 개념을 단축시켜서 생활에 편익을 제공해주지만, 그 반면에 인간사회에서 인간의 정을 약화시켜 사회적 유대의 기반을 무너뜨리고 있다. 전자매체에 의해 형성되는 인간관계는 인간의 정이 교환되는 대면(對面)적 접촉 기회를 감축시켜서 인간관계를 기계적 관계로 변화시킨다.

둘째, 인간사회가 경제논리에 의해서 지배를 당하게 된다. 정보화의 진전은 결국에 가서는 인간사회가 경제논리의 지배를 받게 되어, 인간사회를 이기주의적 사고가 팽배되어 물질 위주의 가치관이 고조되는 사회로 전환시킬 것이다.

셋째, 개인간의 차이가 심화되어 사회적 위화감을 조성하게 된다. 개인간에는 정보의 획득, 분석, 활용에 관한 능력의 차이가 있다. 걷잡을 수 없이 쏟아져 나오는 정보의 홍수 속에서 정보의 배분은 개인간의 능력의 차이에 따라 결정이 되기 때문에, 정보화가 진전되면 될수록 개인간의 차이는 더욱 심화된다.

넷째, 개인의 사생활이 쉽게 침해를 당하게 된다. 정보화의 진전에 따라 정보의 개방범위가 확대됨에 따라 개인적인 정보가 쉽게 노출되어 사생활이 침해당하게 된다. 그렇기 때문에 정보는 유익하게 이용하면서도 항상 방심해서는 안 된다.

다섯째, 인간의 삶이 사이버공간(假想空間)으로 내몰리게 된다. 정보화의 진전은 인간의 사고와 생활을 사이버 공간 속으로 이끌어내어, 인간 삶의 많은 부분이 3차원의 공간 속에서 전개된다. 이에 따라 인간은 삶의 근원을 위협받게 된다.

정보화의 진전과 정보사회의 발달은 거스를 수 없는 사회변천의 과정이다. 우리는 오늘도 정보화의 혜택 속에서 생활하면서 급속한 사회변화에 적응하기 위해서 노력하고 있다. 그리고 부작용을 최소화하기 위해서 노력하고 있다.

사회의 변동은 대부분 인간이 발전을 추구하는 과정에서 비롯되고 있다. 정보화 현상도 결국은 인간이 발전을 추구하는 과정에서 나타난 사회변동의 일환이다. 우리는 정보화에 의해 나타난 사회현상을 충분히 활용하면서, 또 이에 의해 나타나는 부작용을 최소화시켜야 한다.

2. 정보사회의 특성

정보사회는 지금까지 있었던 어떠한 사회변천의 단계에서보다 인간생활에 많은 변화를 가져다 주고 있다. 즉 정보사회가 진척됨에 따라 인간의 삶이 정보에 의존하는 정도가 급속히 가중되고 있고, 또 정보의 영향은 인간생활의 여러 방면으로 파고들었다. 정보화가 진척됨에 따라 인간사회는 빠르게 변화되면서 여러 가지의 사회적 특성을 창출해 내고 있다.

정보사회의 특성들을 들어 보면 다음과 같다.[2)]

첫째, 정보고속통신망(情報高速通信網)이 사회의 주축을 이루고 있다. 정보고속통신망은 전자통신망이 그 뼈대를 이루고 있는 고속의 정

2) 권태환 외, 위의 책 참조.

보통신망을 말한다. 정보사회에서는 이 정보고속통신망에 의해서 국가의 경계를 넘어선 전 지구적(global)인 정보망이 구축되어지고 있다. 정보화시대의 세계는 국가들을 구별하기 위해서 그어놓은 국경의 의미가 점점 약해지면서 지구촌(地球村, globalization) 현상이 나타나고 있다.

둘째, 인간의 두뇌활동이 생활의 기초를 이룬다. 정보는 인간의 두뇌활동의 산물인 지식을 기반으로 하고 있다. 그러므로 정보사회의 생활기반은 당연히 인간의 두뇌와 창의력이 중심을 이루고 있다. 정보사회에서는 외형적인 부피가 중요시되는 하드웨어(hardware)보다 정신적 활동에 해당하는 소프트웨어(software)가 비중을 크게 차지한다. 다시 말하면 정보사회에서는 하드웨어인 기계보다 이를 움직이는 소프트웨어인 무형의 명령체계가 더 중요시된다는 것이다. 정보사회에서는 규모의 경쟁보다 질적인 경쟁에 더욱 큰 비중을 두고 있다.

셋째, 개성과 독창성이 중시된다. 정보사회에서는 대규모의 생활체제보다 특성화된 생활체제를 더욱 중요시한다. 경제활동에 있어서는 경제의 규모보다 경제의 특성화를 더욱 중요하게 생각한다. 정보사회에서는 창의력에 의한 특성화된 산업, 즉 벤처(venture) 산업이 발달된다.

넷째, 다양성에 대한 욕구가 증대된다. 정보사회에서는 정보화의 특성에 따라서 산업사회의 대량생산체계에서 제공할 수 없는 다양성과 다원성에 대한 욕구가 증대된다. 그래서 정보사회에서는 이러한 다양한 욕구를 충족시키기 위해서 다양성을 추구할 수 있는 전자기술을 발전시켜 나가고 있다. 이러한 다양성과 다원성을 추구할 수 있도록 발전하고 있는 극소화전자기술이 정보통신혁명을 주도하고 있다.

다섯째, 사회 전반에 걸쳐 다원화와 분권화 현상이 일어나고 있다. 정보사회는 다양성과 특성화를 추구하는 사회적 속성을 가지고 있기 때문에 다원적이고 분권적인 시민사회의 성격을 지니고 있다. 정보사회에서는 정보의 쌍방소통이 활발해지고 이에 따라 엘리트층에 의해서 대중이 수동적으로 인도되어지는 대중민주주의가 엘리트층과 대중이 동시에 참여하는 참여민주주의로 전환되고 있다. 특히 스마트폰 사용의 확대와 SNS[3]의 활성화는 이러한 쌍방향 소통이 실시간이고 즉각적인 참여와 소통의 확대로 이어져 가고 있다.

여섯째, 인간의 활동시간을 단축시키고 생활공간을 축소시키고 있다. 정보사회에서는 반도체기술의 발달에 따라 많은 양의 정보가 극소의 공간에 수록될 수 있게 되었고, 또 정보의 전송과 통신속도의 혁명적 변화에 의해서 공간을 축소시켜서 기존의 거리관념을 크게 바꾸어 놓았다. 예를 들면 통신속도의 혁명을 주도한 광케이블의 전송속도는 우리의 상상을 초월할 정도에 이르고, 휴대전화와 스마트폰 등과 결합한 무선통신과 무선인터넷은 이를 더욱 가속시키고 있다.

일곱째, 사회조직과 사회운영이 유연성을 갖는다. 예를 들면 정보사회에서는 정보기술의 발달에 의해서 화상회의, 전자결제, 전자상거래, 전자은행거래, 재택근무(在宅勤務) 등 인간생활에 획기적인 변화가 일어나서 조직과 운영에 유연성을 촉진시키고 있다. 특히 정보기술의 발달은 생산자와 소비자를 신속히 연결시켜 주기 때문에 생산자가 소비자의 요구에 신속하게 대응할 수 있어서 조직의 유연성을 더욱 촉진시키고 있다.

여덟째, 가상공간(假想空間)을 통해서 3차원적 인간관계를 형성한다. 전통사회의 대표적 인간관계는 공동체내의 전인적 인간관계인 대면관계가 주를 이루는 1차원적 인간관계였고, 산업사회에서는 주로 회사나 직장에서 전달매체를 이용해서 이루어지는 2차원적인 인간관계가 주류를 이루었다. 그러나 정보사회에서는 가상공간 속에서 전자매체를 통한 3차원적인 인간관계가 이루어지고 있다. 정보사회의 3차원적 인간관계에서는 인간관계에 관련되는 시간과 공간이 단축되어서 우리 인

3) SNS(Social Network Service:소셜 네트워크 서비스)란 개인의 프로필을 구성하고, 개인들 간의 관계를 통해 형성된 연결을 공유하고, 그 연결을 바탕으로 일어나는 개인들 간의 상호작용을 지원하는 웹 기반의 서비스라고 Boyd & 엘리슨(2007)은 정의하였다. 예-트위터, 페이스북 등

간에게 많은 편리함과 가능성을 주고 있다. 그러나 이 가상공간에서의 3차원적인 인간관계에서는 인간다움의 근원인 인간성이 소홀히 다루어지기 때문에 인간관계가 삭막해지고 결국에는 인간성 상실의 우려까지 낳고 있다.

[컴퓨터 통신에 열중하는 모습]

3. 정보화와 인간생활의 변화

1) 전자통신기술의 인간생활 지배

인간사회에 있어서 기술은 여러 차례의 혁명적인 발전을 거치면서 사회를 변천시켜 왔다. 오늘날 정보사회는 전자통신기술의 획기적인 발달에 의해서 급속히 전개되고 있다.

인간사회에서 나타난 기술의 혁신 중에서도 특히 동력에 관련된 기술의 혁신을 보면 다음과 같다.

첫 번째로 증기기관(蒸氣機關)의 발명이다. 증기기관의 발명은 동력을 인력이나 축력에서 기계의 힘으로 바꾸었다. 이것이 서구사회를 중심으로 해서 일어난 산업혁명의 기반이 되어서 사회를 산업화시켰다.

두 번째로 전기(電氣)의 발명이다. 전기의 발명은 인간의 생활을 혁명적으로 변화시켰다. 밤의 시간활용을 편리하게 해줌으로써 인간의 활동시간을 연장시켰고, 또 전기를 사용한 기계들은 인간의 생활을 자동화 추세로 이끌어 가고 있다.

세 번째로 전자통신기술(電子通信技術)의 혁신이다. 전자통신기술의 혁신은 정보의 획득과 처리능력을 획기적으로 증대시켜 인간의 생활이 3차원의 공간 속으로 전개되어 가고 있다. 또 인간의 생활은 전자시스템의 통제를 받으면서 극소화의 방향으로 향하게 되었다.

오늘날 우리가 살고 있는 현대사회에서는 정보화의 물결을 거스를 수가 없다. 또 정보화가 사회생활의 주축을 이루고 있기 때문에 정보의 영향권을 벗어나서는 정상적인 생활을 하기가 어려워져 가고 있다. 정보사회에서는 인간생활의 많은 부분이 정보의 바다인 가상공간에서 이루어지고 있기 때문에, 생활의 양상은 예측하기가 어려울 정도로 급속히 변화되어 가고 있다.

2) 시간과 공간개념의 축소로 외형적 생활의 축소

정보사회에서는 시간과 공간의 개념이 축소되면서 인간의 사고와 생활양식에도 변화를 가져왔다. 인간생활에 있어서 시간과 공간은 생활의 과정이며 생활의 터전이다. 또한 이들은 생활의 양과 질을 측정하는 기준이 되기 때문에 시간과 공간 개념의 축소는 새로운 평가 결과를 도출시키고 있다. 예를 들면 과거에는 기업을 평가할 때에 종업원의 수나 기업의 규모가 중요한 평가 기준이 되었지만 정보사회에서는 규모보다 질이 더욱 중요한 평가기준이 되고 있다. 간과 공간의 개념을 축소시키는데 선도적인 역할을 하고 있는 것은 정보사회의 총아인 반도체 기술이다. 이 반도체 기술은 정보의 바다에서 넘쳐나고 있는 정보들을 집약시켜서 저장하고, 이를 전자통신망에 의해 신속하게 유통시켜 줌으로써 시간과 공간의 개념을 극소화시켜 주고 있다. 이에 따라 산업사회의 특징을 이루던 대규모의 조직과 집단들이 정보사회에 와서는 소규모의 조직과 집단들로 대체되고 있다.

3) 생활의 특성화 증대

정보화에 의해서 인간의 생활양상이 축소화의 방향으로 진행되면서 생활의 특성화 비중은 증대되고 있다. 그래서 오늘날의 정보사회에서는 일을 추진할 때에 규모의 경쟁보다는 특성화의 경쟁에 더 큰 비중을 두고 있다. 특히 경제적인 면에서는 산업사회의 발전을 선도해 왔던 대기업들이 특성화를 기치로 내걸고 특정 분야를 파고드는 벤처기업들의 도전을 받고 있다.

생활의 특성화 현상은 사회의 구조의 변화에도 영향을 주고 있다. 정보사회에서는 대규모의 사회조직보다 소수의 엘리트들이 모이는 소규모의 조직이 증가하고 있다. 산업의 형태도 외형적인 하드웨어 사업보다 내용적인 소프트웨어 산업인 지식산업이 중심 산업으로 발달되어 가고 있다. 즉 산업활동에 있어서 생산장비인 기계보다는 그 기계를 다루는 두뇌의 기능인 프로그램이 더 큰 비중을 차지하고 있다. 그래서 정보사회에서는 명령체계인 소프트웨어를 취급하는 지식산업이 발달하고 있다.

4) 독창적인 산업의 발달

정보사회에서 새롭게 부상하고 있는 산업부문은 창의력을 바탕으로 하는 독창적인 디자인산업이다. 독창적인 디자인산업이 경쟁적으로 발달함에 따라 현대사회의 산업발달에 촉진제 역할을 하고 있는 광고와 선전을 내용으로 하는 홍보산업이 위력을 발휘하고 있다. 개성 있는 광고와 선전에 의해 특성 있는 독특한 생산제품들이 시장점유율을 높여 가고 있다.

정보사회에서는 전자통신망을 통한 경제행위 즉 전자상거래가 증가하고 있다. 전자상거래란 상품의 선택이 정보통신망을 통해서 행해지고, 상품의 구입은 전자우편 통신망을 통해서 소비자가 생산자에게서 직접 구입하는 방법으로 이루어지는 경제활동이다. 전자통신망을 통해 생산자와 직접 통하는 구입방식은 장인(丈人)이 생산의 중추적 역할을 하던 시대의 개별주문방식과 유사한 경제행위가 되고 있다.

정보사회에서는 개인의 독자적인 활동기회가 확대되고 있다. 즉 정보사회에서는 전자통신기술의 발달에 의해 일상생활에 있어서 개인이 조직에 속하지 않고도 독자적으로 활동의 주체가 되어 활동할 수 있는 기회가 확대되고 있다. 이에 따라 정보사회에서는 산업사회의 경제적 기반이 되어 왔던 대규모의 생산체제보다도 오히려 개인기업체제인 벤처(venture)기업의 중요성이 부상되고 있다.

5) 직접 참여의 증가와 지역적 폐쇄성 붕괴

정보사회에서는 정보에 접근하는 기회가 확대되고 있다. 정보사회의 정보통신기술 발달은 일반인들에게 각종의 정보에 접근할 수 있는 기회를 확대시켜 주고 있다. 정보통신기술에 의해 누구나 쉽게 정보에 접근할 수 있기 때문에 사회의 모든 분야에서 시민의 참여가 용이해지고, 이로 인해 지역적인 폐쇄성이 무너져 가고 있다.

정보사회에서 주민의 직접 참여 증가와 지역적 폐쇄성이 붕괴되고 있는 사회현상을 들어보면 다음과 같다.

첫째, 정보통신기술의 발달에 의해서 멀티미디어(multi-media)를 통한 쌍방향 통신(雙方向通信)이 가능해져서 시간과 공간의 제약을 벗어나 모든 분야에 걸쳐서 시민의 직접적인 참여가 용이해지고 있다.

둘째, 전자통신망의 발달로 원격지간의 상호작용이 용이해짐에 따라 원거리상호작용이 증가되어 지역적인 폐쇄성(閉鎖性)이 붕괴되고 있다. 또 공동체(共同體, community)의 상징이 되는 집단 유대감의 근원도 구성원의 대면적인 상호작용보다 오히려 문화적인 상징과 구성원들의 공통적인 관심사 쪽으로 이동되고 있다. 정보사회에서는 전자통신매체를 통한 원거리 상호작용으로 문화적 상징과 공통의 관심사를 광범하게 증가되어 지역적 폐쇄성이 무너지고, 지역을 중심으로 하는 전통적인 커뮤니티(community)의 의미를 축소시키고 있다.

셋째, 정보기술의 발달에 의해 사회적 분위기에 민감하게 대응하고, 또 발달된 전자통신매체를 통해서 그 사회적 분위기에 쉽게 참여하게 된다. 즉 정보사회에서는 정보의 획득이 용이하기 때문에 다양성과 아울러 개인적인 취향을 고려하여 특수성을 추구하면서 사회적 분위기에 쉽게 참여하게 된다. 예를 들면 제품의 수요가 분화되고 다양화됨에 따라, 구성원들은 이를 충족시키기 위해서 발달된 정보기술을 통해 외부환경에 세부적으로 대응하게 된다. 이와 같이 정보사회에서는 발달된 전자통신매체에 의해 생활의 다양성을 추구하면서도 쉽게 사회참여를 한다.

넷째, 생활의 외형적 규모의 축소와 활동 시간의 단축, 그리고 사회조직의 유연성에 의해서 생활의 다양화가 나타난다. 그래서 사회구성원들은 생활의 다양화에 부합되는 다양한 환경을 보존하고 유지하기 위해서 지역의 폐쇄성을 넘어서 광범한 사회에 직접 참여하게 된다.

4. 정보화와 세계화

정보사회에서는 정보화가 진전됨에 따라 국가간의 경계선인 국경의 의미가 약해지지고, 또 사이버공간으로 펼쳐져 나가는 정보의 공간도 확대되고 있다. 확대된 정보공간의 정보는 인터넷(internet)에 의해서 세계적으로 개방되어 있다. 다만 특수한 정보에 관한 정치적 통제나 타국의 정보에 대한 언어적 장벽은 정보의 획득을 부분적으로 제한하고 있다.

1) 세계화의 의미[4)]

세계화(世界化, globalization)는 정보사회가 이끌어가는 사회변천단계의 사회현상이다. 세계화의 의미를 단적으로 규정한다는 것은 쉬운 일이 아니다. 왜냐하면 세계화의 의미는 포괄성과 함축성을 띠고 있기 때문이다. 지금까지 우리는 국제화(國際化)나 다국적화(多國籍化) 등의 말들을 세계화의 의미로 사용해 왔다.

세계화의 의미는 어원적인 일반적 의미와 사회문화적인 전문적 의미로 구분해 볼 수 있다.

첫째, 세계화의 어원적인 일반적 의미는 지구촌시대의 형성과정이다. 즉 우리가 살고 있는 지구가 울타리로 둘러싸여지면서 하나의 공동체를 형성해 가는 과정이다. 세계화는 정보화에 의해서 진척되고 있으며, 세계화에 의해서 지구에 살고 있는 모든 사람들은 지구를 하나의 생활터전으로 하여 서로가 긴밀한 상호의존관계를 형성해 가고 있다.

둘째, 세계화의 사회문화적인 전문적 의미는 다시 두 가지로 구분해 볼 수 있다. 첫 번째는 어떤 국가가 자국의 입지를 펼치기 위해서 자국의 문화나 세력을 세계 속으로 진출시켜서 세계 속에 자국의 입지를 확고히 하는 것이다. 우리가 세계화의 의미를 설명할 때에 '가장 세계적인 것은 가장 한국적인 것'이라는 말로 표현한다. 이 말의 의미는 우리의 문화를 세계 속으로 진출시켜서 세계 속에서 우리 문화의 기반을 마련하여 우리의 입지를 확고히 하자는 것이다. 두 번째는 국제무역 시장에서 사용되고 있는 세계화의 의미로서 세계적인 무역 대국들이 다국적기업들을 설립하여 자국의 경제력을 세계적인 범위로 확

4) 권태환 외, 앞의 책, p.81, 김경동 외, 앞의 책, p.435 참조.

대시켜 하나의 경제적 단위를 형성해가는 현상을 말한다.

위에서 살펴본 바와 같이 세계화의 의미는 포괄적으로 또는 부분적으로 다양하게 규정지어지고 있다. 세계화의 진정한 의미는 외형적 의미의 세계화와 아울러 내면적, 즉 이념적 의미의 세계화가 동시에 이루어져서 세계가 하나의 공존공영(共存共榮)의 공동체로 형성되어지는 것이다.

2) 세계화의 이론[5)]

세계화에 대한 정의가 다양한 만큼 이 정의의 기반이 되는 이론도 여러 측면에서 도출되고 있다. 즉 세계화에 관한 이론은 사회문화, 정치, 경제 등의 측면에서 규정되고 있다.

첫째, 지구촌(地球村) 이론이다. 이 이론은 커뮤니케이션 학자인 맥루한(Marshall McLuhan)이 제창한 이론이다. 그는 문화의 핵심적인 요소는 문화의 내용보다 문화가 전달되는 매체라고 했다. 이 매체에는 인간의 감각을 전달하는 모든 교통과 통신수단이 포함된다고 했다. 이러한 매체의 발달에 의해서 인간의 상호관계는 더욱 신속해지고 더욱 확장되었다. 다시 말하면 인간의 상호관계는 발달된 교통 통신수단에 의해서 지역적 제한을 벗어나 전 세계적으로 확장되어 지구촌시대를 열어간다는 것이다. 이 지구촌시대의 형성과정이 바로 세계화의 진행과정이라는 것이다.

둘째, 근대성(近代性, modernity) 이론이다. 이 이론은 사회학자 기든스(A. Giddens)가 제창한 이론이다. 그는 근대성이란 출발에서부터 시간과 공간의 제약을 벗어나기 시작한 것으로서 이것이 곧 세

5) 김경동 외, 앞의 책, p. 439 참조.

계화의 시작이라고 했다. 즉 근대성이 진전되면서 시간과 공간이 일정 지역에 고정된 것이 아니라 세계적인 기준에 의해 일률성을 가지게 되었다는 것이다. 다시 말하면 근대성에 의해서 시간과 공간의 제약을 벗어남으로써, 인간은 거주지를 자유롭게 이동할 수 있게 되어 거주지로부터 공간적인 해방을 가져왔고, 또 일정 시점에 얽매이지 않고 세계적인 사회관계를 맺게 되었다는 것이다. 이렇게 근대성에 의해서 세계적으로 상호의존성이 강화되어 가는 과정을 세계화라고 했다. 그가 말하기를 근대사회는 그 시작에서부터 정보사회의 시작이었으며, 또한 이것이 세계화의 시작이라고 했다.

기든스에 의하면 세계화는 근대성이 갖는 네 가지 측면을 주축으로 하여 발생한다고 했다. 그 네 가지 축을 들어 보면 다음과 같다.[6)]

첫 번째는 자본주의 세계경제체제화이다. 세계경제가 정치적 여건에서 독립하여 초국가적 기업으로서 전 지구적 연계와 체계를 구축하여 세계화를 이루어 간다는 것이다.

두 번째는 감시과정의 세계적 수준의 확대이다. 국제조직 내에서 국가간의 협력을 통해 자국민의 감시 능력이 증대되고, 또 타국민의 감시에도 개입하게 되어 세계화를 이루어 간다는 것이다.

세 번째는 세계적인 군사동맹체제 확립이다. 정보통신의 발달에 의해서 전 지구적 규모의 군사동맹체제가 형성되어 세계를 지배하면서 세계화를 이루어 나간다는 것이다.

네 번째는 국제적 노동 분업체제에 의한 산업주의의 확산이다. 개별 국가의 산업들이 국제노동분업체제에 편입되어 산업기술과 생산시스템이 확산되면서 세계화를 이루어 나간다는 것이다.

기든스는 이와 같이 세계화가 서로가 격리된 영역에서 광범위하게 진행되기 때문에 예측이 어렵고 불균등하게 진행된다고 했다.

셋째, 지구경제(地球經濟) 이론이다. 까스텔(Manuel Castells)은

6) 위의 책, p. 443.

세계화의 의미를 경제적 측면에서 설명했다. 즉 경제의 규모가 지구적 규모로 확대되어 가는 과정을 세계화라고 했다. 그는 말하기를 지구경제는 자본주의와 정보주의가 상호보완적 작용을 하면서 경제적 난관을 극복해 나가는 과정 그것이 바로 세계화라고 했다. 만약에 새로운 정보기술이 없었다면 지구적 금융시장이나 지구적 생산체제가 실현되기 어려웠을 것이며 지구경제의 형성도 어려웠을 것이다.

지구경제의 모습을 구체적으로 지적해 보면, 정보통신기술의 발달로 수십억의 돈이 순간적으로 세계적인 처리가 가능하게 되었고, 또 노동이나 과학기술에 있어서도 자신이 추구하는 분야라면 세계 어느 곳으로도 이동해 가고 있다. 그리고 재화와 용역의 시장도 세계적으로 확대되고 있고, 생산과정 자체도 유리한 입지 조건을 찾아서 세계적으로 이동하고 있다.

까스텔은 세계화에 관한 논의를 관념적 수준에서 분석적, 경험적 수준으로 발전시키는 데 기여했다. 그는 세계화를 역사적 현상으로 보면서도 현실적인 진행과정을 경험적으로 분석하고 있다.

3) 세계화 결과의 예상[7)]

오늘날 진행되고 있는 세계화는 정보통신기술의 발달로 인해서 급속히 진행되어가고 있다. 시간과 공간의 개념이 극소화되면서 일상생활의 범위는 지역적인 제한을 넘어서 전 지구적인 규모로 확대되어 생활의 편리를 가져왔고, 시간의 운용이 순간적으로 처리되어 획기적인 시간의 절약을 가져왔다.

이러한 생활의 변화에 의해서 나타나게 될 일들을 예상해 보면 다음과 같다.

첫째, 세계화에 의해서 지구촌시대가 전개되어 국경의 의미가 약해

7) 위의 책, pp. 446-450.

지고, 이에 따라 더불어 살아가는 무한 경쟁의 시대가 열려서 치열한 생존경쟁과 아울러 공존을 추구하는 양면성의 시대가 도래할 것이다.

둘째, 세계화는 인간의 활동범위를 시간적, 공간적 제한을 벗어나게 하여 시간을 단축시키면서 전 지구적인 공간으로 확산시켜갈 것이다. 그러나 인간은 지역적 기반을 벗어날 수가 없기 때문에 세계화 추진 과정에서 지구적 성향과 지역적 성향의 끊임없는 충돌을 야기시킬 것이다. 기든스와 까스텔은 세계화의 과정에서 지구성(地球性)과 지역성이 충돌하며 타협하는 현상을 일종의 변증법적 과정으로 보았다.

셋째, 세계화에 의해 공간적 장벽이 무너져서 자본의 투자환경이 양호해지고, 이에 따라 자본의 지역적 국제적 이동이 더욱 활발해질 것이다. 이 결과 국제적인 경제의 흥망의 굴곡이 더욱 확연해질 것이다. 왜냐하면 자본의 국제적 유동이 활발해지면 활발해질수록 자본은 양호한 조건을 찾아 빠르게 이동할 것이며, 국제적 주식시장에는 단기차익을 노리는 투기성 자본이 쉽게 드나들 수 있어서 국제경제 질서를 교란시키는 경우가 많이 나타날 것이다.

넷째, 세계화의 진전에 따라 기반이 튼튼한 민족국가는 살아남고, 기반이 약한 소수민족국가는 위기를 맞이하게 될 것이다. 왜냐하면 세계화의 추진과정에서 민족의 이익과 배치되는 일이 발생하면 기반이 튼튼한 민족은 단결하여 강하게 대항할 것이고, 기반이 약한 소수민족은 외부의 압력이 강하게 작용할 때에는 분해되어 버릴 수도 있다.

다섯째, 세계정부적 성격의 국제기구가 발생할 것이다(William Knoke, 1996). 왜냐하면 세계화시대에서는 소형 국가들은 개별적으로 광대한 문제를 해결하기 어렵기 때문에 이들 국가들은 자국의 이익을 보존하기 위해서 초국가적 기구를 형성하게 될 것이다. 오늘날의 국제연합 기구나 새롭게 나타나고 있는 지역기구들이 이러한 현상을 예측해 주고 있다.

여섯째, 문화적 측면의 변화가 더욱 활발해져서 결과적으로는 문화적 동질화 현상을 초래할 것이다. 정보통신의 발달에 의해서 인간의 생활양식의 변화가 가속화될 것이고, 또 세계화의 진전은 정보통신기술을 더욱 발달시켜 세계 곳곳의 문화가 국경을 넘어서 상호 교류를 하여 생활패턴의 변화를 가속화시켜 문화의 동질화 현상을 초래할 것이다. 오늘의 세계현실을 보면 정보통신매체의 발달에 의해서 선진국의 문화현실이 빠른 속도로 세계적으로 확산되고 있다. 이러한 현상은 경우에 따라 타민족이나 지역 문화에 내재한 고유 가치를 위협하게 된다.

세계화에 의해서 예상되는 결과는 위에서 살펴본 바와 같이 보는 각도에 따라서 양면적으로 도출될 수가 있다. 즉 긍정적인 결과가 예상될 때에는 그 이면에는 부정적인 결과도 예상될 수 있다는 것이다. 예를 들면 세계화의 진전에 의해서 세계문화에 접할 수 있는 기회와 폭이 증대되어 생활의 다양성과 세계시민의 자질형성에는 크게 도움이 되지만, 반면에 문화적 기반이 취약한 나라는 고유문화의 훼손을 겪게 될 것이다. 또 경제적 측면에서 보면 세계화의 진전에 의해서 국제적 활로개척에는 큰 진척을 볼 수 있겠지만, 국내적으로 보면 국제적 경쟁력이 없는 기업들에게는 커다란 어려움을 주게 될 것이다. 이와 같이 세계화의 결과는 필연적인 양면성을 가지게 될 것이기 때문에 우리는 이 양면적인 결과를 예상하면서 세계화의 진전에 대비해 나가야 할 것이다.

세계화는 사회가 공유하고 있는 생활방식인 기존의 문화를 변화시키고 있다. 문화는 의식주는 물론이고 삶의 모든 측면을 포괄하고 있는 것이다. 문화 속에는 구성원의 사고와 감정이 담겨져 있고, 또 사회질서의 기초가 되는 가치와 규범이 내재해 있다. 그래서 세계화에 의한 문화의 변화는 항상 그 사회의 전통적 기반 위에서 이루어져야 한다. 내일의 상황을 예측하기 어려운 오늘의 현실에서 급변하는 현실적 상황을 슬기롭게 수용하여 내일을 향한 발전에 기여할 수 있도록 최선의 노력을 해야 할 것이다.

읽을거리

[자장면과 피자(pizza)]

세계화의 시작은 최근의 일이 아니다. 생각해 보면 오래 전부터 우리의 생각과 행동은 세계 지향적으로 진행되어 오고 있었다. 살기가 어려워서 외국으로 이민을 간 사람도 있었지만 대개는 새로운 삶을 위해서, 뜻을 펼쳐보기 위해서 세계 속으로 진출했던 것이다. 또 외국의 문화도 어떠한 계기였던 간에 쉴 사이 없이 전파되어 와서 우리의 생활을 변화시켜 왔다.

외식문화라고 하면 과거에는 우리들에게 약간은 생소하게 들렸지만 이제는 일상적인 문화로 정착되어 가고 있다. 또한 그 형태도 최근에 들어서는 몰라보게 변하고 있다. 과거에도 역시 외식의 기회가 생기면 즐거운 것은 마찬가지이지만 내용의 선택에는 크게 변화되고 있다. 과거에는 외식의 기쁨이 자장면 한 그릇이면 충분했지만 오늘의 청소년들은 밀려드는 서구문물에 의해서 외식의 기쁨이 피자와 코카콜라로 대치되었다. 피자와 코카콜라가 청소년들에게 일시적인 기쁨은 더해 주었지만 그것이 정말 우리에게 적합한 음식문화인지는 깊이 생각해 봐야 할 것이다.

5. 정보사회의 문제점

정보사회는 기술혁신에 의해서 형성된 사회다. 기술은 가치중립성을 지니고 있기 때문에 기술혁신에는 언제나 순기능과 역기능을 내포하고 있다. 지금 우리가 열어 가고 있는 정보사회는 기술혁신에 의해서 시작되었고 또 그 기술혁신은 빠른 속도로 진행되고 있다. 기술혁신이 빠르게 진행됨에 따라 생활의 편리함은 더해지지만 동시에 이에 못지않은 문제점들도 나타나고 있다. 그러므로 우리는 정보사회의 순기능은 적극적으로 활용하여 사회를 발전시키는 동시에, 역기능에 대한 대책을 강구하는데 게을리해서는 안 될 것이다.

1) 정보의 대량생산과 정보의 질적 문제

정보사회 형성의 우선적 여건은 정보의 대량생산과 신속한 유통이다. 지금 우리는 정보의 홍수 속에서 살아가고 있다. 그런데 정보사회의 속성에 따라서 정보의 생산이 계속적으로 증가할 경우, 긍정적인 측면에서는 정보에 접근할 수 있는 기회가 증가해서 정보의 선택범위가 넓어져서 더욱 많은 정보를 얻을 수 있겠지만, 부정적인 측면에서 본다면 정보가 대량으로 생산될 경우 우선 그 많은 정보를 어떻게 소화시킬 것인가가 문제이며, 또 그 많은 정보 속에는 사회적 문제를 야기시킬 수 있는 저질의 정보가 포함되게 된다. 즉 정보의 소화와 저질 정보의 문제이다. 이렇게 저질의 정보를 포함하여 정보가 대량으로 생성되면 정보의 판단기준에 혼선이 생겨서 사회질서를 혼란시킬 우려를 낳게 된다.

정보사회에서는 기술혁신의 가속화에 의해서 정보의 대량생산이 일어나는데 비해서, 정보를 처리하고 평가하는 기술이나 능력이 이에 미치지 못할 때에는 기술지체현상[8]이 일어나게 된다. 또한 정보가 대량으로 생산될 때에는 정보의 질적 수준을 보장하기가 어렵게 되고, 또 한편으로는 정보의 급속한 전파에 의해서 불건전한 문화의 접변이 빠르게 일어날 수도 있다.

2) 정보의 통제와 배분의 문제

정보사회에서는 수많은 정보들이 가상공간에 노출되어 있다. 그러므

8) 기술지체(技術遲滯)현상 : 정신문화인 정보나 지식은 앞서 가는데 이를 운영하고 처리할 제도적인 장치나 기술이 이에 미치지 못해서 나타나는 지체 현상.

로 정보사회에서의 정보의 획득은 개인의 정보획득 능력에 따라서 좌우된다. 이와 같이 정보사회에서는 정보의 독점이란 원칙적으로는 거의 불가능한 일로 되어 있다. 그러나 실제에 있어서는 개인적인 능력이나 인위적인 장치에 의해서 정보가 통제되는 경우가 생기게 되므로 이로 인해서 정보가 배분되는 과정에서 차등이 생기고, 또 문제점이 나타나게 된다. 즉 정보는 배분과정에서 인위적 정보 통제와 정보의 불공정 배분이 생기게 된다.

(1) 정보관리의 불공정성

가상공간에 노출되어 있는 수많은 정보들은 모두가 창출된 근원이 있으며, 또 누군가에 의해서 관리되고 있는 것이 일반적이다. 그래서 정보가 배분되는 과정에서 정보관리자의 허가도 없이 정보가 불법으로 사용하는 경우가 생긴다. 또 반대로 정보관리자가 자기의 이권을 취득하기 위해서 불공평하게 정보를 배분할 수도 있다. 이러한 경우에는 정보의 배분이 정보사회의 원래의 취지에 맞지 않게 불공평하게 이루어지게 된다.

정보사회에서는 정보의 생산과 분배 그리고 활용이 생활의 핵심을 이루고 있다. 즉 인간의 생활이 정보의 서비스에 의해서 좌우되기 때문에 정보의 관리에 신중을 기해야 한다. 정보를 관리하는 측에서는 항상 구성원의 전체를 위하는 마음과 공익을 추구하는 자세로 정보의 관리에 임해야 한다. 그렇게 해야만 정보사회에서 발생할 수 있는 정보배분의 불공정 문제를 최소화할 수 있다.

(2) 정보통제의 악용

정보사회에서의 수많은 정보의 범람은 사회질서를 혼란시킬 위험성을 내포하고 있다. 그래서 정보사회에서는 정보를 통제하는 장치가 필요하게 된다. 그러나 정보사회에서 정보의 통제는 사회구성원들의 생활에 직접적인 관련성이 있기 때문에 합리성과 합법성 그리고 공정성에 의해서 행해져야 한다. 다시 말하면 정보를 통제할 때에는 통제의 내용과 범위 그리고 방법에 있어서 구성원들의 공감대가 형성되어야 한다.

정보사회에서 정보의 중요성과 유통과정 그리고 그 역할을 감안해 볼 때 정보의 통제를 악용할 여지가 있으며, 또한 이 정보의 통제를 관리하는 자가 유혹을 받을 우려도 있다. 그래서 정보사회에서의 정보의 통제는 공정성과 아울러 신중을 기해야 한다.

(3) 정보의 권력과의 밀착

정보사회에서 정보의 개방성은 인정하더라도 그 정보들이 골고루 구성원 누구에나 평등하게 배분되는 것은 아니다. 정보사회의 현실에서 볼 때 무한한 정보들이 구성원 모두가 자유자재로 이용할 수 있도록 분포되어 있지 않다는 것이다. 예를 들면 특수한 계층의 개인이나 집단은 상대적으로 일반 개인이나 집단보다 중요한 정보를 더 많이 사용한다. 그 이유는 유리한 정보접근의 조건을 가지고 있는 사람은 더 많은 정보를 더 쉽게 얻을 수 있기 때문이다.

유리한 정보접근의 조건을 들어 보면 다음과 같다.

첫째, 유리한 사회적 지위이다. 정보사회에서는 정보에 관련된 사회적 지위에 있는 사람일수록 정보에 접근할 수 있는 기회를 상대적으로 쉽게 얻을 수 있다. 특히 정보의 통제는 권력기관의 영향을 받는 경우가 많다.

둘째, 높은 지식수준이다. 정보사회에서는 정보에 관련된 지식수준이 높을수록 정보에 접근하는 기회를 쉽게 얻을 수 있다. 특히 정보에 관련된 높은 지식수준을 소유하고 있는 사람들은 일반적으로 정보를 통제하는 기관과 관련성을 가지는 경우가 많다.

셋째, 숙달된 정보활용의 능력이다. 정보사회에서의 정보에 접근은 정보를 활용할 수 있는 능력이 있을 때에 더욱 활발해진다.

위와 같은 정보접근에 유리한 조건들을 갖춘 계층은 사회적으로 미치는 영향력이 크기 때문에 대개는 권력과 관련이 되어 있거나 그렇지 않은 경우에는 권력층의 유혹과 통제의 대상이 되고 있다. 이러한 이유로 정보사회에서는 정보와 권력의 밀착 현상이 일어나고 있다.

그리고 정보사회에서는 정보의 전달체계가 제한 없이 연결되기 때문에 국가적으로는 전국의 어느 곳에나, 또 세계적으로는 세계의 어느 곳에도 연결될 수 있어서 정보사회에서의 정보의 위력은 상상을 초월할 정도로 막강하다. 그래서 정보는 항상 권력과 직결되어 있고, 또 통치의 핵심적 수단으로 이용되고 있다.

3) 상호작용에서 불평등 조장 문제

정보는 인간의 생활에 필요한 갖가지 자료들이다. 정보사회는 이러한 정보가 전자매체를 통해서 신속히 전달되어 사회구성원들간의 의사소통과 상호작용을 원활하게 할 수 있도록 해주는 사회이다. 그런데 정보사회가 진전되면서 나타나는 현상은 사회의 정보화로 인해 구성원들간의 상호작용에서 문제점들이 발생하고 있는 것이다.

정보사회의 본래의 방향은 사회의 모든 구성원들이 정보를 공유하여 이 정보들을 자유롭게 활용함으로써 각자의 생활을 평등하게 향상시켜 가는 것이다. 그런데 정보사회가 진전됨에 따라서 본래의 방향과는 다른 현상들이 나타나고 있다. 즉 정보의 공유와 정보의 자유로운 활용이 오히려 구성원들 간에 불평등한 생활을 조장하게 된다는 것이다.

정보사회의 상호작용에서 나타나는 문제점들을 들어 보면 다음과 같다.

첫째, 정보의 개방이 제한될 경우에는 특정정보의 폐쇄적 이용이 증대되어 불평등한 상호작용이 초래되고 이에 따라서 사회적 불평등 현상이 나타난다.

둘째, 정보사회의 주요 의사소통의 장(場)인 사이버공간(假想空間)에서 행해지는 의사소통의 실현은 컴퓨터와 스마트폰이라는 기계를 통해서 이루어지기 때문에 인간의 정을 느끼기 어려운 기계적인 비인간적 관계가 형성된다. 이에 따라 인간의 소외현상이 나타나고 때로는 의사 소통자들이 자기의 정체를 허위로 표현하면서 허구적인 의사소통이 일어나고 있다.

4) 자율조직의 이익집단화 문제

정보사회는 기존의 조직형태 특히 관료조직형태를 크게 변모시키고 있다. 즉 정보사회에서는 관료조직형태에서 효율성을 높이기 위해서 마련한 조직형태인 위계체계와 규정과 절차를 강조하는 체계중심의 조직이 전자결재나 화상회의에 등에 의해서 크게 위축을 당하고 있다. 예를 들면 재택근무(在宅勤務)를 하면서 인터넷을 통해서 상사에게 결재를 받아 일을 처리하고, 또 일의 제안자가 중간 계층을 거치지 않고 직접 최고 관리층과 상담하여 일을 처리하기 때문에 산업사회의 대표적인 조직기반인 관료조직이 위협을 받고 있다.

정보사회에서 나타나는 이러한 현상은 기존의 관료조직을 기반으로 하는 대규모의 중앙집권 체제가 해체되고, 자율적인 소규모조직들의 연합형식을 이루어 갈 가능성이 있음을 보여주고 있다. 그런데 정보사회에서는 이러한 자율적 소규모조직의 연합을 정보의 통제나 억제를 활용하여 권위의 집중화를 모색하는 데에 이용하게 된다는 것이다. 다시 말하면 자율조직의 연합을 이익집단화시켜서 정치적 목적에 사용하게 된다는 것이다. 이렇게 자율조직을 정보의 통제에 의해서 이익집단화하여 정치적 목적에 사용한다는 것은 정보의 공공성을 강조하는 정보사회의 원래의 목적에 어긋나게 되는 것이다.

6. 정보사회의 가치관 정립

오늘날 우리가 접어든 이 정보사회는 사회변천의 한 단계인 동시에 미래사회로 연결되는 사회변천의 한 과정이기도 하다. 오늘의 정보사회가 더욱 발전된 미래사회로 연결되기 위해서는 사회의 올바른 운영과 아울러 구성원들이 미래지향적인 건전한 가치관을 확립해야 한다.

1) 정보사회의 낙관적 견해와 비관적 견해

정보사회가 전개되고 있는 현실 속에서 우리 인간들은 정보화의 혜택에 고마워하며 때로는 놀라고 감탄하기까지 하고 있다. 오늘날 우리가 접하고 있는 상상을 초월할 정도의 정보화 현실은 인간의 생활을 무한한 가능성 속으로 이끌어 가고 있다. 그러나 이 정보화의 현실은 어디까지나 기술의 혁신에 의해서 이루어지는 결과이기 때문에 우리는 기술의 속성을 간과해서는 안 된다. 즉 기술은 언제나 가치중립적인 것이기 때문에 인간에게 항상 이익만을 주는 것은 아니다. 그래서 발달된 기술을 기반으로 하고 있는 정보사회를 평가할 때에는 낙관론적인 견해와 비관론적인 견해로 나누어진다. 그러나 두 견해는 인식방향에 따른 차이라고 볼 수 있다.

(1) 정보사회에 대한 낙관적 견해

정보사회에 대한 낙관적 견해를 들어 보면 다음과 같다.

첫째, 정보사회가 자본주의를 기반으로 하여 발전한 산업사회의 대표적인 문제점인 사회적 불평등을 해결하는 데 크게 기여하고 있다. 다시 말하면 정보사회에서는 무한한 가능성의 공간인 사이버공간에 수많은 정보들을 공개해 놓고 지역간, 국가간, 빈부간, 계급간, 성별간에 구별을 두지 않고 자유롭게 취사선택하여 활용할 수 있는 기회를 주어, 사회적 불평등 발생의 소지를 줄이고 평등사회 건설에 기여할 것이다.

둘째, 정보사회의 계속적인 기술혁신은 인간의 생활을 계속적으로 발전시켜 나갈 것이다. 또한 계속적인 기술의 발달은 정보사회에서 파생되는 부작용을 해결해 나갈 수 있는 방안을 강구할 수가 있을 것이다. 인류의 발달사에서 보면 발전의 부산물인 부작용들은 인간의 이성의 통제력과 기술의 개발에 의해서 해결해 왔다. 그래서 정보사회의 발달에 따른 부작용도 인간의 힘으로 해결해 갈 수가 있다는 것이다.

셋째, 정보사회에서의 정보화는 멀티미디어의 정보통신망을 통해서 양방(兩方) 의사소통이 가능케 하여 민주정치의 발전에 기여할 것이다. 즉 멀티미디어에 의한 쌍방 의사소통은 국민이 직접 정치에 참여하는 직접민주정치를 가능케 하는 전자민주주의에 의해 정치발전을 가져올 것이다.

(2) 정보사회에 대한 비관적 견해

정보사회에 대한 비관적인 견해를 들어 보면 다음과 같다.

첫째, 정보사회에서 사이버 공간에 공개되어 있는 수많은 정보들은 기회 확대 면에서는 사회적 평등에 기여할 수 있겠지만, 개인적 사회적 여건이 차등화된 경우에는 오히려 사회적 불평등을 더욱 심화시킬 것이다. 정보사회에서는 무한 공간인 사이버공간에 수많은 정보들이 공개되어 있는데, 이 정보들을 취사선택하여 획득하는 데는 취득의 조건과 능력에 따라 개인적인 차이가 있을 수 있다. 즉 정보에 관한 전문지식을 소유한 사람들이나 또는 정보에 쉽게 접근할 수 있는 조직이나 체제를 갖추고 있는 기득권 소유 계층들은 정보를 취득하는 데 있어서 상대적으로 유리할 수밖에 없다. 이러한 차등적인 정보 획득의 결과는 사회적 계층간에 불평등을 심화시키고 또 권력의 독점에도 영향을 주고 있는 것들이다.

둘째, 정보사회에서는 사회의 정보화에 따라서 인간의 존엄성이 저하될 우려가 있다. 정보사회의 주역인 컴퓨터는 인간의 생활에 많은 유익함을 주고 있다. 그러나 반면에 컴퓨터를 사용함에 따라서 인간에게 기계적인 사고를 형성시켜 인간의 정을 메마르게 하고 또 인간의 가치를 저하시킬 수 있다는 것이다.

셋째, 정보화의 가속화는 인간 생활에 있어서 시간과 공간의 개념을 극소화시켜서 미래에 대한 예측을 불확실하게 한다. 이로 인해 인간의 생활에 긴장의 정도가 가중되어 긴장된 생활이 계속됨에 따라 인간의 인격적 바탕에 변화를 가져올 수가 있다는 것이다. 또 미래의 불확실성과 스트레스의 가중은 인간의 이기적 사고를 증가시켜 과격한 성품 형성의 요인이 될 수도 있다는 것이다.

2) 정보사회에서 정립해야 할 정신적 자세

정보사회는 인간사회를 획기적으로 변화시키고 있다. 이 획기적인 변화는 인간생활의 외형적인 발전에는 크게 기여하고 있지만, 인간사회의 내면적인 발전을 위해서는 노력해야 할 부분이 많다. 인간사회의 진정한 발전은 외형적인 발전과 내면적인 발전이 병행될 때에만 이루어질 수 있다. 인간사회의 내면적 발전을 위한 핵심적 조건은 사회구성원들의 건전한 사고의 확립이다.

정보사회에서 정립해야 할 정신적인 자세를 들어 보면 다음과 같다

첫째, 정보사회에 적응할 수 있는 기능적 가치관의 확립이다. 정보사회에서는 정보의 영향력을 벗어나서는 원활한 사회생활을 해 나갈 수가 없다. 왜냐하면 대부분의 일상생활이 정보의 영향을 받고 있기 때문이다. 그러므로 정보사회에서 생존하고 발전하기 위해서는 정보기술을 계속적으로 개발해야 하며, 또 개발된 정보기술을 활용하여 생활의 발전을 추구해야 한다. 그러므로 정보사회에서는 정보기술을 활용할 수 있는 기능을 소유해야 한다.

둘째, 정보화의 과정에서 소외되기 쉬운 인간 존엄성에 대한 인식을

강화해야 한다. 정보사회에서는 일상생활에서 지적 산물인 정보에 큰 비중을 두기 때문에 인간 존엄성에 대한 의식이 약화되기 쉽다. 정보사회에서는 인간관계의 많은 부분이 전자통신망을 통해 3차원의 공간인 가상공간에서 이루어지기 때문에 인간의 존엄성에 대한 의식이 약해지고 있다. 특히 가상공간을 통해서 이루어지는 인간관계에 서는 인간성 소외현상이 증대되고 있다. 그래서 소외된 인간성을 회복하기 위해 인간관계에 있어서 대면적 접촉의 기회를 증대시키기 위해 노력해야 한다.

셋째, 사회적 통합의 기초가 되는 공동체의식을 확립해야 한다. 정보사회에서는 전자통신망의 발달에 의해서 직접적인 인간관계가 소원해지고 있다. 이로 인해 사회구성원들간에는 공동체 의식이 약화되고 있다. 그러므로 정보사회에서는 구성원들간의 친밀성을 고양시킬 수 있는 직접적인 상호작용을 촉진시켜서 공동체의식을 함양해야 한다.

넷째, 성(性)의 평등사상을 확립해야 한다. 정보사회에서는 재택근무가 늘어나면서 기혼여성들의 고용기회가 증대되고 있다. 이로 인해 여성의 사회활동 비율이 증대되어 기존 사회활동의 성적 비율에 변화를 가져왔다. 즉 사회활동의 성적 비율에 있어서 여성의 비율이 상승되어 남녀의 사회활동 비율의 차이가 줄어들고 있는 것이다. 그래서 정보사회에서는 사회활동을 할 때에 성별의 구별이 없이 사회적 역할을 공평하게 분담하여 성별간에 상호 이해를 증진시켜야 한다.

다섯째, 세대간의 유기적 관계를 강화시켜야 한다. 정보사회에서는 정보화시대의 특성에 따라 세대간의 교류영역이 확대되고 있다. 재택근무에 의한 부모와 자녀의 생활공간이 일치되는 경우가 늘어나고, 또 사회의 정보화에 따라 노인들의 고용기회가 늘어나기 때문에 노인과 젊은 세대가 공동의 생활공간에서 활동하는 늘어나고 있다. 그래서 정보사회에서는 세대간의 상호이해가 더욱 고취되어야 한다.

여섯째, 개방적 가치관을 확립해야 한다. 정보사회 특징의 하나는 '경계선 없는 사회'(borderless society) 현상인데. 이 경계선 없는 사회 현상은 결국 문화적 경계선의 와해 가능성도 내포하고 있다. 그런데 이 문화적 경계선이 와해되면 결국에는 사회적 혼란을 불러오게 된다. 정보사회에서는 이러한 혼란을 막기 위해서 타문화를 포용하는 문화상대주의의 가치관을 증진시켜서 개방적 사고를 함양해야 한다.

일곱째, 사회평등의 가치관을 확립해야 한다. 정보사회에서는 원래 정보의 평등한 공유를 원칙으로 하고 있지만, 사회의 속성상 경우에 따라서는 이 원칙을 벗어나서 정보를 독점하게 되고 또 이것을 악용하게 된다. 그래서 정보사회에서는 정보를 최대한으로 공개하여 정보의 대중화에 노력하면서, 정보 독점에 의한 사회적 불평등 요인을 제거해야 한다.

여덟째, 전자민주주의의 정치사상을 고취시켜야 한다. 정보사회에서는 전자기술의 발달에 의해서 전자통신매체를 통해 국민들이 정치에 직접 참여하고 있다. 그래서 정보사회에서는 모든 국민들은 전자민주주의를 이해하고, 이를 활용할 수 있는 기술적인 능력을 길러야 한다.

아홉째, 세계시민사상(世界市民思想)을 고취시켜야 한다. 정보화는 발달된 전자통신기술로써 세계를 하나로 묶어 지구촌시대를 열어 가고 있다. 세계를 하나로 묶는 이 지구촌사회가 형성되면 이 거대한 사회를 유지하기 위해서 구성원들에게는 국경을 초월하는 범국가적인 의식이 형성되어야 한다. 그래서 지구촌시대로 향하고 있는 정보사회에서는 구성원들에게 거대한 지구촌사회를 이해하고 이끌어 나갈 수 있는 세계시민사상이 형성되어야 한다.

정보사회는 인간의 생활을 상상을 초월할 정도로 획기적으로 또 급속하게 변화시키고 있다. 그리고 미래에 관해서도 많은 변화를 예고해 주고 있다. 우리는 이렇게 예측을 불허할 정도로 인간사회를 획기적이고도 급속하게 변화시키고 있는 이 정보사회의 현실을 인류의 발전에 기여할 수 있도록 방향을 잡아 주어야 한다. 이것이 오늘의 정보사회에서 살아가고 있는 우리들이 해야 할 과제이고 의무이다. 특히 정보사회에서 나타나고 있는 인간존엄성의 소홀은 인류의 미래에 대한 우려의 요인이 되고 있다.

정보사회에 살고 있는 우리는 산업사회에서 만연되었던 물질위주의 사고와 인간성 상실의 사회적 현상에 대응할 수 있는 건전하고도 확고한 정신적 자세를 갖추어야 한다. 우리는 이러한 건전하고도 확고한 정신적 자세를 확립해서 오늘의 이 정보사회를 더욱 발전시켜 나가야 하며, 다가오는 미래사회를 보다 살기 좋은 사회로 만들어 가야 한다.

읽을거리

[직접민주주의의 회귀]

그리스의 아크로포리스 광장에서 시민들이 모여 국사를 의논하던 시대는 까마득한 옛날의 이야기이다. 그러나 그 옛날의 이야기가 현실로 점점 부상하고 있다.

현대에 와서는 국가의 영토가 확대되고 인구가 증가함에 따라서 시민들이 모여서 국사를 의논하는 직접민주주의 정치는 기술상으로 시행이 불가능해졌다. 그런데 정보화사회에 접어들면서 먼 옛날의 이야기로만 생각했던 직접민주주의가 되살아나고 있다. 바로 전자매체를 통한 직접 민주주의의 출현이다. TV를 통한 국민과의 대화라든지, 인터넷을 통한 국민과의 직접 대화는 정치의 형태를 크게 바꾸어 가고 있다.(인터넷을 통한 국민과의 직접 대화는 물론 스마트폰 기술과 트위터, 페이스북 같은 SNS의 결합을 통해 실시간 양방향 소통의 정치참여를 통해 정치의 형태를 크게 바꾸어 가고 있다.)

[미국 대통령 선거 때의 텔레비전 토론풍자 장면]

앞으로 전자민주주의가 (완벽히) 정착되면 선거운동도 TV나 인터넷을 통해서 할 것이고, 투표를 할 때에도 번거롭게 투표장에 나가는 일도 없어질 것이다. 각자 자기 집에서 편리한 시간을 선택해서 인터넷을 통해서 투표를 하고, 또 개표의 결과도 투표마감과 동시에 집계되어 당락이 결정되어 발표될 것이다. 또한 정책을(밑줄 삭제) 수립할 때에도 전자매체를 통해서 국민들의 의견을 직접 수렴하여 수립하고 또 정책의 시행도 전자매체를 통해서 하게 될 것이다. 이러한 것들은 현재 일부 시행되고 있으며 투표나 개표 등의 전자매체 활용은 공정성과 부정방지 문제 등을 보완해 가고 있다.

요점정리

1. 정보사회의 개념

정보의 의미 : 인간의 지적 활동의 결과로 얻어지는 무형의 생산물.
정보의 특성 ; 무형으로서 전하거나 판매해도 없어지거나 줄어들지 않는다.
정보화의 의미 ; 인간활동이 정보의 활용과 관련되어 이루어지는 현상
정보사회 ; 주요 인간활동이 정보 및 통신기술이 제공하는 서비스의 지원에 의해 이루어지는 사회

2. 정보화시대의 특성

정보의 전달체계인 정보통신망이 사회생활의 뼈대를 이룸
전 지구적(global)인 정보망이 가상공간을 통해서 구축
사회 운영의 주요 부분이 인간의 두뇌와 창의력에 기초를 둠
사회생활에서 유형의 하드웨어보다 무형의 소프트웨어가 더 큰 비중을 차지함
독창성과 개성이 사회생활에서 경쟁의 결과를 좌우
시간과 공간의 축소가 계속됨
인간의 활동 범위가 사이버 공간으로 확대되어 인간사회의 조직의 유연성 증대됨
인간관계와 공동체가 3차원의 공간인 사이버공간을 기반 - 인간관계의 형식화

3. 정보화와 인간생활의 변화

전자매체의 발달로 시간과 공간개념이 축소 - 생활의 신속화, 공간의 극소화
규모의 축소화에 의해서 소규모 집단의 중요성 부상(벤처사업의 부상)
소프트웨어를 취급하는 지식산업이 발달
기계자체보다 기계를 다루는 두뇌의 기능 즉 기계를 다루는 명령체계 강조
전자통신망을 통한 경제행위 증가(전자상거래 증가)
전자통신망의 발달로 정보에 접근할 수 있는 기회가 증대
멀티미디어의 발달로 사회생활에 시민 참여기회 증대(전자민주주의 발달)
개인의 창의력이 강조됨에 따라 독자적인 활동기회가 확대되고, 개인적 사업이 증가
통신망의 발달로 공간개념이 극소화되고 지역적 폐쇄성이 붕괴(인터넷의 발달로 가

속화)

4. 정보화와 세계화

세계화 : 지구촌화 - 지구가 하나의 울타리로 둘러싸여지면서 하나의 생활권을 형성
지구를 하나의 생활터전으로 하여 서로가 긴밀한 상호의존관계를 형성해 가는 사회적 현상
가장 세계적인 것은 가장 한국적인 것 - 세계 속에서 우리 문화의 입지를 확고히 다짐

세계화의 이론 : 지구촌이론(맥루한), 근대성 이론(기든스), 지구경제 이론(가스텔)

세계화 결과의 예상 : 국경의 의미 약화 - 무한경쟁 시대 - 경쟁과 공존의 양면성 시대
활동 범위의 지역적 시간적 제약 탈피
자본의 국제적 이동 활발 - 국제경제의 흥망의 굴곡 확연
민족국가의 역할은 지속되면서 소수민족에게는 위기 초래
세계 정부적 성격의 국제기구 발생
문화적 측면의 변화가 더욱 활발 - 문화의 동질화 초래

세계화 결과의 양면성 : 긍정적인 면과 부정적인 면 - 흥망의 양면성

5. 정보사회의 문제점

정보의 대량생산과 정보의 질적 문제 - 정보의 질적 저하 초래

정보의 통제와 분배문제
정보관리 불공정성
정보통제의 악용
정보의 권력과 밀착

상호작용에서 불평등 조장문제
특정 정보의 폐쇄로 개인 간에 불평등 조작,
통신매체를 통해 정보제공자의 허위 표출로 불평등 결과 초래

자율조직의 이익집단화 문제

6. 정보사회의 가치관 정립

정보사회의 낙관적 견해와 비관적 견해

낙관적 견해 : 산업사회에서 조장된 불평등 해소
계속적인 기술혁신으로 인간사회 발전
멀티미디어 정보통신망을 통해 쌍방 의사소통 - 직접민주주의 가능
비관적 견해 : 정보 획득과 처리의 능력과 조건의 차이는 사회적 불평등을 심화
인간가치의 저하
인간의 인격적 바탕 변화

정보사회에서 갖추어야 할 정신적 자세

정보화사회 운영에 필요한 기능적 가치관 함양(전자통신 기술의 인식과 능력 함양)
전자매체를 통한 인간관계에 의해서 약화되고 있는 인간존중사상 고취
개인의 독자적 활동 증대로 약화된 공동체의식의 고양
개성존중 사회의 성(性)평등사상의 고취
세대간의 차이 극복과 세대간의 유기적 관계 형성에 관한 의식 고취
서로를 이해할 수 있는 개방적 가치관 확립
개인적인 불평등 극복을 위한 사회평등의 가치관 확립
전자매체를 통해서 이루어지는 전자민주주의 정치사상 함양
세계화시대에 부응할 수 있는 세계시민사상 함양

수험대비 평가문제

1. 앞으로는 대형백화점에도 변화의 바람이 예상된다. 거대한 매장에 몰려드는 인파로 북적대는 백화점의 풍경이 가지런한 진열대에 상품들이 정성스럽게 진열되어 있고, 그 옆에서 사무원이 컴퓨터로 열심히 주문을 받는 풍경으로 바뀌어질지도 모른다.
   (1) 위의 상황으로 보아 예상되는 상거래의 형태에 대해서 기술하시오.
   (2) 이러한 상거래에서 나타날 수 있는 문제점과 대처방안을 기술하시오.

2. 정보사회가 진행되면서 사무실의 풍경이 변해가고 있다고 한다. 아침에 출근해서 바로 컴퓨터를 켜고 컴퓨터를 통해서 인사와 업무연락 등 대부분의 일을 처리하면서 동료들의 출근도 관심 밖의 일이 되어 버렸고, 동료간의 인사까지도 생략되고 있다고 한다.
   (1) 정보사회에서의 인간관계의 특징을 기술하시오.
   (2) 이러한 인간관계에 대한 대처방안을 시술하시오.

3. 최근에는 해외근무를 하게 된 부모를 따라서 외국에서 생활을 하다가 돌아온 학생들이 학교에서 친구들과 대화를 하는 도중에 생소한 용어들 때문에 어려움을 겪는 경우가 있다고 한다.
   (1) 위의 상황은 우리 사회의 어떠한 모습을 이야기하는 것인가?
   (2) 이러한 우리 사회의 급속한 변동이 우리사회에 미칠 영향에 대해서 기술하시오.

4. 다음 중 정보사회의 특징을 나타낸 것은?
   ① 국경의 의미 강화　　② 규모의 경제를 강조
   ③ 참여민주주의의 확대*　　④ 관료적인 조직의 확대

5. 정보사회의 문제점과 관계가 가장 먼 것은?
   ① 특정 정보의 폐쇄　　② 자율조직의 이익집단화
   ③ 정보의 권력과 밀착　　④ 정보의 자유선택*

6. 전자민주주의를 설명하시오.

7. 정보사회에 대한 낙관적인 견해와 비관적인 견해를 비교 설명하시오.

8. 정보사회에서 지역적 폐쇄성이 붕괴되고 있다. 이러한 사회적 변동을 야기시키는 사회적 상황을 설명하시오.

9. 세계화이론 중 지구촌이론을 설명하시오.

10. 세계화 결과의 양면성을 설명하시오.

11. 정보사회에서 사회적 불평등이 형성될 수 있는 상황에 대해서 쓰시오.

12. 정보사회에 대한 낙관적 견해와 비관적 견해에 대해서 쓰시오.

제13장 사회발전과 미래 전망

1. 사회변동
2. 군집행동
3. 사회운동
4. 사회발전
5. 우리의 미래

인간은 끝없는 욕망을 소유하고 있는 존재이다. 그래서 인간은 그 욕망을 이루기 위해서 항상 변화를 추구하고 있다. 이로 인해 인간사회는 끊임없이 변천되어 왔고 또 앞으로도 변천을 계속해 갈 것이다.

인간은 안정된 삶을 위해서 사회의 안정과 조화를 희구하면서도 한편으로는 무한한 욕망을 충족하기 위해서 발전을 위한 변화를 추구하고 있다. 그렇기 때문에 안정 속에서도 변화를 기대하고 있으며, 또 갈등 속에서도 안정과 조화를 찾으려고 노력하고 있는 것이다. 그래서 인간사회에서는 사회변동이 계속적으로 일어나고 있다.

사회변동은 사회적 상황이 변화되는 것으로, 변동 그 자체는 가치중립적이지만, 그러나 인간은 그 변동의 방향이 가치 지향적으로 향하도록 사회적 여건을 마련하는 데 노력하고 있다. 또한 사회변동은 사회구성원들의 욕구 충족의 열망이 내포되어 있는 사회적 상황의 변화이기 때문에, 인간의 의지에 의해서 그 진전의 방향이 잡혀진다.

사회변동을 유도하는 대표적인 예가 사회운동이다. 이 사회운동은 그 성격에 따라서 사회를 퇴보시킬 수도 있고, 또 발전시킬 수도 있다. 일반적으로 완만한 사회운동은 사회적 혁신으로 이어지지만, 그러나 과격한 사회운동은 경우에 따라서는 혁명으로 이어지기도 한다.

사회변동의 방향이 가치 지향적으로 향할 때에 이것을 사회발전이라고 한다. 사회발전은 사회변동의 결과가 인간의 삶을 향상시키고, 또 인간의 가치를 존중하는 사회분위기가 형성되는 사회적 상황을 일컫는다.

이 장에서는 사회발전의 계기가 되는 사회변동의 과정과 내용을 살펴보고, 또 사회변동을 사회발전으로 연결시키기 위한 체계적인 과정인 사회운동에 대해서도 연구해 보기로 하겠다. 그리고 마지막으로 우리 사회의 미래를 전망해보는 것으로 이 책의 끝을 맺으려고 한다.

1. 사회변동

1) 사회변동의 의미

사회가 발전하기 위해서는 그 전제 조건으로 사회변동(社會變動)이 있어야 한다. 이 사회변동이란 사회의 현상이 변화되는 것으로 하나의 사회질서가 또 다른 사회질서로 대체되는 과정을 말한다. 이렇게 인간 사회에서 사회질서가 대체되면 사회적 환경의 변화에 의해서 사회구조와 문화의 변화를 가져오게 된다.

인간의 생활터전인 사회는 시대와 장소를 불문하고 변동을 계속하면서 변천되어 가고 있다. 즉 모든 사회는 각 사회마다 변화속도의 차이는 있지만 사회의 변동은 지속적으로 일어나고 있다는 것이다. 사회변동은 가치 지향적인 사회발전과는 달리 변화되는 과정 그 자체에 무게를 두면서 가치중립적인 입장에서 진전되는 것을 그 특징으로 하고 있다. 그러나 사회변동은 인간이 살고 있는 사회가 변화하는 것이기 때문에 사회의 구성원인 인간은 이 변동의 방향을 가치 지향적으로 향하도록 노력하고 있다.

2) 사회변동의 이론

사회변동은 사회의 기본질서가 변하는 것이기 때문에, 그 발생과 진행에는 이론적 기반이 따른다. 사회변동의 이론을 들어 보면 다음과 같다.

(1) 진화론적 변동이론

진화론(進化論, evolution theory)의 입장에서는 사회변동을 항상 긍정적인 입장에서 보며, 또한 이를 발전적인 것으로 본다. 이 이론에서는 변동은 곧 진보를 의미하는 것으로 보았으며, 이 때의 진보의 의미는 새롭고 보다 나은 문명단계로 나아간다는 것이다. 진화론적 사회변동론자에는 스펜서(H. Spencer), 생시몽(Saint. Simon), 콩트(A. Comte), 마르크스(K. Marx), 뒤르켐(E. Durkheim) 등이 있다. 이들 중에서도 특히 뒤르켐은 사회변동을 기계적 유대에 바탕을 둔 단순사회에서 유기적 유대를 근간으로 한 복합사회로 변화해 가는 과정으로 보았다.

진화론적 변동이론의 기반은 다윈(Charles Darwin)의 '종의 기원'에서 얻은 것이다. 이론의 핵심은 인간과 사회에는 단계에 따라 성장 발전하도록 하는 요소가 내포되어 있기 때문에 인간과 사회는 일정한 단계를 밟아 가면서 어떤 최종적인 완성단계로 지향(指向)한다는 것이다. 즉 진화론적 변동이론은 생물학의 진화론에서 모든 생물체가 단순한 것에서 복잡한 것으로 진화해 가는 과정을 인간사회의 변동과정에 적용시킨 것이다. 그러나 사회변동의 진화이론에 대해서는 다음과 같은 논쟁점이 제기되었다.

첫째, 진화에 의한 변동의 방향성에 대한 의문의 제기이다. 즉 사회변동의 방향이 항상 일정할 수가 없다는 것이다. 그래서 진화론에서 주장하는 사회변동의 방향인 단순한 것에서 복잡한 것에로의 변동방향에 대해서 의문을 제기했다.

둘째, 진화에 의한 변동이 반드시 진보를 뜻하는가에 대한 의문의 제기이다. 즉 진화론에 의하면 변동을 진보로 규정하고 있으나, 현실적으로 보면 꼭 그렇지는 않다는 것이다. 예를 들면 서구사회가 기술적, 경제적 기준에서 보면 비서구사회보다 앞서갔지만, 그러나 기술적으로 경제적으로 앞서간 서구사회가 비서구사회보다 반드시 진보했다고 볼 수 있느냐는 것이다. 서구사회가 물질적인 기준에서 본다면 비서구사회보다 진보했을지 몰라도, 정신적인 면을 포함한 전반적인 기준에서 본다면 그렇지 않다는 것이다. 예를 들면 도덕적인 면에서는 오히려 퇴보한 면도 있다는 것이다.

셋째, 진화론에서는 진화의 방향을 단순사회에서 복잡사회로 주장하고 있는데, 사회가 복잡해진다는 것이 반드시 인간의 행복증진에 기여하는가에 대한 의문의 제기이다. 예를 들면 경제가 발전된 복잡한 사회에서는 인간의 물질적 만족은 충족될 수 있지만, 그러나 그 복잡한 사회의 물질적 만족이 반드시 정신적인 만족을 동반하지는 않는다는 것이다. 그러므로 경제의 발전이나, 생활의 편리함이 반드시 인간의 행복을 증진시킨다고는 볼 수 없다는 것이다.

(2) 기능론적 변동이론

기능론적 사회변동이론은 기능주의 이론의 입장에서 사회변동을 보는 것이다. 기능주의 이론은 파슨스(T. Parsons)를 대표하는 사회이론으로서 사회를 유기체에 비유한 이론이다. 즉 사회는 각 부분들이 제각기 기능을 원활히 수행하여 통합과 안정을 이루면서 전체적으로 균형을 유지하려는 속성을 가지고 있다고 했다.

기능론의 입장에서 사회를 보면, 사회는 기본적으로 균형을 찾고자 하는 역동적인 체계이기 때문에, 사회 자체의 기능 분화나, 또는 외부의 힘에 의해서 사회의 균형을 깨려는 힘이 작용하게 되면, 이에 대해 안정을 유지하려는 힘이 작용하여 균형을 유지하려는 방향으로 사회를 이끌어가게 된다. 이것이 기능론의 입장에서 보는 사회변동이다. 또 사회의 각 부분들은 상호의존성을 가지고 있기 때문에 개개의 부분들은 각자의 기능을 발휘하여 사회 전체의 질서와 안정을 유지하는 데 기여하게 된다. 이러한 사회의 구조적 기능분화와 사회적 재통합 과정을 사회변동으로 보는 이론을 기능론적 사회변동론이라고 한다.

기능론적 사회변동론에 의하면 사회의 부분간에 기능적 균형이 깨어지면 이를 보완하기 위해서 사회의 각 부분들은 그들이 가지고 있는 기능을 분화시켜 사회의 다른 부분으로 이양시키고, 이양된 기능들은 새로운 바탕 위에서 기존의 기능들과 재통합하면서 사회의 안정과 균형을 유지하게 된다는 것이다. 그러나 기능론적 사회변동이론에도 비판적인 견해가 따른다.

기능론적 변동이론에 대한 비판적인 견해는 다음과 같다.

기능주의 이론에서는 사회의 속성을 통합과 안정 그리고 균형으로 본다. 그래서 기능주의 이론은 원천적으로 사회 변화 자체를 부정하는 입장의 이론이다. 다시 말하면 기능주의 이론의 본질은 통합과 안정을 추구하는 정적인 면 즉 질서와 안정성을 강조하는 것이기 때문에, 사회변동 자체를 부정하는 입장이다. 왜냐하면 사회변동은 사회의 균형과 안정을 파괴하는 현상이므로 기능주의 이론의 본질과 대치되기 때문이다. 그래서 기능주의 입장에서 사회변동을 논할 때에는 사회변동에 대한 의미가 약화될 수밖에 없다.

(3) 갈등론적 변동이론

갈등이론에서는 사회의 속성을 대립과 갈등 그리고 투쟁으로 보며, 불평등을 인간사회의 필연적인 사회적 현상으로 본다. 그래서 갈등론의 입장에서 보면 어느 사회를 막론하고 사회적 불평등 현상은 존재하게 된다. 그런데 이 사회적 불평등 현상은 인간사회에서 개인간의 차별화를 야기시켜서 대립과 갈등을 유발하고, 또 이것이 심화될 경우에는 투쟁으로 진전하게 된다. 이 갈등론은 마르크스(K. Marx)에서 시작하여 다렌돌프(R. Dahrendorf)와 코저(L. A. Coser)에 의해서 체계화되었다.

갈등론의 입장에서는 인간사회에 필연적으로 존재하게 되는 이 갈등을 사회의 침체를 탈피시키고 더 나아가서 사회발전의 계기를 마련해 주는 요인으로 본다. 그래서 갈등론의 입장에서 보면 인간사회에서는 갈등을 일단은 긍정적인 측면에서 수용하게 되는 것이다. 이때에 중요한 것은 수용한 사회적 갈등을 적절하게 해결하는 것이다. 만약에 수용한 갈등을 적절하게 해결하지 못할 때에는 발전의 계기보다 오히려 사회질서를 위협하는 결과를 가져오게 되어 사회의 발전을 저해하게 된다. 그래서 모든 사회에서는 사회적 갈등을 해결하기 위한 제도적 장치 마련에 노력을 기울이고 있다.

이렇게 인간사회에서 갈등이 일어나게 되면 여기에서부터 사회변동의 계기가 마련되고, 이 사회적 갈등을 해결하는 과정에서 대립과 투쟁을 거쳐서 합의를 도출하게 되면 새로운 사회적 상황이 전개된다. 이러한 사회적 현상의 변화가 바로 갈등론적 사회변동이론에 의한 사회변동이다.

갈등이론의 관점에서는 사회변동을 사회적 갈등을 해결해 나가는 과정에서 나타나는 사회적 변화현상으로 설명한다. 갈등론자인 마르크스(K. Marx)는 사회변동을 계급투쟁이론(階級鬪爭理論)에 의해서 설명했다. 즉 사회변동은 계급간의 상호갈등이 심화되어 투쟁을 통해서 변화를 추구해 가는 과정이라고 했다. 그러나 같은 갈등론자인 다렌돌프는 마르크스의 계급투쟁이론을 수정하여 모든 사회는 지속성의 요소와 변동의 요소를 동시에 가지고 있다고 보고, 사회는 통합을 추구하는 속에 항상 사회적 갈등을 안고 있다고 했다.

다렌돌프는 사회변동을 설명하면서 사회는 통합 추구와 아울러 갈등을 동시에 소유하고 있지만 그 중에서도 통합보다는 변동에 비중을 크게 두었고, 또 합의보다는 강제에 더 큰 비중을 두었다. 그래서 그는 갈등을 해결하기 위해서는 갈등의 제도화[1]를 통해서 갈등을 수용한 후 합의에 의해서 평화적으로 갈등을 해결할 것을 주장했다.

코저는 갈등이론을 주장하면서도 갈등의 기능적 측면을 강조했다. 그는 사회에서 일어나는 갈등이 대립과 분열만을 일으키는 것이 아니라 사회의 통합에도 기여한다고 주장했다. 즉 사회에 갈등이 존재하기 때문에 사회가 변동하고, 또 이것이 발전으로 연결되는 계기가 된다고 했다. 그래서 그는 사회적 갈등에도 사회를 통합시키는 기능이 충분히 있다고 주장했다. 예를 들면 어떤 사회에서 갈등이 일어나면 대립하는

1) 갈등의 제도화 : 사회적 갈등을 제도에 의해서 수용한 후, 그 갈등을 당사자들의 합의에 의해서 평화적으로 해결하는 것

양측은 오히려 더욱 끈끈한 결속을 다지게 되며, 또 갈등이 일어나면 갈등의 원인을 찾아 문제의 해결 방안을 찾게 되면 결속이 더욱 굳어질 수 있다는 것이다.

(4) 기술결정론적 변동이론

기술결정론적 사회변동이론은 사회 변동의 요인으로서 기술의 중요성을 강조하는 입장이다. 이때의 기술결정론은 경제결정론과 같은 의미이다. 마르크스는 사회변동을 경제결정론으로 설명하면서 사회변동의 원인을 생산양식의 변화에서 찾았다. 다시 말하면 마르크스는 사회변동을 경제결정론으로 설명했다. 즉 사회의 변동은 기술의 발달에 의해서 생산기술이 발달하고, 이 생산기술의 발달이 생산양식을 변화시키는 과정에서 이루어진다는 것이다.

(5) 문화결정론적 변동이론

문화결정론은 기술결정론에 대립되는 입장으로서 베버(M. Weber)의 이론이 중심을 이루고 있다. 그래서 문화결정론적 사회변동이론에서는 베버의 문화결정론에 의해서 비물질문화 즉 정신생활이 사회변동에 중대한 영향을 미친다고 보았다. 베버는 근면과 절약을 강조하는 기독교적 윤리와 가치가 서구사회 발전의 기반이 되어서 서구사회를 산업사회로 발전시키는데 결정적인 역할을 했다고 보았다. 즉 청교도의 윤리가 자본주의 정신의 바탕을 이루어서 서구사회를 발전시킨 기반이 되었다고 본 것이다.

문화결정론의 입장에서 사회변동을 설명할 때 일본의 사회변동이 그 한 예가 된다. 일본의 발전은 일본인들이 가지고 있는 정신적 기반인 무사도정신(사무라이정신)에 의해서 이루어지는 사회변동의 결과라고 볼 수 있다.

3) 근대화

근대화(近代化, modernization)는 사회변천의 한 단계로서 다양한 내용을 함축한 광범한 사회변동의 한 예이다. 이 근대화에 의해서 인간의 생활은 많은 변화를 가져왔다. 즉 인간의 사고방식은 이 근대화의 과정을 거치면서 합리성의 증가와 아울러 개방되어 왔고, 또 인간의 생활양식은 기술의 발달에 의해서 편리성을 추구하게 되었다.

(1) 근대화의 의미

근대화(modernization)에 대한 학문적인 관심은 2차 세계대전 후에 많은 식민지들이 신생독립국으로 등장하면서 높아지기 시작했다. 근대화는 일반적으로 후진사회가 선진산업사회로 변화해 가는 과정으로 이해되고 있다. 근대화에 포함되어 있는 내용은 정치적 경제적 사회적으로 다양하다.

정치적 근대화는 봉건체제의 정치체제가 관료주의체제로 변화되어 합법성이 강조되고 통치자의 권위가 국민대중으로부터 얻어지는 과정을 말한다. 따라서 정치적 근대화는 정치적인 민주화과정을 뜻하게 되었다.

경제적 근대화는 생산방식의 기계화에 따라 대량생산이 일어나고 이것이 곧 시장생산이 이루어지는 과정으로 보았다. 특히 경제적 근대화에서는 자본주의 경제체제를 기반으로 한 자유경제체제가 확립되었다.

사회적 근대화는 사회구성원들에게 사회적 기회가 보다 평등하게 배분되고, 인간의 의식에 합리성이 증가되어 사회적 평등이 확산됨과 동시에 인간다운 삶을 보장하는 사회복지가 향상되는 과정을 말한다.

(2) 선진국 근대화와 후진국 근대화

근대화의 과정은 복합적인 사회변화를 수반하면서 진행되어 왔다. 또한 근대화의 진행과정을 보면 선진사회의 근대화 과정과 후진사회의 근대화 과정에는 차이가 있다.

선진국에서 진행되었던 근대화는 그 시작에서부터 국민이 모두가 참여하면서 진행되었다. 그래서 선진국에서의 근대화는 비교적 자연스럽게 이루어져 왔다.

이에 비해, 후진국에서의 근대화는 대체로 소수의 통치자들이 근대화라는 명분을 그들의 통치 수단에 활용하기 위해서 근대화를 추진했다. 그래서 후진국에서의 근대화 추진은 대체적으로 일부 정치엘리트들이 그들의 정치적 목적에 활용하기 위해서 추진한 인위적인 사회변화과정으로 나타났다. 특히 후진국의 경우는 국민들의 정치의식이 일반적으로 낮기 때문에 근대화를 추진하는 과정에서 응집력이 강하고 물리적인 힘을 합법적으로 사용할 수 있는 군인이 근대화 참여를 구실로 정치에 참여하는 예가 많았다. 또한 후진국의 근대화 특징은 선진국들이 장기간에 걸쳐서 이루어 놓은 근대화를 후진국에서는 정치지도자들이 그들의 목적을 단시일에 이루기 위한 방편으로 사용했기 때문에, 이 근대화를 추진하는 과정에서 국민의 생활에 불편을 주는 등 적지 않은 부작용들을 낳기도 했다.

(3) 전통과 근대화

근대화는 사회발전의 중요한 한 단계임에는 틀림이 없다. 그리고 근대화는 현대사회의 기반을 마련함과 동시에 사회를 발전시키는데 커다란 기여를 했다. 그러나 근대화에 대한 사회적 평가는 긍정적인 면만이 있는 것은 아니다.

근대화의 시작은 낙후된 사회를 발전시키는데 그 목표가 주어졌기 때문에, 근대화가 시작되던 초기에는 구성원들의 지지를 얻으면서 광범하게 추진되었다. 근대화가 추진되기 시작하던 초기에는 그 추진의 모델을 기술적인 면에서 앞서가는 서구사회의 생활상으로 잡았다. 이로 인해 근대화 추진의 초기에는 근대화가 바로 서구화라는 인식까지 가졌었다. 그러나 근대화 추진이 계속되면서 근대화의 내용에 대한 인식에 변화가 나타났다. 즉 근대화의 추진이 계속되면서 나타난 사회현실들이 본래의 추구 목표에 어긋남에 따라 근대화의 추구 방향에 대한 이의가 제기되기 시작했다. 초기의 근대화 목표가 되어 왔던 서구화가 과연 인간사회를 진정한 발전으로 이끌어 가는가에 대한 이의를 제기하게 되었다.

근대화를 추진함에 있어서 그 추진목표의 대상을 서구사회에 맞추다 보니, 서구사회의 바람직스럽지 못한 사회상까지도 추진과정에 내포되게 되었다. 그 결과 근대화의 의미가 너무나 서구의 사회 변화 현실에 초점을 맞추었다는 논란이 일기 시작했다. 다시 말하면 서구 스타일의 모든 생활양상이 근대화를 추진하고 있는 후진국들의 전통적 생활양상보다 반드시 가치 지향적일 수는 없다는 것이다. 근대화라고 규정지어 추진한 사회상황에서 개발도상국들의 국민들이 반드시 행복해졌는가에 대해서는 회의가 따르게 되었다. 왜냐하면 근대화가 진행되는 개발도상국에서 근대화의 부작용에 해당되는 정신적 퇴보 현상이 나타나고 있기 때문이다. 그래서 근대화를 추진하는 나라들이 인간의 순수성을 기반으로 한 전통적인 사고가 근대화의 과정에 병행되어야 할 필요성을 느끼게 된 것이다.

근대화의 사회변천과정을 거쳐서 오늘날의 현대화, 정보화에 있어서도 인간 사회가 더욱 발전하기 위해서는 발전을 향한 변화와 사회의 기반이 되는 전통이 공존해야한다. 변화와 전통이 공존할 때에만 진정한 사회발전이 가능한 것이다. 그래서 오늘날에는 발전을 추구하는 모든 나라들이 그 사회의 전통을 중시하면서 새로운 문물을 수용하고 개발해 나가고 있다. 진정한 사회발전은 전통을 기반으로 한 사회변동에 의해서 이루어질 수 있다.

2. 군집행동

인간은 모여서 집단을 이루면서 생활하는 본능적인 습성을 가지고 있다. 그래서 인간을 사회적인 동물이라고 했다. 이렇게 인간이 모여서 집단생활을 할 때에는 집단적인 행동이 나타나게 된다. 인간의 집단행동에는 제도화된 집단행동이 있는 반면에 또 우연적인 집단행동도 있다.

1) 군집의 의미

인간은 사회의 구성원으로서 집단을 형성하면서 살아간다. 그 집단에는 규정에 의해서 계획적으로 형성되는 집단이 있는가 하면, 때로는 계획에는 없지만 우연한 기회에 공통의 관심사가 발생하여 형성되는 집단도 있다. 우리는 전자를 제도화된 집단이라 하고, 후자를 군집(群集, collection)이라 한다.

군집이란 우연적이기는 하지만 인간이 어떠한 목적의식이나 특별한 대상에 대한 관심에 의해서 모여든 인간의 모임이다. 그런데 이 군집을 형성하는 구성원들은 일시적이기는 하지만 다양한 목적의식이나 특별한 관심을 가지고 모였기 때문에 각각의 군집들은 제각기 특성을 소유하게 된다.

[경기장에 모인 관중]

2) 군집행동

인간은 사회 속에서 살아야 만이 인간다운 삶을 추구할 수가 있다. 그래서 인간은 본능적으로 집단을 형성해서 살아가기를 원한다. 이렇게 인간은 집단을 형성해서 살아가고 있으며 또 많은 경우에 집단적으로 행동을 하게 된다. 인간이 집단생활을 하면서 행하는 집단행동을 크게 둘로 나누어 보면 제도화된 집단행동과 제도화되지 않은 집단행동이 있다. 이때에 이 제도화되지 않은 집단행동을 군집행동(群集行動, collection behaivour) 또는 집합행동(集合行動)이라고 한다.

인간의 집단행동에서 이 군집행동이 일어나는 이유는 인간의 다양한 욕구를 제도화된 집단행동으로만은 충족시킬 수가 없기 때문이다. 또한 이 군집행동은 경우에 따라서는 인간사회에 커다란 사회적 영향력을 발휘하기 때문에 사회현상을 연구하는 학문인 사회학의 중요한 연구대상이 되고 있다.

군집행동은 이러한 제도화되지 않은 인간의 모임인 군집에 의해서 일어나는 일시적인 행동이다. 그러나 이 군집행동은 비록 일시적인 행동이기는 하지만 이 행동에는 항상 어떠한 목적이 담겨져 있다. 그래서 군집행동은 제도화된 행동은 아닐지라도 목적 지향적인 행동으로서 그 군집의 목적에 따라 특성을 소유하게 되는 것이다. 예를 들면 길을 가던 사람들이 시가행진을 구경하기 위해서 모여든 사람들, 운동장에서 펼쳐지는 운동경기를 관람하기 위해서 스탠드를 가득 메운 사람들, 또 음악회를 관람하기 위해서 음악관을 가득 메운 관람객들은 모두가 군집에 해당되는 것이며 그들이 행하는 행동에는 제각기 특성들이 내포되어 있다. 이들 군집에 의해서 나타나는 군집행동은 특별한 계획이 없이 일시적으로 모여서 행하는 자발적인 행동이지만 동일한 사건을 동시에 목격함으로써 동일한 반응을 나타내고 있다.

군집행동은 비조직적이고 감성적이며 일시적이어서 결과의 예측이 불확실한 것이 그 특징이다. 이와 같이 군집행동은 일상적인 행동의 규범에 의해서 좌우되지 않고, 행동이 발생하여 진행되는 과정에서 형성된 일종의 특별규범에 의해서 행동이 진행된다. 이것이 또한 군집행동과 제도화된 행동과의 차이이다.

3) 군집행동에 관한 이론[2)]

군집행동에 관한 이론적 접근은 19세기 프랑스의 사회심리학자 르봉(Gustave Le Bon)에 의해서 시작되었다. 그의 이론에 의하면 개인이 일단 군중 속에 몰입되면 이성적이고 개별적인 생각보다는 군중심리인 집단심리(集團心理, collection mind)에 동화되어서 새로운 특성이 나타나고 이에 의해 집단행동에 참여하게 된다는 것이다. 그리고 개인이 일단 이 새롭게 형성된 특성에 의해서 집단행동에 참가하게 되면, 자신이 소유하고 있는 자기 통제력이 약화되거나 또는 소멸된다는 것이다. 그래서 군집행동에 참가한 개인은 이성을 잃고 흥분하는 경우가 생기게 된다.

---

2) 김채윤 외, 『사회학개론』(서울대출판부, 1998), pp. 282-284.

또한 심리학자인 프로이드(Sigmund Freud)는 군집행동의 이론적 배경으로 개인의 무의식을 들었다. 그는 군집행동을 개인의 무의식 속에 들어 있는 기본적인 욕구의 표현으로 보았다. 프로이드는 군집행동을 개인이 군집의 구성원이 되면 본능적 충동(id)을 억제하던 통제력(super-ego)이 소멸되어 나타나는 행동이라고 했다. 그는 말하기를 군중에 몰입된 개인들의 상호간의 결속은 무의식 속의 본능적 충동에 의한다고 했다.

상징적 상호작용론자인 블루머(Herbert Blumer)는 군집행동을 개인간의 연쇄적인 반응작용에 의해서 설명했다. 즉 사회적인 어떤 불만상황이 발생하여 개인이 군집상태에 이르게 되면 구성원들간에는 연쇄적으로 자극과 반응이 일어나서 자극이 점차적으로 더욱 강화되어서 군집행동으로 발전한다는 것이다. 블루머는 이러한 군집행동이 형성되는 과정을 순환 반작용(circular reaction)으로 설명했다. 즉 일 개인이 다른 사람으로부터 자극을 받으면, 이 자극에 반응하면서 처음의 자극을 더욱 강화시킨다는 것이다.

스멜서(Neil Smelser)는 군집행동을 설명하면서 경제학의 부가가치론(附加價値論)을 원용했다. 즉 생산에 있어서 원료가 여러 과정을 통해서 제품이 나오는 것처럼 군집행동도 여러 과정을 거쳐서 특정한 형태의 행동인 군집행동이 나타난다는 것이다. 스멜서는 군집행동의 발생 단계를 구조적인 발생요인, 사회적 불평등 상태, 공통된 견해에 의한 대응책 강구, 촉발요인 발생, 관련자들의 행동화, 그리고 사회적 통제의 여섯 단계로 정리했다.

4) 군집행동의 종류

군집행동은 인간의 비조직적인 집단행동으로서 인간의 다양한 감정을 기반으로 하고 있기 때문에, 행동의 발생 동기가 다양하고 또한 진행상황이 다양하게 나타난다. 그래서 군집행동은 다양한 발생 동기와 진행상황에 따라서 그 성격을 달리하고 있다.

(1) 일시적 군집행동

일시적 군집행동은 우연히 형성된 군집에 의해서 일어나는 집단행동이다. 예를 들면 길을 가다가 화재현장을 목격하고 모여든 사람들에 의해서 나타나는 행동이 여기에 속한다. 이때에 모여든 군집을 임시적 군중(臨時的 群衆, casual crawds)이라고도 한다. 이 임시적 군중은 우연히 접하게 된 공통의 사건 때문에 모여들게 된 예상되지 않은 사람들의 일시적인 모임이기 때문에 이들은 그 상황이 끝나면 뿔뿔이 헤어져 버린다. 그래서 이들에게는 상호간에 형성되는 일체감이 없고, 또 군집행동 자체에도 내부적인 조직이 없다.

(2) 개인 목적적 군집행동

개인 목적적 군집행동은 일정한 개인적 목적에 의해서 모여진 사람들에 의해서 일어나는 집단행동이다. 예를 들면 음악회에 모인 청중들의 행동이나, 운동장에 모인 관객들의 행동이 여기에 속한다. 이때 모인 사람들을 인습적 군중(因襲的 群衆, conventional crawds)이라고도 한다, 여기에서 말하는 인습적 군중은 위에서 말한 임시적 군중과는 달리 개인적인 목적을 소유하고 있기 때문에 인습적 군중의 행동은 임시적 군중의 행동과는 달리 자신의 목적을 달성하기 위해서 일정한 규칙에 의해서 움직이게 된다. 그러나 이 인습적 군중은 개인적인 목적에 도취되어 감정에 휩쓸리기 쉽고, 또 자기만족을 위해서는 개인적인 감정을 쉽게 표출하게 된다. 운동장의 열광적인 관객이나, 종교집회의 열광하는 신도들의 행동이 그 예이다.

(3) 규범을 벗어난 군집행동

군집행동은 발생하는 동기나 진행상황에 있어서는 다양성을 띠고 있지만, 결국에는 많은 사람들이 모여서 집단행동을 하는 것이기 때문에 감정에 휩쓸려서 이성을 잃은 행동으로 변화될 경우가 생긴다. 특히 목적 지향적인 군집행동이 감정에 치우쳐서 이성을 잃게 되면 행동이 규범을 벗어나서 극단적인 행동으로 변하게 된다. 이때의 군중을 활동적 군중(活動的 群衆, active crawds 또는 표출적 군중(表出的 群衆, express crawds)이라고도 한다.

군중이 일단 활동적 군중이 되면 행동이 극단화되고 통제가 어려워져서 그 행동이 폭동으로 변한다. 이때 폭동에 참여한 군중을 폭도(暴徒)라고 하는데, 이 경우에는 목적추구에 보다 적극적인 사람이 자연스럽게 지도자가 되어서 행동을 이끌게 된다. 폭동이 일어나게 되면 일시적이고 제한적이기는 하지만 조직화 현상이 나타난다. 이때에 나타난 조직화 현상은 폭동의 현상을 정당화로 이끌기 위해 노력하면서, 또 조직에 적극적으로 참여할 수 있는 분위기를 조성하게 된다.

3. 사회운동

인간은 본래가 가치를 지향하면서 생활하는 존재이다. 그래서 인간은 사회생활을 해 나갈 때에 자기 나름대로의 최선의 상황을 바라게 된다. 그러나 다양한 개성을 소유한 인간들이 모인 인간 사회에서는 개인들이 바라는 생활의 방향이 일치되지 않는 경우가 많다. 그래서 사회가 변동하는 과정에서 변동의 방향에 대해 의견을 같이하는 사람들이 모여서 조직적으로 가치를 증진시키거나 또는 발전을 저해하는 일에 대해서는 제재를 가하게 된다. 여기에서 사회운동이 발생하게 된다.

1) 사회운동의 의미

사회운동(社會運動, social movement)은 사회변동을 추구하거나 또는 저지하려는 집합적인 행동으로서, 의도적이고 조직적이며, 지속성을 소유하고 있다. 다시 말하면 사회운동은 새로운 삶의 질서를 추구하려는 조직화된 지속적 집합행동이다. 이 사회운동이 발생할 때에는 일반적으로 현실에 대한 불만과 장래에 대한 기대가 가장 큰 요인으로 작용하게 된다. 그러나 이 사회운동은 대개가 그 시작에 있어서는 조직이 미약하고 지속성도 보장할 수가 없는 상황에서 시작하는 것이 일반적인 예이다. 그러나 운동이 진행되는 과정에서 일반의 호응을 받게 되면 조직이 확대되어지고 운동자체도 계속성을 띠게 된다.

사회운동은 사회변동을 추구하는 집합행동이기 때문에 기득권층의 저항을 받게 된다. 그러나 운동이 진행되는 과정에서 일반의 지지를 받게 되면 운동의 목표를 달성하게 되어 사회발전에 기여하게 된다. 즉 사회운동이 성과를 거두게 되면 결과적으로는 사회조직의 변화를 가져와서 사회를 변화 발전시키게 된다.

이 사회운동은 단순한 개인들의 집합행동과는 다르다. 단순 집합행동은 익명적이고, 개인에게는 책임의식이 없으며, 또 일반적으로 즉흥적인 동조성에 의해서 일어나는 행동임에 비해, 사회운동은 구체적인 목표를 가지고 사회변화를 추진, 또는 저지시키기 위해서 여러 가지의 방법들을 동원하는 집합행동이다. 사회운동을 추진함에 있어서는 집회(集會), 시위(示威), 선전(宣傳), 청원(請願), 소송(訴訟) 등 다양한 방법들을 조직적으로 활용하여 목적달성을 위해 노력한다.

2) 사회운동의 특성

사회운동은 군집행동의 한 종류이기는 하지만, 동기에서부터 의도적이고 조직적으로 시작되기 때문에 단순집합행동과는 구별되는 특성을 가지고 있다. 또한 사회운동에 참여하는 사람들도 사회운동의 취지나 목적에 대해서 특별한 심리적 상태가 작용하여 이에 동의할 때에는 쉽게 사회운동에 참여하게 된다.

사회운동이 단순집합행동과 구별되는 특성과 사회운동에 참여하는 사람들의 심리적 상태를 분석해 보면 다음과 같다.

(1) 단순집합행동과 구별되는 특성

사회운동이 단순 집합행동과 구별되는 특성을 요약해 보면 다음과 같다.

첫째, 사회운동은 이념을 토대로 한 합목적적인 집단행동이다.

둘째, 사회운동은 이념과 목적이 뚜렷하기 때문에 조직적인 전략을 가지고 있다.

셋째, 사회운동은 시간과 공간의 제약에서 벗어나 지속성과 확산성을 소유하고 있다.

넷째, 사회운동은 궁극적으로는 대중적 성격을 띄게 된다.

(2) 사회운동 참여자의 심리상태 분석

사회운동에 참여하는 사람들의 심리상태를 분석해 보면 다음과 같다.

첫째, 기대좌절감(期待挫折感)이다. 이는 삶의 번영에 대한 기대는 상승하는데 현실이 이에 따라주지 못할 때에 나타나는 심리적 좌절 상태이다. 이러한 현상은 보통 사회가 번영을 계속하다가 갑자기 사회적 침체가 나타날 때에 일어난다. 왜냐하면 인간의 심리상태는 번영의 상황에는 쉽게 적응할 수 있지만, 퇴보되는 상황에 적응하기는 쉽지 않기 때문에 번영의 상태를 유지하고 싶은 욕망에서 사회운동에 참여하게 된다.

둘째, 상대적 박탈감(相對的 剝奪感)이다. 사람은 누구나 번영을 누리면서 살고 싶어한다. 그러나 현실에서는 개인간에 또는 집단간에는 여러 가지 여건의 차이가 있다 즉 선천적인 능력의 차이와 후천적인 환경의 차이가 있어서 성취결과와 욕구의 만족에 차이가 생기게 된다. 그래서 자신의 성취수준과 욕구만족이 상대적으로 떨어진다고 생각되면 상대적인 박탈감을 느끼게 되어 사회운동에 참여하게 된다.

3) 사회운동의 종류

사회운동의 종류는 그 운동의 내용에 따라 여러 가지로 구분된다. 예를 들면 운동의 내용이 정치적 성격을 띠고 있으면 정치운동이 되고, 종교적 성격을 띠고 있으면 종교운동이 된다. 특히 삶의 질 향상에 관한 운동이면 일상적으로 지칭하는 사회운동이 된다. 사회운동에는 노동운동, 소비자보호운동, 환경보호운동 등 여러 가지의 생활 향상 운동이 있다.

사회운동의 내용은 변동을 추구하는 이념과 운동이 지향하는 목표에 따라서 형성된다. 사회운동의 종류를 이념과 목표에 따라 분류해 보면 다음과 같다.

(1) 이념에 따른 분류

사회운동의 종류를 변동을 추구하는 이념에 따라 분류해 보면 다음과 같다.

첫째는 복고주의(復古主義) 운동이다. 이를 흔히 반동주의(反動主義)[3] 운동이라고도 한다. 이 운동은 일반적으로 이념을 같이하는 소수집단이 주도하여 역사의 조류에 역행하여 전통을 지키기 위해서 추진하는 운동이다. 이 운동은 보통 문화의 근원이 소멸되어 가는 시기에 문화의 뿌리를 찾기 위해서 나타난다. 그래서 이 운동은 사회가 급변하는 시기에 사회적, 문화적 정체성이 위기에 처하거나 소멸되면 그 정체성을 보존하기 위해서 많은 사람들이 이 운동에 호응하게 된다.

둘째는 보수주의(保守主義) 운동이다. 이 운동은 자신들의 현재의 위치를 고수하기 위해서 이미 진행되고 있는 사회적 변화에 저항하는 운동이다. 이 운동에 참여하는 사람들은 대개가 기존의 사회제도에 의

3) 반동주의(反動主義, reactionism) ; 역사의 조류에 역행하여 진보적인 사회사상을 폭력적으로 반대하려는 과격한 보수주의.

해서 안정된 위치를 확보하고 생활의 안정을 누리고 있는 층의 사람들이다. 이들은 일반적으로 이미 획득한 사회적 지위와 기득권을 고수하기 위해서 사회적 변화를 원하지 않는다.

셋째는 개혁주의(改革主義) 운동이다. 이 운동은 기존의 사회체제가 사회발전에 도움이 되지 못한다고 판단될 때에 개선방안을 찾으려는 운동이다. 이 운동의 목표는 전체적인 사회적 경제적 구조는 파괴하지 않으면서 기존의 질서에 변화를 가져오게 하려는 것이다. 즉 이 운동은 기존의 사회체제가 사회구성원들에게 만족을 주지 못할 때에 보다 나은 사회를 추구하기 위해서 새로운 발전방안을 찾으려는 노력의 일환으로 일어나는 것이다.

넷째는 급진적(急進的) 운동이다. 이 운동은 보통 혁명(革命)이라는 말로 대치되기도 한다. 혁명이란 기존의 사회체제를 완전히 부정하고 새로운 가치체계에 의거해서 현재의 사회구조 전체를 근본적으로 바꾸려는 극단적인 사회운동이다. 이 운동은 그 진행에 있어서 일반적으로 물리적 힘이 개입되어 강제적인 통제현상이 나타나게 된다. 이 운동은 성공을 하게 되면 새로운 사회체제가 성립되지만, 실패의 경우에는 운동을 주도한 이념 자체가 지하로 숨어들게 된다.

(2) 지향하는 목표에 따른 분류

사회운동을 그 운동이 지향하는 목표에 따라서 분류해 보면 다음과 같다.

첫째는 가치지향적(價値志向的) 운동이다. 이 운동은 사회현실에서 잘못된 점을 바로잡기 위해서 확고한 믿음을 가지고 추진해 나가는 사회운동이다. 이 운동에서는 기존의 특정한 사회제도나 규범을 고치기 위해서 합리적인 수단과 방법을 강구하게 된다. 가치 지향적 사회운동의 예로는 민권운동, 노예해방운동 등이 여기에 속한다.

둘째는 권력지향적(權力志向的) 운동이다. 이 운동은 대개가 권력을 잡기 위한 소수집단에 의해서 행해진다. 그래서 이 운동은 일반적으로 기회주의적 성격이 강한 사람들이 주축을 이루고 있으며, 운동의 추진 방법도 강제적인 힘이 수반되는 경우가 많다. 그리고 이 운동은 일단 성공을 하게 되면 국민들에게 자기들의 주장을 정당화시키기 위해 모든 방법을 동원하게 된다. 혁명이 이 운동의 대표적인 예이다.

셋째는 참여지향적(參與志向的) 운동이다. 이 운동은 운동의 목적이 운동에 참여하는 그 자체에 있다. 그래서 이 운동에 참여하는 사람들은 운동에 참여함에 의해서 희열과 만족을 얻으려고 한다. 이 운동에 참여하는 사람들은 일반적으로 기존 사회질서에 대해서 불만이 있지만, 고칠 힘이 없다는 소외감 때문에 이 운동에 참여하게 된다. 이 운동의 한 예로서는 독재정치 체제 아래서 반독재 시위행렬에 참가하여 개인적인 희열과 만족을 얻는 것이다.

3) 사회운동의 단계

사회운동은 운동이 발생하여 형성되고 또 발전하는 과정에서 일반적으로 공통적인 단계를 거쳐서 전개된다. 그러나 이 사회운동은 일단 시작이 되었어도 그 성격이나 내용이 사회로부터 인정을 받지 못하면 참여하는 사람들이 이탈하고, 또 사회적인 통제를 받게 되어 사라져 버리게 된다.

사회운동이 진행되는 과정을 보면 대체로 다음과 같은 단계를 거치게 된다.

첫 번째는 초기 단계(初期段階, preliminary stage)이다. 이 초기단계는 사회운동의 시작단계로서 이 단계에서의 구성원들의 심리상태는 사회적으로 형성되고 있는 어떤 쟁점이나 불만에 대해서 의견의 일치가 되어 있지 않은 상태이다. 즉 어떠한 사회적 이슈(issue)에 대해서 정리가 안 되어 있고 또 방향에 대한 초점이 잡혀 있지 않은 상태이다. 이 단계에서는 운동에 대한 적극성이 부족하고, 또 운동을 추진하기 위한 노력도 구체화되지 않아서 운동에 대한 불만이나 갈등이 산발적으로 나타나는 단계이다.

두 번째는 대중화 단계(大衆化段階, popular stage)이다. 사회운동이 이 대중화 단계에 이르게 되면 이슈(issue)에 대한 성원들의 불만이 확산되어 상당수의 사람들이 동일한 불만의 상태에 있다는 것이 객관적으로 인지되는 단계로서, 사회운동을 이끌어 갈 지도자가 나타나게 된다. 일단 지도자가 나타나면 이 지도자는 주민들에게 자신이 이끌어 갈 사회운동에 대한 확고한 의식을 심어 주기 위해서 노력한다.

세 번째는 체계화 단계(體系化 段階, formal stage)이다. 사회운동이 이 단계에 이르게 되면 사회운동의 이념이나 신념, 그리고 목표가 뚜렷하게 정립되어서 운동에 참여한 사람들의 지위와 역할이 정해지고 운동을 추진하는 집단이 위계질서를 가진 조직체로 발전하게 된다. 이 시기에는 운동의 취지에 동조해서 운동에 참여한 구성원들이 적극성을 띠면서 운동에 참여하게 되고, 또 지도자는 효과적인 전략을 수립하여 사회운동이 본궤도에 오르게 된다.

마지막으로 네 번째는 제도화 단계(制度化段階, institutional stage)이다. 이 단계는 사회운동이 제도적 단계에 접어든 시기이다. 그래서 사회운동이 이 단계에 접어들면 그 사회운동은 어느 정도 성공한 운동으로서, 사회운동이 사회제도로서 자리를 잡아가게 된다. 이 단계에서는 사회운동의 목표가 사회의 규범으로 정착되어 기존체제의 일부가 된 상태이다.

사회운동은 일반적으로 위에서 든 네 단계를 거치면서 전개되지만, 그러나 경우에 따라서는 초기에 소멸하는 수도 있고, 또는 진전되는 과정에서 운동의 성격이 변화되어 운동의 결과가 처음에 정한 목표와는 달리 다른 결과를 가져오는 수도 있다.

4) 혁명

혁명은 위에서 언급한 바와 같이 급진적인 사회운동의 대표적인 예로서, 사회의 기존 질서를 완전히 부정하면서 새로운 사회질서를 추구하는 운동이다.

(1) 혁명의 의미[4)]

혁명(革命, revolution)은 사회운동이 가장 극단적으로 나타난 것이다. 즉 혁명은 사회내부에서 기존체제에 반대하는 극단적인 세력이 기존체제를 부정하고 새로운 지배체제로 교체하려는 과정이다. 혁명은 기존의 체제를 부정하기 때문에 타협의 여지가 희박하다. 그래서 목적달성을 위해서는 극단의 수단까지 동원하기 때문에 일반적으로 물리적 힘을 동원하게 된다. 즉 혁명의 결과는 힘의 논리에 의해서 결정되게 된다.

혁명의 과정은 기존 체제의 입장에서 보면 체제의 기반을 뒤엎는 반역의 행위이다. 그러므로 혁명이 실패하게 되면 대역죄를 범한 결과가 되어 처벌을 받는다. 그러나 혁명이 성공만 하게 되면 반대세력을 무력화시킨 상태가 되기 때문에 힘의 논리에 의해서 사회적으로 정당성을 인정받게 된다. 이러한 사실은 여러 경우의 역사적인 사실에서 입증되고 있다.

(2) 혁명의 이론적 근거[5)]

혁명은 그 발생에 있어서 여러 가지의 이론적 근거를 가지고 있다. 혁명의 이론적 근거를 학자에 따라서 분류해 보면 다음과 같다.

---

4) 김영모 외, 『현대사회학』(한복련출판사, 1990), pp. 314-316.
5) 김채윤 외, 앞의 책, pp. 291-292.

① 마르크스와 엥겔스의 혁명이론

마르크스(K. Marx)와 엥겔스(F. Engels)의 혁명이론은 혁명이론의 고전적인 견해로 분류하고 있다. 마르크스와 엥겔스의 혁명이론에 의하면 혁명은 자본주의 사회에서 자본가가 노동자를 착취함에 따라서 노동자들의 저항에 의해서 일어난다고 했다.

② 토크빌의 혁명이론

혁명이론의 고전적 견해에는 마르크스와 엥겔스의 이론 외에도 프랑스의 토크빌(Alexis de Tocqueville)의 이론이 있다. 토크빌의 이론에 의하면 혁명은 빈곤이 극심할 때보다 경기의 호황 속에서도 계급간의 불균형이 나타나게 되는데 이 불균형이 심화될 때에 혁명이 일어난다고 했다.

③ 데이비스의 혁명이론

데이비스(James C, Davies)는 혁명이론을 전개하면서 혁명의 발생원인을 고전적 혁명이론과는 달리 개인의 심리적 갈등에서 찾았다. 즉 고전적 혁명이론이 혁명 발생요인으로 계급간의 갈등을 강조한데 비해 데이비스의 혁명이론에서는 개인의 심리적 갈등을 혁명발생의 중요 요인으로 강조했다. 데이비스의 이론에 의하면 혁명은 인간이 기대하는 생활과 현재 전개되는 현실이 일치하지 않을 때, 즉 현재에 진행되는 생활의 상태가 본인이 기대하고 있는 생활기준에 미치지 못할 때에 일어난다는 것이다. 조금 더 구체적으로 말하면 사회적 경제적 상황이 오랫동안 호황으로 계속되어 생활수준이 상승되어 오다가 갑작스럽게 불황이 닥치면 기대하는 욕구 만족도와 실제에 충족되는 욕구 만족도에 차이가 생겨서 좌절감을 맛보게 되는데, 이 좌절감이 증가하게 되면 이것이 혁명의 요인으로 연결된다는 것이다.

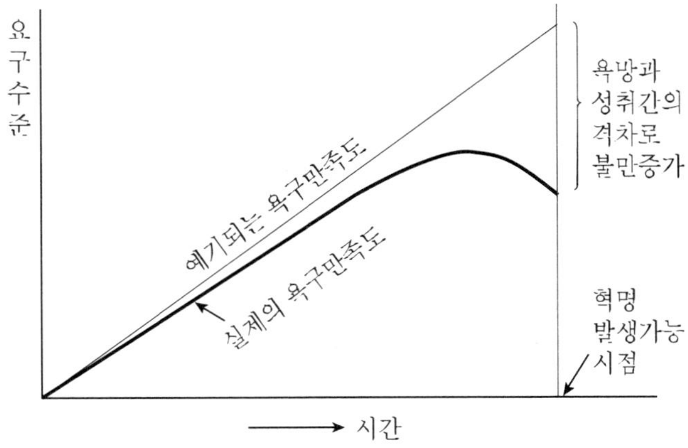

[기대수준의 상승과 실제만족의 하강 표시도][6)]

※욕구기대수준과 실제만족도의 차이가 커질수록 혁명발생 가능성이 높아짐

5) 사회운동과 사회발전

사회운동(社會運動)은 사회를 변화시키려는 집단행위로서 사회변동(社會變動)의 한 과정이기 때문에, 운동이 성공하면 그 결과는 사회발전(社會發展)과 연결된다. 그래서 사회운동과 사회발전은 밀접한 관련성을 가지고 있다. 또한 사회운동은 사회구성원들의 사회적 갈등의 표출이며, 이 갈등을 제도화하는 과정이기도 하다.

사회운동은 운동이 진행되는 과정에서 경우에 따라서는 사회적인 혼란을 야기할 수도 있고, 또한 그 정도가 심할 때에는 국론을 분열시킬 수 있는 우려를 낳기도 한다. 그러나 이 사회운동은 언제나 사회구성원들의 지지가 있어야만 진전될 수 있고, 또 성공할 수 있기 때문에, 결국 사회운동은 사회적 통제 속에서 진행된다고 보아야 한다. 다시 말하면 혁명을 제외한 모든 사회운동들은 사회적 규범의 테두리 안에서 진행된다. 이렇게 사회운동이 사회규범 안에서 진행되게 되면

6) 김채윤 외, 『사회학개론』(서울대학교 출판부, 1995), p. 292.

그 방향은 대부분 가치 지향적으로 진전되어 사회발전과 연결되게 된다. 또한 극단적인 사회운동인 혁명의 경우도 그것이 성공을 하게 되면 그 다음 단계는 국민들의 지지를 얻어야 하기 때문에 사회규범 속으로 진입하게 된다. 즉 혁명도 궁극적으로는 국민들의 지지를 얻어야 완전한 성공을 거둘 수 있기 때문에 사회규범을 무시할 수 없게 된다. 이렇게 보면 혁명을 포함한 모든 사회운동은 결국에는 사회의 통제 속으로 수렴되어서, 운동의 결과에 따라서 사회발전에 기여하게 된다는 것이다.

6) 여론

여론은 자유민주사회에 있어서 구성원들의 의견을 수렴하여 정책결정에 반영하는 민주사회운영의 핵심적인 장치이다.

(1) 여론의 의미

여론(輿論, opinion)은 사회구성원들의 공통된 의견이 집약된 것으로 사회적 성격을 띠고 있다. 특히 자유민주주의 사회에서는 이 여론이 국가의 정책결정에 결정적인 영향력을 행사하기도 한다. 현대사회에서는 매스커뮤니케이션의 영향력이 그 어느 때보다도 크게 나타나고 있기 때문에 이 여론이 매스커뮤니케이션을 통해서 짧은 시간 내에 많은 사람들에게 전파되어 그 위력을 발휘하고 있다.

여론은 사회구성원들의 의견이 집약된 것이기 때문에 군집행동이나 사회운동이 일어날 때에 그 기반을 형성해 주는 경우가 많다. 그래서 특히 현대사회에서는 여론의 지지를 받지 못하는 군집행동이나 사회운동은 성공할 수가 없다. 그러나 이 여론이 그 형성과정이 올바르지 못할 때에는 구성원들의 참뜻을 제대로 집약할 수가 없어서 근거 없는 소문으로 전락될 때가 있다. 이런 경우와 같이 구성원들의 의견이 잘못 집약되어 전파되는 것을 유언비어(流言蜚語)라고 부른다. 이 유언

비어는 근거 없는 소문이 되어 과장되면서 급속도로 퍼져나가는 것이 그 특징이다.

(2) 여론조작(輿論造作)과 선전(宣傳)

여론은 원래가 자연적으로 형성되는 것이 일반적인 예이다. 그러나 경직된 사회구조를 가진 사회에서는 어떤 때에는 구성원들 간에 의사소통이 원활하지 못하여 인위적으로 여론을 조작하는 경우가 생긴다. 이렇게 인위적으로 조작된 여론은 구성원들의 진정한 의견의 집약이 아니기 때문에 특정한 목적을 달성하기 위해서 악용되는 경우가 일반적이다.

여론의 조작은 보통 정보의 흐름이 제한된 상황에서 선전으로 활용하기 위해 만들어내기 때문에, 이것을 활용하여 원래의 조작 목적을 달성해 내기도 한다. 여론의 조작과 조작된 여론의 선전은 보통 후진국의 통치자들이 자주 사용하는 국가통치 방법의 일환이기도 하다. 그러나 사회가 안정되지 못해서 질서가 혼란한 사회에서는 이 여론의 조작과 선전이 어지러운 사회질서를 바로잡는 데 도움을 주어서 국가발전에 기여하기도 한다.

4. 사회발전

인간은 원래가 미래지향성을 소유하고 있는 존재이다. 그래서 인간은 언제나 안정을 희구하면서 다른 한편으로는 변화를 추구하고 있다. 이로 인해 인간사회에서는 사회변동이 일어나고 또 인간은 이 사회변동의 결과를 발전으로 연결시키기 위해 노력하고 있다.

1) 사회발전의 의미

사회가 발전되었다는 것은 사회변동의 결과가 가치 지향적으로 변화되었다는 뜻이다. 사회발전(社會發展, social development)의 사회학적 의미는 사회의 변동결과로 사회구성원들의 권리가 보장되고, 삶의 질이 향상되어 생활이 향상되는 과정을 말한다. 사회발전과 사회변동(社會變動, social change)의 차이를 들어 보면 다음과 같다.

사회변동은 단순히 사회변화 그 자체에 중점을 두면서 가치중립적인 입장에서 진행되지만, 이에 비해 사회발전은 사회의 변화가 가치지향적으로 진행되어 삶의 질을 향상시키는 것이다.

사회발전이 사회구성원들의 권리를 보장한다고 할 때에 이 때의 권리는 인간다운 삶을 살 수 있는 권리 즉 생활권에 해당된다. 생활권의 내용에는 인간의 가치를 보장하는 인격권, 인간다운 생활을 보장하는 사회권, 그리고 사회참여를 핵심으로 하는 참정권 등이 포함된다.

2) 근대화와 사회발전

사회발전을 설명할 때에 우리는 근대화(近代化, modernization)라는 말을 자주 인용하고 있다. 우리는 이 근대화라는 말의 의미를 일반적으로 사회가 선진산업사회의 형태로 변화되어 가는 과정으로 이해하고 있다. 그러나 이 근대화의 의미에 대해서는 앞의 사회변동 부분에서 이미 살펴보았지만, 여기에서는 사회발전과 관련해서 좀더 구체적으로 설명해 보기로 하겠다.

근대화는 정치적인 측면에서 보면 민주화과정에 의해서 국민의 자유와 권리가 보장되는 과정을 의미하고, 경제적 측면에서 보면 산업사회의 발전에 의해서 국민의 생활이 물질생활을 중심으로 향상되어지는 과정을 의미하며, 또 사회적인 측면에서는 사회적 기회가 평등하게 분배되고 국민의 복지향상이 이루어지는 과정을 의미한다.

이와 같이 근대화는 분명히 사회발전에 기여한 것만은 틀림이 없다. 그러나 근대화도 사회변동의 한 과정이기 때문에 근대화 추진의 사회변동 과정에서 부작용에 의한 문제점들도 발생했다. 근대화 과정에서 발생한 문제점들은 대부분 근대화의 과정에서 변화와 전통(傳統)이 충돌하여 발생한 문제들이다. 왜냐하면 근대화는 기존의 것을 변화시키려는 사회변동의 과정이기 때문에 근본을 고수하려는 전통적인 사고와 충돌할 수밖에 없다. 그 대표적인 예를 우리나라의 경우에서 찾아보면 서구의 개방적 가치관에 의한 독립적인 생활방식과 동양의 유교적인 가치관에 의한 자식의 부모 봉양의 생활방식이 충돌하여 사회적 문제를 야기시키고 있는 것을 그 한 예로 들 수 있다.

그러나 전통과 근대화를 발전적인 측면에서 보면 서로가 양극의 현상이 아니라 상호보완의 관계에 있다고 보아야 한다. 왜냐하면 근대화가 결실을 얻기 위해서는 사회의 전통적 기반이 사회질서를 유지해줄 때에 근대화의 결실이 알차게 얻어질 수가 있기 때문이다. 이와 같이 사회의 전통적인 기반은 근대화의 추진에 도움을 주고 있는 것이다. 즉 전통과 근대화는 상반된 관계가 아니라 서로 보완적인 관계에서 보완적 역할을 수행하면서 사회발전에 기여한다.

근대화는 그 시작이 서구사회를 중심으로 해서 일어났고, 또 진행과정에서도 주로 서구사회의 생활양식에 큰 변화를 주었기 때문에, 근대화가 시작된 초기에는 근대화를 서구화(西歐化, westernization)로 인식하기도 했다. 그러나 근대화가 동서양에 확대되어 추진되면서 근대화의 의미에 대한 논란이 일어났다. 즉 서구사회 지향의 사회적 변화가 모두 가치 지향적일 수 있느냐는 것이었다. 이에 따라 서구화를 지향하던 발전의미의 개념에도 의문을 제기하게 되었다. 즉 서구화가 인간의 물질적 생활의 측면에서는 많은 향상을 가져왔지만 정신적 측면에서는 인간의 존엄성과 가치를 훼손하는 경우가 발생했기 때문이다.

3) 사회발전 이론

사회가 발전하기 위해서는 그 바탕을 이론적인 기반이 자리를 잡아 주어야 한다. 사회발전 이론에 대해서 살펴보면 다음과 같다.

(1) 역사변천 이론

역사변천이론은 사회의 발전을 역사적인 측면에서 분석해 보는 이론이다. 이 이론에 의하면 사회의 발전은 여러 가지의 역사적인 경로를 거쳐서 이루어진다는 것이다. 사회를 발전시킨 역사적인 경로들에는, 정치적 발전을 가져온 역사적인 경로로서는 프랑스 대혁명이나 미국의 시민혁명 등을 들 수 있고, 경제적 발전을 가져온 역사적 경로의 대표적인 예로써는 산업혁명을 들 수 있다.

(2) 수렴(收斂)이론

수렴이론에 의해서 사회발전을 설명해 보면 다음과 같다.

사회의 여러 부분들은 항상 변화를 거듭하고 있으며, 그 변화들은 언제나 일정한 방향으로 집약되기 때문에, 사회는 언제나 이를 통합하고 수용할 수 있는 하나의 새로운 체제를 필요로 하게 된다는 것이다. 이렇게 사회변화들의 수렴에 의해서 하나의 새로운 체제가 나타나는 것을 수렴이론에서는 사회발전이 이루어지는 것으로 본다. 예를 들면 산업화과정에서는 기술의 발달과 인간의 의식 변화가 산업화라는 방향으로 집약되면서 산업사회의 발전이라는 사회 발전을 가져오게 되었다는 것이다.

사회의 발전이란 인간이 인간답게 살 수 있는 사회적 조건을 구비해 가는 것이기 때문에 이를 수렴이론에 의해서 보면 물질적인 변화와 정신적인 변화의 모든 방향은 궁극적으로 인간의 가치증진에 집약되어 인간다운 삶을 증진시킨다는 것이다.

4) 종속이론

제2차 세계대전이 끝난 후에 많은 식민지들이 신생국으로 독립하게 되었다. 이때에 독립을 얻은 신생국들은 그들이 갈망하던 정치적인 독립은 달성했지만, 그러나 그들에게는 이 정치적 독립을 지탱해 줄 수 있는 경제적인 발전이 무엇보다도 중요한 관심사로 대두되었다. 이에 따라 학계에서도 후진국 집단으로 형성되어진 신생 독립국들의 경제개발의 연구가 중요한 관심거리로 대두되었다. 그러던 중에 특히 60년대 중반 이후에 학계에서는 그 당시 침체를 계속하고 있던 남미지역의 상황을 연구하는 학자들에 의해서 종속이론(從屬理論, dependancy theory)이 제기되었다.

종속이론의 의미는 어느 한 나라의 국민경제가 그 나라와 관계를 맺고 있는 국가의 경제발전 및 경제팽창에 의해 규정지어진다는 이론이다. 즉 선진국과 저개발국간에 중심부(中心部)와 위성(衛星)(metropolis and satellite)의 구조가 형성되어, 선진국인 중심부가 후진국인 위성국으로부터 경제적 잉여를 빨아들여 위성국의 발전은 항상 제한된다는 것이다. 그래서 위성국인 후진국은 선진국의 종속상태에 빠져들어서 계속적으로 후진국상태로 남아서 착취의 대상이 된다는 것이다.

종속이론에 의하면 국민들에게 주인의식이 결여되면 이기주의적 사고가 팽배되어 국가발전을 위해 축적되어야 할 잉여가치가 개별적인 이기주의에 의해서 선진국으로 빠져나가 버려 경제적으로 선진국에 종속되고, 위성국은 계속 후진국 상태로 남아 있게 된다는 것이다. 그러므로 국가가 발전하기 위해서는 전체 국민들이 생산활동에 열중함과 동시에 국가발전을 위한 철저한 공동체의식을 가져야 한다는 것이다.

그러나 이 종속이론의 논리에 대해서는 그 타당성에 대한 논란이 제기되었다. 즉 이 종속이론은 남미지역이라는 제한된 특정 지역의 상황에 초점을 맞추어서 정립한 이론이기 때문에 다른 지역의 국가들에게는 적용하기가 어려운 경우가 생길 수 있다는 것이다.

5) 사회발전과 인간가치

사회가 발전함에 따라 인간의 생활은 더욱 편리해져 왔다. 그러나 인간이 편리함을 추구하면 할수록 인간의 가치기준에는 혼란이 발생하기 시작했다.

미국의 사회학자 벨(Daniel Bell)은 고도의 공업사회를 후기공업사회라고 지칭하면서 변화되는 사회의 특성을 지적했다. 즉 제품생산에 주력하던 산업구조가 서비스업을 중심으로 하는 3차산업 위주로 바뀌면서 사회생활에서 인간관계의 중요성이 부상되었다는 것이다. 또 직업의 분포에 있어서는 전문직 종사자의 비율이 증대되면서 기계의 테크놀러지(technology)보다 지적 테크놀러지가 혁신의 근원을 이루면서 지식과 정보가 사회의 근간을 이루는 정보사회를 열어가고 있다는 것이다.

벨(Bell)이 후기공업사회를 이야기하면서 도래를 주장한 정보사회는 주요 인간활동이 정보 및 통신기술이 제공하는 서비스의 지원을 받아 이루어진다고 했다. 그런데 오늘날 진행되고 있는 정보사회는 이미 초고속 통신망에 의해서 국경의 의미가 약화되고 있으며 지구상의 국가들이 하나의 공동체가 되는 지구촌사회가 형성되어지고 있다. 정보사회에서는 공간과 시간의 개념이 단축되어 지역적 폐쇄성이 붕괴되고 있으며, 이에 따라 인간의 생활이 신속하면서도 광범위하게 전개되어지고 있다.

오늘날 정보사회에서 나타나고 있는 가장 큰 문제점은 전자매체를 통한 가상공간 속에서의 인간관계가 늘어남에 따라서 제기되는 인간의 가치 저하이다. 이것이 바로 오늘날 우리가 추구하고 있는 사회발전 과정에서 우리 인간이 경계하면서 대책마련에 계속적인 노력을 해야 할 부분이다.

5. 우리의 미래

우리는 지금 정보사회에 살면서 세계화시대를 열어가고 있다. 정보사회는 시간과 공간의 개념을 극소화시키면서 인간의 생활에 예상을 뛰어넘는 변화를 초래하고 있다.

정보사회의 무한경쟁시대에 접어든 오늘의 우리에게는 언제 어떠한 변화가 우리의 앞에 나타날지 모른다. 그래서 우리는 앞으로 닥쳐올 어떠한 변화에도 대처할 수 있는 힘을 길러야 한다.

1) 인류의 미래

인류는 발전의 염원을 가지고 변천을 거듭하면서 오늘에 이르렀다. 특히 산업혁명이라는 커다란 분수령은 우리 인간의 생활을 획기적으로 변화시켜서 근대화 추진의 기틀을 마련했다. 근대화를 거치면서 우리는 물질적으로 정신적으로 많은 변화를 겪어야만 했다. 생산방법의 기계화로 나타난 대량생산은 인간에게 물질적인 풍요를 안겨 주었고, 정신적인 면에서는 물질위주의 사고를 형성시켰다.

인간의 생활향상은 인간이 축력(畜力)을 사용하면서 진일보했다가 다시 산업혁명에 의해서 획기적인 발전을 가져왔다. 즉 제1의 물결인 농경사회(農耕社會)를 거치고, 제2의 물결인 산업사회(產業社會)를 거쳐, 이제는 제3의 물결인 정보사회(情報社會)에 들어와 있다.

인간의 끝없는 욕망은 인간사회의 변동을 계속적으로 이끌어가고 있다. 물질적 풍요에 의해서 소외당하고 있는 인간의 가치를 회복하기 위해 복지사회를 추구하고 있으며, 또 정보통신의 급속한 발전에 의해서 정보사회가 진행되고 있다. 정보사회는 우리 인간의 생활을 3차원의 공간인 가상공간으로 이끌어 가고 있다. 우리는 머지않아 제4의 물결을 예견하면서 이에 대비해야 할 것이다. 우리는 제 4 의 물결의 방향이 인간의 본연의 자리로 향하도록 노력해야 할 것이다.

2) 미래사회 대비

인류의 미래는 어디까지나 예상이다. 그러나 지금까지의 인류의 변천사를 고찰해 보면 어느 정도는 예측이 가능하기도 하다. 위에서 살펴본 바와 같이 인류의 미래는 우선 제 3 의 물결이 전개되고 있는 정보사회에서 제4의 물결이 전개될 사회이다. 오늘의 정보사회는 정보화가 진행되면 될수록 인간의 삶은 가상공간인 사이버 공간 속으로 빨려 들어갈 것이 분명하다.

우리는 일단 이 사이버 공간 속에서 펼쳐지는 인간의 생활을 이성(理性)에 의해서 영위해나갈 수 있는 힘과 마음의 자세를 갖추어야 한다.

미래사회의 대비를 위해서 특별히 명심해야 할 사항들을 들어 보면 다음과 같다.

첫째, 정보사회를 정확히 이해해야 한다. 정보사회는 인간에게 무한한 가능성을 제공해 주지만 반면에 인간소외라는 엄청난 부작용의 소지를 안고 있는 것이다.

둘째, 정보사회의 현실을 소화해 낼 수 있는 충분한 능력을 길러야 한다. 일단은 우리가 정보사회에 들어와 있기 때문에 정보사회의 현실을 외면하고는 생활해 갈 수가 없다.

셋째, 정보사회의 한계를 인식하고 다음 단계의 사회를 예상해 보아야 한다. 정보사회도 사회변천과정의 한 단계이기 때문에 언젠가는 다른 단계의 사회에 자리를 내어줄 것이다.

넷째, 인간이 주인의 자리를 지킬 수 있는 방안을 계속적으로 연구해야 한다. 어느 형태의 사회에서도 인간이 주인의 자리를 잃게 되면 그 사회는 존재의 의미를 잃게 된다.

3) 미래 대비를 위한 우리의 각오

우리는 지금 정치적으로, 경제적으로, 그리고 사회적으로 해결해야 할 많은 과제를 안고 있다. 우리의 발전을 가로막는 문제들이 언제 어디에서 우리들 앞에 불쑥 나타날지 모른다. 우리는 항상 이러한 예견되는 상황에 대처할 수 있는 힘을 가지고 있어야 한다. 우리 민족은 언제나 어려운 일이 생기면 슬기와 저력으로 그 어려움을 극복해 왔다. 그러므로 우리는 항상 용기와 신념을 가지고 우리의 저력을 개발해 나가는 데 전력을 기울여야 할 것이다.

오늘의 우리 사회는 고도공업화와 아울러 정보화가 사회의 근간을 이루고 있다. 이러한 사회적 상황에 의해 인구의 도시유입이 더욱 증가되어 농업의 기반이 흔들리고 있으며, 사회적 불균형 현상이 심화되고 있다.

미풍양속을 근본으로 하는 우리의 전통적인 생활이 고속전자통신매체에 의해서 사이버 공간으로 이동되면서 그 기반이 흔들리고 있다. 인간관계는 형식화, 기계화되고 인간의 사고는 극도로 이기적 경향을 띠어 가고 있다.

지구촌시대로 향하는 세계화의 추세는 거스를 수 없는 변화의 물결이다. 우리는 이 세계화에 의한 지구촌시대의 전개에 대비해야만 한다. 이를 위해 무엇보다도 먼저 우리는 세계시민의 자질 함양에 노력해야 하며, 우리의 것을 세계적으로 펼칠 수 있는 힘을 길러야 한다. 그리고 아울러 인간이 주인의 자리를 지킬 수 있는 힘과 굳건한 의지를 길러야 한다.

요점정리

1. 사회변동

사회변동의 뜻 ; 하나의 사회질서가 또 다른 사회질서로 대체되는 과정 - 사회발전의 전제조건,

사회변동의 특징 ; 변화되는 과정 그 자체에 무게를 두면서 가치중립적인 입장에서 진전된다.

사회변동 이론 ; 진화론, 기능주의 이론, 갈등이론, 기술결정론, 문화결정론, 근대화이론.

전통과 근대화간의 갈등 ; 근대화를 서구사회의 생활양식의 변화에 초점을 맞췄기 때문에 전통적인 사회기반과 갈등을 야기

2. 군집행동

군집의 의미; 계획에는 없지만 우연한 기회에 공통의 관심사가 발생하여 형성되는 집단
우연적이기는 하지만 인간이 어떠한 목적의식이나 특별한 대상에 대한 관심에 의해서 모여든 인간의 모임

군집의 특성 ; 일시적이기는 하지만 다양한 목적의식이나 특별한 관심을 소유
각각의 군집들은 제각기 특성을 소유

군집행동; 제도화되지 않은 인간의 모임인 군집에 의해서 일어나는 행동
행동에는 일시적이긴 하지만 어떠한 목적이 담겨져 있다.
군집행동은 경우에 따라서는 커다란 사회적 영향력을 발휘하기 때문에 사회학의 연구대상이 됨
목적 지향적인 행동
동일한 사건을 동시에 목격함으로써 동일한 반응
비조직적이고 감성적이며 일시적이어서 결과의 예측이 불확실

군집행동에 관한 이론적 접근 ; 르봉(Gustave Le Bon)-군집심리(collection mind)
프로이드(Sigmund Freud)-개인의 무의식
블르머(Blumer)-개인간의 연쇄적인 반응작용, 순환반작용

스멜서(Neil Smelser)-부가가치론

군집행동의 종류 : 일시적 군집행동 - 임의군중(casual crawds)
개인목적적 군집행동 - 인습적 군중(conventional crawds)
규범을 벗어난 군집행동-표출적 군중(express crawds)
활동적 군중(active crawds)

3. 사회운동

사회운동의 의미 : 사회변동을 추구 또는 저지하려는 집합적인 행동
의도적이고 조직적이며, 지속성을 소유
새로운 삶의 질서를 추구하려는 조직화된 지속적 집합행동
사회운동 원인 : 현실에 대한 불만과 장래에 대한 기대가 가장 큰 요인
사회운동의 결과 : 성공을 하면 사회조직에 변화 초래
사회문화의 변화
구체적인 목표 : 사회변화를 추진 또는 저지.
사회운동의 시행 : 다양한 방법 활용
이념을 토대로 한 합목적적인 집단행동
조직적인 전략
사회운동의 성격 : 지속성과 확산성, 대중적 성격
사회운동 참여자의 심리상태 : 기대좌절감, 상대적 박탈감
단순집합행동의 주체인 군중 : 우발적 군중, 인습적 군중, 표출적(expressive)군중, 적극적 군중
사회운동의 종류 : 이념기준-복고주의 운동, 보수주의 운동, 개혁주의 운동, 급진적 운동,
목표기준-가치 지향적 운동, 권력 지향적 운동, 참여 지향적 운동,
사회운동의 단계 : 초기 단계, 대중화 단계, 체계화 단계, 제도화 단계
혁명 : 급진적 사회운동의 대표적 예
혁명이론 : 마르크스, 엥겔스, 토끄빌 이론 - 계급갈등이 혁명의 주요 원인
데이비스 이론 - 인간의 심리갈등을 혁명의 주요 원인으로 봄
사회운동과 사회발전 : 사회운동은 사회변동의 한 과정 - 사회발전과 관련
여론 : 사회구성원들의 의견이 집약된 것
여론조작과 선전 : 정보의 흐름이 제한된 상황에서 인위적으로 여론을 형성, 선전으로 활용

보통 후진국 통치에 자주 사용되는 국가통치 방법의 일환
유언비어 ; 여론형성이 제대로 되지 못해 형성
구성원들의 참뜻이 아닌 근거 없는 소문

4. 사회발전

사회발전의 의미 ; 사회변동의 결과가 가치 지향적으로 변화
인간답게 살 수 있는 사회적 조건을 구비(물질적, 정신적)
근대화 ; 일반적으로 사회가 선진산업사회의 형태로 변화되어 가는 과정
사회발전 이론 ; 역사변천의 이론, 수렴이론
정보사회 ; 주요 인간활동이 정보 및 통신기술의 서비스 지원에 의함
고속정보통신망에 의한 국경 의미 약화
지구촌사회 형성

5. 우리의 미래

미래를 대비하는 마음의 자세 확립 ; 정보화의 이해, 정보화의 소화, 정보화의 한계 인식, 주인의식을 소유
세계화에 의한 지구촌시대의 인식 ; 세계시민 자질 함양, 가장 한국적인 것이 가장 세계적인 것
민족 저력개발에 노력, 전통문화의 유지 발전에 노력

수험대비 평가문제

1. 경기장에서 관중들이 열광적으로 환호하며 응원에 참여하고 있다. 이러한 행동을 군집행동이라고 한다.
   (1) 군집행동의 의미를 요약해 보시오.
   (2) 군집행동의 종류를 들어 보시오.

2. 사회에 갑작스러운 변화가 발생하여 기존의 권리가 위협당하거나 침해당할 때에 이를 저지하고 기득권을 지키기 위해서 사회운동이 일어나게 된다.
   (1) 이러한 사회운동은 사회운동의 종류를 구분할 때 어디에 속하는가?
   (2) 이 사회운동에 참여하는 사람들의 사회적 계층에 대해서 기술하시오.

3. 국가를 운영할 때에 대부분의 통치자들은 국민들의 의견에 귀를 기울이려고 노력한다. 그러나 경우에 따라서는 정보의 흐름이 제한된 상황에서 허위로 국민의 의견을 나타내는 수가 있다.
   (1) 이러한 행위를 무엇이라고 하는가?
   (2) 이러한 행위의 결과가 사회에 미치는 영향에 대해서 쓰시오.

4. 다음 중 현대사회의 성격이라고 볼 수 없는 것은?
   ① 산업화 과정에서 형성된 사회조직을 기반으로 하고 있다.
   ② 구성원들의 개성에 의한 특성화 현상이 나타난다.
   ③ 내면적인 동질화현상에 의해 구성원간의 결속력이 강해진다.*
   ④ 삶의 질에 대한 사회적 책임이 강조된다.

5. 군집행동(群集行動)을 올바르게 설명한 것은?
   ① 제도화된 행동으로 사회적 영향력 발휘
   ② 일시적 행동으로 일정한 목적 소유*
   ③ 일반적으로 이성적 판단에 의해서 발생
   ④ 동일 사건에 대해서 상이한 반응의 결집

6. 군집행동에 참여하는 사람들을 군중이라고 한다. 다음 중 군중의 특성이 아닌 것은?
   ① 익명성　　　② 개인성*
   ③ 동조성　　　④ 전파성

7. 복고주의(復古主義) 운동의 설명에 옳지 않은 것은?
   ① 같은 이념을 가진 소수집단이 주도
   ② 역사적 조류의 흐름을 수용*
   ③ 정체성에 위기를 느낄 때 주로 발생
   ④ 문화의 뿌리를 고수하기 위해 발생

8. 사회변동과 사회발전을 비교 설명하시오.

9. 군집행동을 르봉(Le Bon)의 이론에 의해서 설명해 보시오

10. 일시적 군집행동과 개인목적적 군집행동을 비교 설명하시오.

11. 사회운동의 종류를 이념에 따라서 분류해 보시오.

12. 사회운동의 종류를 지향하는 목표에 따라서 분류해 보시오.

13. 데이비스의 혁명이론을 설명하시오.

찾아보기

(ㅇ)

[저자 소개]

• **김병무(金柄武)**

서울대학교 사범대학 사회교육과
서울대학교 대학원 교육학과 일반사회교육전공(석사)
중앙대학교 대학원 사회복지학과 사회정책(석사)
중앙대학교 대학원 사회복지학과 사회정책(박사)
호주 퀸슬랜드 대학교 교환교수
공주대학교 사범대학 교수
공주대학교 사범대학장
공주대학교 교육대학원장
학력고사 출제위원, 독학학위 시험출제 및 채점위원,
교육인적자원부 정책자문위원
지방 9급 공무원 시험 출제위원, 세계문화탐방 연구회 운영
『세계를 배우면서』 6대주 문화탐방기 저술
『지역사회복지론』, 『한국사회복지평가』, 『고교사회 · 문화』
『현대사회학의 이해』, 『세계의 지역과 문화 이해』 저술
「개발도상국의 국민의식에 관한 연구」 등 논문 다수
『배우고, 위하고, 사랑하면서』 문화탐방기 저술

• **최병영(崔秉榮)**

충남대학교 경상대학 경제학과
한국방송통신대학교 사회과학대학 경영학과
공주대학교 대학원 일반사회교육과 교육학(석사)
공주대학교 대학원 사회교육학과 박사과정 수료
이전 태광산업(주)중앙연구소 근무
현재 국립부여문화재연구소 근무
공주대학교 사범대학 일반사회교육과 강사
『부여 왕흥사터 발굴 이야기』 공저

최신 사회학입문

2017년 2월 20일 중판인쇄
2017년 2월 25일 중판발행

저 자 김병무 · 최병영
발행인 유 성 열
발행처 **형지사**
서울특별시 영등포구 신길로 40길 20
전화 (02) 833-6090 · 6091
FAX (02) 849-0817
등록 제318-2005-000030호

파본은 바꾸어 드립니다. 값 20,000원

http : //www.chongmok.co.kr

ISBN 978-89-92938-84-6